MONEY
머니: 인류의 역사

MONEY: A STORY OF HUMANITY by David McWilliams
ⓒ2024 David McWilliams

Korean Translation copyright ⓒ2025 by POTEN-UP Publishing Co.
All rights reserved.
The Korean language edition published by arrangement with
Marianne Gunn O'Connor Literary Agency and MOMO Agency, Seoul.

* * *

이 책의 한국어판 저작권은 모모 에이전시를 통해
Marianne Gunn O'Connor Literary Agency와 독점 계약한
'포텐업'에 있습니다.
저작권법에 의해 한국 내에서 보호받는 저작물이므로
무단 전재와 무단 복제를 금합니다.

MONEY
A STORY OF HUMANITY

머니:
인류의
역사

데이비드 맥윌리엄스 지음 | 황금진 옮김

일러두기

1. 미주는 저자가 남긴 주입니다.
2. 본문 중 괄호 안에 보충 설명은 저자의 것이고, *표시가 돼 있는 주는 옮긴이 혹은 한국어판 편집자가 남긴 주입니다.
3. 인명, 지명 등 외래어 표기는 국립국어원의 외래어 표기법을 따랐으나 일부 관례로 굳어지거나 표기법이 정해지지 않은 경우에는 많이 쓰인 경우를 따랐습니다.
4. 책은 『 』, 책 속 소제목이나 논문은 「 」, 언론사명, 영화 제목 등은 〈 〉, 노래 제목은 ' '로 표기했습니다.
5. 미주에 나오는 참고도서의 경우 국내 출간되지 않은 도서는 도서명 옆에 원서명을 표기했고, 국내 출간된 경우에는 괄호 안에 출판사명과 연도를 표기했습니다.

고결한 이상과 번드르르한 수사 뒤에 숨겨진 진실은
대부분의 혁명이
결국 '돈 문제'라는 것이다.

_본문 중에서

시안에게, 다 당신 덕이야.

이 책에 쏟아진 찬사

★ 워터스톤스 선정 2024 최고의 책
★ 〈이코노미스트〉 선정 2024 올해의 책
★ 〈파이낸셜 타임스〉 선정 2024 올해의 경제서
★ 2024 아일랜드 도서상 수상작
★ 전 세계 26개국 판권 수출
★ TED 강연 107만 조회수
★ 〈프로스펙트 매거진〉 선정 2024 올해의 책

"철저한 자료조사에 기반해, 건조해질 수 있는 주제를 생생하게 살려주는 일화들로 가득하다. 일반 독자뿐 아니라 경제학자에게도 즐길거리가 많다."
〈가디언〉

"사실들로 가득 차 생동감 넘치는 인상적인 여정이다. 금융 전문가든 초보자든 누구나 이 책을 읽고, 곱씹고, 다시 펼쳐보며 '부기(簿記)'라는 개념에 새로운 의미를 부여하게 될 것이다."
〈이코노미스트〉

"불꽃놀이처럼 터지는 책. 매혹적이다. 주장도 뚜렷하고 읽는 재미가 쏠쏠한 작품이다."
〈메일온선데이〉

"탁월하다. 돈과 인간의 관계를 야심 차고 통찰력 있게, 그리고 술술 읽히게 풀어낸 작품이다."
펠릭스 마틴(파이낸셜 타임스, 경제학자)

"『머니: 인류의 역사』는 대단히 재미있는 책이지만, 진짜 의미는 우리 사회의 미래에 대해 질문한다는 점이다."
이언 휴스(아이리시 타임스, 아일랜드 과학자)

"매혹적이고 읽을 만한 가치가 있는 책."
〈아이리시 인디펜던트〉

"역사 속에서 화폐를 진화시킨 기회주의자, 사기꾼, 악당, 천재들의 이야기로 풀어낸 유쾌한 돈의 역사. 우리는 돈을 당연하게 여긴다. 돈을 얼마나 가지고 있느냐가 아니라 그저 돈이 작동한다는 그 사실 자체를 말이다. 이 책은 우리가 왜 그렇게 생각하는지, 돈이 세상을 어떻게 만들었는지를 이해하는 훌륭한 길잡이다."
케이티 마틴(파이낸셜 타임스 칼럼니스트)

"빠른 전개, 유쾌하면서도 때때로 불경한 이야기로 가득 찬 이 책은 모두가 알아야 할 돈의 역사에 대해 들려준다."
린다 유(경제학자, 『그렇게 붕괴가 시작되었다』 저자)

"돈의 역사와 미래를 제대로 이해하는 저자가 들려주는 숨 막힐 듯 광활하고 상상력이 풍부한 이야기. 나처럼 돈이 어디에서 나오는지, 심지어는 돈이 뭔지 잘 모르는 사람이라면 이 책이 안성맞춤이다."
브라이언 콕스(물리학자, 교수)

"잘 읽히면서 재미까지 있는 훌륭한 책이다."
피터 프랭코판(역사학자, 교수)

"재미와 통찰력을 겸비한 작품."
야니스 바루파키스(경제학자)

"아일랜드의 스타 경제학자가 돈이 인류의 삶을 어떻게 변화시켰는지 흥미롭게 풀어낸 책이다. 돈은 늘 비밀스럽고, 우리가 잘 알지 못하는 힘에 의해 좌우되곤 한다. 그런 만큼 이 책처럼 돈과 우리의 관계를 유쾌하고 솔직하게 짚어주는 이야기가 반갑기 그지없다."
마리엘라 프로스트럽(저널리스트)

"데이비드 맥윌리엄스의 말처럼 경제학자들이 돈을 재미없게 만든다고 해도 그는 그 법칙의 예외이자 예외가 존재함으로써 그 법칙이 성립함을 보여주는 인물이다. 그는 아무리 노력해도 지루한 문장을 쓸 수 없는 사람이다. 이 놀랍도록 유익하고도 흥미진진한 책에서 그는 자신의 주제를 훌륭하게 완성시켰다."
톰 홀랜드(역사학자)

"매혹적이고, 유쾌하며, 독창적이다."
카트야 호이어(역사학자)

"경제사 분야의 압도적인 역작."
질리언 테트(파이낸셜 타임스 수석 칼럼니스트)

"그의 책을 읽고 나면 이전에는 이해하지 못했던 것을 알게 되기 때문에 나 자신이 더 똑똑해졌다는 느낌이 든다."
사이먼 쿠퍼(파이낸셜 타임스 칼럼니스트)

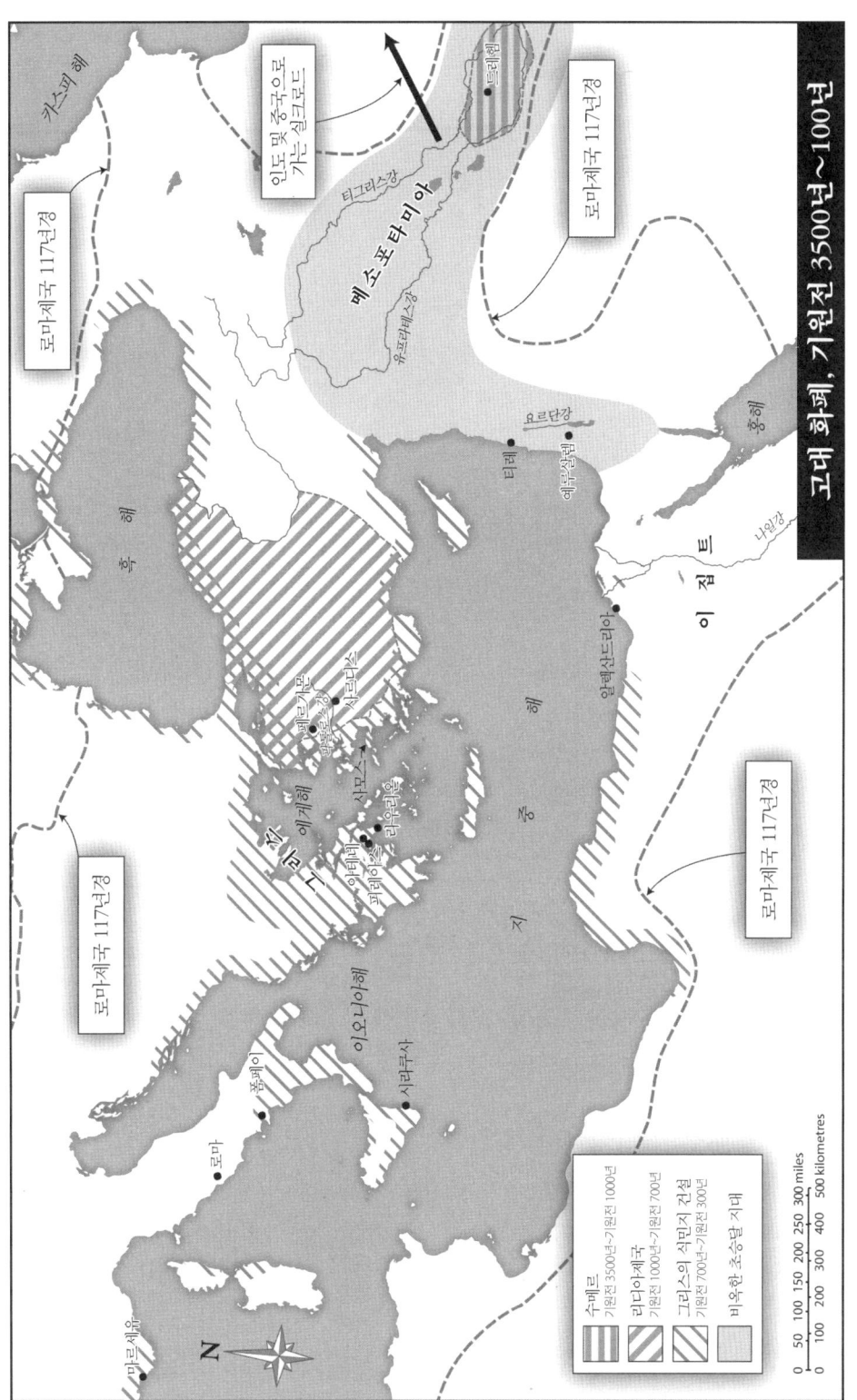

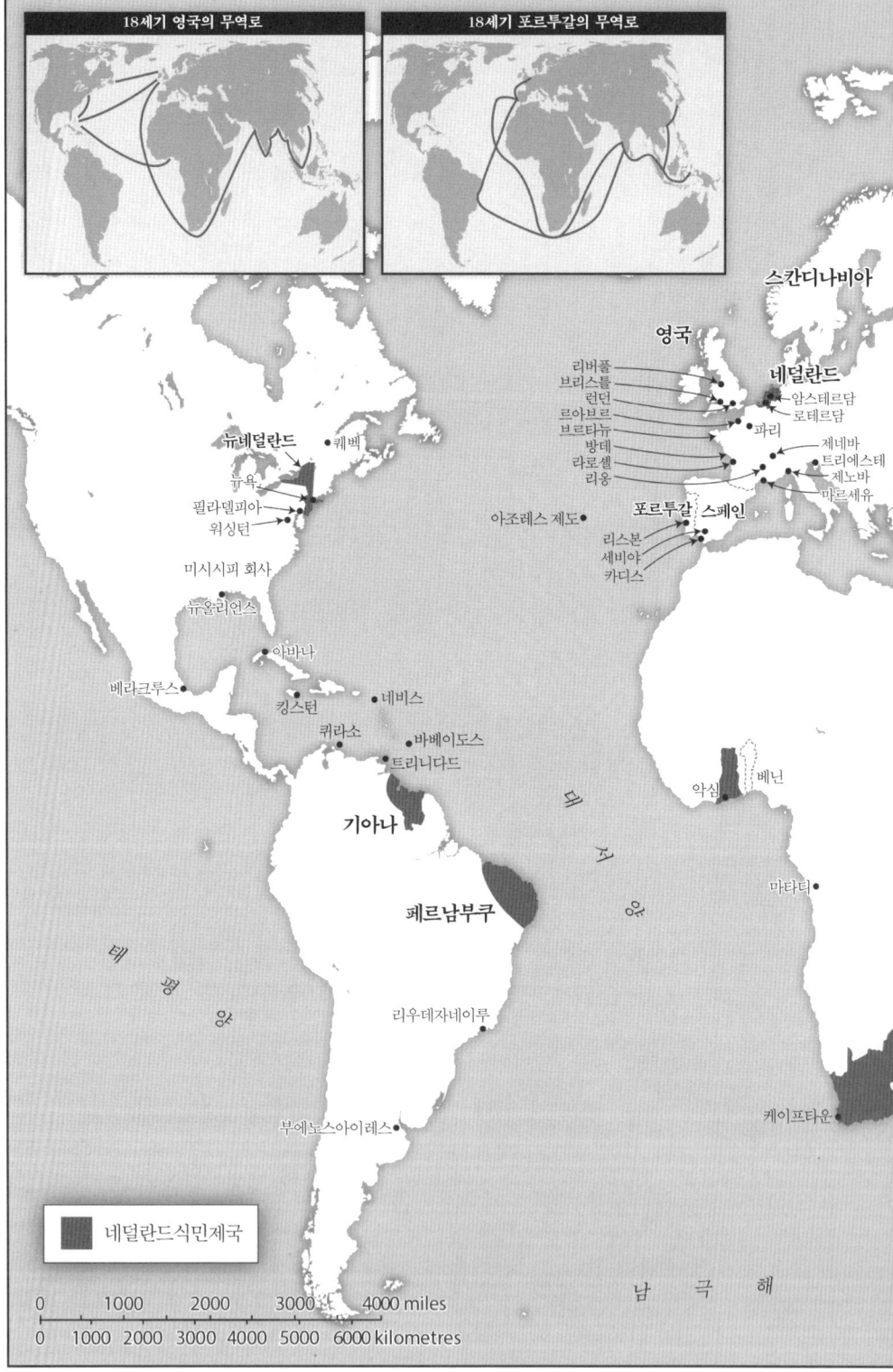

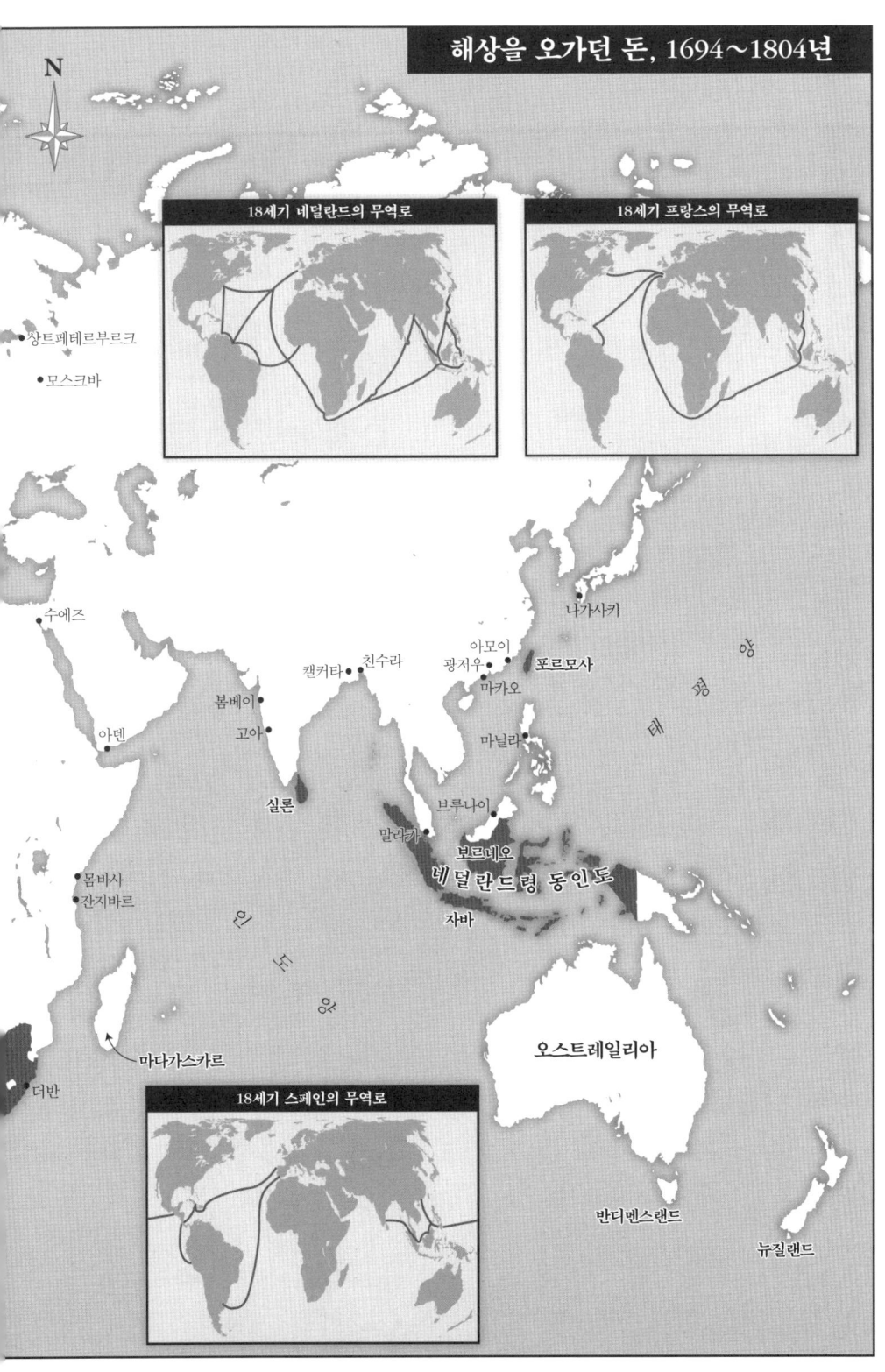

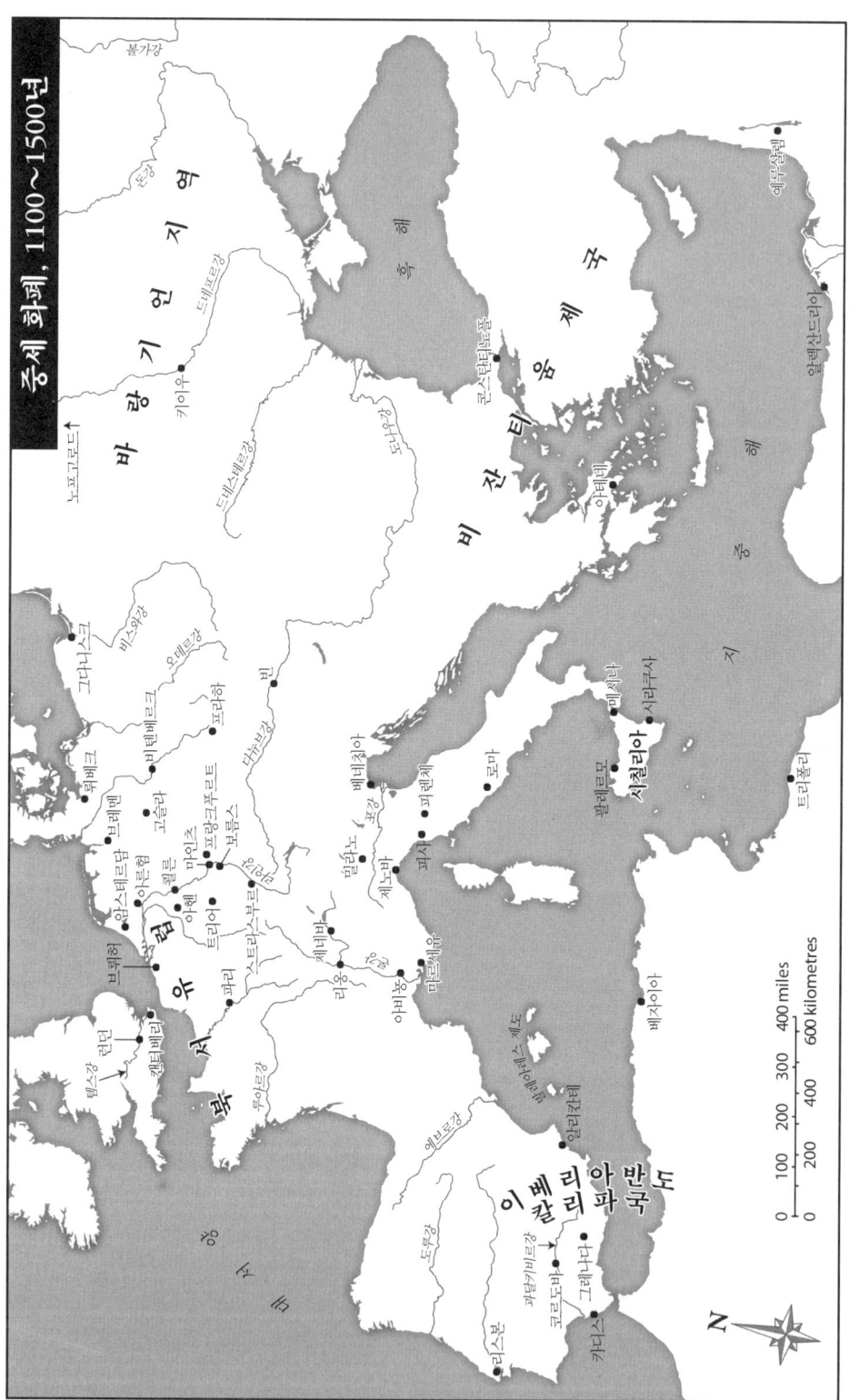

| 해제 |

누가 신뢰를 얻을 것인가에 대한 싸움

이 책이 매혹적인 이유 중 하나는 전에는 돈과 관련 있을 거라고는 꿈에도 생각하지 않았던 역사적 사건들이 돈과 연결되는 방식 덕분이다.

여러 로마 황제들이 자국의 화폐 가치를 떨어뜨려 생활비를 충당했다는 사실은 알고 있을지 몰라도 로마제국의 멸망과 화폐 가치의 하락이 얼마나 밀접한 관련이 있는지는 모르는 사람이 더 많을 것이다. 찰스 다윈이 철도 주식에 손댔다가 거금을 잃었으며, 그의 진화론이 어느 정도는 경제학에 대한 관심에서 나왔다는 사실을 누가 알았을까? 데이비드 맥윌리엄스는 그저 화폐와 금융에서 일어난 혁신의 역사에 대해서만 쓴 것이 아니라 그 역사적 흐름이 왜 중요한지에 대한 새로운 주장을 펼쳐 보였다. 그의 주장을 한마디로 요약하면 이렇다.

> '돈(과 금융 혁신)이 존재하는 곳에서는 돈(과 금융 혁신)이 부재하는 곳에서는 일어나지 않을 법한 온갖 중요한 사건들이 벌어진다.'

해외무역이 가장 확실한 예가 되겠지만 그보다 모호한 예도 많다.

예를 들어 금융 혁신의 역사는 예술의 역사와 꽤 깔끔하게 맞아떨어지는데 적어도 우리가 일반적으로 알고 있는 예술사에 의하면 그렇다. 고대 그리스든, 르네상스 시대 피렌체든, 17세기 네덜란드든 서구 문명의 성지로 순례를 떠나본 여행자라면 모두 자신도 모르는 사이 금융 혁신의 역사까지 돌아본 셈이다. 찬란했던 예술의 호황기는 모두 모종의 신용부도스와프^Credit Default Swap, 기업이나 국가의 채무불이행 위험을 보험처럼 보장하는 파생상품*가 생겨나면서 촉발되었던 것으로 보인다.

　맥윌리엄스가 그려낸 금융 혁신가들의 모습은 이 책이 선사하는 또 하나의 즐거움이다. 금융 혁신에 관여했던 남자들(여지없이 다들 남자들이었던 것으로 보인다)은 마치 무슨 불변의 법칙이라도 있는 것처럼 '딱 내 딸이 절대 이런 인간만은 만나지 않았으면 좋겠다'는 생각이 들게 만든다.

　요하네스 구텐베르크, 교황 비오 2세, 존 로. 맥윌리엄스의 서사는 사기꾼이 악당에게 그리고 그 악당이 다시 협잡꾼에게 배턴을 전달하는 릴레이 경주 같다. 이 금융 사기의 주인공들에게는 타인에게 신뢰를 얻고 그들의 돈으로 새로운 일을 벌이는 독특한 재주가 있다. 이때 신뢰는 가장 중요한 주제로 부상한다.

　화폐와 금융의 역사에서 탄생한 다양한 발명품(주화, 대차대조표, 복식부기 회계, 기축통화, 지폐, 중앙은행, 담보대출 등등) 하나하나는 전부 신뢰를 상징하는데 역사상 이 신뢰는 아무리 심하게 훼손되어도 다시 살아나는 신비한 능력이 있는 듯하다. 예를 들어 네덜란드인들은 그 유명한 튤립 파동을 일으킨 것과 동시에 원금을 절대 상환하지 않는 대출인 영구채(perpetual bond) 또한 발명했다. 맥윌리엄스는 묻는다. 원금을 갚지 않을 걸 알면서도 그런 대출에 기꺼이 자신의 돈을 투자하며 그것이 효과적인 재테크 수단이라고 여기는 사람들이 대다수라면, 화폐에 대한 신뢰가 얼마나 깊은 것인지 상상이 가느냐고. 마치 설사 배신당할 일이 생기더라도 금융에 대한 신뢰는 너무 소중하므로 절대 포기할 수 없다는 데 모두가 암묵적으로 동의한 듯하다.

암호화폐는 이 길고 긴 역사에서 일어난 최신 반전 스토리다. 정부 및 은행에 대한 불신에서 탄생한 암호화폐는 결국 예전과 마찬가지로 신뢰에 대한 필요성을 답습한 다음 아니나 다를까 그 신뢰를 저버렸다.

맥윌리엄스는 지금 우리가 목격하고 있는 화폐의 역사가 결국 신뢰를 얻기 위한 전쟁이라고 본다. 그래서 가까운 미래에는 '민간 주체가 발행하는 사적 화폐와 국가가 시민의 이름으로 발행하는 공적 화폐 사이에 전쟁이 벌어질 것'이라고 말한다. 어떤 미래가 펼쳐지든 이 주제에 대한 맥윌리엄스의 이야기는 신뢰할 만하다. 누군가는 이런 이야기를 꼭 해줘야 한다.

2024년 5월
마이클 루이스
『머니볼』, 『고잉 인피니트』 저자

| 머리말 |

돈은 종교나 사상, 군대보다 강력하다

하늘에서 떨어지는 돈

하늘에서 돈이 떨어지고 있다고 상상해보자. 당장 누군가에게 알리기 전에 10파운드짜리 지폐 한 장쯤은 내 주머니 속에 슬쩍 넣지 않을까? 아마 우리 중 대다수는 당국에 알리기보다 지폐 몇 장을 챙기려 할 것이다.

바로 이것이 2차 세계대전이 한창일 때 히틀러가 영국 전역에 수백만 파운드를 투하할 계획을 세우면서 확신했던 생각이다. 히틀러는 화폐의 가치가 떨어지면 어떤 일이 벌어지는지 잘 알고 있었다. 바이마르 공화국의 초인플레이션을 몸소 겪었던 그는 화폐가 둘도 없는 무기라는 점을 잘 알고 있었다. 히틀러의 이념적 적이었던 블라디미르 레닌 역시 이 점을 인지하고 있었다. 그는 한 사회를 무너뜨리는 가장 쉬운 방법은 '화폐를 남발하는 것'이라고 말하기도 했다. 1919년 4월 23일 런던의 〈데일리 크로니클〉에 실린 인터뷰에서 레닌은 1917년 10월 혁명 이후 러시아의 구체제를 무너뜨리기 위해 화폐의 힘을 말살할 계획이 있다고 밝힌 바 있다.

우리 재무부는 매일 수십만 장의 루블 지폐를 발행하고 있습니다…. 고의로 화폐 가치를 파괴하려는 것이죠…. 자본주의 정신을 박멸하는 가장 간단한 방법은 아무런 재정적 보장 없이 액면가가 높은 지폐를 전국적으로 남발하는 것입니다. 이미 러시아에서 100루블짜리 지폐는 아무런 가치가 없습니다. 이제 얼마 안 있으면 시골의 순진한 소작농조차 100루블짜리 지폐가 그냥 종이 쪼가리라는 걸 깨달을 겁니다…. 그러면 자본주의 국가의 기반인 돈의 가치와 권력이라는 거대한 환상은 완전히 무너질 겁니다.[1]

히틀러와 레닌은 이념적으로는 상극이었을지 몰라도 둘 다 돈이 가진 막강한 힘에 대해서는 잘 알고 있었다. 돈의 기반을 무너뜨리면 사회 전체가 흔들린다는 것도.

영국 상공에 지폐 수백만 장을 투하하려던 독일 공군의 계획은 일급비밀이라서 나치 고위층 몇 명만 알고 있었다. 정직한 영국 국민 일부가 당국에 신고할 수도 있겠지만 히틀러는 영국 국민 대다수가 지폐 몇 장을 매트리스 밑에 쑤셔 넣을 거라고 예상했다. 그는 나폴레옹이 돈에 집착하는 '장사꾼들의 나라'의 국민이라고 일축했던 영국 국민들이 스스로 무너지게 만들려고 한 것이다. 위조지폐를 전국에 유통시키면 인플레이션이 사회에 큰 타격을 줄 텐데, 영국이 보유한 경제 자원의 상당량이 전쟁에 투입된 상황에서는 그 정도가 더욱 심해질 수밖에 없다. 그 당시 소비재와 필수품 등이 극히 소량만 거래되고 있었기 때문에 물가가 불안정해질 것은 불 보듯 뻔한 일이었다. 그런 궁핍한 상황에서 위조지폐가 대거 유통되면 물가가 천정부지로 치솟아 공황이 발생할 수밖에 없다.

히틀러는 조용하고 순종적이었던 영국 국민들이 발등에 불이 떨어지는 경험을 하기를 바랐다. 영국 국민들이 자제력을 잃어 혼돈이 뒤따르면 블리츠 정신 Blitz spirit, 2차 세계대전 당시 수만 명의 사망자를 낸 독일 나치의 대공습에도 공포와 좌절을 이겨낸 영국의 공동체 정신*이 전복되어 전쟁에도 영향을 미칠 거라 예상했던 것이다. 1942년 7월, 히틀러의 신무기가 생산되기 시작했다. 그 무기란 지금껏 보지 못했던 수준으로 가장 정교하게 제작된 위조지폐였다. 강제수용소 지휘관들에게 인쇄공, 조판공, 화가, 채색 전문가, 식자공, 종이 전문가, 전직 은행간부를 보내라는 전보가 날아들었다. 영국 파운드화의 일련번호 순서를 해독해야 했기 때문에 이 작전에는 수학자와 암호 해독가도 필요했다. 제3제국 전역의 수용소들에서 끔찍한 정신적 충격으로 수척해질 대로 수척해진 모습으로 절망의 구렁텅이에 빠져 있던 무리가 절뚝거리며 작센하우젠으로 끌려왔다. 이 142명에게는 영국 중앙은행Bank of England, 영란은행이라고도 한다*을 무너뜨리라는 임무가 떨어졌다.

강제수용소의 위조범들은 가짜 영국 화폐를 1억 3261만 945파운드 찍어냈는데 이는 오늘날 가치로 환산하면 약 75억 파운드에 달한다.[2] 이 위조지폐를 영국 상공에서 투하하려면 독일 폭격기 중대가 있어야 했는데, 1942년 5월 이 계획을 준비하던 그 당시의 히틀러에게는 가능한 일이었지만 1943년 위조지폐가 준비되었을 때는 전황이 바뀌어 있었다.[3] 독일은 전장에서 패배하고 있었고 독일 공군의 자원이 러시아에 집중되어 있어 대량 공습을 감행할 비행기를 확보할 여력이 없었다.

영국 중앙은행을 좌지우지하지 못한 히틀러와 달리 레닌은 러시아의 공식 조폐국을 가동하여 자신이 바라던 혼돈을 달성할 수 있었다. 두 사람에게는 비슷한 목표가 있었다. 레닌의 말처럼 두 사람은 '돈의 가치와 권력이라는 거대한 환상'을 박살 내고 싶어 했다.

두 독재자는 모두 인간의 약점과 군중심리, 인간이 어디까지 타락할 수 있는지를 꿰뚫어 보는 악마 같은 관찰자들이었다. 돈은 종교나 사상, 군대보다 강력하다. 한 나라의 화폐를 건드린다는 건 가격체계, 인플레이션, 경제 문제뿐 아니라 대중의 마음 깊은 곳까지 건드리는 일이다. 히틀러의 위조지폐 투하 작전에 대한 이야기는 돈이 갖고 있는 위력을 여실히 보여준다.

경제학자의 맹점

돈에 대한 전 세계적인 논의는 우리 종족이 장악하고 있다. 신흥 종교의 대제사장과 마찬가지로 우리 경제학자들도 돈의 신비를 사람들에게 설명해야 할 책임을 맡고 있다. 통화 경제학자로서 내 경력은 아일랜드 중앙은행, 돈이 허공에서 마법을 부리는 성소라 할 수 있는 곳에서 시작되었다. 성찬식 때 빵을 성체로 바꾸는 가톨릭 사제와 비슷한 방식으로 중앙은행장들은 쓸모없는 종이를 돈으로 바꿔놓는다. 기적치고는 꽤 인상적인 일이다. 우리 모두가 그 존재를 믿으니 그것이 실재하는 것은 틀림없다. 하지만 정말 그럴까? 사실 돈은 추상적인 것이며 나머지 우리들(또는 나머지 우리들 대부분)이 그 존재를 믿기 때문에 가치가 부여된다. 돈 역시 믿음과 마찬가지로 인간이 만든 상상력의 산물이다.

나는 아일랜드 중앙은행에서 투자은행으로 이직했는데, 거기서는 중앙은행이 마법을 부려 만들어낸 돈이 또 다른 형태의 돈, 우리가 신용이라 부르는 선동적 약속으로 다시 태어난다. 중앙은행과 상업은행은 돈의 세계를 사실상 함께 운영한다. 세상에 돈을 얼마나 풀지, 누가 그 돈을 받을 수 있을지, 그리고 어떤 가격(금리)으로 보낼지를 이들이 결정한다. 이 기관들은 돈이 어떻게 순환하는지, 사회 곳곳에 어떻게 흘러 들어가는지를 설명해준다.

경제학자들은 돈이 너무 많거나 너무 적으면 어떻게 해야 할지 설명할 수 있다. 하지만 돈이 경제시스템 안에서 어떻게 흘러 다니는지를 이해한다고 해서 이야기의 흥미로운 부분까지 정확히 포착할 수 있는 것은 아니다. 배관공은 물이 파이프를 통해 어떻게 흐르는지를 이해하는 사람이지만 물이 생명에 필수적인 이유를 논리적으로 설명하지는 못한다.

돈의 가장 흥미로운 면은 그것이 우리에게 어떤 영향을 미치는가이다. 돈은 우리 내면에 들어 있던 욕망이(그것이 선한 것이든 끔찍한 것이든) 밖으로 뛰쳐나오도록 유도한다. 나 역시 오랫동안 경제학자 집단의 열성적인 일원이었지만, 내가 내린 결론은 대부분의 경제학자들이 사실 돈에 대해 제대로 모른다는 것이다. 경제학자들은 돈에서 재미를 찾아낸다. 심히 감정적인 물질인 돈은 범법적일 수도, 섹시할 수도, 위험할 수도, 정신상태를 바꿔놓을 수도 있다. 돈은 권력이요 지배력이지만 해방의 수단이 되어줄 수도 있다. 돈으로 독립을 살 수도 있다. 돈은 우리에게 동기를 부여하고 에너지를 분출하게 만드는데, 그걸로 무엇을 할지는 우리에게 달려 있다. 돈의 가능성을 주변에 전파하고 싶어 하는 사람도 있을 것이고, 돈을 혼자만 쌓아놓고 싶은 사람도 있을 것이다.

사실 돈 자체는 선하지도 악하지도 않다. 하지만 돈을 가진 사람의 감정을 증폭시키는 성질을 갖고 있다. 탐욕적인 사람은 그에 따라 행동할 것이다. 평등과 인권을 믿는 사람은 그 가치를 실현하는 데 돈을 쓸 것이다. 중요한 점은 돈이란 인간이 만들어낸 사회적 약속이라는 것이며 우리가 변하면 돈도 변하고, 돈 역시 우리를 변화시킨다는 사실이다.

좋든 싫든 오늘날 전 세계는 레닌이 '거대한 환상'이라 칭했던 이 요상하고 생소한 관념을 중심으로 돌아가고 있다. 수천 년 전에 도입된 돈은 현대 문화의 중심에 있으며, 하이테크 실리콘밸리에 살고 있는 부유한 투자자들도 올드델리에서 고생하고 있는 인력거꾼도 다 알아듣는 보편어가 되었다. 수천 킬로미터 떨어진 곳에 살고 있어 서로의 언어도 관습도 모르는 사람들도 돈을 통해 서로 소통한다. 돈은 인간과 재화와 아이디어의 흐름을 좌우하는 힘이다. 우리의 노력과 재능은 돈으로 평가받으며, 미래 역시 마찬가지다.

앞으로 살펴보겠지만 돈의 초창기 특징 중 하나는 미래에 값을 매기는 능력, 즉 오늘의 시점에서 내일의 가치를 정하는 것이었다. 금리라는 게 '시간의 값'이 아니면 뭐겠는가? 30년 만기 주택담보대출을 받는다고 하면, 따로 시간을 들여 깊이 생각해보지는 않더라도 30년 후에 자신의 형편이 어떻게 되어 있을지 머릿속으로 그려보기는 할 것이다. 사실 그 행위는 돈을 통해 미래를 상상해보는 일이다.

돈은 노동자와 고용주의 관계, 구매자와 판매자의 관계, 상인과 생산자의 관계를 규정한다. 하지만 그게 다가 아니다. 돈은 피지배자와 지배자 사이의 유대, 국가와 국민 사이의 유대 역시 규정한다. 돈은 쾌락을 실현하고, 욕망과 예술과 창의성에 가격을 매긴다. 돈은 우리에게 노력하고 성취하고 발명하고 위험을 감수하도록 동기를 부여한다. 돈은 인간의 어두운 면 또한 끌어낸다. 탐욕, 시기, 증오, 폭력, 그리고 막대한 금전적 이익을 노린 식민지 건설이 그 대표적인 예다. 인간이 복잡한 존재이므로 돈 또한 복잡하다.

돈은 만악의 도구이자 평화의 도구

돈은 날이 갈수록 복잡해지고 관계망이 촘촘해지는 이 세상을 뚫고 나가는 데 도움을 받기 위해 인간이 발명한 정교한 기술이다. 돈을 하나의 도구나 기술이라 생각하는 것은 돈에 대한 일반적인 사고방식은 아니다. 우리가 돈에 대해 생각을 안 해서 그런 것은 아니다. 사실 우리는 스스로 원하지 않을 정도로 돈에 대해 자주 생각한다.

먹고살기 위해 돈이 필요하기 때문에 우리는 돈을 다른 관점에서 바라볼 여유조차 거의 없다. 돈이 부족하면 어떻게 해야 더 얻을 수 있을지를 걱정한다. 돈이 넘쳐나면 어떻게 관리해야 할지를 걱정한다. 대부분의 사람들은 돈이 좀 더 많았으면 하고 바란다. 만약 돈을 쉽게 벌 수 있는 방법이 있다면 십중팔구 그 길을 택할 것이다. 돈으로 자유를 살 수도 있다. 돈이 그토록 매력적인 이유는 돈만 있으면 자기 인생에 대한 주도권이 더욱 강해져 세상을 바꿀 수 있기 때문이다.

돈이 우리 삶에서 이렇게 중요한 역할을 하는데도 우리는 돈의 개념에 대해 생각해보지 않는다. 따로 시간을 들여 다음과 같이 비교적 단순한 질문도 해보지 않는다.

'돈이란 무엇인가? 돈은 어디서 오는가? 돈이 바닥날 수도 있을까? 그냥 돈을 더 많이 찍어내면 안 될까?'

어쩌면 이런 개념에 대해 질문하지 않는 것이야말로 돈이 얼마나 성공한 제도인지를 말해주는 증거일지도 모른다. 돈이 잘 돌아가고 세상이 잘 돌아가기만 한다면, 우리는 그 존재를 당연하게 받아들인다.

과거에는 인류의 발전에 대해 설명할 때 에너지 자원이나 물리적 기술 같은 요소에 초점을 맞췄다. 예를 들어 바퀴의 발명, 석탄의 발견, 쟁기의 등장 같은 것들이 그렇다. 하지만 인간이 공동의 목표를 추구할 때 협력에 도움을 준 사회적 기술에 대해서는 어떠한가? 그 기술 중 하나가 바로 언어다. 인간은 더 정교하고 정확하게, 그리고 협력적으로 소통하기 위해 수만 년에 걸쳐 언어를 발전시켜 왔다. 하지만 사회적 협력이 본격적으로 시작된 것은 농업이 시작되면서부터였다. 이제 더 이상 가족, 친족하고만 살지 않게 된 인류는 낯선 사람들과 더욱 큰 규모로 영구적인 정착지에서 살기 시작했다.

돈이 만악의 근원이라는 말은 누구나 들어봤겠지만 돈은 평화의 수단이기도 하다. 새로 생겨난 이 농경 정착 사회는 식량과 재산 때문에 이웃을 죽이기보다 돈을 이용해서 교역하는 법을 배웠다. 돈은 전쟁의 원인이 아니라 전쟁의 대안을 제공했다. 협상된 가격으로 다른 부족과 재화를 교환하면 되는데 뭐하러 피를 흘리겠는가? 교역을 하면서 사람들은 심지어 종교와 문화가 생판 다른 사람들과도 이전보다 평화롭게 공존할 수 있게 되었다. 또 재화만 교환한 것이 아니라 아이디어와 규범과 혁신도 맞바꾸고 채택했다. 농업의 확립으로 인류는 발전의 길에 접어들게 되는데, 이 길은 결국 중앙집권화된 권력구조와 사회계급을 갖춘 도시, 국가, 제국으로 이어지게 된다.

수렵채집인으로서 인간은 대자연과 투쟁해야 했지만 땅을 개척하기 시작하면서 국가가 세금을 부과할 수 있는 여분의 식량을 보유하게 되었다. 인류는 글쓰기, 기하학, 천문학, 숫자, 수학, 철학, 건축, 정치이론을 고안해냈는데, 이 모든 것은 문명이라 칭하는 것과 관련 있는 것들이다.

인류 문명의 톱니바퀴는 잇따른 기술 발전으로 돌아갔다. 가축의 사육과 다양한 식물의 재배 및 교차재배, 식량 보관법 개선, 해상을 통한 재화의 유통 및 수송 등이 그것이다. 이처럼 돈은 인간 번영의 버팀목이 되어주고 활력을 불어넣어준 근본 기술 가운데 하나인데도 간과되기 일쑤다.

사회가 복잡해질수록 돈의 뿌리도 깊어졌다. 화폐를 채택한 초기 문명은 그렇지 않은 문명보다 경쟁 우위에 설 수 있었고, 결국 현대 인류사를 획기적으로 바꿔놓은 혁신을 이끌었다. 우리는 돈이 파괴적인 기술이라는 것, 새로운 형태의 화폐가 지속적인 진화를 통해 기존 체제를 계속 전복시키고 이것이 다시 경제적, 사회적, 정치적 진화를 촉발하는 피드백 고리로 이어진다는 것을 곧 알게 될 것이다.

호모 사피엔스는 돈과 함께 진화했다

지난 5000년에 걸쳐 돈은 인간뿐만 아니라 인간과 인간의 관계, 더 나아가 인간과 지구의 관계까지 완전히 바꿔놓았다. 아마도 돈이야말로 호모 사피엔스의 본질을 규정하는 기술일 것이다. 우리는 돈과 함께 진화했다. 우리가 돈을 만들었지만 돈이 우리를 만들기도 했다. 고고학자들은 종종 인간을 '파이로파이트(pyrophyte)' 종이라 칭하곤 하는데, 이는 불에 잘 견디는 종을 말한다.[4] 이 책에 나오는 견해들을 연결해주는 실마리는 '플루토파이트(plutophyte)' 종, 즉 돈에 적응하고 돈에 의해 개조된 종을 의미한다(이 말은 내가 만든 말이기에 언어 순수주의자들에게 심심한 사과의 말씀을 전한다). 이 책은 호기심 많은 유인원인 인간과 한 놀라운 기술 사이의 관계에 관한 책이다.

다른 기술들과 달리 돈은 덧없다. 돈은 우리 머릿속에 존재하며 가치를 나타내지만 본질적으로는 아무런 가치가 없다. 돈이 작동하려면 과감한 관념적 추상화가 이루어져야 한다. 직관에 반하기는 하지만 돈은 희귀할 때가 아니라 풍부할 때 가치가 있다. 그런 면에서 돈은 인간이 가진 또 하나의 놀라운 기술인 언어와 닮았다. 돈과 언어 모두 집단 현상이기 때문이다. 언어와 마찬가지로 돈도 쓰는 사람이 많아질수록 가치가 높아진다. 방언이 더 널리 쓰이는 언어로 흡수되듯, 처음에는 소규모 집단 안에서만 통용되던 여러 형태의 돈도 점차 더 넓고 유용하며 적응력이 강한 돈으로 흡수된다. 그 대표적인 예가 바로 미국 달러다.

돈(즉 만인이 이해하고 받아들이는 보편적 가치를 나타내는 것)의 속성은 오늘날 조직화된 사회의 핵심적인 요소다. 돈은 지난 5000년 동안 가장 매혹적이고 가장 오래 버틴 아이디어 중 하나다. 시간이 흐르면서 복잡한 인간 사회를 조직하는 다른 방식들도 모두(토지 기반의 봉건제도든, 신분제든, 공산주의적 해탈이든) 결국 돈을 중심으로 한 사회로 대체되었다.

수렵채집인에서 데이터 수집가로

친애하는 독자여, 이제 당신은 한 경제학자와 돈의 세계로 여행을 떠나게 될 것이다. 그는 동료 경제학자들의 돈에 대한 견해에 약간 회의적인 시각을 갖고 있다. 이제 우리는 화폐의 발전에 중요한 역할을 했던 다양한 문명들을 살펴보고 각 문명이 어떻게 화폐를 혁신했는지 알아볼 것이다.

이 과정에서 우리는 돈을 다루는 능력이 글쓰기, 수리력, 법, 민주주의, 철학과 같은 혁신적인 발전과 동시에 일어났다는 사실을 알게 될 것이다. 이런 공진화(共進化) 현상은 다음과 같은 의문을 불러일으킨다. 돈이 다른 발전의 원인이었을까? 아니면 다른 발전이 돈의 진화로 이어진 걸까? 어느 쪽이 닭이고 어느 쪽이 달걀일까? 우리는 계산을 했다는 최초의 고고학적 증거가 발견된 아프리카에서 이야기를 시작할 것이다. 이곳에서는 최초로 숫자를 계산했던 고고학적 증거가 발견되었고, 어쩌면 그것은 원시적인 형태의 '부기(장부 기록)'였을지도 모른다. 돌멩이와 창이 떠오르는 구석기 시대와는 별로 어울리지 않는 개념이지만 말이다.

거기서 우리는 다시 기원전 3500년경 메소포타미아의 도시 정착촌에서 쓰였던 초기 화폐로 이동한다. 논리, 민주주의, 철학이라는 개념이 있었던 그리스 문명이 상업과 주화로 지탱되었다는 것과 위대한 로마제국이 정복이 아닌 신용을 토대로 세워졌다는 것을 알게 될 것이다.

중세 초기 동안 유럽에서는 화폐 사용이 고전 문명의 다른 초석과 함께 쇠퇴했다. 유통되는 화폐가 감소하면서 발전이 가로막혔기 때문이다. 하지만 11세기에 화폐가 다시 출현하자 서유럽도 피렌체처럼 앞을 향해 나아갔고, 르네상스와 종교개혁의 도래를 알렸다. 우리는 16세기와 17세기 초 네덜란드 공화국에서부터 18세기 미국독립혁명과 프랑스혁명에 이르는 혁명기의 화폐를 살펴볼 것이다. 돈의 어두운 면은 돈의 이해관계가 인간의 존엄성과 대립했다가 애석하게도 돈이 승리를 거두었던 유럽의 식민 지배를 통해 드러났다. 우리는 다윈의 진화론부터 모더니즘을 거쳐 현재로 이동하면서 19세기의 돈과 자유주의 사상과 지적 진보 사이의 관계를 살펴볼 것이다.

또한 화폐를 응용하는 동안 발견한 돌파구(금리, 주화 도입, 대차대조표 이용 같은)도 하나하나 살펴볼 텐데, 이러한 돌파구는 추가 혁신으로 이어졌고 한 가지 발전이 다른 발전의 도약대 역할을 했다. 화폐와 인간의 진보 사이의 연관성을 설명하는 데 도움이 된다고 생각되는 화폐 혁신에 초점을 맞추다 보니 각 장에 나오는 이야기는 선택적일 수밖에 없는데, 이러한 이야기가 이어지면서 문명사를 진행시킨다. 이 책은 불그스레한 백인 아일랜드인이 더블린에서 쓴 책이다. 다른 사람이 다른 곳에서 썼다면 이야기가 달라졌을 것이고 똑같이 타당했을 것이다. 내가 선별한 이야기들이 내가 글을 쓰면서 느꼈던 것처럼 박진감 넘치고 재미있게 읽히기를 바란다.

그 과정에서 우리는 기록으로 이름이 남아 있는 최초의 인물인 쿠심, 세계 최초의 경제학자 크세노폰, 네로 황제와 베스파시아누스 황제, 예수님을 만나게 될 것이다. 그런 다음 단테, 피보나치, 구텐베르크, 표트르 대제의 세계로 방향을 틀었다가 조너선 스위프트, 샤를 탈레랑, 알렉산더 해밀턴과 시간을 보낸 후 찰스 다윈, 로저 케이스먼트, 제임스 조이스, 주디 갈랜드를 찾아갈 것이다. 암호화폐와 데이트하기 전에 우리는 세계 최고의 위조범을 알아보고, 2008년 베어스턴스가 몰락한 날 폭스 뉴스 스튜디오에서 벌어진 난장판에 동참했다가, 현재 세계의 돈을 좌지우지하는 사람들을 만나볼 것이다.

그리스신화에서 프로메테우스는 인간에게 불을 준 죄로 제우스로부터 벌을 받았는데, 이는 제우스마저 인간이 불이라는 막강한 기술을 이용해 신을 제압할까 봐 두려웠기 때문이다. 그리스인들은 불이 인간과 지구의 관계에 중대한 변화를 보여주는 전조임을 인식하고 있었다. 그들은 인간이 네 가지 원소인 흙, 바람, 불, 물에서 빚어졌다고 상상했다. 이 힘이 우주를 형성했다. 약 5000년 전 인류는 또 다른 막강한 기술인 다섯 번째 원소, 즉 돈을 발명했다. 불이 고대 세계의 프로메테우스적인 힘이었다면 현대 세계의 프로메테우스적인 힘은 돈이다. 좋든 싫든 영리한 유인원이었던 인간은 이 세상을 만들었는데, 이는 돈이 없었다면 불가능했을 것이다. 그러므로 돈에 대한 이야기는 바로 인류에 대한 이야기 그 자체라 할 수 있다.

| 차례 |

지도 ··· 011
해제 누가 신뢰를 얻을 것인가에 대한 싸움 마이클 루이스 ················· 015
머리말 돈은 종교나 사상, 군대보다 강력하다 ·· 018
도판 ··· 033

1부 고대 화폐 Ancient Money

1장 | 태초에 돈이 있었나니 ·· 050
2장 | 바빌론 강가에서 ··· 059
3장 | 주화의 탄생 ·· 069
4장 | 화폐와 그리스 정신 ·· 080
5장 | 돈과 신용의 나라, 로마제국 ··· 094

2부 중세 화폐 Medieval Money

6장 | 화폐의 몰락과 부활 ·· 120
7장 | 사라센의 마법 ·· 135
8장 | 암흑에서 광명으로 ··· 152
9장 | 하느님의 인쇄기 ··· 174

3부 혁명기의 화폐 Revolutionary Money

10장 | 금융 부르주아의 등장 ·· 196
11장 | 통화 경제학의 아버지 ·· 215
12장 | 돈의 주교 ·· 230
13장 | 돈과 미국 공화국 ··· 246

4부 현대 화폐 Modern Money

14장 | 돈, 진화경제의 에너지원 ——— 264
15장 | 피 묻은 돈 ——— 280
16장 | 노란 벽돌길 ——— 298
17장 | 자본과 아이디어가 흘러넘치는 시대 ——— 313
18장 | 절망의 구렁텅이 ——— 328

5부 인간의 손을 떠난 돈 Money Unbound

19장 | 누가 돈을 통제하는가? ——— 350
20장 | 돈의 심리학 ——— 371
21장 | 돈의 진화 ——— 387

감사의 말 ——— 404
미주 ——— 409
미주 해설 ——— 421
도판 출처 ——— 428
색인 ——— 429

기원전 약 1만 8000년경에 제작된 것으로 추정되는 이상고 뼈.
콩고강 근처에서 발견되었으며 인류에게 수학, 혹은 돈이 있었다는
가장 오래된 증거다. 여기에 새겨진 눈금들은 대차대조표를 나타내는 것으로
추정되는데, 만약 그렇다면 이는 인류 역사상 최초의 회계 기록이다.

이 점토판은 메소포타미아의
도시 드레헴에서 나온 것으로,
기원전 2100년경에 제작된
것이다. 내용은 축산업에 대한
투자 전망인데 인류가 남긴
최초의 금융 소프트웨어
사례로 꼽힌다.

한쪽 면에는 올빼미가, 반대쪽 면에는 아테나 여신이 새겨진
그리스의 주화 테트라드라크마. 고대 세계에서 가장 널리 주조된 화폐로,
무려 700년 넘게 꾸준히 사용되었다.
이 은화는 지중해, 에게해, 흑해에 흩어져 있던 그리스 식민지들을
하나로 묶어주는 역할을 했다.

아고라에서 물건의 무게를 재는 그리스 상인들.
화폐를 중심으로 돌아가는 상업 도시 아고라는 상업뿐 아니라
사상, 토론, 공연, 먹거리 등 모든 것의 중심지였다.

폼페이 유적지에서 지금까지 드러난 29개의 건물 외벽 그림 중 19개에 상업의 신 메르쿠리우스가 등장한다. 베티우스 가옥의 프레스코화에서도 그가 중앙에 자리하고 있다.

소액 동전으로 빵을 사는 평범한 폼페이 시민들. 액수가 작은 동전은 돈의 힘을 증폭시켰다. 소액일수록 거래 단위가 작아지고 상업의 세계에 얽혀드는 사람들은 더 많아졌다.

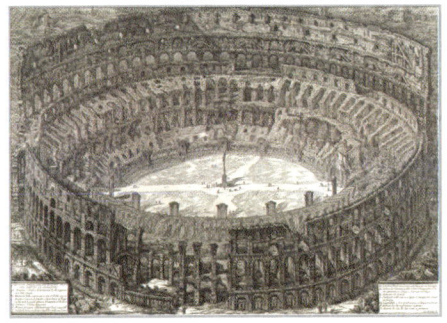

베스파시아누스 황제가 로마에 남긴 가장 대표적인 유산은 콜로세움이다. 여기 1776년 피라네시(Piranesi)의 그림에 묘사된 콜로세움은 정복지에서 약탈한 재물로 지어졌다. 황제는 사람들이 일단 돈을 갖게 되면 그 돈이 어디서 왔는지는 잊어버린다는 걸 잘 알고 있었다.

1000년경, 독일 니더작센주의 고슬라에서는 수 세기 동안 쇠퇴했던 화폐가 다시 부활했다. 고슬라 중심 광장의 중세 시대 길드홀에는 동전을 배설하는 남자의 조각상이 남아 있다. 이는 그 당시 고슬라가 은광 덕분에 얼마나 부유해졌는지를 말해준다.

중세의 시장은 새로 등장한 권력 계층인 상인들의 본거지였다.
이곳에서 환전상, 은행가, 무역상, 사업가들은 어음을 결제하고 돈을 빌려주며
성장하는 경제에 활력을 불어넣었다.

노르만 시칠리아의 표준 은화인 폴라로(follaro)는
'다양한 문화의 융합'이라는 섬의 정체성을 상징한다.
이 동전의 한쪽 면에는 아랍어 달력에 따른 주조 연도를 나타내는 아랍어 문구가,
다른 면에는 라틴어로 된 기독교적 문구가 새겨져 있다.

팔레르모에 있는 팔라티나 예배당 천장은 시칠리아의 위대한 세 문명,
즉 라틴 노르만, 그리스 비잔틴, 무슬림 아랍이 조화롭게 공존했음을 보여준다.
사라센 방식의 정교한 목각으로 꾸민 천장은 아라베스크 양식이며
기둥은 비잔틴 황금 모자이크로 장식돼 있다.

1265년에 태어난 단테 알리기에리 (보티첼리가 그린 이 그림 속 인물)는 중세 피렌체의 아들이었다. 그의 작품 『신곡』은 고딕 시대의 암흑에서 르네상스의 빛으로 나아가는 과정을 그려냈다.

스트라다누스가 1587년에 그린 이 삽화에는, 단테의 『신곡: 지옥편』에 나오는 위조범 아다모가 부풀어오른 배 때문에 고통스러워 하는 모습이 묘사돼 있다. 단테에게 플로린 위조범은 피렌체의 명예를 훼손하는 극악무도한 범죄자였다.

피렌체의 시뇨리아 광장이 내려다보이는 베키오 궁전. 부를 축적하기 바빴던 유럽의 왕가나 교회의 추기경들과 달리, 피렌체의 길드 및 상인 귀족들은 공공건물을 '가능한 한 가장 아름답게' 짓기 위해 경쟁하듯 돈을 뿌렸다.

귀금속을 다루던 솜씨 덕분에 구텐베르크는 디테일에 주목할 수 있었다.
누구라도 구텐베르크의 성경을 한번 보고 나면 절대 잊지 못했다.
그가 만든 성경은 손으로 쓴 필사본과는 전혀 달랐고
마치 미래를 보는 듯한 느낌을 주었다.

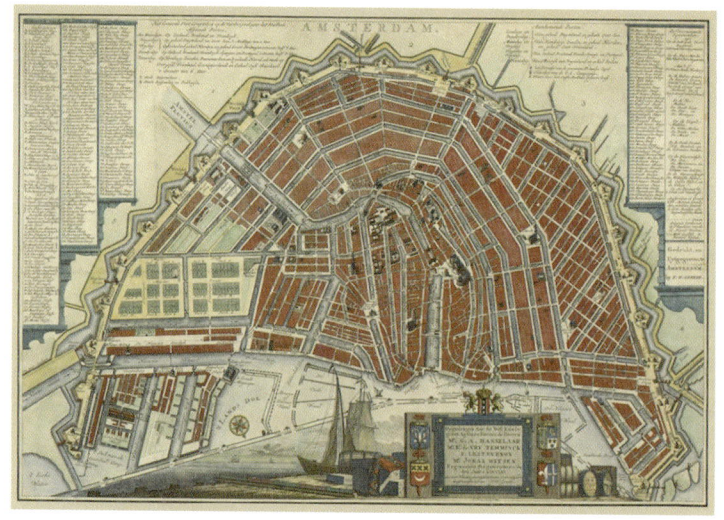

1766년 암스테르담 지도. 암스테르담은 화폐의 중심지로
막대한 부를 갖고 있었지만 대외적으로는 겸손한 태도를 유지했다.

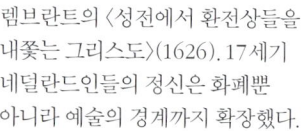

렘브란트의 〈성전에서 환전상들을
내쫓는 그리스도〉(1626). 17세기
네덜란드인들의 정신은 화폐뿐
아니라 예술의 경계까지 확장했다.

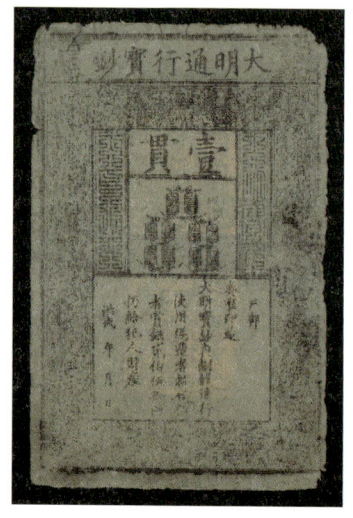

송나라 시대(980~1280년)가 되자
지폐는 화폐의 중요한 수단이 되었다.
이 지폐는 그 이후 명나라 시대인
1375년에 발행된 것이다.

캉캉푸아 거리의 척추장애인

1719년 미시시피 회사를 둘러싼 투기 열풍이 한창일 때,
캉캉푸아 거리(rue Quincampoix)에서는 주식 거래가 너무 치열해서
책상조차 놓을 공간이 없었다. 이런 혼란 속에서 어떤 등이 굽은 장애인은
자신의 등을 책상으로 빌려주면서 돈을 벌었다고 한다.

나폴레옹이 '비단 양말을 신은 똥덩어리'
라고 묘사했던 탈레랑을 풍자한 그림(1815).
이 그림에서 탈레랑은 '머리가 여섯 개
달린 남자'로 묘사되어 있는데, 이는 그가
활동했던 정권의 개수를 풍자한 것이다.

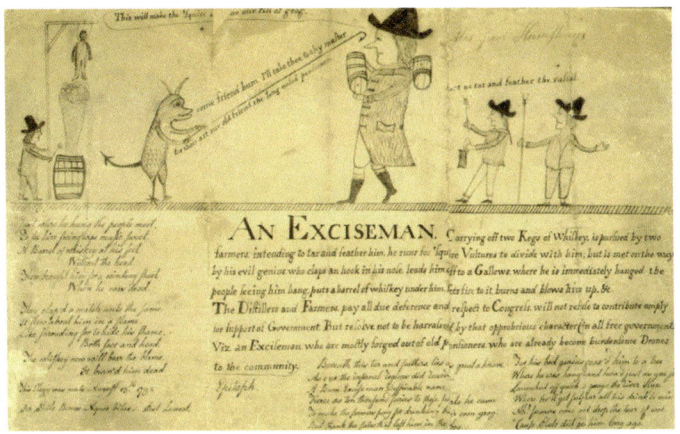

미국에서 연방정부의 권한이 처음으로 시험대에 오른 사건은
바로 주세 때문에 발생한 일명 위스키 반란이었다. 1791년에 그려진 이 삽화에는
세금 징수원이 두 농민에게 쫓겨 교수대까지 오른 장면이 묘사돼 있다.
이 사건의 중심에는 알렉산더 해밀턴이 있었다.

알렉산더 해밀턴은 미국의 모든
주를 결속시키려면 강력한 도구가
필요하다고 생각했다. 그 도구는 바로
돈이었고, 곧 미국 달러가 탄생했다.

1856년 대기근을 피해 미국으로 향하는 아일랜드 이민자들.
찰스 다윈의 자연선택 이론은 '맬서스의 함정'이라는 경제 개념에서 유래했다.
맬서스의 함정에 따르면 인류는 환경과 끊임없이 투쟁을
벌일 수밖에 없는데 승자는 늘 환경이다.

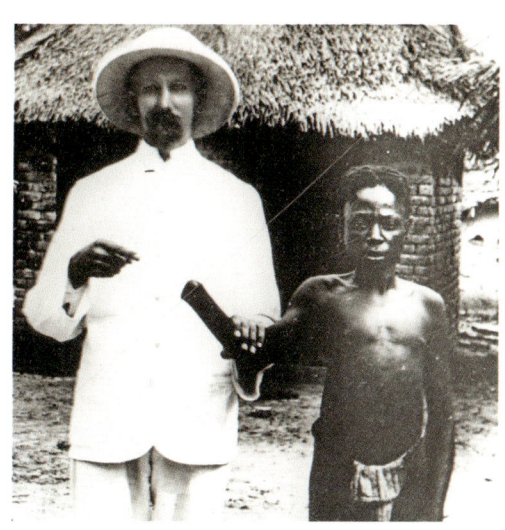

벨기에는 식민지였던 콩고 자유국에 고무 회사를 세우고 고무 채취를 위해 강제노동수용소를 운영했다. 벨기에 당국은 주민들을 감시하는 민병대원들이 총알을 빼돌려서 팔고 있을지 모른다고 의심했기 때문에, 예산 낭비를 막기 위해 총알을 쏠 때마다 그 증거를 제출하라고 명령했다. 증거는 사망한 자의 손이었다. 1885년부터 1908년 사이 콩고 인구의 절반, 즉 500만 명에서 1000만 명 정도가 사망한 것으로 추정된다.

1916년 로저 케이스먼트의 재판은 큰 화제를 모았다. 벨기에가 콩고에서 저지른 만행을 폭로하며 세계적인 명성을 얻은 그는 영국에서 반역죄로 사형을 선고받았다. 이 재판 장면은 아일랜드 화가 존 레이버리의 그림이다.

금본위제(1850~1914)는 오랜 기간 통화 보수주의와 작은 정부의 구성 요소였다.
이 그림은 1897년 영국의 만화잡지 〈펀치〉에 실린 풍자만화로
영국을 상징하는 존 불(John Bull)이 금을 은으로 대체하려는 미국을
거부하는 모습이 묘사돼 있다.

대부분의 미국인들은 〈오즈의 마법사〉를 순수한 어린이 동화로 생각하지만,
사실 이 영화는 매우 정치적인 우화로 계급투쟁과 문화전쟁을 상징한다.

작가 제임스 조이스는 1909년 아일랜드에 최초로 영화관을 설립한 사업가이기도 하다. 세상에 없던 것을 만들어낸다는 점에서 예술가와 사업가는 공통점이 많다.

20세기 초, 오스트리아의 빈은 모더니즘과 실험 정신의 중심지였다. 1911년 제작된 이 포스터에는 당시 주류였던 형식적인 신고전주의의 모방 양식에서 과감히 벗어난 아돌프 로스의 혁신적인 현대 건축이 담겨 있다.

1차 세계대전의 승리를 확신한 독일은 전쟁 자금을 조달하기 위해 높은 금리를 제시하며 국민들의 저축을 국채로 바꿔준다고 홍보했다. 이 이미지는 바로 그 홍보 포스터이다. 평범한 독일인의 입장에서 정부에 돈을 빌려주는 일은 애국심일 뿐 아니라 재테크 수단이기도 했다. 하지만 결과는 좋지 못했다.

독일 바이마르 공화국의 어린이들이 점차 휴지 조각이 되어가고 있는 지폐를 가지고 놀고 있다. 1923년 8월, 1달러의 가치는 62만 마르크였지만 그해 11월 6300억 마르크까지 치솟았다.

작가 제임스 조이스는 1909년 아일랜드에 최초로 영화관을 설립한 사업가이기도 하다. 세상에 없던 것을 만들어낸다는 점에서 예술가와 사업가는 공통점이 많다.

20세기 초, 오스트리아의 빈은 모더니즘과 실험 정신의 중심지였다. 1911년 제작된 이 포스터에는 당시 주류였던 형식적인 신고전주의의 모방 양식에서 과감히 벗어난 아돌프 로스의 혁신적인 현대 건축이 담겨 있다.

1차 세계대전의 승리를 확신한 독일은 전쟁 자금을 조달하기 위해 높은 금리를 제시하며 국민들의 저축을 국채로 바꿔준다고 홍보했다. 이 이미지는 바로 그 홍보 포스터이다. 평범한 독일인의 입장에서 정부에 돈을 빌려주는 일은 애국심일 뿐 아니라 재테크 수단이기도 했다. 하지만 결과는 좋지 못했다.

독일 바이마르 공화국의 어린이들이 점차 휴지 조각이 되어가고 있는 지폐를 가지고 놀고 있다. 1923년 8월, 1달러의 가치는 62만 마르크였지만 그해 11월 6300억 마르크까지 치솟았다.

앤디 워홀의 〈달러 사인〉(1981). 고대 리디아인들이 최초로 주화를 만든 이래 명목화폐(fiat money)의 등장은 역사상 가장 획기적인 혁신이었다. 이 시스템의 중심에는 미국 달러가 있다.

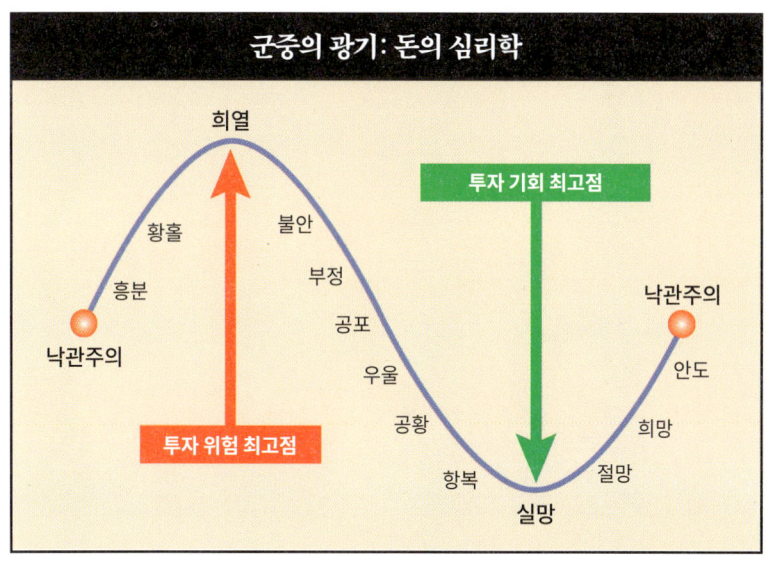

군중심리의 광기 때문에, 겉보기엔 최고의 시기가 가장 위험한 투자 시기이며 반대로 가장 최악의 시기가 가장 최고의 투자 시기인 경우가 많다.

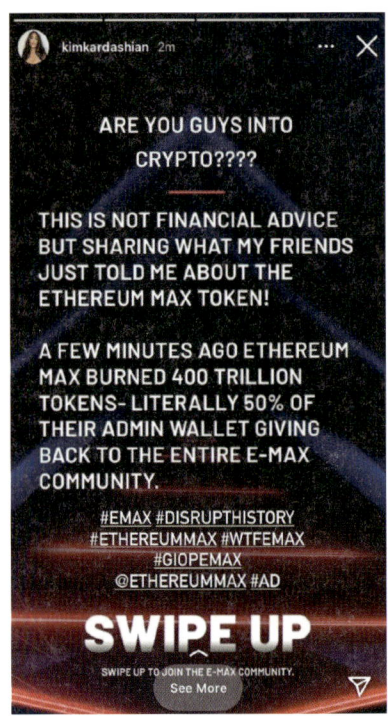

킴 카다시안 200만

암호화폐에
빠진 사람????

이건 재테크 조언은 아니고
내 친구들이 방금 해준
이더리움맥스 관련 소식이야!

몇 분 전에 이더리움맥스 측이
관리자 지갑에 있던 물량의 절반,
무려 400조 개의 이더리움맥스를
소각하면서 커뮤니티에 환원했대.

암호화폐는 유명인들의 지지와
월스트리트의 자금력을 등에 업었지만,
애초에 해결하려던 문제가 실제로는
그다지 심각한 문제가 아니었기 때문에
결국 기대에 크게 미치지 못했다.

케냐의 수도 나이로비에서 엠페사(M-Pesa)를 이용해 돈을 송금 중인 주민들.
현재 케냐 전역에는 약 5만 개의 엠페사 대리점이 '작은 은행'처럼 활동하고 있다.
이 시스템은 아프리카 전역에서 대중화될 것으로 보인다.

| 1부 |
고대 화폐
Ancient Money

로마 화폐의 가치가 하락해서 제국이 쇠퇴한 걸까,
아니면 제국이 쇠퇴해져서
로마 화폐의 가치가 떨어진 걸까?

1장 | 태초에 돈이 있었나니

석기 시대의 블록체인?

브뤼셀에 있는 왕립 자연과학 연구소에는 기원전 1만 8000년경으로 거슬러 올라가는 이상고 뼈(Ishango Bone)가 있다. 이상고 뼈는 1950년 콩고강 근처에서 발견되었는데, 그때는 유럽의 식민주의자들이 미지의 상태였던 콩고강의 상업적 가능성에 매료된 이후 약 1세기가 지난 때였다. 중앙아프리카를 가로지르는 콩고강은 그 지역의 생명줄이었고 그건 지금도 마찬가지다. 콩고강은 수천 년 동안 초고속 무역로 역할을 해왔다.

이상고 뼈는 개코원숭이의 대퇴골인데 거기에는 일련의 눈금이 새겨져 있다. 이 유물의 용도를 놓고 고고학자들 사이에서 의견이 분분하지만, 눈금 하나는 누군가 다른 사람한테 빚진 금액을 나타내며 눈금 전체는 거래 또는 차변(借邊)과 대변(貸邊)을 뜻하는 것으로 추측하고 있다. 뼈에 난 움푹 팬 자국은 대금이 지불되었고 따라서 삭제한다는 뜻 혹은 미결제 상태라는 뜻이었을 수도 있다.[1]

이상고 뼈가 정말 상업용 엄대^{유럽 중세 시대 물건 값이나 외상 거래를 기록한 막대기}*라면 거기 새겨진 눈금 또한 가치를 기록한 사례 중 최초가 될 텐데, 이는 굉장히 복잡한 개념이다.

가치를 매긴다는 것은 추상적 사고를 수행하는 것이다. 이를테면 내가 어떤 물건에 매긴 가치 혹은 기꺼이 지불할 의사가 있는 가격이 상대방의 기준과 전혀 다를 수 있기 때문이다. 이 점을 극복하기 위해 아프리카 선조들은 기초적인 형태의 거래를 개발했고 그 때문에 회계가 필요했던 걸까? 인간사가 아프리카에서 시작하는 만큼, 돈 이야기가 시작되는 것도 아프리카인 것은 어찌 보면 당연한 일일 것이다. 추측이 난무하는 가운데 우리가 확실하게 알고 있는 것은 이 아프리카인들이 셈을 했다는 사실이다. 이상고 뼈는 극히 초기의 기록 기법이며, 이 선조들이 뭔가를 주고받기 위해 계산을 했다면 거래의 기본 단위는 '인간'이었을 것이다. 노예제도는 돈의 원죄였다.

인류 역사에 대한 통설에 따르면 인간은 오랜 세월 떠돌아다니다가 정착했고, 다시 떠돌다 마침내 기원전 5000년경에야 비로소 공동체에 정착했다. 이때 형성된 작은 공동체는 차츰 돈을 중심으로 조직화된다. 하지만 초기 상업에 대한 이상고 뼈 이론은 우리의 아프리카 선조들이 그보다 훨씬 더 전부터 돈에 대한 개념을 갖고 있었다는 걸 말해준다. 이상고 뼈에 표시를 남긴 사람들은 신세계가 시작되려는 시점의 수렵채집인들이었다. 그들이 오랫동안 살았던 석기 시대 사회에서 중요했던 기술은 제우스가 두려워했던 기술, 바로 불이었다.

이브의 부엌

고고학자들, 인류학자들, 생물학자들, 고대사학자들은 인류가 정착 생활을 하기까지 불이 얼마나 큰 영향을 끼쳤는지를 강조했다. 미국 인류학자 제임스 C. 스콧은 한 걸음 더 나아가 인간을 불에 적응한 종 혹은 '파이로파이트'라 부르기까지 했다.[2] 불에 적응한 이후 인간의 몸은 변화했고, 주변 환경도 바뀌었다. 인간이 기르던 동물들 역시 변화했다. 여전히 유목민이었지만 더 적은 노력으로 더 많은 영양분을 확보하기 위해 불을 사용하면서 인간의 수렵채집 범위는 축소되었다.[3]

인간은 40만 년 넘게 불을 이용해왔다. 불 덕분에 인류는 사계절 내내 다양한 야영지에 머물 수 있었다. 수렵채집인 하면 정처 없이 떠돌아다니며 아무 데서나 먹이를 찾기만 하고 환경에 대한 통제권은 거의 없이 순전히 자연의 변덕에 시달리는 이미지를 떠올릴지 모르겠다. 하지만 수렵채집인들에게도 조직 체계가 있었다고 보는 편이 좀 더 타당하다. 그 조직 체계를 초기 경제라고 보면 될 것이다. 통화나 세금 같은 것이 존재하는 경제가 아니라 부족이 이해하고 있는 위계질서를 갖춘 사회구조가 있었다는 뜻이다. 유목민 경제에서 지구의 대부분은 울창하고 빽빽한 삼림으로 뒤덮여 있었다. 이런 지형을 바꿈으로써 그들은 일상생활을 좀 더 수월하게 영위할 수 있었다. 수렵채집인들은 자연발화 산불로 방대한 삼림지대가 타면서 잡아먹을 수 있는 동물들의 은신처와 둥지가 드러나는 것을 목격했다. 숲이 타고 난 뒤 풀들이 빨리 자라면서 초목이 어떻게 변했는지도 알게 되었다.[4]

불이 진화에 미친 영향력은 아무리 강조해도 지나치지 않다. 인간은 불이라는 도구를 이용해 요리를 할 수 있게 되었다. 음식은 곧 에너지이므로 먹을 수 있는 음식의 종류가 많아진다는 것은 에너지가 더욱 강해진다는 뜻이다.

불을 이용하기 전, 인간은 날고기와 풀로 연명했다. 불은 우리에게 소화하기 쉬운 음식을 선사했다. 요리를 통해 씹고 소화하는 과정이 편해지면서 인간은 훨씬 수월하게 더 많은 칼로리를 섭취할 수 있게 된다. 불가에 둘러앉아 식사를 하다 보면 부족이 결속하게 되므로 요리는 사회적으로도 매우 중요했다. 인류의 선조들이 불을 피워놓고 앉아서 요리를 하고, 음식물을 씹고, 수다를 떨고, 몸을 데우면서 별을 바라보며 우주를 상상하고 서로에게 이야기를 들려주는 모습을 상상해보라.

지금의 프랑스 라스코 동굴 벽화에 등장하는 사람들이 1만 7000년 전 불가에 둘러앉아 무엇을 그릴지 함께 궁리하는 모습은 어렵지 않게 상상할 수 있다.

불은 시간을 절약해주는 기술이었으므로 그림, 자기표현, 상상력과 예술 같은 추상적인 개념에 몰입할 기회도 선사했다.

인구 폭발

기원전 1만 2000년경에서 기원전 900년경, 비옥한 초승달 지대$^{Fertile\ Crescent,\ 인류\ 최초로\ 농경\ 문명이\ 발생한\ 지역,\ 오늘날\ 중동\ 지역에\ 해당한다}$*와 중앙아메리카, 중국에서 농업이 시작되었다.[5] 이 사람들이 서로에게서 배웠다는 증거는 없다. 아마도 각 문명은 더욱 강력한 어떤 근본적 동인에 의해 농업을 알아냈을 것이다. 그 근본적 동인이란 바로 지구온난화였다.

빙하기 동안 지구는 오늘날 우리가 북반구라 부르는 지역의 상당 부분이 빙상으로 덮여 있어 지금보다 훨씬 추웠을 뿐만 아니라 결정적으로 훨씬 건조했다. 아일랜드에서는 정말 추우면 추위를 습한 날씨와 연관 짓는 경우가 많지만, 정말 추우면 증발 작용이 적게 일어나 구름의 양이 적어져 비도 덜 내린다. 빙하기의 세계는 춥고 건조했는데, 이는 식물이 자라기 힘든 환경이었다는 뜻이다. 이런 기후에서 농업은 선택지가 될 수 없다. 필요한 에너지를 생산하기 위해 땅덩어리 하나에만 의존한다는 것은 너무 위험하기 때문이다.

기온이 상승하고 만년설이 녹으면서 인류는 갑자기 풍요로운 삶을 경험하게 되었다. 세상이 전보다 따뜻하고 습해지자 사람들은 식량을 재배할 수 있을 만한 장소를 찾아 그 주변에서 살기 시작했다. 물론 이런 일이 하루아침에 이루어진 것은 아니다. 수렵채집인들이 수렵채집과 사냥도 하면서 부업 삼아 농사도 조금씩 짓는 식으로 수천 년 동안은 이어졌을 것이다. 농사가 익숙해지기까지 수천 년 동안은 시간제 농사가 일반적이었을 가능성이 크다. 여기서 가장 중요한 것은 에너지였다. 농사로 에너지를 얼마나 얻을 수 있는지, 얼마나 집중적으로 이 에너지를 비축할 수 있는지, 얼마나 안정적으로 이런 에너지원을 만들어낼 수 있는지가 가장 중요했다. 곡물은 서서히 안정적인 에너지원으로 자리 잡아갔다.

수렵채집인들이 여전히 떠돌이 생활을 하는 동안 작은 마을에 정착한 사람들은 영양가가 높을 뿐만 아니라 재배하기 쉽고 수확이 빠르며 저장도 편한 작물을 찾았다. 곡물이 딱 그런 작물이었다. 곡물은 쉽게 자라고 수확량이 많으며 경작이 빨라 파종 후 몇 달 안에 수확이 가능했다. 진화 또한 곡물에 유리했다.

곡물은 자가수분自家受粉, 동일한 유전자를 가진 꽃의 꽃가루가 스스로 암술머리에 붙어 열매나 씨를 맺는 일*이 가능하기 때문이었다. 곡물의 이런 속성은 유목 생활을 하는 사냥꾼들이 정착하도록 유도했다. 이쯤 되면 전반적으로 지구가 따뜻해지면서 번식력이 늘고 농업이 등장하고 가축 사육으로 단백질 섭취가 쉬워진 만큼, 인구가 급격히 증가했을 거라 생각하기 쉽다. 하지만 그런 일은 쉽게 일어나지 않았다.

정착 후 처음 몇 천 년 동안 인류는 전염병으로 대재앙의 시기를 보냈다. 유목 대신 농사를 짓기 시작하자 독감, 홍역, 천연두, 발진티푸스를 비롯한 온갖 전염병이 가축들에게 번졌기 때문이다. 길들인 지 얼마 되지 않은 가축들에 내재돼 있던 병원균이 곧 내성이 없는 인간들에게도 옮겨갔다. 가축을 길들였던 초기 몇 천 년 동안인 기원전 만 년경부터 기원전 5000년경까지, 소와 돼지는 인류에게 크나큰 위협이었고 그 반대의 경우에도 마찬가지였다.

고대 세계를 다루는 인구통계학자들은 기원전 만 년에 인류의 인구수가 약 400만 명이라 추산했다. 5000년 후, 그 수치는 500만까지밖에 오르지 않았는데 치명적인 전염병으로 인구 증가가 둔화되었기 때문이다. 농경인이 물려받은 유목민의 면역체계는 무방비 상태였다. 면역력을 기르기까지는 여러 세대가 진화를 거쳐야 했다.

기원전 5000년경, 진화는 제 일을 하고 있었다. 즉, 생존 암호를 전달하여 우리의 면역체계가 침입자를 식별할 수 있게 했으며, 점점 더 많은 사람들이 병원균에 내성을 갖도록 만들었다. 그 무렵부터 인류의 개체수는 급증하기 시작한 것으로 보인다. 예수님이 고리대금업자들을 성전에서 쫓아낼 즈음, 불과 5000년 사이에 인구가 20배나 늘어 1억 명이 되어 있었기 때문이다.

농업의 등장과 화폐의 탄생

인류가 정착하면서 공동체는 점점 커지고 복잡해졌지만 수렵채집인의 특성 중 일부는 여전히 남아 있었다. 그중 하나가 바로 인류학자들이 사회적 역량이라 부르는 것이다. 영국 인류학자 로빈 던바는 다양한 영장류들의 뇌 크기가 서로 다른 이유를 파악하려고 하다가 영장류가 이룬 사회집단의 크기가 뇌 크기와 상관이 있는지 궁금해졌다.[6] 알고 보니 뇌의 크기는 집단의 크기와 관련 있는 것으로 드러난다. 복잡한 사고와 추론을 담당하는 뇌 영역인 신피질이 함께 사는 영장류의 수에 비례해 커진다는 것이다.

이렇듯 뇌는 우리가 맺게 될 사회적 접촉의 수를 처리할 수 있도록 진화해왔다. 생애 대부분 동안 작은 무리를 이루어 식량을 찾아다닌 유목민이었던 인간은 작은 무리 안에서 대처할 수 있는 수준의 뇌를 갖고 있었다. 그런데 농업이 등장하고 정착 생활을 하게 되자, 불과 몇 천 년 만에 인류는 훨씬 더 큰 공동체에서 살게 되었다. 인간의 뇌는 급격하게 복잡해진 사회에 적응하기 위해 도구가 필요했는데 그것은 바로 기술의 탄생으로 이어진다. 기술이라고 하면 대개 망치나 자동차 같은 물리적 기술을 떠올리기 쉽지만 사회적 기술 또한 존재한다. 사회적 기술은 인간이 대규모 집단 내에서 더욱 능률적으로 일할 수 있게 도움을 주는데 여기에는 언어, 법, 종교 등이 있다. 도시화와 함께 등장한 이런 사회적 기술은 명확한 규칙하에 공동의 목표를 세우면서 진화해왔다. 화폐 역시 사회적 기술 중 하나다. 급격하게 변화하는 인간의 생활 방식에 대처하기 위해 만든 도구 중 하나인 것이다.

수렵채집인에게 식량과 주거는 소규모 집단에서 해결해야 할 문제였다. 그와 달리 정착 생활을 하게 된 인류는 대규모 집단의 문제를 해결해야 했다. 건강, 부, 분배, 이방인과의 대면, 외부인과의 거래, 다닥다닥 붙어서 살고 있는 이웃 간의 분쟁 등등 모든 문제는 복잡한 수수께끼와도 같았다.

곡물을 에너지원으로 삼고 나자 인류는 현대인에게도 낯익은 길에 들어서게 되었다. 인류 문명이 비옥한 초승달 지대에서 중국 중부 평원, 메소아메리카^{Mesoamerica, 고대 중남미 문명이 발달한 지역으로 오늘날 멕시코 중부에서 중앙 아메리카 북부에 해당한다}*에 이르기까지 곡물 재배에 적합한 위도 내에서 발생한 것은 우연이 아니다. 세계 인구가 기원전 5000년 사이 500만에서 1억 명으로 급증함에 따라, 인구가 가장 눈에 띄게 증가한 곳에서는 이에 대처할 사회적 기술이 필요해졌다. 바로 이곳에서 우리는 화폐의 흔적과 함께 그의 동반자인 문자와 종교의 발자취를 확인할 수 있다.

곡물 재배는 인간과 인간의 조직을 뼛속 깊이 바꿔놓았다. 곡물은 수확한 나음 서장이 가능했으므로 잉여농산물이 발생했고, 시간을 두고 분배하는 것도 가능했다. 뭐든 뿌린 대로 거두는 법이다. 결국 잉여농산물이 생기자 인간 공동체는 이해하기 쉬운 측정 단위, 즉 곡물의 양을 중심으로 기준을 세울 수 있었다. 특정한 양의 곡물은 노동자 한 명의 하루 일당처럼 다른 재화의 가치를 측정하는 기준이 된 것이다. 이로써 곡물 가격과 다른 모든 재화의 가격 사이에 관계가 정립되었다.

초기 화폐는 이와 같이 곡물이 기준이었다. 가령 수메르Sumer, 인류 역사상 최초로 문명화된 도시국가들이 등장한 고대 지역, 오늘날 이라크 남부의 메소포타미아 지역에 해당한다, 기원전 3500년~기원전 1000년*에서 1세켈shekel, 고대 메소포타미아 지역에서 사용된 무게 단위이자 화폐단위, 처음에는 금속의 무게를 재는 기준이었다가 점차 화폐단위로 발전한다. 현재 이스라엘의 화폐단위도 세켈이다*은 보리 두 말에 해당했다.[7] 세켈은 셀 수 있어서 거래가 쉬웠다. 어느 고대 도시에서든 가장 중요한 기관 중 하나였던 곡물창고는 공급을 조절함으로써 통화량(通貨量)을 조절했는데 이는 오늘날 중앙은행의 역할과 매우 흡사하다. 곡물의 수확량이 늘어날수록, 통화량 또한 늘어났다. 이처럼 기본 화폐가 곡물 같은 상품에 연동되어 그 자체로 내재적 가치가 있으면 차변과 대변, 자산과 부채(대차대조표의 기본) 등등을 기록할 수 있었다.

곡물 경제는 잉여농산물을 창출했고 그 덕분에 통치자와 관리자들은 세금을 거둬들여 그 무리를 통치할 수 있었다. 잉여농산물이 많아질수록 자급자족하고도 남을 만큼 생산량이 늘어날수록 사회는 더 복잡해지고 정교해진다. 그런 사회로 나아갈수록 사제, 군인, 상인, 무역상을 비롯해서 왕족이나 귀족 등 다양한 계층이 탄생하고 자신의 계급을 유지하게 된다.

이처럼 곡물 사회는 자연의 기술인 불의 세상을 인간의 기술인 돈의 세상으로 바꿔놓았다. 프로메테우스의 배턴이 다른 주자에게 넘어가고 있었다. 하루아침에 일어난 일은 아니었지만 이동 방향은 이미 정해져 있었다.

2장 | 바빌론 강가에서

잠 못 이루는 밤

옛날 옛날 5000년도 한참 전인 오랜 옛날, 그리스인들의 말에 따르면 제우스와 프로메테우스가 인간을 만들었다는 바로 그곳, 메소포타미아에서 쿠심이란 한 남자가 보리 한 무더기를 배달받았다. 아마 그는 맥주를 만들려고 했을 것이다.[1] 그는 특정 기간 동안 보리를 빌렸다. 계약서에는 쿠심이 빌린 보리를 2년 반 안에 갚아야 한다고 쓰여 있었다.

수메르 시대의 보편적인 금리였던 연 33.33%의 금리로 쿠심은 빚을 졌다.[2] 그는 2년 반 후 양조한 맥주를 팔아 수익을 남긴 후 빚을 갚고 다시 시작할 수 있을 거라 믿고 있었다. 하지만 계획은 늘 틀어지게 마련이다. 따라서 쿠심이 느꼈을 재정적 압박감을 이해하기란 그리 어려운 일이 아니다. 제때 맥주를 만들 수 있을까? 돈을 받을 수는 있을까? 만약 돈을 못 갚으면 연체율은 얼마나 될까?

고대에는 대출을 받을 때 자기 자신 혹은 자녀를 담보로 잡히는 일이 흔했다는 점을 고려할 때, 쿠심의 선택은 리스크가 매우 높다고 말해도 과장이 아닐 것이다. 이쯤 되면 늦은 밤 풍작을 기원하는 쿠심의 간절한 마음을 쉽게 짐작할 수 있다. 쿠심은 보리만 빌린 것이 아니었다. 빌린 보리를 갚으려면 더 많은 보리를 괜찮은 가격에 확보해야 한다. 절대 일어나면 안 되는 일은 흉작이다. 그렇게 되면 보릿값이 폭등하기 때문이다.

그와 반대로 풍년이 들면 보리값이 떨어져 쿠심은 수익을 낼 수 있다. 여기서 금리가 결정적인 역할을 하는데 이는 쿠심에게 돈을 빌려주는 사람에게 핵심 동기이기 때문이다. 금리는 빌린 사람인 쿠심이 사업을 하기 위해 기꺼이 치른 대가이기도 하다. 그는 가격, 비용, 이윤을 계산하면서 금리를 감안할 것이다. 보리의 미래 가격 변동은 위험 요인이다. 쿠심이 밤에 잠도 못 자고 돈 문제로 고민하는 모습을 상상하다 보면 남의 일처럼 느껴지지 않을 것이다. 쿠심이 이자를 부담했다는 사실은 이 무렵 돈이 상당히 진화했다는 것을 말해준다. 즉, 화폐는 본래 뭔가를 대표하는 수단이었지만 이제는 그 어떤 것과는 별개로 화폐 자체만으로도 가격을 매길 수 있을 만큼 가치가 있었다는 말이다.

이 무렵에는 '빚'이라는 개념과 함께 '시간의 가격'이라는 인식이 생겨났고 이로써 돈의 가격, 즉 금리가 확고하게 자리 잡았다. 이것은 지금 우리에게는 너무나 익숙한 개념이지만 그 당시만 하더라도 돈을 획기적으로 활용한 방식이었다.

돈의 가격

금리는 돈을 그 자체로 빌려주고 빌려올 수 있는 하나의 상품으로 만들었다. 현재의 경제 상황으로 미래의 시나리오를 예측할 수 있었기에 이는 엄청난 발전이라고 말할 수 있다.

금리가 너무 낮으면 돈을 빌려주지 않게 되므로 내일을 위한 투자는 멈춘다. 또 금리가 너무 높아도 빌리는 사람 입장에서는 리스크를 감당해야 하기 때문에 역시 투자는 감소한다. 미래에 대한 투자가 없으면 혁신도 없고 발전도 없다. 즉 적정한 금리 덕분에 돈을 빌려줄 수 있는 충분한 여유와 빌린 돈으로 투자를 해야겠다는 충분한 동기가 생기면서 빌려준 사람도 빌린 사람도 이득을 본다.

금리는 단순한 숫자가 아니라 하나의 암호이기도 하다. 돈을 빌리려는 사람에 대한 정보, 성공 가능성, 해당 지역 혹은 업계에 존재하는 위험, 시장 내 경쟁력, 기술 인프라, 기타 수많은 변수에 대한 정보를 담고 있는 소형 백과사전이라는 말이다. 돈을 빌리고 빌려주는 것이 한 개인의 세계관을 어떻게 바꿔놓는지 보려면 금리가 시간에 대한 사람들의 관념에 어떤 작용을 하는지 생각해보면 된다.

당신이 누군가에게 연간 10% 금리로 5년 동안 돈을 빌려준다고 상상해보자. 이 안에는 당신이 빌려준 돈을 돌려받지 못할 위험과 그 돈을 직접 쓰지 않아서 생긴 기회비용이 반영되어 있다. 대출 기간이 길수록 상환받지 못할 가능성은 높아지는데, 이는 그것이 먼 미래(당연히 불확실한)인데다 그 돈을 직접 쓰려면 기다려야 하는 시간이 너무 길기 때문이다. 대출해준 사람이 이런 위험부담을 감수할 만큼 메리트를 느끼려면 돈 자체에 가격이 붙어야 한다. 물론 이 가격은 대출해준 사람에게는 소득이지만 빌리는 사람에게는 비용이다. 이 가격에는 시간의 가치가 반영돼 있다. 달리 표현하자면 남의 돈 천 냥이 내 돈 한 푼만 못하다는 말이다.

금리가 대변혁인 이유는 미래의 소득을 끌어서 현재에 쓸 수 있었기 때문이다. 금리의 탄생으로 가진 자들이 돈을 쌓아두지 못하게 하고 소득의 흐름을 원활하게 조정할 수 있게 되어, 우리의 영웅 쿠심처럼 당장 돈이 필요한 사람에게 융통해줄 수 있는 제도가 생겼다.

한번 생각해보라. 왜 해가 뜨고 지는지 같은 자연현상에 대해서도 제대로 파악하지 못한 시대에 시간의 가치를 이해했다는 사실을.

수메르인들은 자연에 대한 이해가 부족한 대신 놀랍게도 추상적인 관념에 대해서는 이해하고 있었다. 자연의 변덕으로 미래를 예측할 수 없었던 그들은 기아와 질병에 시달리며 위험, 보상, 확률 같은 개념에 골몰했고 그 결과 시간의 가치에 대한 고도의 계산법을 적극적으로 받아들였다. 이렇듯 돈의 개념에 대해서 인류의 선조들은 놀라울 정도로 현대적이었다. 가령 수메르인들은 단리가 아니라 시간의 경과에 따라 채무액이 기하급수적으로 늘어나는 복리를 적용했다.[3] 사정이 이러하니 쿠심은 불안에 떨 수밖에 없지 않았을까?

무게, 글쓰기, 돈

쿠심의 보리 사업은 그 자체로 흥미롭다. 하지만 그에게는 또 다른 차별점이 있었으니 그것은 바로 '쿠심'이 인류 역사상 최초로 기록된 이름이라는 것이다. 우리가 이름도 알고 어떤 인생이었을지 추측도 할 수 있는 최초의 인간은 권력 있는 왕도, 신과 직통으로 소통하는 현자도 아니었다. 쿠심은 지극히 평범한 사업가이자 우리의 친구 같은 사람이었다. 수메르의 위대한 『길가메시 서사시』보다 수백 년 먼저 쐐기문자로 작성된 문서에 쿠심은 기원전 3400년과 기원전 3000년 사이 어느 때인가 자가 양조 장비를 운용하고 있었다고 기록되어 있다.

인류의 가장 창의적인 기술 중 하나인 글쓰기가 또 다른 획기적인 기술인 돈 때문에 생겨났다고 하니 생각보다 로맨틱한 유래담은 아닐지 모르겠다. 우리가 최초로 쓴 글이 돈에 관한 것이었다니 말이다. 돈에 대해 쓰면서 인류는 무게에 대해서도 쓰게 되었다.

경제학의 역사를 훑어보면 돈은 결국 무게였다. 사람들은 보리, 기름, 소, 맥주 같은 온갖 물건을 서로 거래했는데, 빚진 금액은 무게로 표시했다. 메소포타미아에서 셰켈은 무려 기원전 3000년 전에 만들어졌으며 곡물 두 말에 해당했다.[4] 수확량 같은 여러 조건에 따라 1셰켈에 해당하는 곡물의 양은 달라졌다. 고대 히브리어로 '무게를 달다'를 뜻하는 셰켈의 가치는 오르락내리락했다.

금, 은, 동의 무게를 잰 다음 셰켈로 표시해서 특정 기간이 끝날 때, 가령 한 달이나 1년 뒤에 거래를 정산했다. 고고학자들은 일반적으로 귀금속 자체를 교환하기보다 큰 금괴 덩어리를 보유 재산처럼 저장했을 거라고 결론지었다.[5]

채무자와 채권자는 그 금괴를 교환하는 대신 석판에 각자의 차입금과 대출금을 새겼는데, 이는 이상고 뼈가 진화한 형태였다. 여기에 새겨진 채무는 노예나 곡물 같은 자산의 양도를 통해 정기적으로 정산되었다. 메소포타미아의 상거래는 매일매일 보리 1셰켈을 기준으로 이루어졌는데, 보리 1셰켈은 도시 내 상인들 사이의 소규모 거래와 채무를 청산하는 데 쓰였다. 이는 셰켈이 유동적이었다는 뜻이다. 부동산처럼 비유동적인 것과 달리 셰켈의 가치는 접근하기도 쉽고 양도하기도 쉬웠다.

모두가 이 법칙을 이해했으므로 정산 과정은 간단했고 곡물창고에 잉여분을 저장했기 때문에 보리가 갑자기 부족한 경우는 거의 없었다. 외국인을 상대하게 되면 현지 상인들은 재화의 대가로 은 한 덩어리를 받았다. 이 지역에는 은광이 없었고 채굴을 했다는 증거도 거의 없으므로, 수메르인들이 농산물을 은과 교환했다는 사실을 추측할 수 있다. 그렇지 않고서야 어떻게 그들이 은을 손에 넣을 수 있었겠는가?

기원전 18세기경 제작된 것으로 추정되는 현존 최고(最古)의 성문법전인 에슈눈나(Eshnunna) 법전은 1945년 바그다드의 텔 하르말 지역에서 발견되었다.[6] 이 법전에는 은 셰켈의 가치가 얼마나 나가는지

자세히 나와 있다.

> 보리 1구르(gur)약 300리터*는 은 1세켈이다.
> 순수한 기름 3카(qa)약 3킬로그램*는 은 1세켈이다.
> 참기름 1수트(sut) 및 5카(qa)의 가격은 은 1세켈이다.
> 양모 6수트의 가격은 은 1세켈이다.
> 소금 2구르의 가격은 은 1세켈이다.
> 할 종자 하나는 은 1세켈이다.[7]

이렇듯 초기 문명 국가에서 중량은 중요한 기준이었다. 고대 경제에서 중량은 그 무엇보다 신성한 가치였다. 구약성경에는 '속이는 저울은 여호와께서 미워하시나 공평한 추는 기뻐하시느니라'[8]라는 구절도 있다.

고대부터 유로화를 채택하기 전까지 그리스의 화폐단위는 '드라크마'였는데 이는 '한 줌'이라는 뜻이다. 평범한 단어 같지만 사실 드라크마의 기원도 세켈처럼 고대부터 이어져온 중량과 화폐 사이의 관련성을 명백하게 드러내고 있다. 문명의 역사는 때때로 거대한 드라마에 잠식당한다. 수많은 전투들, 영웅들, 신화가 압도하기 때문이다. 하지만 또 다른 이야기도 있다. 우리가 사는 세상이 어떻게 돌아가는지에 대한 재미없고 번잡스럽고 지겹도록 반복되는 일상에 대한 이야기 말이다. 일상적인 기능을 수행하기 위해 국가는 조직을 만든다. 그리고 조직화에는 인구, 토지, 소유권, 생산성, 가축, 수확량, 곡물비축량 등의 목록이 필수불가결하다.

중앙집권 국가는 과세를 통해 돌아가는데, 과세는 세무원이 대상자가 누구인지, 누구누구에게 얼마를 부과할지 알고 있어야만 가능하다. 그러려면 영수증, 배송시간, 물량, 비교자료 등등을 파악하고 있이야 한다. 그러니 통계 없는 국가는 국가라고 할 수가 없다. 따라서 조직화에 필요한 목록은 중앙집권 국가의 기본 도구다. 쿠심에 대한 이야기가 나온 시대에는 재산권에 대한 법률 체계가 완전히 구축돼 있었다. 그때는 이미 재산권 없이 농사짓기가 힘들었으며, 돈은 재산권을 부여하고 유동화하는 도구로 자리 잡은 상태였다.

수메르 법은 주로 상거래를 다루고 있는데 이는 재산권, 법적 분쟁, 법조인이 사회에서 얼마나 중요한 위치였는지를 잘 보여준다. 초기 문자인 쐐기문자도 상거래를 기록하기 위해 만든 것이었다.

글쓰기, 법률, 화폐는 도시화 및 정치적 필요성으로 탄생한 것이다. 인간이 필요에 의해 만든 이 발명품들 중 가장 매력적이고 가장 유용한 기술은 바로 화폐다. 화폐 없이는 다른 많은 일들이 애초에 불가능했기 때문이다.

왜 1분은 60초일까?

상거래가 증가하자 메소포타미아의 도시에 사는 주민들은 누구에게 얼마를 빚졌는지 기록할 필요가 있었다. 상업이 활성화될수록 수메르인들의 계산 능력도 점점 능숙해졌다. 덧셈, 뺄셈에 익숙지 않은 상인들이 도태되는 건 자연스런 결과였다. 처음에 사람들은 손가락으로 셈을 했기 때문에 5와 10을 기본으로 하는 진법이 나온 건 당연하다.

다수의 고대 문화권에서 공통적으로 양 손가락과 양 발가락을 모두 이용한 20진법을 사용했다. 80을 뜻하는 프랑스 단어 'quatres vingt'을 살펴보자. 영어를 쓰는 사람들은 그 단어를 eighty(8이 열 개)라고 하는 데 반해, 프랑스인들은 같은 숫자를 20이 네 개 있다고 표현한다. 카이사르가 당도하기 훨씬 전 프랑스를 이리저리 돌아다니던 어떤 부족이 계산할 때 손가락, 발가락을 총동원해서 20진법을 썼던 게 분명하다. 수많은 침략을 받았고 새로운 문화가 기존 문화 위에 수차례 덧씌워졌음에도 불구하고 프랑스인들은 여전히 20을 기본으로 하는 언어를 쓰고 있다.

수메르인들은 60진법을 개발했다. 화폐와 무역은 나눠지는 숫자가 많은 수가 필요했기에(그런데 60은 30, 20, 15, 12, 10, 6, 5, 4, 3, 2로 나눠진다) 이것은 매우 혁신적이 기술이었다. 수메르인들에게 60은 마법의 숫자였다. 오늘날 고대 수메르인들의 흔적은 1분이 60초, 60분이 한 시간인 데서 찾아볼 수 있다. 거래가 이루어지는 저잣거리에서는 우아함보다 실용성이 더 중요했다. 화폐가 일상화된 사회에서 기본적인 계산을 이해하지 못하면 바가지를 쓸 가능성이 높아지기 때문이다. 화폐의 도입으로 사람들은 숫자로 사고할 수밖에 없게 되었다.

채무가 돌고 도는 사회에 금융 혁신이 일어났다. 만약 메소포타미아에서 내가 당신한테 빚을 졌고 또 다른 누군가가 나한테 빚을 졌다면, 나는 빠지고 내 채권자인 당신과 내 채무자인 인물이 다시 계약서를 작성할 수 있었다. 무려 기원전 3000년경에 일종의 약속어음이 탄생했는데 이는 20세기의 수표 같은 것이었다.

최초의 스프레드시트

우리는 흔히 기업가치 평가에 쓰이는 현금흐름 분석이 최근에 등장한 거라고 생각한다. 오늘날 우리가 살고 있는 세상에서는 매년 최고의 대학에서 학위를 거머쥔 똑똑한 젊은이들이 은행에 고용되어 어떤 기업의 가치가 저평가되었는지, 과대평가되었는지 논하는 재무 보고서를 작성하고 있다. 그들이 매출과 비용 데이터를 바탕으로 작성한 재무 보고서는 대출 심사의 핵심 근거가 된다.

MBA는 1920년대가 돼서야 생겨났지만 금리라는 개념은 기원전 고대 세계에서 이미 생겨나 금융 혁신을 일으켰다. 그 시절은 신의 존재가 절대적이었고, 풍년을 기원하려고 동물을 제물로 바치며 날씨를 예측하기 위해 닭의 내장을 살펴보던 때였다. 이런 시절과 걸맞지 않게도 고대 수메르의 상인들은 지금 살펴봐도 놀라울 정도로 높은 수준의 금융 감각을 갖고 있었다.

고고학자들은 기원전 2100년경 메소포타미아의 도시 드레헴에서 나온 점토판에서 세계 최초의 스프레드시트표 형식으로 이루어진 데이터*라고 할 수 있는 것을 발견했다.[9]

이 점토판에 나와 있는 행과 열은 고대에도 금융 소프트웨어가 존재했다는 것을 보여주는 놀라운 사례이다. 이 점토판에는 축산업 투자에 대한 추정과 예측이 담겨 있다. 요즘 투자 모델처럼 이 점토판에도 가축의 출생과 사망에 대한 데이터, 번식력과 사료를 비롯하여 투입된 자원에 관한 데이터가 담겨 있다. 그 당시의 금리로 이 사업을 추진했을 때 수익과 손실이 어떻게 될지 알 수 있었던 것이다.[10] 이 기술 덕분에 투자자들은 일정한 공식을 기준으로 다양한 시나리오를 예상함으로써 해당 사업의 수익률을 추측할 수 있었다.

드레헴 점토판은 젖소의 산유량을 토대로 향후 성장을 예측한 장기 계획용 소 사육 사업 모델이었다. 재무 계획과 스프레드시트 분석이라는 측면에서 볼 때, 이는 오늘날 자본을 끌어모으기 위해 스타트업이 제시하는 사업계획서와 별반 다를 바가 없다. 쐐기문자로 기록된 이 고대 사업 모델은 동물의 사망률 같은 데이터에 근거한 고성장 시나리오와 저성장 시나리오 양쪽을 다 보유하고 있다. 오늘날의 주당순이익(EPS) 모델까지는 아니지만 그에 못지않은 수준이다. 이 스프레드시트가 시사하는 바는 예수님이 태어나기도 전에 수메르인들은 금융, 이자, 화폐 및 상거래에 대한 지식을 갖고 있었다는 사실이다.

더 나아가 그들은 수확량과 수익, 손익분기점, 그것이 사업 전반에 어떤 영향을 미칠 것인지도 예측했다.

수메르 문명은 글쓰기, 회계, 복잡한 법체계, 정교한 금융시스템까지 만들었는데 이 모든 것은 금리를 중심으로 구축되었다. 금리란 시간을 가치로 환산한 것인데, 이는 그 당시로서는 놀라운 수준의 추상적 사고로 결국 채권자와 채무자가 역동적으로 움직이는 자본시장으로 이어졌다.

금리는 은과 같은 비활성 물질에 생명을 불어넣었다. 수메르인들의 영향력하에 화폐는 인간의 에너지를 방출하며 살아 숨 쉬는 가치로 탈바꿈했고 이를 잘 보여주는 것이 바로 쿠심의 사례다. 돈은 이자라는 개념이 생기면서 더욱 역동적으로 변신한다. 은은 보석이라는 이름보다 화폐라는 이름일 때 훨씬 더 큰 가치를 뽐내게 된다. 화폐로서 은을 대출해주면 이자가 붙고 이자는 곧 수입이기 때문이다. 이때야말로 정말로 돈이 돈을 버는 시대였다.

이렇듯 기술의 첨단을 걷던 수메르인들은(그 지역에서 수메르인의 뒤를 이은 것은 바빌로니아인들이었다) 계약에 기반한 상업 체계와 조직 체계를 만들어냈다. 초기에 사람들은 돈의 개념을 머릿속으로 헤아려야 했지만 곧 주머니 속에서 돈의 실체를 만질 수 있었다. 주화의 탄생이라는 화폐 혁신으로 상업은 폭발적으로 성장하게 된다.

3장 　주화의 탄생

미다스는 누명을 쓴 걸까?

미다스는 가난하지만 유례없을 정도로 너그러웠던 왕으로, 팍톨로스강이 흐르는 메마른 땅 프리기아를 다스렸다. 궁핍한 상황에서도 낯선 사람들을 기꺼이 포용할 만큼 그는 나그네들에게 개방적이었다. 그런데 우연히 그의 식탁에 앉게 된 낯선 사람이 있었으니 그는 바로 실레노스로 쾌락, 늦은 밤, 방탕의 신, 디오니소스의 양아버지였다. 미다스는 늘 하던 대로 그 낯선 사람을 위해 붉은 융단을 깔고 자신이 가진 것을 아낌없이 내어주었다.

마음에서 우러나온 듯한 미다스의 대접에 감동받은 실레노스는 술에 취해 디오니소스에게 이 이야기를 전했다. 그러자 그는 양아버지에게 조건 없는 환대를 베풀어준 보답으로 미다스에게 소원 하나를 들어주겠다고 한다.[1]

그 옛날 미다스도 현대인과 똑같은 고질병을 앓고 있었으니 그것은 바로 지위 불안이었다. 그는 왕이었지만 돈이 없었다. 명색이 왕이었지만 가난한 재정 형편 때문에 조롱과 동정의 대상이 되는 게 싫었던 그는 자신이 손만 대면 모든 것이 금으로 바뀌게 해달라고 이야기했다. 현시대에 미다스라는 이름은 근시안, 탐욕, 욕심과 동일시되지만, 사실 알고 보면 그는 그저 주머니 사정이 좀 안 좋아서 스트레스를 받고 있던 친절한 사람이었을 뿐이다. 안타깝게도 그의 생각은 짧았다. 그가 사과를 만지자 사과가 금으로 변했다. 그 덕에 사과는 가치는 있지만 쓸모가 없고, 화려하지만 실용성 없는 물건이 되어버렸다. 사랑하는 딸이 달려와 다정한 아버지를 안아주자 딸 역시 금으로 변했다. 그제야 미다스는 자신의 어리석음을 깨달았고 디오니소스에게 이 저주에서 벗어나게 해달라고 간청했다.

관대한 성품에 쾌활한 신이었던 디오니소스는 미다스가 일찍이 보여주었던 겸손과 인정을 떠올리고는 그를 불쌍히 여겨 팍톨로스강에서 목욕을 하라고 일러준다(이 강은 오래전에 메말라버렸지만, 실제 이 일은 트몰로스 산 근처 중앙 아나톨리아에서 일어났을 거라 추정된다[2]).

전설에 따르면 흥분한 미다스가 목욕을 하며 금을 씻어내자 강물이 반짝이는 노란색으로 변해 황금이 흐르는 강이 되었고, 그 덕에 미다스는 손대는 족족 모두 금으로 변해버리는 불편을 겪지 않고도 부유해질 수 있었다고 한다. 또한 미다스가 다스리던 땅의 후계자인 리디아인들Lydians, 지금의 터키 서부 지역에 살았던 고대 민족으로 리디아제국을 건설했다. 세계 최초로 주화를 만든 것으로 유명하다. 기원전 1000년~기원전 700년*은 디오니소스가 아량을 베푼 덕에 생겼다는 황금을 누리게 되었다.

그런데 그리스인들이 이 신화를 통해 하고 싶었던 이야기는 따로 있다. 바로 금화를 화폐로 사용하면서 페르시아에서 에게해까지 광대한 무역 네트워크를 개척한 제국이 흥했다는 사실이다. 팍톨로스강은 정말 황금빛으로 반짝이지만 미다스 왕이 그 안에서 목욕을 했기 때문은 아니다. 팍톨로스강에는 백금으로 알려진 호박금이라는 합금이 들어 있다('전기electric'라는 단어는 '반짝이는 자elector'라는 뜻의 고대 그리스어에서 유래했다[3]).

바빌로니아인들은 장신구로서 금을 가장 소중하게 여겼다. 하지만 리디아인들은 새로운 시도를 했다. 리디아인들은 금을 세린해서 주화에 기반한 새로운 경제체제를 만들어냈다.[4]

계약, 법률, 부채, 변동 금리를 기반으로 한 수메르인들의 가상화폐는 금화, 은화, 동화(銅貨)라는 실물 화폐로 변모하고 있었다. 희귀한 금속을 기반으로 한 금속 주화는 화폐에 대한 인간의 인식을 점차 바꿔놓게 된다. 이때가 바로 금이 장신구에서 화폐로 바뀐 때였다. 주조되기 전에는 쓸모없는 금속 조각이었던 것이 결국 훨씬 더 큰 가치의 물건으로 변신하게 된 것이다.

당시 사람들에게 주화는 굉장히 추상적인 물건이었다. 주화의 가치를 인정하려면 그것에 '어떤 가치가 있다'는 생소한 믿음을 받아들여야 했다. 작은 금속 조각 하나가 온갖 상품과 서비스의 가치를 대신하는 상징이 된 것이다.

일단 주화로 제작되어 인장이 찍히면, 이 작은 금속 조각은 원래의 재료 값보다 훨씬 더 큰 가치를 갖는다. 바로 이런 추상적인 물건 덕분에 사람들은 이제 훨씬 더 복잡해진 세상에서 경제활동을 하며 살아갈 수 있게 되었다.

이 장은 바로 그런 시대적 변화에 관한 이야기다. 이제 회계 업무와 채무 업무를 수시로 진행하던 시대에서 일상적으로 주화를 활용하는 시대로 넘어가게 된다. 이 시기 동안 인간의 삶은 창고에 있는 곡물 중심에서 주머니에 있는 동전 중심으로 발전한다. 이렇게 되면서 상업, 거래, 화폐는 사람들의 일상으로 자리 잡는다.

주화를 발명한 것은 기원전 1000년에서 기원전 600년 사이 오늘날 튀르키예에 존재했던 문명인 리디아인들이었다.[5] 주화 제조술은 굉장히 유용한 기술이었기에 나머지 지중해 동부 지역으로 급속히 전파되었고 후에 그리스제국이 탄생할 수 있는 무역 체제가 구축되었다.

하향식 경제 vs. 상향식 경제

경제를 운영하는 방식에는 크게 두 가지가 있다. 첫 번째는 최고 권력자가 처음부터 끝까지 모든 과정을 계획하고 명령하면서 특정한 방식으로 추진하는 하향식 경제다. 고대 경제는 이와 같은 하향식 경제를 표방했다. 수메르처럼 위대했던 문명에서 권력은 드루이드^{Druid,} 고대 켈트족 종교였던 드루이드교의 성직자*나 성직자 계급의 조언을 받는 통치자와 전사들로 구성된 엘리트 계급에 집중됐다.

하층계급에서는 소작농들이 땅을 일궈 지대와 십일조를 상부에 바쳤다. 무역은 임명 및 허가를 받은 소수 도매상들이 맡았는데, 이들은 앞장에서 만났던 메소포타미아의 쿠심처럼 상인 계급이었다.

두 번째는 상향식 경제로 하향식과는 달리 자연스럽게 발생한다. 이 방식은 역사상 여러 시행착오 끝에 저절로 진화되어 만들어진 체제로 사람들의 기호나 희소성 같은 가치에 기반하여 가격이나 시장이 형성된다. 권력자의 계획에 의해서가 아니라 가격과 이윤에 따라 가치 판단이 내려진다. 사람들은 권력이 무서워서가 아니라 마음에서 우러나오는 대로 의사를 결정한다. 이와 같은 상향식 경제는 바로 화폐제도 덕분에 가능했다.

하향식 경제체제는 상호주의, 즉 물물교환과 재분배에 기반했을 가능성이 크다.[6] 재화 또는 용역을 다른 재화나 용역과 교환하는 상호주의는 가격이 아닌 전통과 관습을 기반으로 했다. 따라서 전적으로 평판에 의존했다. 이런 방식은 소규모 집단에서는 통용되었지만 집단의 규모가 커지면 원활하게 돌아가지 않는다. 수천 명의 사람들과 물물교환을 한다고 생각해보면 이해할 수 있을 것이다.

금화가 도입되자 리디아 경제는 돈을 중심으로 조직된 상향식 경제체제 쪽으로 아주 서서히 변화했다. 그러다가 비록 세습되는 지배계급에만 해당되긴 했으나 권력자가 아닌 백성들에게 권력과 주권이 넘어갔다. 왕자의 수중에 있는 주화나 평민의 수중에 있는 주화나 모두 똑같은 가치가 있다는 점을 생각해보면 주화가 지배계급의 권력을 약화시키는 데 어느 정도 기여한 셈이다.

'쓰는 사람이 누구건 돈의 가치는 동일하다'는 보편적 가치 개념은 이 시대에 일어난 아주 중요한 발전이다. 주화가 등장하기 전에는 가난한 집에서 태어나면 죽는 순간까지 가난했다. 주화의 탄생은 극소수의 사람들에게 계급이동의 기회를 선사했다. 주화를 많이 획득할 수만 있다면 지위도 획득할 수 있었기 때문이다.[7]

리디아의 초기 시장경제는 그 이전의 관료주의 경제보다 더욱 많은 사람들이 경제활동으로 서로 긴밀하게 연결될 수 있게 해주었고, 그 결과 이 작은 제국은 인접한 국가들보다 무역이나 사상 등 모든 측면에서 앞설 수 있게 되었다.

기원전 700년경 등장하여 기원전 560년경 시작된 크로이소스 왕의 통치로 절정을 이룩한 리디아제국은 주화를 도입하고 이를 계속 발전시켜가면서 번성했다. 리디아인들은 주화를 표준화하고, 국가가 운영하는 중앙조폐국을 창설했으며, 소액 화폐를 도입하여 더 많은 사람들을 체제망으로 끌어들여 상거래를 활성화했다.

그리스의 역사가 헤로도토스는 기원전 600년경 '리디아인들은 우리가 알기로 금화와 은화를 사용한 최초의 사람들이자 (…) 최초의 소매상들'이라는 글을 썼다.[8] 오만한 헤로도토스는 리디아인들을 소매상이라고 지칭함으로써 이들이 장사꾼이라는 점을 지적한 것인데, 이는 나폴레옹이 영국을 '장사꾼들의 나라'라고 폄훼한 것과 같은 의도로 한 말이다. 하지만 세상을 만든 건 장사꾼들이다. 소매상들은 그들만의 에너지를 발산했는데, 이는 금전의 위력이었다. 상업은 리디아인들에게 어마어마한 권력을 쥐어주었다. 상업 활동의 중심지이자 리디아인들의 활기찬 수도였던 사르디스는 무역제국으로 확고히 자리 잡으면서 오늘날 튀르키예 서부에 해당하는 지역까지 뻗어나갔다.

헤로도토스는 이윤 지향적이고 자유분방한 이 상인들이 '자기 딸에게 성매매를 시키지 않는다'는 점만 빼면 문명화된 그리스인인 자신들과 똑같은 관습을 갖고 있다고 묘사한다.[9]

주화의 탄생과 상업의 발달은 여성들의 지위에도 큰 영향을 끼쳤다. 여성들도 남성들과 동등하게 거래에 참여할 수 있었기 때문이다. 여성이 소유물에 지나지 않았던 고대 시대에 리디아 여성들에게는 결혼을 거부할 권리와 스스로 배우자를 선택할 권리가 있었다. 초기에 나타난 이런 소소한 여성 해방의 흔적은 돈이 상징하는 자유와 위력을 잘 보여준다(이 시기 대다수의 사람들이 노예였다는 것을 명심하자).

돈의 마법

리디아제국이 탄생하기 전, 어떤 왕국에서든 가용 화폐의 양은 기초 농산물과 식민지 건설에 따라 결정되었다.

주화의 등장으로 리디아인들은 계절의 순환과 화폐 사이의 연결 고리를 끊을 수 있었고, 이때부터 금화의 자율적 공급이 가능해졌다. 곡물처럼 농업을 기반으로 한 실물 가치가 곧 화폐였던 개념이 깨지자 리디아인들은 이런 철학적 질문을 던졌을지도 모른다. '돈이란 무엇일까? 쓸모 있는 돈, 쓸모없는 돈이 따로 있을까? 이윤을 얻는 건 정당한 걸까? 한 사람이 너무 많은 돈을 가질 수도 있는 걸까?'

실제로 그들이 이런 질문을 했는지는 모르지만 이와 같은 철학적 고민들은 여전히 인류의 숙제로 남아 있다. 또한 앞으로 살펴보겠지만 그들의 혁신 사상을 계승한 그리스 철학자들 역시 이 같은 고민에 빠졌다.

주화의 등장은 사람들의 삶에 혁신을 불러일으키면서 동지중해 지역으로 확산되었다. 더 많은 주화는 더 많은 무역을 낳았고, 무역이 늘었다는 것은 화폐의 유통과 유통 속도(주인이 얼마나 빨리 바뀌었던지!)도 늘어났다는 뜻이다.

주화 덕분에 화폐는 더욱 바빠졌다. 이 모든 화폐가 바삐 돌아다니는 와중에 시장은 번성했다. 국산이든 외국산이든 가리지 않고 다양한 재화가 시장에서 사고팔렸다. 거래가 활발해질수록 경제 및 사회 구조는 비약적으로 발전해갔다. 수요와 공급 법칙, 희소성의 법칙에 따라 가격이 결정되는 구조도 안착되어 갔다. 오늘날 우리가 보기에도 익숙한 경제체제가 이 시기에 형성되기 시작한 것이다.

또 리디아인들에게는 주화를 탄생하게 해준 호박금만 있었던 것이 아니다. 그들은 수도인 사르디스를 통해 실크로드를 이용할 수 있었다. 덕분에 그들은 서쪽으로 계속 이동하면서 무역 기회를 얻었고 에게해 및 지중해와 유프라테스, 페르시아, 인도 및 중국 너머로까지 진출했다.[10]

고대 세계에서 가장 분주한 상업 중심지이자 무역로였던 사르디스는 전 세계로부터 재화와 상인들을 끌어들였다. 그 과정에서 선술집은 이동 중인 장사꾼들을 손님으로 맞이했는데, 이들은 세계 각국의 언어로 이야기하면서 맥주, 곡물, 기름, 와인, 도기 같은 일상용품은 물론이고 진주, 향수, 자기, 옷감, 상아, 대리석처럼 값비싼 물건들도 사고팔았다.

이렇듯 주화는 모든 사람이 평등하게 거래에 임할 수 있게 만들었다. 낯선 사람들이 안면을 트고 인맥을 넓히면서 서로의 존재를 인정할 수 있게 된 것은 모두 주화라는 매개체가 있었기 때문이다.

표준화된 화폐

리디아인들이 금화를 도입하기 전, 거래는 번거롭고 느렸다. 금 조각을 저울추와 환전상에게 검증받아야 했기 때문이다. 천칭에 금 조각을 올리고 추를 다는 과정이 얼마나 시간을 잡아먹었을지 상상해보라. 당연한 말이지만 상인들 간에도 복잡한 채권, 채무에 대한 장부가 있었을 것이다.

수천 년 전, 수메르인들은 이미 이자를 도입해서 화폐에 가격을 매기고 시간에 가치를 부여했다. 이 체계를 물려받은 리디아인들은 그보다 한발 앞서나갔다. 처음에 주화는 왕이 발행했지만 얼마 안 가 금세공업자들과 상인들도 무게와 순도에 기반한 자신들만의 주화를 생산해냈다.

세계 각지에서 사르디스로 주화가 들어오면 리디아의 금세공업자들은 그 주화들을 녹여 다시 인장을 찍었는데, 이 때문에 결국 화폐 간 경쟁이 발생했다. 각기 다른 화폐가 유통되다 보니 서로 가치를 알아보지 못하는 일이 빈번했고 이는 종종 분쟁을 일으켰다. 만약 이런 화폐 체계가 표준화된다면 얼마나 편리하겠는가. 기게스 왕(기원전 690년~기원전 645년)[11]의 통치하에서 리디아인들은 국가 주도의 주화 발행을 추진했다. 그들은 여기서 천재성까지 발휘하여 동전에 왕의 인장인 사자 머리를 찍어냈다. 수천 년 동안 지속된 화폐에 국가의 상징물을 결합시킨 것이다.

곧 그리스인들은 이 주화를 채택했다. 그리고 로마인들까지 이를 받아들이자 거의 모든 국가 및 제국들이 리디아인들의 발명품, 즉 국가가 발행한 공식 주화에 의존하게 되었다.

주화는 오늘날과 마찬가지로 어마어마한 중앙집권적 권력의 원천이었다. 표준화 이전의 동전은 다양한 언어와 같아서 동전의 의미를 이해하는 사람이 있는가 하면 이해하지 못하는 사람도 있었다. 그러나 표준화된 공식 주화는 상업의 공용어가 되었다. 통용되는 화폐가 한 가지로 통일되자 분쟁이 줄어들었고 거래 장벽은 낮아졌으며 시장은 더욱 긴밀하게 통합되어 선택의 폭이 넓어졌다.

동쪽으로는 페르시아, 서쪽으로는 에게해에 둘러싸인 작은 상업 공동체였던 리디아. 이 제국은 크로이소스 왕(기원전 약 560년~기원전 약 546년) 시대가 되면 더 이상 전쟁과 정복에만 의존하지 않고 부와 상업을 활성화한 최초의 제국으로 발전한다.[12]

국가가 화폐를 독점하게 되면서 금융 경제에는 뚜렷한 주체가 생겨났다. 하나는 화폐 '발행자'인 국가, 또 다른 하나는 화폐 '사용자'인 국민이다. 독자 여러분과 나는 발행자가 아닌 사용자다. 여러분도 발행자가 되고 싶을 것이고 우리 애들은 정말 내가 발행자인 줄 알지만, 우리는 발행자가 아니다. 우리는 사용자다. 사용자는 저축하고, 모으고, 가장 중요하게는 예산을 짜려고 노력한다. 돈이 바닥나기도 한다. 그런 일은 꾸준히 일어난다. 우리는 생계를 위해 자신의 시간을 돈과 맞바꾼다.

발행자는 그럴 필요가 없다. 법정화폐를 발행하는 권한은 국가에 있다. 어떤 나라든 그 나라 국경 안에서는 그 나라가 발행한 화폐를 사용해야 한다. 유로화를 쓰는 나라에서는 달러를 쓸 수 없고, 그 반대도 마찬가지이다. 화폐를 위조하려고 시도해볼 수는 있겠지만 그러다가는 감옥에 갈 확률이 높을 것이다. 국가는 화폐를 마음껏 찍어낼 수 있는데, 이는 전쟁 선포를 제외하면 가장 막강한 권한일 것이다.

리디아의 금은 국가를 부흥시켰고 국가는 이 금속을 화폐로 전환함으로써 그 가치를 높여놓았다. 시간이 지나면서 리디아인들은 주화를 더 작은 단위로 쪼개면 더 많은 사람들과 더 많은 상품을 거래할 수 있다는 사실을 깨달았다.[13]

하루 일당이나 수확물의 일부분에 해당하는 작은 단위의 화폐가 생기자 리디아인들의 상향식 시장경제는 더욱더 활성화되었다. 이는 나폴레옹이나 헤로도토스 같은 위인들이 비웃었던 장사꾼들과 소매상들이 주도하는 경제였다. 농업에만 의존하며 살다가 시장경제에서 독립적 지위를 인정받게 된 소매상들의 세계관은 이로써 근본적인 변화를 맞게 된다.

일물일가의 법칙

돈은 사업 인맥뿐 아니라 유전자풀(gene pool)도 넓혀주었다. 하향식 경제였던 시절과 달리 꼭 동족끼리 결혼할 필요가 없어졌기 때문이다. 사람들은 주화로 지참금을 내면서 전혀 다른 부족 사람들과 결혼했다. 이로써 더 많은 사람들이 서로 접촉하게 되었다. 이뿐 아니라 돈은 사회의 모든 면에 스며들었다. 종교는 돈을 기부금으로 받았고, 예술 및 문화는 돈으로 평가받았으며 분쟁도 돈으로 해결되었다. 절도죄로 유죄 판결을 받은 사람도 더 이상 돌에 맞아 죽지 않을 수 있게 되었다. 벌금만 내면 됐기 때문이다.

화폐를 일상적으로 받아들인 사회에서는 세상의 모든 물건, 사건, 사고를 하나의 공통분모로 표시할 수 있었다. 경제학자들이 일물일가의 법칙-物一價의 法則, 한 물건에는 오직 하나의 가격만 존재한다는 경제학 가설*이라 부르는 화폐의 뛰어난 조직력은 복잡한 것을 단순화하여 리디아인들의 생활과 경제를 훨씬 이해하기 쉽게 만들어주었다.

만물을 다른 것과 비교하여 평가할 수 있었기 때문에, 리디아인들은 빵 한 덩어리, 올리브유 한 통, 와인 한 잔, 매춘부와의 섹스, 울 재킷, 납세 등등 모든 것을 자신에게 맞게 선택할 수 있었다.

이것은 주화라는 딱 떨어지는 수단을 통해 자신의 하루 일과 대비

비용을 계산할 수 있었기 때문이다. 화폐가 선사하는 신분 보장은 평생 동안 동기부여가 되어주었다. 하지만 신분 상승을 위해서는 새로운 사고방식과 새로운 기술이 있어야 했다. 바꿔 말하면 돈의 원리를 이해해야 했다는 얘기다. 정치인들조차 신이 자신에게 어떻게 지도자의 권한을 부여했는지를 구구절절 늘어놓기보다는 계산에 밝아야 했다. 사람들은 셈을 하면서 세상의 구조를 제대로 이해하게 되었고 이성에 눈떴다. 이전과는 완전히 달라진 세상이 펼쳐지기 시작한 것이다. 이것은 말하자면 개인적, 사회적으로 지적 혁명이 일어난 것과 같다. 이제 사람들은 신 중심의 세계에서 이성 중심의 세계로 첫걸음을 내딛기 시작했다. 리디아인들의 뒤를 이어 그리스인들은 더욱 열정적으로 이 변화를 받아들였다.

4장 화폐와 그리스 정신

뮈토스에서 로고스로

아테네에서 20여 킬로미터 떨어진 곳에서 펠로폰네소스 전쟁 기간 도중 아테네의 작은 귀족 가문에서 태어난 크세노폰(기원전 430년경~기원전 354년경)은 디오게네스에게 '매우 겸손하고 이루 말할 수 없이 잘생겼다'는 평가를 받았다.[1]

더 부유했던 철학자들과 달리 크세노폰 가문의 수입은 광활한 토지와 노예들이 아니라 농사의 성공 여부에 달려 있었다. 그의 인생관은 매달 자신의 생활비를 벌어야 했던 처지에서 비롯되었을 것이다. 다달이 예산을 짜는 것도 머리를 많이 써야 하는 일이었지만 전쟁터에서 군인들을 통솔하는 일에는 더 많은 책임과 에너지가 필요했다.

젊은 시절 크세노폰은 모험을 좋아하는 여느 그리스인들과 마찬가지로 키루스 2세가 벌인 전쟁에 참전했다. 키루스 2세는 페르시아왕인 자신의 형 아르타크세르크세스 2세를 왕좌에서 끌어내리려는 야심을 품고 있었다. 불행하게도 키루스 2세는 전투 중 사망했고 용병대장이었던 스파르타인 클레아르코스와 아테네인 프로크세노스도 처형을 당하고 만다. 이 때문에 용병 부대는 아테네에서 수백 킬로미터 떨어진 동쪽에 고립되었고 대장도 없이 타국에서 겨울을 나야만 했다. 바로 이때 똑똑한 젊은이 크세노폰은 지도자가 되겠다고 나서서 지금의 아르메니아를 통과한 후 흑해 연안까지 1만 명이나 되는 용병 대원들을 무사히 귀환시켰다. 이 이야기는 크세노폰의 『아나바시스(Anabasis)』(제임스 조이스가 『율리시스』 첫 장에서 인용함)에 기록되어 있다. 이 책은 비교적 간결한 산문인데다 우연히 밟게 된 낯선 땅을 꼼꼼히 기록해놓았기에, 수 세기 동안 중요한 고대 그리스 입문서였다. 알렉산드로스 대왕은 페르시아 정복에 나서면서 『아나바시스』를 현장 지침서로 활용하기도 했다. 『아나바시스』에서 지리학자인 크세노폰을 읽을 수 있다면 이에 못지않게 꼼꼼한 책 『경영론(Oeconomicus)』에서는 경제학자인 그의 모습을 볼 수 있다. 우리가 쓰는 경제학(economics)의 어원이 이 단어인데, 고대 그리스어로 '가정'을 뜻하는 단어 oikos와 '관리한다'를 뜻하는 nemein에서 유래했다. 말 그대로 '가정 경영'이라고 번역할 수 있다.

크세노폰은 그리스에 화폐가 도입된 이후 글을 쓰기 시작했다. 그의 글(기원전 500년경)을 화폐 등장 이전에 쓰여진 고대 그리스 영웅들에 대한 호메로스의 신화들(기원전 700년경)과 비교해보면 얼마나 사상이 변했는지를 알 수 있다.[2] 관심사와 철학, 규범과 윤리가 전혀 다르다. 그리스 사회에 큰 변화가 일어난 것이다.

호메로스의 신화들에서는 현실과 동떨어진 행위를 하는 영웅과 악당이 주인공이지만, 크세노폰의 글에서는 의혹을 드러내고, 증거를 찾고, 사건을 해결하는 평범한 사람들이 등장한다. 고대에는 신들에게 질문하면 모든 답을 내려준다고 생각했지만 기원전 약 500년부터 그리스인들은 훨씬 더 정교한 사고를 하기 시작했다. 이들은 신성한 존재를 통해 세상을 이해하는 방식인 '직관적 사고'에서 한발 더 나아가 이성과 추론으로 세상을 이해하는 '분석적 사고'를 하기 시작했다.[3]

이는 뮈토스(Mythos)적 세계관이 로고스(logos)적 세계관으로 전환됐다는 걸 시사한다. 뮈토스는 서사에 의존하는 반면, 로고스는 논리적이고 이성적인 분석을 수반하는데 이것이 바로 경제학의 기본 원리이다. 호메로스의 시대와 크세노폰의 시대 사이에 그리스인의 정신을 바꿔놓은 것은 무엇이었을까? 화폐의 발명이 이런 변화를 이끌었던 거 아닐까?

올빼미 주화

그리스인들은 아테네를 중심으로 거대한 제국을 건설했는데 이 나라는 공통의 문화, 공통의 화폐인 테트라드라크몬(tetradrachm)으로 연결되어 있었다. 농업 기반이라 잉여농산물에 의존했던 초기 페르시아제국과 달리, 아테네인들은 그리스 문화가 절정에 달했을 때조차 자급자족을 하지 못했다.[4] 이 때문에 그리스인들은 수입 곡물에 의존했다. 그렇다고 농업지대를 식민지로 삼기 위해 애쓴 적도 없었기 때문에 전적으로 외국에서 식량을 수입해야 했다.

그리스 문명이 꽃을 피운 이후 잉여농산물 없이도 인구의 폭발적 증가가 일어난다. 사실 소매상으로 급부상했던 리디아인들도 광대하고 비옥한 땅은 소유하고 있었지만 인구는 증가하지 않았다. 그러나 기원전 480년부터 기원전 450년 사이, 아테네의 인구는 3만 명에서 5만 4000명으로 약 80% 증가했다.[5] 어떻게 이런 일이 가능했을까? 바로 여기서 우리는 그리스 금융의 천재성을 발견할 수 있다. 이들은 화폐의 발명으로 혁신을 이끌어내면서도 수백 킬로미터 떨어진 곳에 무역 전초기지를 세울 수 있을 만큼 효과적인 법률 체제까지 확립했다. 그럼에도 기원전 5세기, 아테네는 식량의 4분의 3을 수입에 의존하고 있었다.[6]

그리스인들은 한 번에 무역로를 하나씩 개척하면서 제국을 확장해 나갔다. 그들에게 땅은 별로 없었지만 바다와 항구가 있었고 은도 다량 보유하고 있었다. 아테네 남쪽, 라우리온에는 고대 세계에서 가장 풍부한 은 광맥이 있었다. 금화가 리디아를 바꿔놓았던 것처럼, 은화도 그리스를 바꿔놓았다.

기원전 6세기 말부터 그리스인들은 광업에 열성적으로 뛰어들더니 한쪽 면에는 올빼미가, 반대쪽 면에는 아테나 여신이 새겨진 은화를 주조하기 시작했다. 올빼미 옆에는 올리브 나뭇가지도 새겨져 있는데 이는 아테네에서 가장 중요한 작물 중 하나인 올리브유를 상징한다.

테트라드라크마라 불린 이 은화는 4드라크마에 해당되며 아테네에서 가장 기본이 되는 측정 단위였다. 테트라드라크마는 고대 세계에서 가장 광범위하게 주조된 주화로 700년 넘게 꾸준히 사용되었다. 그 기간 동안 1억 3000만 개 이상의 주화가 주조되었을 것으로 추정된다.[7]

이 정도의 생산량이면 한번에 수백만 드라크마가 유통되었을 것이다. 1드라크마는 대략 하루 일당에 맞먹는 금액이었는데,[8] 이를 통해 화폐가 일상화된 그리스 경제의 역동성을 엿볼 수 있다.

아테네의 피레아스 항구로 주화가 풀려나가고 에게해 연안과 그 너머에서 재화가 유입되면서, 경제활동이 활발해졌다. 올빼미 주화로 연결된 무역의 전초기지들 다수가 유지되었다. 각종 물건들, 사치품, 노예, 성(性) 등등 모든 재화에 가격과 명칭이 붙었다. 이제 드라크마를 통해 농부들, 장인(匠人)들, 상인들은 안정적인 교환수단을 확보하게 되었다.

이전의 물물교환 중심 사회에서 거래는 계층과 전통, 공동체와 상호 이익으로 규정된 관계망에 의존했다. 그러나 주화가 일반화되자 그리스인들은 리디아인들이 개척해놓은 여정을 따라 더 멀리 나아 갈 수 있게 되었다.

주화는 모든 거래를 더 수월하게 만들어주었다. 사람들은 더 이상 상호주의와 반복 거래에 대한 압박감에 시달리지 않으면서 이익에 따라 거래할 수 있었다. 화폐 거래가 점점 반복되면서 사람들에게는 자율성이 강해졌다. 그런데 이는 양날의 검이었다. 이전의 안정적인 세계는 흔들렸고 전통은 새로운 규칙으로 바뀌었기 때문이다. 그러니 그리스인들은 혼란스러운 문제에 직면했다. '이제 누가 대장인가? 우리가 믿을 수 있는 사람은 누구인가? 사람들끼리 어떤 방식으로 공생해야 하는가?'

이때부터 그리스인들은 자신들의 권리와 책임에 대해 완전히 새로운 방식으로 사고하기 시작한다. 사실 견고한 신분 사회는 통치하기가 쉽다. 이런 사회는 종교 및 기관 등을 통해 공포라는 도구를 사용하는 경향이 강하다. 그러나 화폐 중심 사회는 계급이동이 가능하기 때문에 이성이 감성보다 더 강력한 영향력을 미친다. 그러다 보니 기존의 규칙도 더 이상 먹히지 않는다.[9]

이렇듯 그리스 경제에 화폐가 뿌리를 내리면서 그들의 가치관도 점차 정교해졌고, 그 결과 철학의 비약적인 발전이 이루어져 오늘날 우리에게까지 이어지게 되었다. 금융이해력을 갖춘 시민들은 금융이해력이 없는 시민들과 사고방식이 다르다. 가령, 크세노폰은 가치라는 추상적 개념을 붙들고 씨름했는데, 요샛말로 '사용가치'가 있는 재화와 '교환가치'만 있는 재화를 구분하는 데 애를 먹었다. 그 예로 플루트가 등장한다. 이 악기는 다루지 못하는 사람에게는 사용가치가 전혀 없다. 하지만 플루트는 돈이나 다른 재화로 바꿀 수 있기 때문에 교환가치가 있다.

『경영론』이 새로운 지평을 연 것은 이런 추상적인 문제를 다뤘기 때문만은 아니다. 요즘 기준으로는 페미니스트 근처에도 못 가지만, 크세노폰은 '아내와 남편은 가정에서 동료가 되어야'[10] 하며 '가정 경영의 온전한 동반자인 아내는 남편만큼이나 국가 복지에 기여한다'[11]라는 주장을 펼치기도 했다. 『경영론』을 관통하는 주제는 일상적인 문제들, 즉 '가정과 사회를 어떻게 운영할 것인가'인데, 이는 현대 경제학의 주된 관심사와 동일하다.

그가 주장하는 내용의 핵심은 돈의 역학 관계와 철학적 토대를 제대로 이해하고 이를 활용해서 더 번영하고 서로 협력하는 사회를 만드는 것이었다. 그의 책에는 시스템을 구축하는 방법, 자원을 최대한 활용하는 방법, 회계 기록 방법, 사물의 가치를 평가하는 방법, 비용과 이익을 비교하는 방법 등등이 나와 있다. 모두 복잡한 문제지만 크세노폰이 살던 그리스 도시사회의 일반 시민들은 점점 더 금융 지식인이 되어가고 있었다.

크세노폰의 연구에 가장 큰 영향을 준 사람은 기원전 490년에 태어나 '만물의 척도는 인간이다'라는 명언을 남긴 사모스 섬 출신의 철학자 프로타고라스였다.[12]

프로타고라스가 하려던 말은 우리가 확실히 아는 것이 눈앞에 보이는 것뿐이라면 신에게 추론을 맡기기보다 스스로 알아내야 한다는 것이다. 다시 말해서 우리 자신의 지성과 지능을 믿어야 한다는 것이었다. 크세노폰은 플라톤과 함께 논리적 사고법의 선구자인 소크라테스 문하에서 수학했다.

이 사상가들은 만물에 의문을 던지면서 기존의 경제 및 정치 체제의 근간을 이루고 있던 철학적 토대에 도전하기 시작했고, 그 결과 새로운 토대를 만들어냈다. 호기심 많고 지적 모험이 넘쳐났던 이 사회는 페르시아 전쟁들을 기록한 헤로도토스 같은 역사가들, 코스 섬 출신의 의사 히포크라테스, 철학자 아리스토텔레스를 탄생시켰다.

그중에서도 가장 주목할 만한 것은 시대정신의 변화가 새로운 통치체제의 탄생으로 이어진 것이었다. 이 새로운 체제는 주권자 개인을 기반으로 하는 체제로 창시자인 아테네의 정치가 클레이스테네스는 후에 이것을 데모크라티아(demokratia), 혹은 '민중에 의한 통치'라 명명한다.[13] 물론 민주주의라는 이 개념이 소수의 사람들에게만 적용되었다는 점에 유의해야 한다. 이 시대 아테네 시민의 약 4분의 1은 노예였고 절반은 여성이었기 때문이다.

아테네를 일종의 자유시장 민주주의라고 상상하기보다는 민주주의가 모든 국민에게 적용되지는 않았던 남북전쟁 이전의 미국 남부 같은 곳으로 여기는 편이 아마 더 정확할 것이다. 하지만 민주주의를 수용할 수 있었던 사람들은 지적으로 혁명적이었던 다른 다양한 가치관도 적극적으로 수용했다.

어떻게 이 시대에 철학, 경제학, 의학, 민주주의 그리고 현대적인 개념인 참여형 시민과 공화국이라는 개념이 꽃을 피웠을까? 그리스 사상이 이토록 발전한 것은 은화를 필두로 한 화폐의 대중화와 밀접한 관련이 있다.

화폐의 대중화는 자연스럽게 개인의 통제력과 책임감을 강화하는 결과를 낳는다. 그리스인들도 앞 시대를 살았던 리디아인들처럼 2드라크마를 가지고 있는 제빵사가 역시 2드라크마를 가지고 있는 왕자와 똑같은 구매력을 가진 소비자라는 걸 깨달았을 것이다. 화폐를 통한 거래는 이렇게 위계질서를 무너뜨렸다. 이는 당시 사람들에게는 혁명적인 변화나 다름이 없었다.

폴리스, 참여 정치의 시작

그리스제국은 상업 국가였을 뿐 아니라 자유로운 자치 도시국가들이 수십 개 모인 국가이기도 했는데, 이는 완전히 새로운 형태의 탈중앙집권적 정치 실험이었다. 또한 이렇게 새로운 사회를 조직하기 위해 등장한 국가의 개념이 폴리스(polis)였다.

기원전 6세기, 위대한 개혁 군주 솔론의 통치 이후, 폴리스는 그리스 문명의 토대로 확고히 자리 잡았다. 폴리스는 고대 그리스의 시민 생활, 사회, 경제, 군사, 정치의 근간이었으며, 그곳의 규범은 시민의 권리와 의무를 규정했다.[14]

폴리스를 지탱한 것은 시민의 참여였다. 참여하는 시민은 상업, 정치, 사상 면에서 자유로운 개인이었다. 상업은 사법제도의 중재를 받았고, 정치는 민주주의가 뒷받침했으며, 독립적 사상은 철학적 탐구를 통해 끊임없이 자극받았다. 넓은 의미에서 경제는 시장이 주도했고, 시장은 돈을 통해 운영되었다. 그리스 문명은 도시를 토대로 생겨났는데 화폐 덕분에 복잡한 도시 생활을 헤쳐 나가기가 쉬워졌다. 당연하게도 이들 역시 도시인 특유의 우월감에 도취되어 타지인들을 깔보곤 했다. 그리스 밀레토스의 시인 포킬리데스는 그리스의 도시국가들을 다른 고대 도시들과 비교하면서 이렇게 자랑했다. '척박한 바위 위에 세워진 작은 폴리스라도 정신 나간 니네베보다 위대하다'(니네베는 아시리아제국의 거대한 수도였다).[15]

해안을 따라 형성되어 있던 그리스의 도시들은 지중해, 에게해, 흑해 주변 상업 활동의 중심지였는데, 플라톤은 이를 '연못 주변으로 모여드는 개구리 떼'라고 묘사했다.[16]

아테네든 페르가몬이든 마실리아(현재의 마르세유)*든 그리스 각 도시의 중심에는 아고라(agora), 즉 시장이 있었다. 상업, 공연, 연애, 불륜, 사상, 선동, 음주, 먹거리 등등 모든 것의 중심지였던 아고라는 화폐를 중심으로 돌아갔다. 사람들은 물건을 사고, 배움을 얻고, 수다를 떨고, 도시에서 나는 각종 냄새를 들이마시고, 여러 소리를 듣고, 도시의 맥박을 느끼기 위해 아고라로 갔다. 주화가 대중화되면서 아고라 내 시장들은 더 활발해졌는데 더 작은 단위의 주화가 큰 역할을 했다. 소액 동전이 있으면 와인도 한 잔만 살 수 있었기 때문이다.

하지만 시장에서 이런 상거래만 이루어진 것은 아니었다. 아고라는 시인과 철학자들의 주요 활동 무대이기도 했다.

시인 에우불로스는 13만여 제곱미터에 달했던 아고라의 정취를 이렇게 묘사했다.

'아테네에서는 무화과, 소환 증인, 포도송이, 순무, 배, 사과, 증거 제시자, 장미, 모과, 죽, 벌집, 병아리콩, 소송, 초유, 농장, 기계, 붓꽃, 양, 물시계, 법률과 고발장 등 모든 것이 한 곳에서 팔리고 있는 걸 볼 수 있을 것이다.'[17]

거리 활동은 그리스 도시들의 고동치는 심장과도 같았다. 그리스 도시의 중심은 행렬, 종교의식, 군대 열병식이 벌어지는 폭넓은 대로가 아니라 사람들로 북적이는 미로처럼 나 있는 좁은 골목길이었다. 소크라테스는 아테네의 케라미코스 구역에 자주 드나들곤 했는데, 이 지역은 아테네의 우범 지역으로 온갖 사건이 벌어지는 곳이었다. 청년 소크라테스는 매춘부들, 도박꾼들, 선술집의 취객들과 잡담을 나눴다. 그 사람들의 이야기를 들으면서 그들의 의견과 고충을 파악하는 동안 이민자들, 기회주의자들, 몽상가들의 경험을 흡수한 후, 아고라로 옮겨가 그곳 사람들에게 아까 들은 의견에 관해 질문을 했다. 그 과정에서 소크라테스식 문답법이 탄생한 것이다.[18]

그리스 정신이 무역, 논리, 철학에만 관심을 가진 것은 아니었다. 그리스 정신은 역학(力學)에서도 위대한 혁신을 낳았다. 고대 그리스인들은 낭만적이기만 한 것이 아니라 실용적이기도 했다. 그리스의 활기찬 경제는 전 세계 교역국에서 이런저런 아이디어를 가져다 다듬어 피스톤, 기어, 나사, 물레방아, 피레아스 항구의 배들에서 짐을 내리기 위한 도르래와 크레인 같은 산업에 필요한 발명품들을 고안해냈다.

상업에 종사하던 그리스인들은 세금을 낮추는 데 관심이 있었다. 장사를 하기 위해서는 최대한 많은 상품을 확보하고 있어야 했는데, 왕이 터무니없이 높은 세금을 걷어가면 물량 확보가 힘들어졌기 때문이다.

기원전 7세기 말까지 통치했던 솔론 왕은 높은 세율을 일종의 '노예화'로 보았다. 솔론 왕도 시민들에게 세금을 부과하기는 했지만 국가 예비비 같은 기금을 마련하는 식이었다. 시민들이 이 기금에 세금을 납부하면 그리스인들은 이 기금에서 국방을 비롯한 공동사업에 자금을 조달하곤 했다.

기원전 500년 전후 무렵에도 아테네의 세율은 여전히 8% 미만이었다. 이를 이집트와 비교해보자. 이집트에서는 소작농들이 수확량의 최대 50%와 포도밭 생산량의 6분의 1을, 장인들은 생산품의 4분의 1에서 3분의 1을 세금으로 냈는데, 이는 잉여농산물의 대부분이 파라오의 손에 들어갔다는 뜻이다.[19]

그러나 그리스인들은 달랐다. 그들은 낮은 세율로 최대한 많은 상품을 구비할 수 있게 되었고 이것은 올빼미가 새겨진 작은 은백색 동전을 더 많이 소유하게 만들어주었다. 이 새로운 화폐제도가 훨씬 더 민주적이었다는 말이다.

통화승수

주화를 맨 처음 주조한 것은 군인들에게 임금을 지급하기 위해서였다.

현대 복지국가가 출현하기 이전에는 정부 지출의 대부분이 군비였으므로 주요 수혜자는 군인들과 무기 생산업자들이었다. 이는 고대식 군산 복합체였다.

화폐의 역사를 살펴보면 전쟁 기간 중에 주화의 유통량이 급증한 것을 알 수 있는데 이것이 바로 증거다. 이를테면, 알렉산드로스 대왕의 정복 전쟁 및 로마 포에니전쟁 시기 즈음 신규 주화 주조량이 급증했고,[20] 아테네 조폐국의 생산량이 최고점에 달했던 시기는 펠레폰네소스 전쟁 시기와 맞아떨어진다.

주화로 무장한 군인들은 상거래의 홍보대사가 되었다. 용병들을 포함한 군인들은 참전해서 받은 주화를 가지고 고향으로 돌아가 재화와 교환했는데, 이로써 지역 화폐 공급량이 늘고 상품 수요가 생겨났다.

경쟁관계에 있는 여러 지역과 국가들 사이에서 거래가 활발해지면서 멀리 떨어져 있는 사람들도 연결되었다. 이렇게 무역이 활성화되자 새로운 부자들이 생겨났다. 주화의 영향력은 이뿐만이 아니었다. 종교, 문화적 의식에는 꼭 주화를 사용했다. 예를 들어 파라이^{Pharae, 그리스 남부 메세니아의 지역명}*에서 신탁을 청할 때 주화를 바치는 의식을 치렀다. 또한 이 시기에도 이미 점쟁이에게 돈을 내고 자신의 미래를 점쳤다.

주화가 신에게 바치는 공물로 인식되면서 상업 이외의 분야까지 진출한 것이다. 주화 생산은 그리스 문명의 경제적, 사회적 성장을 반영한다. 아테네는 기원전 200년경 쇠퇴했지만 아테네가 낳은 지중해 사회는 지금까지 그리스어로 남아 있다.

상거래가 그리스어로 이루어졌기 때문에 당시에 그리스어는 오늘날의 영어처럼 기본적으로 익혀야 할 제2외국어였다.

기원전 300년경부터 그리스도 시대까지, 3세기 동안 세상의 경제는 끊임없이 확장되었다. 여기에 또 다른 위대한 주화 생산국인 로마까지 더하면, 기원전 300년부터 200년까지 500년간 경제 확장은 이어진다. 이렇게 주화의 시대는 경제가 부흥하는 기간과 일치하는데, 경제성장이 이렇게 오래 지속된 것은 전례 없는 일이었다.[21]

교양 있고, 지적 호기심이 강하고, 문화적 표현력이 풍부했던 그리스 로마 황금기와 화폐의 부흥 시기가 겹치는 건 결코 우연이 아니다. 지금까지 살펴봤다시피 상향식 경제가 발전한 덕분에 상업이 활발해지고, 사람들의 생활수준이 높아지면서 인간의 모든 활동이 꽃을 피웠다고 보면 된다(대기 중 납과 구리의 농도 증가, 무역의 증거인 난파선 숫자, 주택과 인골의 평균 크기 상승 등등 고고학적, 과학적 증거를 통해 시기를 유추해봤을 때 이 모든 것이 경제 확장과 화폐 주조 시기와 일치한다[22]). 사회가 변하기 시작하면 종교를 비롯하여 그 사회가 믿는 다른 모든 것들이 변하기 시작한다.

돈과 신흥 종교

'나중 된 자가 먼저 되고 먼저 된 자가 나중 된 자가 될 것'마태복음 20장 16절*이라는 급진적인 메시지를 전하는 기독교는 언제 어디서 등장했을까?

이전의 종교들은 강자의 초인적인 능력을 추어올렸지만, 기독교는 약자를 찬양했다. 엄격한 신분제가 존재했던 화폐 이전의 세계와 달리, 은화의 매력을 맛본 사람들은 신분 상승의 기회가 자신에게 올지도 모른다고 생각했다. 실제로 성실하고 똑똑한 사람인데 운까지 따라준다면 신분 상승은 가능한 일이었다. 그런데 이 말은 반대의 경우 역시 가능했다는 암시이기도 하다. 만약 당신이 새롭게 등장한 화폐 경제에서 승자가 아닌 패자가 됐다고 가정해보자. 그렇다면 그것은 어느 정도까지가 능력 때문일까? 이런 질문은 새로운 철학적, 실존적 딜레마를 불러일으켰다.

화폐 이전의 사회는 전적으로 신분제였다. 당신이 가난한 집안에서 태어났다면 죽을 때까지 가난할 수밖에 없었는데 그것은 신이 정한 운명 때문이지 당신 잘못은 아니었다. 이런 논리에 동의할 수는 없을지라도 위안받을 요소는 충분히 있었다.

동지중해라는 다민족 지역에서 그리스어는 상업 언어였을 뿐만 아니라 사상의 언어이기도 했다. 그리스인들이 돈을 중심으로 한 새로운 가치관을 받아들이자 이에 대항하는 철학도 함께 등장했다. 이것은 종교의 형태로 나타나서 돈이 오가는 시장, 마을 곳곳에서 확산되었다.

이 새로운 종교는 기존의 가치관과는 달리 가난을 고귀하게 여겼고 용서와 관용과 겸손에 대해 설파했다. '온유한 자가 땅을 차지할 것', '부자가 하느님 나라에 들어가는 것은 낙타가 바늘구멍으로 빠져나가는 것보다 더 어렵다'는 말을 생각해보라.

새롭게 등장한 상업의 세계에서 뒤로 밀려난 사람들에게 다음 생을 약속하는 구원의 메시지가 어떻게 들렸을지 상상하는 건 어려운 일이 아니다.

기독교는 화폐 중심 사회에 불평등이라는 메시지를 화두로 던졌다. 시장경제가 세계 곳곳으로 확산 중일 때 싹튼 이 종교는 적어도 그 기원을 보면 돈의 유혹과 탐욕을 경계하는 역할을 했다.

기독교가 내세운 약속은 실로 급진적인 것이었다. 기독교는 경제 성장, 유물론, 상업과 화폐가 넘쳐나기 시작한 지 200년 후에 등장했다. 기독교는 서구 세계에서 가장 위대한 서사 가운데 하나가 될 돈의 대항마로 우뚝 섰지만, 가장 끈질기게 남아 있는 기독교의 역사적 사건 중 하나는 유다가 은 30냥에 그리스도를 배신한 일이다. 기독교의 등장은 어느 정도 돈의 파괴적인 영향력에 대한 반작용이 아니었을까?

5장 | 돈과 신용의 나라, 로마제국

폼페이의 유물

급진적이었던 설교자 예수 그리스도의 죽음 이후 수십 년 동안 그리스어를 구사하는 그의 제자들이 그 지역 도시 곳곳으로 퍼져나가 도덕성과 돈, 겸손과 이타심에 대한 새로운 사상을 전파했다. 그러나 79년 폼페이 사람들에게까지 온유, 금욕, 자기희생 같은 좋은 소식이 전달되지는 않았다. 아니 어쩌면 공중목욕탕을 여기저기 돌아다니는 동안 듣긴 들었는데 머리에 들어오지 않았던 것일지도 모른다.

맨해튼 상류층이 매년 여름 햄튼으로 바캉스를 떠나듯 돈깨나 있는 로마인들도 찜통 같은 더위를 피해 해안으로 떠났다. 요즘도 그렇지만 나폴리만, 아말피, 소렌토는 원로원 의원들, 장군들, 유력자들, 유명 요리사들, 헤어디자이너들, 손톱 관리자들, 그리고 별난 황제가 제집처럼 드나들던 고급 피서지였다. 파티와 축제, 술과 산해진미, 햇볕 아래서 으스대는 첩들과 젊은 귀족들이 있는 그곳보다 사람 구경하기 좋은 곳은 없었다. 주점이 넘쳐났던 한여름의 폼페이는 가십과 소문과 풍자로 떠들썩했다. 로마 상류사회의 구성원들에게 8월은 파티의 달이자 봄방학, 마르디 그라*Mardi Gras, 사육제의 마지막 날이자 재의 수요일 전날*, 헬러윈이 한데 어우러져 한여름의 절정을 이루는 달이었다.

보통 지중해성 날씨는 7월 말과 8월 초의 극심한 더위가 물러가고 폭우가 내리는 8월 중순에 시작되는데, 폭우가 내리면서 땅이 물을 머금어 8월 마지막 주는 푹푹 찌고 끈적끈적하다. 방탕에 더없이 좋은 날씨였다. 오늘날 이탈리아인들은 이 휴가기간을 아직도 페라고스토(Ferragosto)라고 부르는데, 이는 황제 아우구스투스의 이름을 딴 '아우구스투스의 파티'라는 뜻이다.

우리에게는 다행스럽게도 79년 여름, 당대 최고의 칼럼니스트인 소(小) 플리니우스가 그 해변가에서 휴식을 취하고 있었다. 로마인의 삶에 대한 우리의 인상 대다수가 그의 눈을 통해 구체화되었다고 해도 과언이 아니다. 8월 24일 아침, 한밤중까지 부어라 마셔라 한 탓에 숙취에 시달리느라 드러누워 있던 귀족들은 레몬과 오렌지로 맛을 낸 물을 벌컥 들이켜고는 대추야자와 무화과를 게걸스럽게 먹었다. 그러고는 하품을 하면서 기지개를 켜는 동안 전날 밤을 회상하고 다가올 밤을 기대했다. 지끈거리는 머리로 쉴 새 없이 지껄이며 숙취에서 회복하고 있는 와중에 베수비오스 화산이 폭발하면서 세상이 갑자기 처참하게 산산조각 나기 시작했다. 겁에 질린 그들은 사방으로 도망쳤다. 하늘은 매캐한 유황 연기로 검게 변했다. 콜록거리고 헐떡이며 그들은 만을 중심으로 점점이 자리 잡고 있던 자신들의 고급 저택에서 폼페이와 헤르쿨라네움의 번화한 시장 도시가 사라지며 녹은 석관에 파묻히는 것을 공포에 떨며 지켜보았다.

수일 후, 짙은 연기가 걷히자 눈앞에 이상한 광경이 펼쳐졌다. 모든 것이 평온했다. 녹은 암석과 용암을 땅속 깊숙한 곳에서 밝게 빛나던 나폴리 하늘로 토해내며 베수비오산 정상을 날려버린 맹렬한 폭발 후 화산재가 눈처럼 사방을 뒤덮은 적막한 광경은 불안하기 이를 데 없었을 것이다. 빛을 잃은 태양은 더 이상 눈부시게 빛나지 않았고, 캄캄해진 하늘에서는 따스한 먼지가 조각조각 소리 없이 내렸다.

세기의 범죄를 은폐하고 모든 것이 악몽이었던 척 꾸미기 위해 신들이 증거를 조작하려던 걸까? 눈 먼지가 폼페이와 헤르쿨라네움에 조용히 내렸다. 그것을 목격한 이들에게는 그것이 온 우주에 내린 것처럼 느껴졌으리라.

중계 무역지였던 두 도시 모두 두터운 화산재 층에 파묻혔다. 시간은 흘러 세상은 앞으로 나아갔고 이 도시는 잊혔다. 불에 탄 활엽수재로 만들어진 칼륨 비료는 이상적인 재배조건을 조성했다. 시간이 지나 초록빛 들판과 초원이 만 여기저기에 생기면서 어마어마한 비밀은 감춰졌다.

1860년 지금은 휴화산이 된 화산 기슭을 발굴하던 중, 주세페 피오렐리가 이끄는 고고학자 팀은 경제활동을 했던 소우주 전체가 이 화산재 이불 아래 감춰져 있다는 사실을 발견했다.[1]

딱딱하게 굳은 용암을 하나하나 조심스레 긁어가며 벗겨내자 피오렐리와 팀원들은 조상들과 마주하게 되었다. 호화 별장, 화려한 조각상, 검투사 경기장, 정교한 모자이크, 제빵소, 유곽, 목욕탕, 극장, 체육관, 심지어 먹다 남은 수프가 담긴 그릇까지 경제적 활력으로 가득했던 도시가 고고학자들의 눈앞에서 살아 움직이는 것 같았다. 폼페이는 로마인들이 어디서 먹었고, 어떻게 소통했고, 돈을 어떻게 또 누구와 썼고, 어디를 여행했고 어떻게 투표를 했는지 등등을 우리에게 적나라하게 알려준다.

생기 넘치던 이 항구도시의 유물은 일상생활의 중심이 돈이었던 경제 제국의 결실을 잘 보여준다. 고대 폼페이 주택들의 현관홀에는 '이익은 기쁨이다(lucrum gaudium)'와 '이익 만세(salve lucrum)'라는 문구가 모자이크로 장식돼 있다.[2]

무에서 유를 창조하는 사기술은 로마인의 내력인 모양이다. 상업 도시였던 로마는 지역 경제의 한계를 훌쩍 뛰어넘었고 폼페이는 그런 로마의 축소판이었다. 앞 시대의 아테네와 마찬가지로 로마는 자급자족을 하지 못해 타지 사람들에게 밀을 수입해야 했기에 상업에 의존했다.

비교적 척박한 환경이었고 포도 재배 및 화훼 수확을 제외하면 농업 분야에서 내세울 만한 것이 거의 없었던 폼페이가 번성한 것은 무역을 받아들였기 때문이다. 고고학적 증거는 폼페이인들이 상업적 기회를 찾아 얼마나 멀리까지 진출했는지를 잘 보여준다.

이집트에서만 구할 수 있었던 거친 모양의 에메랄드가 박힌 황금 목걸이가 1860년 발굴 때 나온 유골 안에서 발견되었다. 인도산 상아로 만든 작은 조각품과 아프리카 출신 유골 두 점도 나왔다. 소 플리니우스의 외삼촌인 대(大) 플리니우스는 몇 십 년 전에 이미 인도가 로마의 황금을 가져가 쌓아놓을 거라고 경고한 바 있다.[3]

인도산 보석, 비단과 모슬린에 미쳐 있던 과시적인 로마인들은 대(對)인도 무역에서 발생한 막대한 적자를 금으로 메웠다. 플리니우스에게 그런 사치는 로마가 향락의 길로 타락하고 있다는 신호였다. 그는 탐탁지 않았다. 에부수스 및 마살리아의 서지중해 마을들에서 나온 대량의 주화를 포함하여 폼페이에서 발굴된 유물로 보건대, 폼페이 사람들은 사고팔고, 사기를 치고 흥정을 하면서 세계를 상대로 무역 활동을 했던 것이 분명하다.[4]

상업의 신, 메르쿠리우스

폼페이 시민들은 그들이 가장 아끼던 신에서 알 수 있듯 이윤을 숭배했다. 그들의 마을 곳곳에 있는 아름답고 화려한 모자이크와 프레스코화에는 동전 주머니를 들고 있는 날개 달린 남자의 이미지가 반복적으로 등장한다. 메르쿠리우스 그리스신화에서는 헤르메스, 로마신화에서는 메르쿠리우스라고 하고 영어로는 Mercury라고 한다* 신은 지금까지 드러난 상업용 건물 정면 그림 스물아홉 개 중 열아홉 개에 등장했다.[5]

폼페이의 중앙 식료품 시장에는 상업의 중심지를 굽어보는 메르쿠리우스 신전이 우뚝 서 있었다. 폼페이인들이 메르쿠리우스를 숭배한 이유는 번개를 던지는 능력이나 그 밖의 다른 신의 특성 때문이 아니었다. 폼페이인들이 메르쿠리우스에게 기도를 드리고 제물을 바친 건 그가 상업의 신이었기 때문이다. 메르쿠리우스는 협상가, 판매원, 마법사, 믿음직한 동업자일 뿐만 아니라 사기꾼, 대금업자, 거래 해결사의 신이기도 했다. 메르쿠리우스는 '수은'이라는 뜻도 있는데, 이는 상온에서도 액체로 존재하는 유일한 금속으로, 형태를 바꾸고 늘 변하며, 결코 굳거나 고정되지 않고 언제든 새로운 상태로 바뀔 수 있다.

메르쿠리우스와 메르쿠리우스의 주요 도구인 돈은 거래, 협상, 타협을 통해 장애물을 피한다. 결국 로마인들은 우리에게 '목욕, 와인, 섹스는 우리 몸을 망치지만 인생을 살 만하게 만들어주는 것이다'[6]라는 경구를 전수해준 사람들이다. 하지만 그 모든 걸 하려면 돈이 있어야 한다. 기술과 돈은 물론이요 교활함과 영리함까지 갖춘 데다 두뇌 회전도 빠른 메르쿠리우스는 폼페이의 시장을 지배했다.

일반 시민들도 상업의 놀라운 힘을 잘 알고 있었다. 사실 현재 우리가 쓰는 상업(commerce)이라는 단어는 로마식 표현인 'com Merx' 또는 'with Mercury'를 문자 그대로 옮긴 것이다. Merx와 함께 로마인들은 스스로를 변화시키고 제국도 변화시켰다.

로마인들은 신용을 혁신하여 제국에 동력을 제공한 금융인들이었다. 신용이란 약속의 형태를 띤 돈이다. 신용을 통해 자본은 지방에서 중앙으로 흘러 들어갔고, 거기서 다양한 금융의 형태로 재투입되었다. 로마에는 은행과 은행가(멘사리mensari 또는 환전상으로 알려진),

회사, 보험, 계약, 주주 자본주의, 투기, 계약을 뒷받침하기 위한 법률 제도가 있었다. 로마에는 자기 자본조달을 위한 장기 대출 및 부채, 사기업, 그 밖의 수많은 금융 수단도 있었다. 이러한 금융 구조의 대들보는 신용이었다.

신용 사회가 되려면 사람들은 돈의 변덕스러운 면을 제대로 이해하고 있어야 한다. 다시 말해서 로마인들의 신 메르쿠리우스처럼 거래 해결사나 사기꾼 둘 다 될 수 있고, 절대 한결같지 않으며 거의 흔적을 남기지 않고 계속 돌고 도는 성질을 이해해야 한다는 말이다.

돈에서는 냄새가 나지 않는다

동전의 한 면에 새겨진 얼굴을 보면 엘튼 존과 놀랍도록 닮은 베스파시아누스Vespasianus, 69~79년 재위한 로마의 황제*는 중년의 여느 로마 거물처럼 보인다. 동전의 반대편에는 최근에 정복한 유대 지역의 절망적인 상징이 새겨져 있다. 포로로 잡힌 한 여자가 야자수 나무 아래 양손이 등 뒤로 묶인 채 앉아 있다. 이 지역을 진압하느라 수년간 전투를 치르며 수많은 우여곡절을 겪은 끝에 베스파시아누스는 유대인들에게 질려버렸다. 그들이 저항을 멈추지 않고 조공도 바치지 않으면서 갈릴리에서 로마인들을 골탕 먹이고 있었기 때문이다. 70년경, 베스파시아누스는 예루살렘을 공격하면서 자신의 최정예 병력인 군단병을 배치했는데, 황제는 이들에게 매달 주화를 지급했고, 이 주화는 당시 가장 귀한 상품인 소금으로 조달했다. 급여(salary)를 뜻하는 현대어는 소금 또는 소금으로 얻은 주화를 받는다는 뜻에서 유래했다. '밥값을 한다(worth his salt)'는 표현 역시 마찬가지다. 베스파시아누스는 한다면 하는 사람이었다. 유대 지역에서 승리한 후, 베스파시아누스는 들썩이던 다른 지역들에 경고의 메시지를 전하고자 새 주화를 찍어낸다. 이를 통해 '싸움에 환장하면 너희도 주화에 새겨진 건방진 유대인들처럼 너희 땅에 있는 야자수 아래에서 노예로 살아가게 될 것이다'는 엄포를 놓고 있는 것이다. 로마인들에게 주화는 단순한 화폐가 아니라 수백만 국민들에게 누가 권력자인지를 상기시키는 선전물이기도 했다.

이제 로마제국은 시리아에서 요크, 쾰른에서 티레[Tyre, 현재의 레바논 남부 지역]*에까지 뻗쳐나갔다. 사람들은 이동하거나 물건을 사거나 거래를 할 때 로마법, 로마 기술, 로마 화폐를 썼다. 동쪽에서 가져온 향신료와 비단과 보석, 서쪽에서 가져온 노예와 양모, 북쪽에서 가져온 모피, 남쪽에서 가져온 소금과 황금을 사고팔면서도 모두 로마 동전을 주고받았다.

그리스의 뒤를 이어 로마는 은행가와 군대의 힘을 빌려 광활한 영토를 통일하고 이질적인 문화, 종교, 언어를 하나의 화폐로 통하게 만들면서 세상에서 가장 부유한 제국 중 하나가 되었다. 최근 베스파시아누스 시대의 유물인 초기 런던 시민 네 명의 유골로 DNA 검사를 진행했는데, 두 명은 북아프리카계, 한 명은 지중해 출신, 나머지 한 명만 영국 혈통이라는 것이 밝혀졌다.

힘을 과시할 일이 없을 때면 베스파시아누스는 건물을 지어 올렸다. 그는 거대한 공공구조물이 뒷골목의 시민들을 만족시키면서도 외국인들에게 로마의 힘을 과시하는 상징물이라는 걸 너무나 잘 알았던 것이다.

이 영원의 도시는 가장 큰 극장, 가장 두꺼운 성벽, 가장 넓은 거리, 가장 역동적인 광장, 가장 호화로운 목욕탕, 가장 훌륭한 전차 경주장, 그리고 물론 가장 특별한 최고의 (베스파시아누스가 짓기 시작한 콜로세움에서 느낄 수 있는) 게임을 즐길 수 있는 세계의 중심지였다. 세상 그 어떤 대도시도 로마를 능가할 수는 없었다.

이렇게 급성장한 로마의 뒷배경에는 당연히 막대한 돈이 필요했다. 이 부분이 바로 베스파시아누스가 과세 전략가로서 인정받는 부분이다. 재무부는 늘 현금 부족에 시달렸다. 자금 고갈은 황제의 권위에 치명적일 수 있으므로, 기발한 세무 전략이 있어야 통치를 이어갈 수 있었다. 베스파시아누스는 자신이 세운 왕조였기에, 한 번만 잘못해도 끝장날 수 있다는 것을 잘 알고 있었다.

현대 경제경영의 필수인 광범위한 조세 기반의 중요성을 파악하고 있던 베스파시아누스는 계란을 한 바구니에 담으면 안 된다는 원칙도 이해했기에 소수 항목에 세금을 높게 부과하는 것보다 다수 항목에 세금을 낮게 부과하는 현실적인 방안을 마련했다. 그는 폭넓게 세금을 부과했다.

산 채로 사자한테 잡아먹히는 기독교도를 보며 환호하는 것 말고도 로마인들에게는 이상한 습관이 또 있었다. 그것은 바로 소변으로 양치하기와 소변으로 토가$^{toga,\ 로마인들이\ 입던\ 겉옷}$* 세탁하기였다. 소변에는 암모니아가 들어 있는데, 21세기 화장실 청소 세제의 성분표를 즐겨 읽는 사람이라면 누구나 변기 청소 세제의 주성분이 질산암모늄이라는 것을 알 것이다.

암모니아는 얼룩을 제거해주고 표면을 새하얗게 만들어준다. 로마의 가정주부라면 누구나 지난 밤 와인을 흘린 토가 위에 소변 냄새 나는 암모늄을 소량 문지르면 그 토가가 깨끗해진다는 것을 알고 있었다. 로마인들은 오줌과 물을 섞어 만든 치약으로 이도 닦았다. 눈부시게 하얀 치아에 대한 열광은 실적 나쁜 미국 기업의 임원들(주가가 약세일수록 치아가 하얘진다)에게만 국한된 일이라고 생각할지 모르겠지만 로마의 상류층도 노화 과정을 미백한 송곳니로 가리려고 애썼다.

암모니아의 가치가 어찌나 뛰었던지 로마의 대형 공중화장실은 품위와는 약간 거리가 먼 장인이었던 소변 수거꾼들의 돈줄이 되었다. 로마인들은 아주 초기부터 공중화장실을 만들었다. 수력학에 대한 로마인들의 이해 수준은 담수로 도시를 살균하기 위해 설계된 수로뿐만 아니라 공중화장실에도 분명하게 드러나 있다. 조세 기반 확장의 달인이었던 베스파시아누스는 소변에 세금을 부과할 기회를 포착했다. 그는 소변 한 병당 세금을 부과했는데, 이는 소변 수거꾼뿐 아니라 그 소변 수거꾼들에게 세금을 징수한 전문 세리도 있었다는 뜻이다.

모든 문제가 저절로 해결되는 것은 아니라고 누가 그랬던가? 클라우디우스$^{Claudius,\ 로마의\ 4대\ 황제,\ 재위\ 기간\ 41~54년}$* 왕조 말기의 혼돈을 틈타 황제로 등극한 군인 출신 베스파시아누스는 외부인이었다. 그가 세운 플라비우스 왕조는 귀족이 아니었다. 베스파시아누스가 한낱 군인에 지나지 않았는데 플라비우스 왕조가 어떻게 귀족이 될 수 있겠는가? 그가 돈과 징세에 밝았던 것은 어쩌면 귀족 출신이 아니었기 때문일 수도 있다. 그는 오히려 타고난 계급이 없었기에 어떻게 해야 권력을 얻을 수 있는지를 터득한 것이다.

하지만 모두가 베스파시아누스의 술책에 반한 것은 아니었다. 아버지의 돈은 기꺼이 쓰면서 그 돈의 출처는 구리다고 여긴 티투스는 베스파시아누스의 아들이자 왕위를 물려받을 후계자였는데, 자신이 탐미주의자임을 자부하고 있었다.

아버지가 소변에 세금을 부과하자 티투스는 자존심이 상했다. 티투스는 자신처럼 혐오감에 차 있던 다른 귀족들을 대변하면서 소변에 세금을 물리는 것은 로마답지 않다고 주장했다. 어떻게 그런 돈을 쓸 수 있느냐고, 돈에 환장한 거냐고 따져 물었다. 이처럼 귀족들이 상업을 천시하는 태도는 오늘날까지도 일종의 명예 훈장처럼 여겨진다. 그래서인지 진짜 상류층들은 돈을 경멸하는 척한다. 돈이 궁할 때는 더더욱. 수다쟁이 키케로는 저서 『의무론(Des Officiis)』에서 '무역은 소규모일 경우 천시받는 것이 당연하다. (…) 자유민에게 농업보다 더 좋고, 더 보람 있고, 더 즐겁고, 더 가치 있는 돈벌이는 없다'고 말한다.[7]

귀족들의 이러한 우월의식 속에는 계급 찬탈에 대한 두려움이 숨어 있다. 돈은 사회를 뒤흔드는 불씨와도 같다. 돈의 가장 큰 속성 중 하나는 새로운 권력을 만들어낸다는 것이다. 권력을 가진 사람들은 이 점을 너무나 잘 알기 때문에 본능적으로 이를 경계하며 두려움에 떤다. 사교클럽, 학연, 그 밖의 배타적 인맥 네트워크는 벼락부자들이 계급의 사다리로 올라오지 못하게 하기 위한 좋은 수단이다.

돈을 노리고 모험을 떠났다 돌아온 군인들과 상업으로 신흥 부자가 된 세력에 위협을 느낀 로마의 보수세력은 자신들의 세습 권력을 지키기 위해 예절, 문화, 그 밖의 차별화 수단으로 교양 장벽을 세워야 했다. 소변에 세금을 매기는 행위는 천박한 장사치들이나 하는 짓이라고 조롱하기에 안성맞춤이었다.

베스파시아누스는 귀족들이 이 일로 자신을 경멸하고 있다는 걸 알았지만 이 상황을 즐기면서 자신도 똑같이 그들을 경멸하는 태도로 응수했다. 그리고는 페쿠니아 논 올렛(Pecunia non olet)이라는 말로 잘난 척하는 아들에게 응수했다. 이 문장은 '돈에서는 냄새가 나지 않는다'는 뜻이다. 베스파시아누스는 계속 돌고 도는 돈의 속성을 잘 이해하고 있었던 것이다. 로마인들은 이러한 돈의 속성을 잘 알면서도 돈을 사랑했다. 위대한 로마가 탄생할 수 있었던 것도 바로 이러한 돈의 추상성, 유동성, 양도성 덕분이었다.

창의력이 뛰어난 로마인들은 금과 은의 가용량 때문에 제약을 받는 주화의 횡포에서 벗어나기 위해 화폐의 가장 강력한 특성 중 하나인 신용을 업그레이드했다.

물론 로마인들이 신용을 발명하지는 않았지만(앞서 살펴본 것처럼 수메르인들 역시 빌리고 빌려주었다), 이들은 신용을 다른 차원으로 끌어올렸다.

정복을 신용으로

로마와 로마 군대에 함락되는 속주屬州, 전쟁을 통해 합병하거나 간섭 및 관할했던 지역*가 늘면서 세금을 부과할 속주민(屬州民)들의 수도 늘어났다. 노예제도가 있었기에 농작물의 생산 비용은 낮아졌고 로마에 수용된 토지 및 자본의 수익은 점점 높아졌다. 이렇게 잉여 수입이 쌓이자 이는 로마의 신용을 담보하는 원천이 되었다.

모든 신용거래에서는 원금을 갚기 위한 소득이 필수였는데 로마인들은 속주민들의 주머니에서 그것을 채웠다. 업계 최고의 무역업자와 상인과 장인의 고향이자 활기찬 도시 및 비옥한 농지가 있는 시리아 같은 부유한 지방이 로마의 과세 대상이 되었다고 생각해보자. 부유한 시리아에서 세금을 인상할 권리는 수익성이 굉장히 높은 사업이었는데 그 권리는 정복에 대한 포상의 일환으로 로마 의회에서 민간 기업에 경매로 처분되었다.

퍼블리카니(publicani)라 불리는 이런 기업의 귀족 소유주들은 다양한 계층의 소액 투자자들에게 주식을 매각하며 수익성을 극대화했는데, 이는 현대의 민영화와 별반 다르지 않다. 그들은 그런 식으로 시민들의 부를 군사력과 귀족의 이익을 강화하는 데 사용했다. 속주에서 수입이 꾸준히 들어오는 한 로마인들의 신용망은 탄탄해졌으므로 제국주의로 돈을 버는 사람들은 점점 늘어났다. 이들은 영구적인 수입원을 확보하기 위해 퍼블리카니 주식을 매입했다. 이 기업들이 과세 대상의 의견을 반영하는 일은 거의 또는 전혀 없었기 때문에 얼마든지 수입원을 늘릴 수 있었다.

이렇게 로마인 주주들의 명령을 따르는 탐욕스러운 세금 징수꾼들에게 고혈을 빨린 지방에 대한 이야기는 무수히 많다. 이런 주식은 대다수가 보유하고 있었는데 해당 지역 내 군대의 전황에 대한 소식이 조작되거나 추측이나 소문으로 정보가 오염되는 경우가 많아 주가가 오르락내리락했다.

이렇게 로마는 사기업화된 제국이었다. 일찍이 기원전 2세기에 폴리비오스라는 작가는 로마 사회의 거의 모든 계층이 어떤 식으로든 신용 게임과 주식 보유 게임에 관여하고 있었다고 썼다.

> 이탈리아 전역에서 공공건물의 건설 및 보수, 배가 오가는 항구 등등에서 징수하는 수많은 거래들은 일일이 열거할 수 없을 만큼 많다. 항구, 정원, 광산, 토지 등 한마디로 로마 정부가 관장하는 모든 거래가 계약 당사자에게 맡겨진다. 이 모든 활동을 수행하는 것은 로마인들이며, 이 계약과 계약에서 파생되는 이익에 이해관계가 없다고 할 수 있는 사람은 한 명도 없다.[8]

투자조합과 클럽이 설립되었다. 그런 조합과 클럽에서 투자자들은 자원을 공동 출자하여 주식을 샀다. 이로써 로마의 거의 모든 계층의 사람들이 주식과 얽히게 되었다. 하층민에게는 속주에서 착취한 돈으로 지원하는 빵과 원형경기장(무상배급되는 밀과 콜로세움에서 개최되는 공짜 오락거리)을 미끼로 제공했고, 상류층과 상인 계급에게는 속주에 사는 불쌍한 납세자들의 주머니에서 강탈한 돈을 지속적인 '성과보수'로 나눠주었다. 이렇게 로마의 제국 사업은 하층민을 위한 기초복지 비용을 충당해주는 동시에 상류층들이 계속 호화로운 생활을 영위할 수 있게 해주었다. 물론 로마의 현금지급기에 돈을 채워준 것이 속주에서 거둔 세금만은 아니었다. 그 당시 로마 인구 세 명당 한 명이 노예였던 만큼 그들에게 착취한 노동력 역시 로마를 부자로 만들어주었다.

이 같은 신용 시스템으로 무위도식하는 로마인, 다시 말해 '불로소득' 계층이 생겨났다. 이들의 탄생에는 신용 게임뿐 아니라 정치적 인맥이 큰 역할을 했다.

로마의 재계와 정계 사이의 상호작용을 생생하게 이해하는 데 도움이 될 만한 현대판 이미지는 오늘날 러시아와 크레믈린 궁을 중심으로 벌어지는 음모, 즉 올리가르히러시아의 신흥재벌*가 총애를 얻었다가 잃었다가 하는 모습을 떠올리면 된다. 다른 사람 혹은 다른 땅에서 자원을 뜯어내거나 이익을 갈취하는 독점권을 확보하는 것이 러시아에서는 흔한 일인데, 로마제국에서는 가장 중요한 일이었다.

정부와 계약을 체결하고 세금을 강제 징수하는 업무가 로마 시민들에게는 부를 획득하는 가장 중요한 수단이었기 때문에 부정부패를 저지르고 뇌물을 주고받을 확률이 매우 높았고 엄청나게 유혹적이기도 했다.

이렇게 부에 미쳐돌아가던 환경에서 유료도로나 고가도로 같은 공공사업에 자금을 조달하기 위해 허가받은 회사가 설립되었는데, 이러한 사업은 모두 소유주에게 세금과 수수료를 안겨주었다.

이런 위대한 공학기술적인 업적은 건설만으로도 수익성이 있었지만 진짜 화수분은 세금 징수에서 나왔다. 머나먼 타향에서 심심해하며 언제든 봉급을 위해 싸울 준비가 되어 있던 충성스러운 군인들의 지지까지 더해지니 세금 징수는 더더욱 구미가 당기는 사업이 되었다. 이렇게 수익구조가 확실한데 로마의 군대가 끝없이 진군하며 제국의 경계를 이 영원의 도시에서 더더욱 멀리까지 확장하려고 했던 것은 당연한 일 아닐까? 돈과 신용은 제국의 원동력이었다. 제국의 영토 확장 시기 동안 정부 허가 기반 자본주의, 손쉬운 신용제도, 대다수 로마인의 참여, 뒷돈으로 이루어진 근본 체제는 전례 없는 정경유착을 초래했다.

요즘 관점에서 봐도 고대 로마 시대의 금융시스템은 굉장히 현대적이다. 우리는 신용위기를 최근의 현상으로 생각하는 경향이 있지만 신용 사이클은 그 당시에도 요즘 못지않게 가혹했다. 신용을 무분별하게 남발하자 당연하게도 투기꾼이 판을 치게 되었고 로마의 정치와 사회는 이 변덕스러운 내부의 적 때문에 신용 사이클에 더욱 취약해진다.

세계 최초의 금융위기

31년, 클라우디우스 왕조의 수장이었던 티베리우스 황제는 카프리에서 반은퇴 상태를 즐기고 있었다. 티베리우스 황제는 전쟁보다 외교를 선호하는 평화 우선주의자였다. 잘 운영한 국고와 평화 덕분에 돈이 로마로 유입되자 금리가 하락했다. 평화는 신뢰를 낳는다. 그러면 국민들은 불경기를 잊고 신용 시장은 대체로 눈에 띄는 불길한 징조 없이 건전한 상태를 유지한다. 그런데 모든 금융위기는 초저금리 시기 뒤에 찾아온다.

티베리우스의 은둔 생활은 왕위를 노린 세야누스라는 젊은이가 원로원 의원들과 귀족들 대다수의 지지를 받아(거액의 돈이 걸려 있던 데다 쿠데타에서 편만 제대로 고르면 수지맞을 가능성도 컸다) 쿠데타를 일으키자 강제 종료되었다.

하지만 클라우디우스 가문이 계략 몇 가지도 익히지 못한 채 정상에 올랐을 리는 없다. 꼼꼼하고 무자비한 티베리우스는 정보를 수집한 후, 이 야심 찬 집정관의 요구를 다 받아줌으로써 그가 본색을 드러내게 했다. 티베리우스 황제는 자신이 심은 첩자들과 함께 전 지지자들 중 누가 이 괘씸한 젊은이의 편을 들었는지 알아낸 다음 행동을 개시했다. 세야누스는 죽임을 당했고, 쿠데타에 가담한 원로원 의원들과 귀족들은 색출 및 체포를 당했다. 누가 권력자인지를 모두에게 알리기 위해 티베리우스는 공모자들의 피투성이 머리를 쇠꼬챙이에 꽂아 테베레강 근처에 전시했다. 폭동과 반란으로 소란스러운 시내에서 강기슭으로 저녁 산책을 나온 시민들은 엉뚱한 사람 편을 들었다가 어떤 꼴을 당할 수 있는지를 확실히 알게 되었다.

언제라도 자신을 배신할 준비가 되어 있던 원로원 의원들이 그렇게 많았다는 데 충격을 받은 티베리우스는 그 원로원 의원들에게 가장 큰 손해를 입힐 수 있는 방법을 생각해냈는데, 바로 그들의 주머니를 터는 것이었다.

이 신용 제국에는 부동산 붐이 한창이었고, 국고는 가득 찼으며, 낮은 금리로 땅값은 상승세였다. 로마의 신용 기반 경제는 번성 중이었다. 그런데 이토록 부가 무럭무럭 축적되고 있는 곳은 원로원 말고는 없었다. 역사가 타키투스(Tacitus)에 따르면 원로원 의원들 대다수가 33년 무렵에는 고리대금업자가 되어 있었다. 그들은 인맥을 동원해 로마에서 낮은 금리로 자금을 조달한 뒤 이탈리아 전역과 속주들에 가혹한 금리로 돈을 빌려줌으로써 막대한 차익을 챙겼다.

반역죄를 저지른 원로원 의원들이 빚과 부동산 투기에 빠져 있다는 것을 알고 티베리우스는 원로원 의원들은 총수입의 일정 비율을 이탈리아 본토에 보유해야 한다는 규정을 만들었다. 이 규정 때문에 원로원 의원들은 현금을 조달하기 위해 속주에 보유하고 있던 투기성 땅을 매각할 수밖에 없었다.

결국 짧은 기간에 토지 매물이 무더기로 나오자 땅값은 하락했고, 원로원 의원들이 그 땅을 사기 위해 빌렸던 차입금은 고스란히 남게 되었다. 그들의 대차대조표는 파국으로 치달았다. 설상가상으로 최근까지도 대출을 해줬던 은행들이 그 돈을 회수하기 시작했다. 금과 은을 보유한 부유한 로마인들이 귀금속을 사재기하자 시중에 유통되는 통화량이 확 줄어들었기 때문이다.

티베리우스가 만든 신용경색은 2000년 전의 일이지만 돈에 관한 인간의 행동은 수 세기 동안 크게 달라지지 않았다. 우리는 대공황 때도 이와 비슷한 역학 관계를 목격했다. 1929년 주식시장 붕괴 이후 거품이 꺼지면서 그로 인한 공황으로 땅값과 그 밖의 자산 가치가 하락했다. 금이야말로 귀중한 가치저장 수단이라는 사실을 깨달은 사람들이 불안한 마음에 금을 사재기했다. 하지만 금을 비축하면 할수록 금값은 올라갔고, 사회의 유동성은 떨어졌다. 이와 똑같은 일이 거의 2000년 전 티베리우스가 다스리던 로마에서도 일어난 것이었다. 유동성 위기가 순식간에 파산 위기로 바뀌면서 불안과 공포가 고조되었다. 모든 로마 사람들이 금과 은을 사려고 했지만, 이미 사재기로 재고가 없었다. 신뢰가 필요조건인 자산의 유동성은 금융 경제의 엔진 역할을 하는데, 이것이 사라져버린 것이다. 로마는 위기에 직면했다.

고대 세계의 중앙은행장, 티베리우스

경제 상황이 악화되고 자산 가치가 하락하면 채무자는 우량자산을 매각하여 불량자산에 대한 부채부터 상환해야 한다. 빚더미에 올라앉은 로마인들은 로마나 카프리, 나폴리에 있는 알짜배기 부동산을 팔아서 시리아나 이집트 같은 데 무모하게 투자한 비용을 갚아야 했다. 속주의 땅값이 폭락하자 이탈리아에 있는 고급 부동산 가치도 하락했다. 2008년 서브프라임 모기지 사태 때처럼 33년 로마의 부동산 시장도 이런 종류의 확산에 취약했다. 모든 것이 서로 긴밀하게 연결되어 있었기 때문이다. 신규 신용대출이 로마나 그 주변 지역에 있는 저택을 담보로 잡고 투기 목적으로 이루어졌던 것이다.

밧줄 하나에 여러 명이 묶여 있는 것처럼 서로 얽혀 있었기 때문에 결딴난 대차대조표 하나가 그다음 대차대조표를 절벽으로 잡아끄는 식이었다. 그러자 티레와 알렉산드리아$^{Alexandria, 이집트의 항구도시}$* 같은 대형 상업 도시에 있던 은행도 파산했다. 신용경색은 원로원 의원들의 명성과 재산을 모두 앗아갔다. 심사숙고 끝에 티베리우스는 자신이 너무 멀리 나간 바람에 통제 불능 상태가 되어가고 있다는 사실을 깨달았다.

도시 분위기를 늘 파악하고 있던 티베리우스는 공모자들에게 교훈을 주고 누가 권력자인지를 보여주려다 로마의 신용망 전체가 위태로워졌다는 걸 불현듯 깨달았다. 자신이 입증해 보인 것은 결국 신용 사이클 내에서 돈이 촉발한 힘이 그 어떤 정치가나 통치자의 힘보다 크다는 사실이었다. 돈 이야기를 살펴보는 동안 우리는 이런 일을 몇 번이고 목격하게 될 것이다.

티베리우스는 방침을 바꿨다. 통화량이 너무 줄었을 때는 어떤 해결책이 있었을까? 당연하게 통화량을 많이, 아주 많이 늘리는 것이다. 타키투스에 따르면, 황제인 티베리우스는 1억 세스테르티우스$^{sesterce, 고대 로마의 화폐단위}$*를 신용 시장에 투입해서 은행들을 긴급 구제해주었다고 한다. 그 대가로 황제는 대출금의 두 배에 해당하는 토지를 담보로 받았다. 그러자 시장은 재조정되었다. 티베리우스는 고대 세계의 중앙은행장인 '최종대출자'가 되었다. 티베리우스는 2008년 서브프라임 모기지 사태 당시 미연방준비제도이사회 의장이었던 벤 버냉키에게 각본을 써준 격이었다. 2008년 '조건 없는' 구제금융을 내주었던 연방준비제도이사회와 달리,[9] 티베리우스는 조폐국에 대한 권한을 이용해 대출해주는 금액의 두 배에 해당하는 담보를 요구했다. 유동성 한번 확보하겠다고 치르기에는 크나큰 대가였다. 하지만 원로원 의원들은 거절할 수가 없었다. 황제의 조건을 따르지 않았다가는 파산할 지경이었으므로 원로원 의원들은 파산과 감옥행이라는 수치스러운 대가를 면하고자 자신들의 땅을 헐값에 내놓았다. 티베리우스의 개입은 중앙은행과 재무부가 신용경색 상황에서 할 수 있고, 해야만 하고, 실제로 하고 있는 일을 보여준 마스터클래스였다.

주화의 공급이 수요를 따라가지 못할 때 생기는 일

티베리우스가 주도한 33년의 위기 및 신용 사이클 관리는 돈과 권력이 신용이라는 마법을 통해 어떤 식으로 복잡하게 연결되는지를 잘 보여준다. 신용경색은 주기도 하고 빼앗기도 한다. 주화에서 신용으로 경제가 전환하면서 로마는 제국을 확장할 수 있었지만 재정적으로 취약해지기도 했다. 신용을 이용하면 벼락경기와 불경기가 더 빈번이 일어나며 이는 곧 집단심리로 이어져 탐욕과 공포를 왔다 갔다 하게 된다.

신용 사이클은 경기뿐 아니라 정치 상황에도 심각한 영향을 미친다. 신용제도로 시중에 돈이 풀리면 모든 것의 가격이 올라가는데 이것이 국가 전체에 영향을 미쳐 결국 소비를 비롯하여 리스크를 감수하는 모든 경제활동이 활성화된다.

이렇게 경기 호황은 자칫 잘못하면 큰 대가를 치르기도 하지만 신용제도의 활성화로 나라 전체에 활기가 돌고 투자가 늘면서 크게 발전하는 동력이 되기도 한다. 이렇게 앞으로 나아가게 하는 것이 돈의 힘이다. 돈이 없으면, 돈이 신용이라는 임시 의상을 입지 않으면, 비록 그것이 불평등을 야기할지라도 아예 발전 자체를 하지 못한다.

그리고 이것이 바로 이후에 벌어진 일이다.

로마는 신용 제국을 만들어 광대한 대륙을 잇는 영리 사업체를 유지했다. 그러나 신용과 법적 인프라가 얼마나 촘촘하고 빈틈없느냐와 관계없이, 로마 화폐 체제의 토대는 여전히 금과 은, 즉 주화였다. 로마의 주요한 은 공급원은 이베리아의 풍부한 광산지대였지만 로마의 무역량이 늘면서 필요한 은의 양도 늘었기 때문에, 영토 확장에 대한 탐욕과 정복 국가의 국고 약탈에도 불구하고 수 세기 동안 금과 은의 공급은 늘 수요를 따라가지 못했다.

이건 놀라운 일이 아니다. 금과 은의 매장량에는 물리적 한계가 있지만, 확산하는 무역망과 소비적인 상류층을 갖춘 유동적인 경제는 끊임없이 성장했기 때문에 결국 주화의 수요는 언제나 공급을 앞지르게 마련이다. 수 세기 동안 연금술사들이 시도했지만 금은 뚝딱 만들어낼 수 있는 것이 아니다. 신용이 그 간극을 메울 수는 있지만, 신용도 사람들이 기초화폐, 즉 주머니 속 주화의 가치에 대한 근본적인 믿음이 있을 때 가장 잘 작동한다. 신용이란 결국 부채로 이어지는데 언젠가는 상환해야 할 돈이다.

부채는 주화 혹은 기초화폐로 가격이 매겨진 재산으로만 상환할 수 있었다. 요즘 부채(구조가 아무리 복잡하다 한들)가 달러 같은 기초화폐로 표시되고 청산되는 것과 마찬가지로 로마의 부채도 은화인 데나리온(denarius)으로 표시되고 청산되었다. 그러므로 화폐의 가치를 조작하는 것은 그 사회의 금융 신뢰도를 파괴하는 행위였다.

티베리우스 시대에 로마 동전은 100% 은과 연동되어 있었다. 이는 수 세기에 걸쳐 변화를 겪게 된다. 욕심 많은 로마는 딜레마에 직면했다. 어떻게 하면 고정된 은 공급량으로 제국의 경제를 계속 확장하는 동시에 동전의 액면가도 유지할 수 있을 것인가?

한 나라의 통화량이 경제 수요를 충족하기에 부족할 때 선택지는 세 가지다. 첫 번째는 통화량을 그대로 유지하는 것, 다시 말해서 신규 주화를 발행하지 않는 것이다. 하지만 이 경우, 무역이나 생산이 늘어나 유통되는 상품이 증가하면 임금을 비롯하여 모든 것의 가치가 하락할 수밖에 없다. 이런 상황에서 사람들은 부채를 상환하지 못하게 된다. 동일한 액수의 부채를 갚기 위해 사람들은 노동 시간을 점점 늘릴 수밖에 없는데 그럼에도 채무불이행으로 이어지는 건 당연한 수순이다. 경제학에서는 이 과정을 '부채 디플레이션'이라고 한다. 1930년대에 미국은 부채 디플레이션을 겪다가 결국 대규모 채무불이행까지 갔고, 경기침체는 불황으로 이어졌다. 금이나 은이 부족한 나라의 두 번째 선택지는 무역이든 차입이든 약탈을 통해 귀금속을 더 획득하는 것이다. 로마인들은 무역도 하고 차입도 했지만 결국 군국주의 사회였기에 약탈에 의존할 수밖에 없었다. 그런데도 결국 은광과 금광이 있는 정복지가 바닥났다.

세 번째 선택지는 속임수다. 국가는 화폐의 가치를(즉 품질을) 떨어뜨리는 속임수를 쓸 수 있다. 한동안은 이 방법이 먹힐 수도 있다. 하지만 얼마 안 가 사람들이 눈치챌 것이고 화폐의 가치가 떨어지면 초인플레이션으로 이어지게 된다. 이것이 바로 로마인들이 채택한 방법이다.

화폐 변조란 조폐국이 주화의 금속 성분을 조작하여 금이나 은 같은 귀금속의 함량을 줄이고 구리처럼 더 싸고 흔한 금속의 함량을 늘리는 것을 말한다. 티베리우스 통치 이후 역사상 그리 오랜 시간이 지나지 않아 등극한 네로 황제는 화폐 변조를 하고 싶어서 도저히 견딜 수가 없었다. 그는 화폐 변조를 위해 비싼 금을 빼돌리면 자기가 쓸 여분의 주화를 만들 수 있을 거라 생각했다.

앞으로 알게 되겠지만 난봉꾼이라는 평판으로 유명한 네로 황제의 이 같은 부패 행위도 후대 사람들에 비하면 새 발의 피였다.

로마제국은 왜 무너졌을까?

260년, 갈리에누스 황제가 실권을 잡았던 시기 로마 은화의 은 함유량은 티베리우스가 집권했을 때보다 60%나 줄어들어 있었다. 은화의 가치가 60% 하락하기까지 200년이 걸렸지만, 같은 기간 대비 경제가 60% 이상 성장했기 때문에 그 정도의 점진적인 가치 하락은 이해할 수 있다. 그러나 그 후 8년 동안 로마 화폐에 벌어진 일은 비정상적이었다.

3세기 로마는 제국의 질서를 위협한 몇 가지 실존 위기에 직면했는데, 그 위기는 내외부 모두에서 나타났다. 수 세기 동안 세계 유일의 초강대국으로 군림했던 그들은 스스로 로마가 난공불락의 땅이라고 믿었지만, 티베리우스의 전임자이자 건국 황제였던 아우구스투스가 세운 체제에 균열이 생기고 있었다. 이 체제하에서는 조세 기반이 유지되고, 군대가 잘 돌아가 국경을 안정적으로 수비하기만 하면 국민들은 단결했고 어느 정도 번영을 이룰 수 있었다.

하지만 동쪽에서 사산제국이 등장한 3세기에, 로마는 자신과 대등하다고 할 만한 강대국과 맞닥뜨리게 된다. 같은 시기 서쪽의 게르만 국경에서 로마군은 충격적인 패배를 당했다. 국경이 불안해지고 제국이 400년 만에 처음으로 쇠퇴의 길을 걷게 되자 조세 기반도 줄어들기 시작했다. 해외에서 세금을 징수하기가 점점 어려워지면서, 만만한 계층에 대한 국내 징세도 큰 타격을 받게 되었다. 그동안 내내 갈리에누스는 돈을 물 쓰듯 썼고 화폐 가치를 계속 떨어뜨리는 수법으로 이런 씀씀이를 충당했다. 로마 화폐의 가치가 하락해서 제국이 쇠퇴한 걸까, 아니면 제국이 쇠퇴해져서 로마 화폐의 가치가 떨어진 걸까?

갈리에누스는 8년이라는 짧은 재위 기간 동안 가까스로 은 함량을 4%만 줄일 수 있었다. 갈리에우스는 가치 없는 주화를 대량으로 찍어내고 있었다. 화폐 가치가 그 정도로 하락했다는 것은 전설적인 효율을 자랑하던 로마의 과세제도가 붕괴 중이라는 신호였다. 세금이 국고로 유입되고 있으면 화폐의 가치를 떨어뜨릴 필요가 없었기 때문이다. 국가가 경기침체를 피하기 위해 화폐 가치를 떨어뜨려야 하는 경우는 세금 징수가 중단될 때와 국고에 돈이 바닥날 때밖에 없다. 갈리에누스 집권하에 화폐의 가치가 급속도로 하락한 것은 정부의 통치 질서가 무너지고 로마가 지방에서 힘을 잃고 있다는 사실을 말해준다.

절박해진 갈리에누스는 이미 가치는 하락했지만 수백 년 된 데나리온을 대체할 새 주화를 도입했다. 안토니니아누스(antoninianus)라 불린 이 새 주화의 원래 가치는 2데나리온이었지만 사실 은 함유량은 훨씬 낮았다. 그 결과 발생한 초인플레이션으로 평범한 로마 시민들은 공황 상태에 빠졌다. 이런 상황에서 도대체 누구를 믿을 수 있었겠는가? 금속 함량이 너무 적어 깨지기 쉽자 이 로마 동전에는 한쪽 면에만 황제의 초상을 새길 수 있었다.

284년 화폐 대란 와중에 새로운 황제가 등장했다. 로마의 중앙권력에 대한 신뢰가 완전히 사라져 모든 제도가 붕괴된 탓에 달마시아 출신의 군인 디오클레티아누스 같은 사람이 황제로 등극한 것이다.

경제가 안정적이면 왕위계승도 전 통치자에서 다음 통치자로 이어지는 꽤 안정적인 과정에 지나지 않는다. 그러나 세상이 혼탁하면 모든 것에 임자가 없는 것이나 마찬가지다. 초인플레이션이라는 무정부상태 속에서 냉혹한 사람이었던 디오클레티아누스는 행동을 개시했다. 로마의 해리 트루먼 같은 사람이었던 그는 다양한 가격상한제 price caps, 요금 인상률의 상한선을 정해놓는 제도*와 이자제한법 interest rate ceiling, 이자의 한도를 정해놓는 제도*에 무분별하게 의존하면서 20년간 로마의 화폐를 바로잡으려 노력했다.

그의 노력으로 소비자물가는 떨어졌을지 몰라도, 인플레이션이 여전히 심했고 초인플레이션에 대한 기억이 생생할 때 가격상한제와 이자제한법을 적용한 결과 신용제도의 작동방식이 위태로워졌다.

모든 신용제도는 기꺼이 돈을 빌려주고자 하는 동기가 있는 대출자와 기꺼이 돈을 빌리고자 하는 동기가 있는 차입자를 기반으로 하는데, 이때 금리는 한쪽에는 보상이 되고 다른 한쪽에는 너무 가혹하지 않아야 한다. 이 시기를 연구하는 학자들에 따르면 디오클레티아누스 시대부터 한때 로마 금융의 핵심이었던 은행예금 시스템에 대한 기록이 자취를 감추었다고 한다.[10]

갈리에누스의 실정 이후 화폐 질서를 재확립하려던 디오클레티아누스의 노력이 상황을 더 악화시켰던 걸까? 약탈적 대출을 막기 위해 도입한 법정금리 12% 제한법을 생각해보자. 인플레이션율이 12%를 웃돌던 상황에서 과연 누가 그런 조건으로 돈을 빌려주려고 할까? 당연하게도 대출은 씨가 말라버렸는데 이것이 바로 300년 이후 로마의 역사에서 은행예금에 대한 언급이 사라진 이유일지도 모른다. 여기서 초인플레이션 이후 왜 신용 시스템이 다시 회복되지 못했는지는 쉽게 짐작할 수 있다. 제국의 쇠퇴기에 로마의 상인들은 돈보다는 상품으로 송장을 주고받았는데, 이것은 사람들이 인플레이션에 겁을 먹을 때 일어나는 일이다.

인플레이션으로 국가를 멸망시키는 것이 3세기 로마 권력자들의 의도였을 리는 없다. 그러나 그들이 잘못된 정책을 쓴 결과일 수는 있지 않을까? 서로마제국의 멸망은 엄청난 관심을 끈 주제인 만큼 그 원인에 대한 의견 역시 매우 다양하다. 얼마 전, 관련된 설에 대해 철저히 조사해본 결과 고대부터 현재에 이르기까지 역사가들이 내놓은 설명이 210가지나 되는 것으로 밝혀졌다.[11]

여기서 이 논쟁에 대한 결론을 내릴 수는 없다. 하지만 한 가지 분명한 것은 있다. 바로 돈과 신용이 로마제국을 지탱했다는 사실이다. 이들은 수 세기에 걸쳐 금융 혁신을 일으키며 로마의 응집력과 영향력을 크게 확장시켰다.

공교롭게도 로마의 화폐 체제가 붕괴되기 시작한 시점과 서로마제국이 무너지기 시작한 시점은 거의 일치한다. 이것이 과연 단순한 우연일까?

물론 제국의 확장에 오랜 시간이 걸렸던 것처럼 해체도 서서히 진행되었다. 하지만 초인플레이션과 신용 시스템의 붕괴가 제국의 몰락에 트리거 역할을 했던 것은 아닐까? 로마제국은 결국 돈 때문에 무너진 거 아닐까? 정확한 이유는 알 길이 없지만 역사가들이 꼽은 멸망의 210가지 이유 중 하나에는 분명 들어 있을 것이다.

| 2부 |
중세 화폐
Medieval Money

그는 신의 존재를 믿어서가 아니라
오로지 돈 때문에 성경 사업에 뛰어들었다.
아무리 열정적인 사업가에게도
운이 따라주지 않으면 성공하기 쉽지 않은데,
1453년에 구텐베르크에게는
그 운이 따라주었다.

6장 화폐의 몰락과 부활

중세를 암흑기라 부르는 이유

900년에서 1000년 사이 어느 때, 당신이 북서유럽 어딘가에서 농사를 짓고 있다고 상상해보자. 지도를 본 적도 없고 당신이 살고 있는 작은 마을 외에 다른 세상에 대해서는 아는 것도 거의 없기 때문에 정확히 어디서 살고 있는지 말해줄 수 없을 것이다. 그나마 당신이 아는 거라고는 농사일 때문에 꼼짝할 수가 없다는 사실뿐이다.

현지 남작이 당신의 땅을 소유하고 있고, 그 남작은 왕에게 충성할 것을 맹세한 사람이다. 당신이 아는 사람 중에는 글을 읽고 쓸 수 있거나, 손가락과 발가락을 합친 것 이상의 수를 셀 수 있는 사람도 없다. 모든 걸 스스로 알아서 해야 한다. 유감스럽게도 당신은 아는 것이 없다. 앞으로 알게 되겠지만 이것이 문제다.

10세기 초 북서유럽에서 농부로 산다는 건 고역이었다. 먹고살 식량을 재배하려고 기를 쓰며 살아야 했는데 혹시 남는 것이 있으면 소유주인 남작한테 다 바쳐야 했기 때문에 늘 가난했다. 명령 경제나 계획 경제 같은 말은 생전 듣도 보도 못했지만 당신은 바로 그런 경제하에 살고 있다. 이 같은 경제체제는 깡패 경제 혹은 약탈 경제라 불러도 될 정도다. 이 사회에서는 지배계급이 피지배계급을 괴롭히고 약탈하는 걸 당연하게 생각했기 때문이다. '시민의식 있는 사람들의 공화국'이라는 그리스식 사고를 하려면 아직도 13세기라는 세월이 더 흘러야 한다.

당신이 살고 있는 유럽의 이 지역에서 문명은 후퇴한 지 오래다. 일조량은 더 많고 강수량은 더 적은 곳으로 이주하면 좀 나을 텐데, 당신은 떠날 수도 없다. 당신의 집은 햇빛도 뚫지 못하는 무시무시한 숲에 둘러싸여 있다. 사실 우리가 아이들에게 들려주는 동화에 나오는 숲이 바로 이런 어두컴컴한 숲이다. 살아남으려면 가진 건 모두 다시 땅에 쏟아부어야 한다.

허리가 휠 때까지 일구어놓은 땅뙈기는 허구한 날 물에 잠긴다. 겨울은 다가오는데 흉작이 들었으니 천상 올해도 나무껍질을 끓여 먹으며 구걸을 하든지 굶어 죽어야 할 판이다. 주말에 가족과 함께 가장 가까운 교구까지 15킬로미터를 터벅터벅 걸어가면 약간의 원조를 받을 수 있다. 거기 가면 특별한 예복 차림에 뾰족한 모자를 쓴 남자가 당신은 알아듣지 못하는 언어로 우화를 들려준다. 하지만 그 얘기의 요지는 이렇다.

> 살아서 하는 고생은 나쁜 일이 아니며 죽으면 천국에 갈지어다.

참, 그건 그렇고 천국에 들어가는 특권을 보장받으려면 십일조라는 걸 내야 한다. 당신의 농작물 중에서 가장 때가 덜 묻고 가장 벌레가 덜 먹은 농작물은 신부님께 바쳐야 한다. 그래도 당신은 감사하게 여겨야 한다. 중세를 암흑기라고 부르는 것에는 다 이유가 있는 법이다.

돈이 없으면 발전도 없다

경제발전 측면에서 우리가 중세 초기라고 부르는 시기의 유럽은 네 지역으로 나눌 수 있다. 우선 경제가 가장 발달한 남동부 즉 비잔틴 지역에서는 화폐가 가장 광범위하게 쓰였다. 그 뒤를 잇는 남서부 즉 이베리아반도 지역은 선진화된 이슬람 세계와 접경지대였다. 세 번째는 북동부, 바랑기언 지역으로 발트해 연안의 바이킹들은 볼가강 및 드네프르강을 통해 남쪽과 자연스럽게 교역을 하게 되었는데, 모피로 유명한 이곳은 오늘날 러시아와 우크라이나에 해당하는 지역이다.

네 번째는 북서부 지역으로 오늘날의 독일, 스웨덴 남부, 덴마크, 유럽북서부 해안저지대, 북프랑스, 영국, 아일랜드가 자리한 곳이다. 보헤미아^{Bohemia, 현재의 체코 서부 지역}*에 은 매장량이 풍부했음에도 불구하고 이 지역에서는 화폐가 널리 유통되지 못했고 드문드문 쓰일 뿐이었다.[1] 은화와 동화(銅貨)는 6세기 말경 아예 사라졌고 금화는 유통되긴 했지만 계속 줄어들었다.[2] 앞서 리디아인을 살펴봐서 알다시피 작은 단위의 화폐는 도시 생활의 필수 요소였다. 구리든 은이든 소액 주화가 없으면 장인 기반의 무역 즉 우리가 말하는 상업이 활발해지기 힘들었다. 그러므로 당연하게도 북서부 지역의 도시 생활은 시대를 역행했다.

금속이 고갈될 정도로 주화를 생산하고 사용했던 로마와 달리 이 시기 북서부 유럽은 수도원이 지역 경제의 중심이었고 곡물과 가축을 십일조로 내는 일종의 물물교환 경제로 되돌아갔다. 가장 기본적인 수공예품 외에 모든 상품이 사라졌다. 수도원은 다시 신학의 중심지이자 상업의 중심지 역할을 했다. 이렇게 상업이 사그라들자 세계는 위축되었다.

런던과 마르세유를 잇는 위대했던 로마의 무역로는 쇠퇴했다. 화폐, 주화, 신용이라는 추진력이 사라지니 중요한 노하우도 사라졌다. 특정 상품의 생산이 중단되었다. 이를테면, 염색한 직물, 콘크리트, 유약 바른 도자기, 수로(水路, 식수와 위생을 위한), 포장도로, 벽화, 사실적인 조각상과 초상화법, 파피루스, 수세식 실내 화장실, 복잡한 구조의 교량, 나선식 압착기, 유압식 기중기, 분할식 판금갑옷, 기병용 안장, 온실, 등대, 대부분의 유리 제품과 은세공품, 진통제용 아편 및 스코폴라민 Scopolamine, 멀미와 구토 예방에 쓰이는 약물*, 소독제용 식초, 중앙난방, 수술도구 등등 로마인들이 쓰던 일상용 발명품들은 사용이 중단되었다.[3]

정치, 경제, 문화, 사회 등 다양한 영역에서도 더 이상 발전이 일어나지 않았다. 널리 쓰이는 화폐가 없다 보니 신용제도가 있을 리도 만무했다. 신용제도가 없으면 상업이 위축되기 마련이다. 상업이 쇠퇴하면 새로운 기술을 연마하거나 혁신에 나설 이유도 없어진다. 또한 공동체가 약화되고 바로 이웃에 사는 사람 말고는 새로운 사람들과 접촉할 기회가 줄어든다.

인간은 원래 서로를 모방하면서 학습하고 발전하는 경향이 있다. 황금기라 불리는 그리스 로마 시대에는 뻔뻔할 정도로 모방이 난무했다. 그리스인들은 리디아인들과 페니키아인들을 모방하고, 리디아인들과 페니키아인들은 이집트인들과 페르시아인들을 모방하고, 로마인들은 다시 그리스인들을 모방하는 식으로 이어졌다.

이렇게 서로를 모방하는 과정에서 화폐와 재화뿐 아니라 아이디어와 전문지식까지 널리 퍼졌고 사회는 더욱 활기를 띠었다. 인류학자들은 이것을 '집단 지성'이라 부른다. 수많은 비법, 관습, 기술이 세대를 통해 이어져 내려오고, 우리는 지금도 이런 정보를 업데이트하고 있다. 그런데 중세 초기에는 이런 과정이 급격히 둔화되었다.

앞으로 계속 살펴보겠지만 남동부 즉 동로마 또는 비잔티움제국에서는 화폐의 발달에 따라 상업이 계속 번성했으며 이에 따라 문화, 과학, 경제 연구 역시 활발하게 이루어졌다. 남서부 이베리아반도 지역이 안달루시아 칼리파국의 영향과 상업이 발달한 이슬람 세계와의 접촉으로 발전하는 동안, 부유한 비잔틴 지역과 연결된 북동부 바랑기어 지역 역시 서서히 발전하고 있었다. 이 세 지역과는 대조적으로 북서부 지역의 유럽인들은 울창한 숲에 둘러싸여 옴짝달싹하지 못했다. 이들이 경제발전을 따라잡는 데는 시간이 좀 걸리지만 일단 그렇게만 되고 나면 세상을 바꿔놓게 된다.

봉건 경제의 중심, 대성당

새천년이 시작되던 1000년 전날 밤, 새로운 유럽이 부상한다. 11세기부터 북서부 유럽의 경제, 금융, 사회, 정치는 변화하기 시작했다. 11세기는 아득한 시기이다. 활자의 세계가 도래하기 전, 문서는 희귀했다. 이렇게 문서 기록이 부족할 때는 그 시대의 건축물을 살펴보는 게 좋다.[4] 유럽의 고딕양식 성당은 중세의 피라미드에 해당하는데 그 시기에 화폐에 어떤 일이 일어났는지를 들려준다.

그리스도 탄생 후 처음 맞는 1000년을 기념하기 위한 기독교 행사는 종교적 열정의 폭발로 이어졌다. 유령과 신비한 사건이 대단한 인기를 끌었다. 그 후 200년에 걸쳐, 앞서 탄압받았던 우리의 농부와 거의 동시대를 살았던 사람들이 캔터베리에서 노트르담에 이르기까지 유럽에서 가장 유명한 대성당 중 일부를 건축하게 된다. 빈곤에 허덕이던 이들이 어떻게 이 정도 수준에 오른 걸까?

거대하고 위풍당당한 외관만 봐도 이 대성당들은 봉건 경제의 중심이었던 교회의 위상을 잘 보여준다. 이 시대의 권력은 수도사와 수도원장이라는 커플처럼 교회와 영주라는 커플에게 있었다. 수도사와 수도원은 현지 농민들에게 거둔 십일조와 현지 기사들에게 받은 훨씬 두둑한 기부금으로 재정을 해결했는데, 이 기사들은 다시 가난한 소작농들에게 더 많은 지대를 짜냈다.

교회는 신의 이름으로 기사들을 억눌렀고, 기사들은 무력으로 소작농들을 억눌렀다. 수도사와 기사는 약탈품을 나눠 가지면서 상부상조했다. 하지만 여기서 중요한 것은 이러한 봉건제도가 안정적이었다는 사실이다. 경제 규모는 그대로 유지되었다.

이렇게 대성당이 건립되었다는 사실은 십일조를 통해 벌어들이는 현금의 양이 크게 늘어났다는 증거다. 대략 1000년 동안 거의 변화가 없었던 경제가 한 세기 정도 만에 급성장한 것이다. 아니 이 정도면 폭발적 성장이라고 말해야 할 것이다. 이러한 경제성장은 새로운 화폐제도의 연료가 되어 북서부 유럽을 경제 강국으로 탈바꿈시켰다.

쟁기의 발명과 인구 폭발

이 시기에 모든 부는 땅에서 나왔다. 1000년경부터 1350년 사이, 중서부 유럽을 덮고 있던 삼림은 국토의 40.2%에서 18.6%로 줄어들었다. 유럽은 대대적인 개간에 돌입했다. 숲을 태우거나 벌목한 다음 드러난 땅을 쟁기로 갈아 경작했다. 이러한 변화는 판을 뒤집을 만한 농업기술이 발달했다는 뜻이다.

습하고 묵직한 점토질에 비까지 많이 오는 북유럽의 토양은 농사를 짓기 위해서는 반드시 경작을 해야 했다. 그런데 그 작업 자체가 매우 힘들었다. 물 부족이 가장 큰 문제였던 지중해 남부와 달리, 북유럽의 문제는 물이 너무 많다는 것이었다. 이 시기 농부들이 사용하던 쟁기는 로마 시대의 디자인을 개조한 것으로 스크래치 쟁기(scratch ploughs)라 불리는 나무 쟁기였다. 이것은 땅의 표면만 긁어낼 수 있었기 때문에 얕은 고랑을 내는 정도의 작업만 가능했다. 이런 쟁기는 표층토가 건조하고 물이 귀한 비옥한 초승달 지대에는 적합했지만 북유럽의 묵직한 점토질 토양에서는 쪼개지기 일쑤였다. 이 때문에 작은 단위의 땅에서만 농사를 짓고 대부분의 땅은 숲으로 남아 있었던 것이다.

북유럽의 토양은 물이 쉽게 고이긴 했지만, 영양분이 풍부해서 그만큼 잠재력도 있었다. 만약 깊고 강력한 쟁기가 있어서 밭을 제대로 갈 수만 있다면, 어마어마한 수확량을 기대할 수도 있었다.

중세 초기에 경제를 성장시키는 방법에는 두 가지가 있었다. 첫 번째는 더 많은 인력을 확보하는 것이고, 두 번째는 더 많은 땅을 확보하는 것이다. 앞 장에서 우리는 로마인들이 북유럽을 침략해서 땅을 정복하고 경제적 이득을 취했다는 사실을 확인했다. 하지만 로마인들이 떠날 때, 로마의 대군도, 조직적 지혜도, 돈도 함께 떠났다. 그 후 유럽의 인구는 주기적 기근과 높은 사망률, 그리고 이런저런 질병으로 늘어나지 않았다.

이런 시기에 인구가 너무 빨리 증가하면 생활수준이 낮아지고, 이것이 식생활에 악영향을 미쳐 사람들은 다음 흉년이나 다음 역병, 다음 기근이나 다음 홍수에 더욱 취약해진다. 인구 성장이 토지의 제약에 부딪치는 이런 난제는 훗날 맬서스의 함정이라 불리게 되는데, 그 결과 생활수준 혹은 1인당 소득은 제자리걸음을 유지한다. 맬서스는 조금 있다 만나게 될 테니 지금은 인구가 토지생산성 안에 갇혔다는 개념을 이해해보자. 생산성이 없으면 인구 증가도 없다. 토지의 면적이 고정적이면 생산량도 늘어나지 않기 때문에 인구는 늘어나지 않는다.

인구가 너무 적어서 식량을 더 생산할 수 없고, 식량이 부족하니 인구도 더 늘릴 수 없는 것이다. 여분의 식량이 없으면 도시화가 진행되지 않고, 그러면 마을이 촌락 이상의 규모로 성장하는 일이 거의 없으므로 대다수의 사람들은 땅에 의지해서 살아갈 수밖에 없다. 하지만 만약 토지생산성을 높이는 방법이 있다면 이와 같은 덫에서 벗어날 수 있다. 똑같은 면적의 땅에서 똑같은 인원이 농사를 짓는데 생산량이 늘어난다면 그럴 수 있지 않겠는가.

1000년경 헝가리에서 전해졌다고 추정되는 심경쟁기(深耕쟁기, heavy metal plough)는 이 모든 것을 바꿔놓았다. 이 쟁기는 대규모 경작지를 개간할 수 있게 해주었고, 워낙 거대했기 때문에 밭을 한 번만 갈아도 충분했다. 수확량은 늘고 인력의 투입은 줄어든 셈이다. 이렇게 되자 수확량이 늘어났을 뿐 아니라 예측도 가능해졌다. 이는 로마 시대 이후 최초로 지속적인 경제성장이 이루어질 거라는 신호이기도 했다. 새로운 쟁기의 발명 이후 잉여농산물이 증가하면서 식량 가격이 하락했고 이는 인구 증가와 함께 신문물을 탄생시켰다. 그것이 뭐고 하니 아직 미미한 수준이긴 했으나 바로 가처분소득 disposable income, 세금이나 법적 공제액을 제외한 후 실제로 사용할 수 있는 소득*이었다.5

그리고 그보다 더 신기한 것이 생겼으니 그것은 바로 여가 시간이었다. 이때부터 현대 경제가 아주 서서히 모양을 갖추기 시작했다. 그러나 쟁기의 역할만으로는 아직 충분하지 않았다. 인구 증가와 그에 따른 상업의 발달을 좀 더 효율적으로 관리하기 위해서는 사회적 기술이 필요했다. 그 기술이란 바로 수 세기 동안 쇠퇴했다가 다시 번성하게 될 화폐였다.

화폐의 부활

독일인들은 맥주를 사랑한다. 특히 지역 특산 맥주일수록 인기가 많다. 그중 고제(gose) 맥주는 하르츠 산맥에 자리 잡은 니더작센주에 있는 고슬라라는 작은 마을에서 천 년 넘게 만들어오던 맥주였다.

고제 맥주는 '고제 맥주의 첫 잔은 바지에 금세 지린다(Die erst Gose geht meist in die Hose)'라는 음담패설 같은 시구로 지금까지 전해지고 있다. 소금의 농도가 진해 소화계에 물의를 일으켜 남 부끄러운 결과를 초래한다는 뜻이다. 여기서 알 수 있듯 짭짤한 맛의 고제 맥주는 독일 중부의 무역로를 오르내리며 11세기 초쯤에는 그 명성이 자자했는데, 두 번째 천년기가 시작될 무렵 은을 채굴하기 위해 고슬라에 모여든 광부들 수천 명 사이에서 인기가 좋았기 때문이다.

고슬라에서 발견된 은광 덕분에 북서부 유럽에 다시 화폐가 유통되기 시작했으며 이 지역의 발전 경로도 바뀌었다. 한 손에는 쟁기를, 다른 한 손에는 은 자루를 든 북서부 유럽인들은 진보를 향한 행진에 나섰다.

이 시기에 엄청난 양의 고슬라 은화가 주조되었다. 고고학자들은 스웨덴에서만 7만 개가 넘는 독일 페니히(pfenning)와 3만 개가 넘는 앵글로색슨 페니(penny)를 발견했는데, 이 주화들은 거의 990년에서 1050년 사이에 주조된 것들이다. 소량 함유된 다양한 미량 불순물 성분은 이 주화들 대다수가 고슬라의 위쪽에 있는 람멜스베르크 광산에서 주조되었다는 것을 방증한다.[6]

스웨덴에서 발견된 이 주화들은 독일 주화가 잉글랜드와 스웨덴까지 진출했고, 거기서 재주조된 다음 북해와 발트해 연안 무역에 쓰였다는 사실을 말해준다. 새로운 은화 덕에 무역이 활발해지면서 이 지역은 또 다른 발전을 맞이한다. 11세기 동안 독일과 잉글랜드에서는 왕실의 지시로 도시와 상업 중심지가 크게 확장되었다. 또한 새로운 쟁기의 탄생으로 생산량이 획기적으로 늘면서 농부들이 노동에서 해방되자 상업 도시들이 사람들로 북적였다.

이렇게 생긴 신도시들은 왕실의 칙허에 따라 시장을 열 권리와 주

화를 주조할 권리도 갖게 되었다. 쟁기와 화폐의 재등장으로 이제 새로운 도시가 생겨난 것이다.[7]

독일의 은화는 서쪽으로는 멀리 아일랜드까지 진출해 더블린(당시 바이킹 정착지)에 화폐 주조소가 세워졌으며, 동쪽으로는 키예프까지 진출했다. 전 지역에서 화폐 주조소가 폭발적으로 증가했다는 것은, 유통된 주화의 양으로 대충 가늠해본 것이지만, 화폐 주조가 어마어마하게 늘었다는 것을 암시한다. 또한 원래 독일 주화였던 것이 현지에서 다시 새로운 각인이 찍힌 주화로 재주조되어 동시에 유통되었다.

흔히들 암울하고 칙칙하고 폭력적인 시대로 치부해버리는 이 새천년의 전환기는 북서부 유럽에 새로운 화폐경제가 시작되었다는 것을 알렸다.

화폐와 함께 다른 변화도 찾아왔다. 보헤미아, 헝가리, 폴란드, 키예프 루스Kievan Rus, 9세기 말에서 13세기 중반까지 존재했던 동슬라브인의 국가*, 노르웨이, 덴마크 등 여러 왕국에서 최초의 주화는 기독교를 공식적인 종교로 인정한 동시에 혹은 그 직후에 주조되었다. 이교도를 믿었던 이들이 개종하는 과정에는(예수 때문에 토르와 오딘을 버린 바이킹을 생각해보라) 반드시 기독교 사회에서 건너온 신부나 선교사들의 역할이 있었다. 이들은 주로 비잔티움 같은 동방의 기독교 나라 출신이었다.

앞서 살펴보았듯이 대부분의 유럽과 달리 비잔티움제국에서는 주화가 끊임없이 유통되었고 그것은 통치권을 상징했다. 화폐사학자 피터 스퍼퍼드는 기독교의 확산과 주화의 보급이 단순한 우연이 아니라는 점을 설득력 있게 주장한다.[8] 우선 둘 다 중앙집권적인 역할을 한다. 기독교의 유일신 사상, 신의 대리자인 왕의 존재, 그리고 왕의 권위를 상징하는 공식 주화는 서로 맞물려 세속 권력, 종교적 권위, 경제적 영향력을 하나로 묶는 긴밀한 삼위일체를 이루었다.

고향을 떠나는 사람들

왕이 정점에서 권력을 공고히 하는 동안, 사회의 하층부에서는 변화가 일어나고 있었다. 유통되는 화폐가 늘어나면서 식량 생산에 필요한 인력과 농사에 들이는 시간이 줄어들었다. 이에 따라 사람들은 여유 시간이 생겼고 그 시간을 예술과 학문에 쓰기 시작했다. 또 농촌을 떠나 새로 생긴 도시로 떠난 사람들은 각자 전문적인 직업을 갖고 정착했다.

도시에서 사는 게 좋다는 입소문이 나자 이주가 더욱 가속화되었다. 가십과 소문이 결정적인 역할을 했다. 늘 그런 식이다. 암울했던 1980년대 아일랜드에서 자란 나 역시 십 대 시절 친구들과 그런 소문에 대해 곧잘 이야기하곤 했다. 런던으로 떠났던 친척 혹은 동네의 누군가가 크게 성공했다는 내용이었다. 이런 성공담은 사람들로 하여금 도시로 떠날 동기를 부여했다.

도시로 떠난다는 건 변화와 함께 엄청난 해방감을 안겨주었기 때문에 사람들의 야망을 부추겼다. 새로운 은화로 무역이 늘어나자 장인들의 가내수공업도 발달했고, 초기 형태의 시장경제가 구축되었다.

장인들은 이제 더 부유해진 상류층에게 필요한 물건을 제공했다. 이를테면 그들은 나무 같은 원자재를 의자 같은 2차 재화로 바꿈으로써 가치를 창출했다. 새로운 도시에서는 제빵사의 수입이 재단사의 소비에 의존하는 식의 복잡한 경제가 발전하기 시작했다. 지금도 마찬가지지만 누군가의 수입은 결국 다른 누군가의 지출에서 나온다. 거꾸로 말하면 다른 누군가 돈을 써야 내가 돈을 버는 구조다. 추가로 벌어들인 소득은 소비하거나 저축할 수 있는 재량소득^{discretionary income, 가처분소득에서 기본 생활비를 뺀 잔액}*이 되었다. 인류 역사상 1000년 만에 처음으로 장인들은 저축이라는 것을 했을 것이다.

이처럼 경제망이 촘촘히 연결되면서 사람들은 여유 자금이 생겼고, 이제는 그 돈을 보관해준 은행이 필요해졌다. 시간이 흐르면서 의류, 공예품, 그리고 고급 만찬, 비단, 향신료, 가죽, 모피에 이르기까지 다양한 상품에 대한 수요가 생겨났다. 이것들은 발트해와 러시아, 크리미아반도에서 수입되었다.

무역이 늘어나자 장인들 사이에서 네트워크, 인간관계, 새로운 아이디어도 생겨났다. 상업의 표준화가 중요해지자 그들은 원자재를 공동 구매하고 시장을 위한 공동 규칙을 제정했다. 뭉쳐야 살 수 있고, 협력이야말로 혁신으로 가는 지름길이라고 판단한 장인들은 기술과 자본을 공유하는 길드를 조직해서 행동에 나섰다. 장인들의 길드는 11세기 후반에서 12세기 초에 나타났다.

이 새로운 경제의 등장으로 농부들과 장인들이 상품을 판매할 수 있는 장소가 필요해졌고, 왕의 명령으로 도시가 생겨나면서 각종 시장과 장날이 크게 늘어났다. 또한 장인이라는 직업의 등장은 또 다른 계급의 출현을 의미했다. 이들은 경제적으로 독립적이며 사상적으로 자유로웠고 이윤에 따라 움직이는 도시인이었다.

새로운 성씨가 등장한 이유

만약 당신이 이 시대에 장인으로 살았다면 지방의 기사나 남작의 지배를 받는 농부와는 완전히 다른 환경에서 살고 있을 것이다.

로마 시대 이후 사라졌던 상인은 중세 초기에 다시 등장한다. 이러한 사회적 변화는 독일어 문구인 '도시의 공기가 당신을 자유케 하리라(Stadluft macht frei)'에서 잘 알 수 있다. 도시에는 자유와 개인 주권이라는 급진적 사상의 바람이 불었고 이는 급진주의자나 소외된 사람들에게 용기를 주었다.

전통, 가문, 혈통의 중요성이 점차 희미해져 가는 도시에서는 능력과 인맥, 그리고 용기가 훨씬 더 중요한 가치였다. 출세에 성공한 부르주아 장인은 가문과 세습 중심의 권력구조에 도전하는 세력이었다. 돈이라는 대항 세력과 그 돈을 움직이는 상인은 결국 교회와 지주가 쥐고 있던 강력한 지배력을 서서히 뒤흔들었다.

도시는 어느 정도의 익명성을 보장했다. 인구가 증가하고 사람들이 이리저리 이동하다 보니, 도시로 들어오는 신규 전입자에게는 자신을 차별화할 성씨가 필요해졌다. 노팅엄 출신의 존이 너무 많아졌기 때문에 노팅엄 출신의 존으로는 더 이상 살기가 힘들었다. 그 대안으로 성에 직업을 붙이기 시작했다. 장인의 작업실에서 완성되는 기술은 스승에서 도제로 전수되었는데, 주로 아버지와 아들인 경우가 많았다.

어떤 의미에서 직업은 그 사람이 어떤 사람인지를 말해주거나 최소한 다른 사람과 구별해주는 역할을 했는데 잉글랜드에서는 보이어(Bowyer, 활^{bow} 만드는 사람), 플레처(Fletcher, 화살프랑스어/노르만어로 화살을 flech라고 하므로 만드는 사람), 스트링거(Stringer, 활의 줄^{string} 만드는 사람) 같은 대중적인 성씨가 등장했다.

영어권에서 가장 흔한 성씨 중 하나인 스미스(smith, 대장장이)는 농기구를 만들기 위해 금속 가공업이 발달했기 때문에 생겼다. 이 성씨가 널리 퍼진 이유는 간단하다. 이들에게 안정적인 일거리와 수입이 보장되었기 때문이다. 덕분에 이들은 자녀들을 건사할 수 있었고, 대대손손 살아남아 더 많은 후손을 남겼다. 이러니 계속해서 더 많은 인구가 농촌에서 도시로 몰려 견습생을 자처했고 이들은 훗날 대장장이로 성장한다. 이들의 급성장과 풀무, 철 가공 기술의 발달로 여러 슬라브어로는 코바치(Kovac)및 그 변형, 독일어로는 슈미트(Schmidt), 프랑스어로는 포르주(Forges), 포르투갈어와 스페인어로는 페레라(Ferrera), 아일랜드에서는 맥고완(MacGowan) 같은 성씨가 대중화되었다.

시간은 곧 돈이다

생산성은 경제성장의 묘약이다. 생산성이 높아질수록 1인당 생산량은 올라가고 1인당 비용은 내려가므로 임금과 이윤이 모두 상승한다. 이것은 농민의 소득이 늘어났다는 말인데 그와 동시에 토지의 가치도 상승했다.

쟁기가 생산성을 끌어올려준 덕분에 남작과 왕, 교회 모두 부유해졌는데, 이는 전혀 새로운 현상을 초래했다. 그것은 바로 기계화였다. 장인들이 땀 흘려 일하는 동안 사람들에게 생산성, 시간, 비용이라는 개념을 알려주는 수많은 발명품이 쏟아져나왔다.

정밀공학 기술은 시계의 발명을 낳았고 이것은 세상을 바꿔놓았다. 시계만큼 생산성의 변화를 보여주는 물건은 없었다. 시계탑은 도시의 중심이 되었고 이제 사람들은 시간을 기준으로 움직였다.

시계 덕분에 생산성은 더욱 전문화되었다. 이를테면 농부의 생산량을 측정할 때에도 몇 시간 동안 어느 정도 양의 곡물을 수확했는지가 기준이 되었다. 이것은 또 다른 정밀 기술인 은화로 환산되어 매겨졌다.

이 시기 남작들과 추기경들은 부유해지자 모험심이 발동하기 시작했다. 내 손안에 거금이 있는데 쓸 일이 없다면 그게 다 무슨 소용이겠는가?

북서유럽의 노르만 대군주들은 식민지 정복에 대한 야심을 품기 시작했고, 교회의 축복하에 예루살렘으로 향하는 군사 원정에 자금을 조달했다. 만약 쟁기의 발명으로 잉여농산물이 생기지 않았다면 십자군전쟁은 일어나지 않았을 것이다. 11세기 초부터 쟁기를 사용하고 독일 은화를 통해 화폐를 재도입한 후, 북서유럽은 이례적인 변화를 겪었다.

　잘 먹고 건강해진 이들은 인구가 폭발적으로 늘어나면서 점점 방랑벽이 도지기 시작했던 것이다. 유럽은 이제 시간에 따라 움직였고 시간은 곧 돈이었다. 암흑기는 완전히 끝났다.

7장 | 사라센의 마법

암산 능력

1185년 여름, 한 젊은이가 수년 뒤 흑사병이 소리 없이 유럽을 강타하게 될 바로 그 바닷가에 서 있었다. 시칠리아의 항구도시 메시나는 지중해 무역의 중심지였다. 사기꾼, 노예, 농부들로 북적였던 항구와 근처 주점들은 이제 동쪽으로 향하던 노르만 십자군들로 북새통을 이루고 있었다.

환전상들은 골목골목에서 지중해 전역에서 막 들어온 다양한 주화들을 교환해주었다. 북아프리카 상인들은 동쪽에서 온 향신료와 사프란saffron, 꽃으로 만든 향신료. 음식에 색을 낼 때 쓴다*을 서쪽으로 팔아넘겼고, 항구에는 유럽 북부로 나갈 시칠리아산 밀과 남쪽으로 팔려나갈 가죽 및 고급 도자기들이 혼재돼 있었다. 당시 그렇게 중요하게 생각했던 민족이라는 개념도 화폐라는 공용어 앞에서는 어느새 사라졌다.

아랍 상인들이 흥정을 하는 동안, 우리의 젊은이 피사에서 온 레오나르도는 팔려고 내놓은 상품의 가격과 수량, 품질을 기록했다. 피사에 있는 집에서 먼 길을 떠나온 레오나르도는 정처 없이 시장을 떠돌아다니면서 후추, 계피, 카르다몸cardamom, 서남 아시아산 생강과 식물 씨앗을 말린 향신료*, 육두구nutmeg, 육두구 나무의 열매로 향미료로 쓰인다*, 아몬드, 장뇌camphor, 의약품 등에 쓰이는 흰 물질*, 몰약, 끈적끈적한 아프리카산 송진, 에티오피아산 고무, 이집트산 유향수(乳香樹) 냄새를 들이마셨다.

그는 유럽에서 가장 뛰어나다고 소문 난 제노바의 전문 상인들조차 제압하는 아랍 상인들의 언변에 귀를 쫑긋했다. 아랍인들에게는 유럽인들에게는 없는 재능이 하나 있었으니 바로 암산 능력이었다. 레오나르도는 유럽의 학자나 수도사들도 어려워하는 암산을 평범한 아랍 상인들은 귀신같이 빠르게 해낸다는 걸 알아챘다. 셈에 빠른 아랍인들은 이미 앞서가고 있었다. 도대체 이들은 어디서 이런 능력을 배운 걸까?

사라센^{Saracen, 십자군 시대에, 유럽인이 이슬람교도를 부르던 말}* 사람들이 품고 있는 비장의 무기는 수학이었다. 이들은 전혀 새로운 방식으로 사고하기 시작했는데 그 토대는 0이라는 개념이었다. 이를 통해 아랍인들은 큰 수를 계산하고, 양수와 음수로 구성된 대차대조표를 이해하고, 8세기 아랍 수학자 알콰리즈미(al-Khwárizmi)가 창시한 놀라운 도구인 대수학도 활용할 수 있었다.[1]

아랍인들은 이 재능으로 유럽 상인들과는 비교할 수 없는 위치를 선점했다. 유럽 상인들이 로마 시대부터 사용했던 주판에 의존하고 있을 때, 아랍인들은 비상한 암산 능력으로 대추야자나 무화과 또는 건포도의 양을 밀이나 옥수수 또는 육두구의 양으로 환산할 수 있었다. 그들은 자연스럽게 알렉산드리아와 키프로스 같은 곳에서 온 다양한 주화를 받았고 시칠리아의 현지 화폐인 폴라로(follaro)로 거슬러주었다.

유럽인들이 돈을 쓸 때, 아랍인들은 이미 금융 서비스를 이용하고 있었다. 시칠리아는 알렉산드리아에서 트리폴리, 알칸트^{Al' Cant, 오늘날 스페인의 알리칸테}*와 마르세유를 거쳐 제노바까지 이어지는 무역의 중심지였다. 그런 무역항 중 하나가 오늘날 알제리에 위치한 베자이아

(Bejaia)였다. 노르만족의 어두컴컴한 고딕양식 대성당은 양초 수요를 촉진했다. 그러자 베자이아는 밀랍 산업의 중심지가 되었다.

현대 프랑스어로 '양초'라는 뜻의 단어 'bougie'는 이 도시에서 비롯되었다. 밀랍 산업을 위해 베자이아를 방문한 유럽 상인들은 그곳에서 힌두 아라비아 숫자를 알게 되었다. 레오나르도의 아버지가 베자이아로 파견된 피사의 공무원이었기에 그는 아랍인 선생님에게 정규 교육을 받았는데 이 때문에 그는 다른 이탈리아 사람들과는 다른 길을 걷게 된다.

이탈리아인들이 성서와 베르길리우스를 암기하는 동안, 레오나르도는 아랍인 가정교사 밑에서 완전히 새로운 언어이자 기술인 대수학을 배웠다. 그들이 연역적 추론을 사용할 때 레오나르도는 귀납적 분석을 활용했다. 이런 지식으로 무장한 피사의 레오나르도, 혹은 피보나치로 알려진 이 젊은이는 훗날 유럽 수학을 근본적으로 바꿔놓고, 복잡한 대차대조표 관리 및 회계의 새로운 모델을 제시한다.

이 같은 회계 기술의 혁신은 새로운 상업주의와 부의 창출을 낳았고, 이는 르네상스의 원동력인 예술 후원을 촉발시켰다. 레오나르도 다 피사가 없었다면 레오나르도 다 빈치도 없었을 것이다.

이 새로운 변화에 모두가 만족한 것은 아니었다. 12세기 잉글랜드의 유명한 역사가이자 수도사였던 맘즈버리의 윌리엄(William of Malmesbury)은 아라비아 숫자를 '사라센의 마법'이라 불렀다. 여기서 마법이라는 말은 아랍인들이 셈을 하는 모습이 마치 마술처럼 보였기 때문이다.

도대체 누가 귓속말을 해주고 있는 거지? 어떻게 저렇게 큰 숫자를 암산하는 거야? 수학에 익숙지 않은 그는 아랍인들의 경이로운 능력에 두려움을 느꼈다. 그에게 예루살렘은 용감한 십자군들이 이교도로부터 지켜낸 성지일 따름이었다. 그런데 수학이라는 이슬람의 마법이 베네치아 상인들을 사로잡는다면 기독교가 그 중심지를 차지한들 무슨 소용이겠는가?

인도인이 세상에 선물한 것은?

아랍인들은 0의 개념을 혁신적으로 활용했지만, 기독교의 세계에서는 이를 받아들이지 않았다. 0은 무(無)를 뜻하는데 그리스 철학은 무를 부정했기 때문이다. 서양철학의 기틀을 마련한 피타고라스, 아리스토텔레스, 플라톤, 프톨레마이오스 등은 모두 무가 있을 수 없다고 생각했다.

그리스인들은 만물을 입증 가능한 비율과 패턴, 기하학적 대칭으로 규정할 수 있다고 생각했으며 모든 것은 서로 연결되어 있다고 믿었다. 서구 세계가 0의 개념을 거부하는 수 세기 동안 과학, 상업, 회계 등 수많은 분야는 부정적인 영향을 받았다. 유럽과 기독교가 0의 개념을 인정하지 않는 동안 인도의 힌두 문명은 무와 무한의 개념을 자연스럽게 받아들였다.

인도인들은 일찍이 3세기부터 0을 연구 대상으로 삼았다. 영혼이 죽어서 천국에 가기를 바라는 기독교인들과 달리 힌두교도들의 목적은 '아무것도 없음'이다.

바라나시 Varanasi, 인도 북부 갠지스강 연안에 있는 도시로 힌두교의 성지다*에서 화장하는 것 외에, 환생의 굴레에서 벗어나는 유일한 방법은 사물의 본질을 깨달아 공(空)을 이루는 것이다. 이들은 사람이 죽은 뒤 영혼이 육신을 떠날 때, 새로운 몸으로 다시 태어날 여부는 생전에 쌓은 업보에 의해 결정된다고 믿는다. 끝없는 윤회를 통해 영혼은 배움을 얻고, 좋은 업보가 충분히 쌓이면 영혼은 육신에서 해방되어 완전히 영적인 존재, 우주와 하나인 존재, 다시 말해서 무한한 존재가 된다.

오늘날 인도인들이 하는 농담이 있다. '인두인이 세상에 선물한 것은? 정답: 무.' 즉 이 말은 모든 것을 줬다는 뜻이다. 어쩌면 힌두교 신앙 덕분에 인도의 수학자들이 0을 열정적으로 받아들인 거 아닐까? 어쩌면 그들이 이 광활한 우주에서 인간이 얼마나 보잘것없는 존재인지를 일찍부터 깨달았기 때문일지도 모른다.

수학의 본질인 0 덕분에 인류는 양수에서 음수로 이동할 수 있게 되었다. 그리스인들과 바빌로니아인들이 그랬던 것처럼 물건의 수만 셌더라면 0 아래의 숫자를 상상하는 건 어려웠을 것이다. 음수는 무언가가 없다는 걸 뜻한다. 심지어 요즘 아이들도 이 음수의 개념에 대해 어려워한다. 초등학교 교사 중 아무나 붙잡고 물어보면 다들 그렇게 증언할 것이다.

그리스인들과 그 이후에 나타난 기독교 사상가들, 그리고 우리 아이들에게도 수학은 추상적 개념이 아니라 현실 그 자체였다. 아직도 우리는 아이들에게 사과 하나를 주고 또 다른 사과 하나를 주며 '1 더하기 1은 2'라고 가르친다. 고대 기독교인들에게도 마찬가지였다. 그들은 소 두 마리라는 개념은 이해했지만, 마이너스 소 두 마리라는 개념은 이해하기 어려웠다.

0의 영향력

0 혹은 0보다 작은 숫자를 완전히 이해할 수 있는 분야가 있다. 바로 돈 얘기를 할 때다. 채권자들에게는 돈이 있고(양수) 채무자들에게는 빚이 있다(음수). 0의 또 다른 속성은 0이 숫자의 기준이 된다는 점이다. 0이 없다면 1,000,000같이 큰 숫자를 어떻게 나타내며, 그런 큰 숫자를 빼고 더하고 나누고 곱할 수 있겠는가?

실용적인 면에서 볼 때 0은 고대 세계를 디지털 세계로 이끄는 데 큰 역할을 했고 이는 화폐와 상업에 지대한 영향을 미쳤다.

아랍인들은 7세기 위대했던 페르시아제국을 정복하면서 힌두 숫자를 배웠는데, 페르시아인들도 1, 10, 100을 나타내는 힌두 숫자를 더 머나먼 동쪽에서 차용한 것이었다. 아랍의 수학자들은 이 마법의 기술을 채택했다. 아랍인들은 0을 sifr 또는 as-sifr라고 불렀는데 이는 산스크리트어 shunya에서 유래한 단어로 '공(空)'이라는 뜻이다.

현대 프랑스어에서 chiffre는 숫자를 뜻하고 히브리어로 0은 sifra이다. 이처럼 전파력 강한 이 단어는 아랍어 sifr에서 노르만족이 쓰던 라틴어 zefirm으로 바뀌었다가 zefiro, zephyr, zefro를 거쳐 결국 현대 영어인 zero로 변모했다.[2]

아랍 학자들은 바그다드에서 코르도바까지 위대한 학문의 중심지에 학교를 세워 0의 가능성을 탐구했다.

이렇게 구축된 지식 허브가 상업 허브 역할까지 겸하면서 시스템이 생겨났는데, 이것이 아랍 전역에 확산되면서 광대한 자유무역 지대가 형성되었다. 낙타가 이끄는 카라반이 사막을 가로지르고 배들은 지중해를 통해 연안 도시들로 이동했다.

향신료, 비단, 소금, 노예가 무스카트Muscat, 오만의 수도* 상인들이 주도했던 홍해를 통해 인도산 모슬린 및 면화와 교환되었는데, 무스카트산 대추야자와 무화과도 수요가 어마어마했다. 이집트에서 제노바로, 나아가 카롤링거 왕조 시대의 대도시 아비뇽과 마르세유까지 온갖 물건이 거래되면서 사람과 아이디어, 돈이 지중해 여기저기를 누볐다. 0을 비롯한 숫자가 인도에서 아랍까지 어떻게 건너갔는지 이제 우리는 이해할 수 있다. 하지만 십자군전쟁 동안 아랍인과 기독교인들은 철천지원수였는데 어떻게 이 기술이 전달될 수 있었을까? 그 전달 경로는 바로 노르만 시칠리아Norman Sicily, 11시기 말에서 12세기 중반까지 바이킹의 후예인 노르만족이 지배하던 시칠리아 왕국*였다.

시칠리아에 평화가 찾아온 이유

앞에서도 언급했지만 새로운 쟁기가 발명된 후 북유럽이 부유해지면서 인구가 폭증하자 뜻밖의 놀라운 결과가 초래되었다. 그것은 바로 십자군이었다. 쟁기의 발명으로 생긴 잉여농산물이 없었다면 십자군은 자금을 조달받을 수 없었을 것이고 지방의 대지주들은 모두 고향의 축축한 습지대에 남아 빈둥거렸을 것이다.

그런데 최악의 상황에서도 시칠리아는 십자군전쟁에 휘말리지 않았다. 비잔틴 그리스인과 라틴화된 노르만 기독교인, 아랍 무슬림들과 세파르디 유대인들의 고향인 시칠리아 섬은 12세기 전쟁을 거부한 덕분에 부유해지고 고도로 발전할 수 있었다. 도대체 이 섬에서는 무슨 일이 일어났던 걸까?

유럽과 북아프리카의 경계라는 좋은 입지 조건 덕분에 시칠리아 섬은 지중해 무역의 중심지였다. 세계 각지의 사람들이 드나들면서 국제적인 섬으로 자리 잡은 이곳은 온갖 종교와 민족들이 꽃피는 장소였다. 수많은 민족들이 계속 들어와 이곳에 정착했다. 페니키아인들의 뒤를 이어 그리스인들이 들어왔을 때, 시칠리아는 로마와 카르타고 사이에 벌어진 포에니전쟁의 주요 전장이기도 했다. 그보다 한참 뒤인 535년에는 비잔티움제국이 시칠리아를 점령했다가 약 900년에는 북아프리카 무슬림들에게 넘어갔다.[3]

입지 조건과 경제적 번영 때문에 이곳에서는 충돌, 점령, 평화라는 패턴이 반복되었고 결과적으로 매우 다양한 문화가 어우러지는 사회가 되었는데 침입자 중에는 노르만족도 있었다. 시칠리아에서 노르만 용병들이 거둔 성공 스토리는 12세기에 일어난 지정학적 사건 중 가장 눈길을 끈다.

1160년, 칼라브리아에서 세력을 확장하던 노르만 무장 세력을 시칠리아 섬으로 끌어들인 이가 있었으니 바로 섬에서 권력을 다투던

두 아랍 군주 중 한 사람이었다. 시라쿠사Syracuse, 시칠리아 섬 동부의 항구도시*
와 카타니아Catania, 시칠리아 섬 동부의 항구도시*의 군주였던 이븐 툼나는 두둑
한 상금을 내세우며 로저라는 사람이 이끄는 노르만 군인들에게 아
그리젠토Agrigento, 시칠리아 섬의 도시*와 카스트로조반니Castrogiovanni, 시칠리아 섬
의 도시 엔나Enna의 옛 지명*의 군주 이븐 알 하와스를 공격하라고 주문했다.

노르만족은 당시 유럽 전역에서 돈을 받고 군사 용병으로 활동했
는데 이 부업 덕분에 그들은 와인과 술잔, 아름다운 아가씨들과 등자
鐙子, 말을 탈 때 발을 디디는 기구*를 계속 누릴 수 있었다.

1167년 머나먼 북쪽 아일랜드에서 일어난 일이다. 스트롱보
strongbow, 억센 활*라는 별명으로 알려진 인물이 현지 게일족 족장의 초
대를 받고 아일랜드로 들어왔다. 이 족장은 부족 간 분쟁으로 곤경
에 처하자 프랑스어를 쓰는 이 노르만 전사들에게 도움을 청한 것이
었다. 이들은 용병으로 전투에 참여한 후 돈만 받고 떠나면 그만이었
지만 아일랜드에 남기로 했다. 그리고 그 후로 계속 이곳에 눌러앉아
점령지 확대에 나섰다. 스트롱보의 등장은 잉글랜드가 아일랜드를
침략한 첫 번째(이지만 마지막은 아닌) 사건이었다.원래 노르만족은 프랑스 북부에서
활동하던 바이킹의 후예들이었지만 1066년 정복왕 윌리엄이 잉글랜드의 국왕이 된 이후로는 노르만계 왕조가 잉
글랜드를 다스리게 되었다. 스트롱보는 용병으로 아일랜드에 들어왔지만 결국은 아일랜드를 식민지화하는 데 앞장
섰다.*

시칠리아 섬으로 들어온 용병인 노르만족은 훗날 아일랜드에서 그
랬던 것처럼 그 땅의 잠재력을 간파하고 군침을 흘렸다. 이들은 결국
내부 권력 투쟁을 교묘하게 이용해서 정권을 장악한 후, 식민지로 만
들려고 했다.

이들은 그 과정에서 언어, 관습, 씨족 등이 전혀 다른 낯선 환경에
적응부터 해야 했는데, 그에 맞서기보다 동화되는 걸 택했고 결과적
으로 통합과 번영을 이룩했다. 프랑스어를 쓰던 이 노르만족이 아일

랜드에서 어찌나 적응을 잘했던지 오늘날 그들을 가리켜 '아일랜드인보다 더 아일랜드인답다'는 말이 있을 정도다.

이런 방식으로 시칠리아 섬으로 들어온 노르만족은 더 이상 전쟁에만 의존하지 않고 새로운 길을 모색했다. 동지중해 지역이 종교 갈등으로 혼란에 빠질 때에도 시칠리아 섬은 폭력과는 다른 방향을 모색했다.

프랑스의 사회학자 마르셀 모스는 교역을 하려면 먼저 창을 내려놓아야 한다고 말했다. 시칠리아 섬의 경우를 보면 이 말은 사실로 증명된다. 무역을 활발히 했기 때문에 섬 안에 살던 여러 종교와 민족, 각종 단체들 사이에 갈등이 완화되었기 때문이다.

시칠리아의 통치자, 로저 1세 대백작 그리고 선견지명이 뛰어났던 로저 2세 대백작은 무역뿐 아니라 지식도 적극적으로 받아들였다. 특히 수학에 0의 개념을 받아들이면서 힌두 아라비아 숫자를 도입했다. 복잡하고 어려운 로마 숫자보다 더하기, 빼기, 곱하기, 나누기를 훨씬 더 쉽게 할 수 있는 힌두 아라비아 숫자를 쓰기 시작했다는 건 시칠리아가 전쟁 중인 주변국들과는 달리 현대적인 상업 국가가 되었다는 뜻이었다(XXVII과 MXIV를 더해보라. 아라비아 숫자가 얼마나 편한지 느낄 수 있을 것이다).

수 세기 후 무스타파 케말 아타튀르크도 이와 비슷한 행보를 보인다. 튀르키예 공화국의 초대 대통령이 된 그는 아랍 문자를 버리고 서양의 현대 라틴 문자를 채택했다. 이를 통해 현대적인 튀르키예의 모습을 보여주려고 했던 것이다. 아타튀르크가 알파벳을 바꿨다는 건 무너져가는 오스만제국과 단절하겠다는 의지를 천명한 것이다. 시칠리아의 노르만족에게도 아라비아 숫자의 도입은 그에 못지않은 강력한 신호였다. 아라비아 숫자는 미래를 상징했고 로마적 세계는 이제 머나먼 과거일 뿐이었다.

시칠리아에서 기독교도와 이슬람교도는 사업을 통해 하나가 되었다. 이슬람교도가 상인 계층의 대다수를 차지했고, 작지만 활기찼던 유대교 공동체와 그리스 비잔틴 기독교도들도 조금 있었다. 농부들은 대부분 이슬람교도였다.

관개가 잘 되는 목초지와 영양분이 풍부한 화산토 덕분에 무더운 여름과 온화한 겨울이 어우러져 시칠리아는 농사짓기에 완벽한 땅이었다. 1000년 전 시칠리아는 로마의 빵 바구니라고 불리기도 했다. 밀은 지금도 주요 수출품이며 지중해 전역에서 온 상인들이 소금과 산호, 유황과 철 등등을 거래했다.

상호 이익이라는 원칙에 따라 민족 간 분쟁이 악화되는 일은 거의 없었다. 약삭빠른 노르만족은 이슬람교 공동체가 자율성을 가지고 운영할 수 있도록 허용했다.

또 그들은 효율적인 이슬람 관습들도 받아들였는데, 그중 하나가 무슬림 통치 아래 존재했던 지즈야(jizya, 이슬람 국가가 비무슬림 국민에게 부과한 인두세)* 모델을 기반으로 한 세금 제도였다. 이 제도는 특정 집단을 대상으로 과세가 가능했다. 그리고 궁정 언어였던 노르만 프랑스어 대신, 상업 언어였던 아랍어를 계속해서 정부 행정 문서(관청)의 공식 언어로 사용했다.

전통적으로 유럽의 노르만족은 성인의 이름을 따서 도시명을 지었는데, 시칠리아의 노르만족은 달랐다. 그들은 섬의 주요 항구를 아랍어로 '도시'를 뜻하는 알 메디나(Al-Medina)에서 따와 메시나(Messina)라고 불렀다. 이 외에도 섬의 주요 도시 세 군데는 각기 다른 문화적 기원을 갖고 있다. 마르살라(Marsala)는 '알라의 항구'를 뜻하는 아랍어 마르스 알 알라(mars al-Allah)에서 왔고, 시라쿠사(Syracuse)는 기원전 400년경 이 섬에 처음 정착한 그리스 사람들의 출신지였던 코린트의 늪지대에서 따온 그리스어 명칭이다. 팔레르모(Palermo)도 '안전한 항구'를 뜻하는 그리스어 파노르모스(panormos)에서 유래했다.

노르만족, 아랍인, 유대인, 비잔틴인은 시칠리아에서 비교적 평화롭게 살았다. 로저 2세는 '우리 왕국의 다양성은 삶의 향신료'라 표현하기도 했다. 동시대에 시칠리아를 제외한 다른 세상에서는 십자군 전쟁으로 죽고 죽이는 일이 끊임없이 일어났다. 그러나 시칠리아에서는 다양한 민족과 문화가 뒤섞여 함께 살며 물건을 사고팔고 지식과 돈을 주고받았다. 이렇게 관용적인 분위기 속에서 노르만 시칠리아는 건축, 의학, 과학 분야에서 눈부신 발전을 이루었고, 돈과 시장, 이익이라는 공통된 언어를 통해 황금기를 누렸다.

다원주의의 성과

12세기 말, 시칠리아의 해상 무역망은 페르시아와 노르망디, 모로코의 베르베르족과 콘스탄티노플의 그리스인, 가톨릭 주교와 무슬림 성직자, 정교회 사제와 카발라 랍비까지 서로 연결해주었다. 노르만의 지배자들, 아랍의 수학자, 비잔틴 상인, 유대인 천문학자, 롬바르디의 은행가가 정보와 지식, 기술을 프랑스어, 라틴어, 아랍어, 그리스어, 카스티야어 Castilian, 스페인 표준어*, 라디노어 Ladino, 스페인계 유대인이 쓰는 방언* 등 수많은 언어로 주고받으며 함께 살아가고 장사도 했다.

이 같은 포용성은 시칠리아의 동전에도 뚜렷이 나타난다. 화폐는 단지 회계 단위일 뿐 아니라 그 나라의 정신을 상징한다. 알렉산드로스 대왕이 자신의 얼굴을 동전에 새겨넣기로 결심한 이후, 모든 권력자들은 화폐의 홍보 효과에 대해 정확히 알고 있다. 쿠바 지폐에 왜 체 게바라의 초상이 들어 있겠는가. 구소련의 10루블짜리 지폐에는 왜 망치와 낫 옆에 레닌 초상이 들어 있겠는가.

노르만 시칠리아의 표준 은화인 폴라로는 '다양한 문화의 융합'이라는 섬의 정체성을 상징한다. 이 동전의 한쪽 면에는 아랍어 달력에 따른 주조 연도를 나타내는 아랍어 문구가 새겨져 있고, 다른 면에는 라틴 알파벳으로 '그리스도(Christ)'의 첫 글자와 마지막 글자가 새겨져 있다.

1132년 로저 2세는 팔레르모에 웅장한 팔라티나 예배당을 짓고 시칠리아의 위대한 세 문명을 한 자리에 전시했다. 라틴 노르만, 그리스 비잔틴, 무슬림 아랍 이상 세 그룹은 각기 다른 건축 양식을 발전시켜왔는데, 로저 2세는 이 세 양식을 모두 받아들였다.

예언자에 대한 형상이나 우상 숭배를 금지한 이슬람, 고급 양탄자, 정원, 분수대, 호화로운 건물로 대표되는 페르시아 지식을 받아들이면서 아랍 문화는 복잡한 문양의 조각, 장식, 디자인 양식을 발전시켰는데 이를 아라베스크(Arabesque)라고 한다. 아랍인들이 절제되고 소박하지만 아름다운 아라베스크 양식에 자부심을 느꼈다면, 그리스 비잔틴인은 노골적인 화려함을 선호했다. 비잔틴 정교회의 성당들은 화려한 부를 과시하는 제단과 같았다.

이러한 문화적 경향을 모두 파악하고 있던 로저 2세는 아랍 전통 방식과 비잔틴 정교회 방식을 다 인정한다는 뜻으로 세 가지 양식을 통합하여 팔레르모에 로마 가톨릭 대성당을 지었다. 사라센 방식의 정교한 목각으로 꾸민 천장은 순수한 아라베스크 양식인 반면, 기둥은 비잔틴 황금 모자이크로 장식했다.

성 베드로 성당에 그리스어 비문을 넣은 것도 세 가지 양식이 동등하게 들어가도록 설계한 것이다. 이를 통해 로저 2세는 아랍인들과 비잔틴인들에게 그들이 모두 가장 신성한 장소에 동등한 자리를 차지하고 있다는 걸 말하고 싶었던 것이다. 로저 2세가 모든 공식 행사 때 입었던 예복조차 세 문화의 융합을 상징했다.

노르만의 대군주는 진주, 에나멜 배지, 사파이어, 루비가 박혀 있고 금실로 수를 놓은 망토를 입었다. 이 옷의 천은 비잔티움제국에서 만들었고 시칠리아의 무슬림 장인이 수를 놓았다. 솔기를 따라 이어지는 아랍어 문구는 이것이 이슬람 히즈리력으로 528년(1133년) 팔레르모에서 제작된 것임을 알려준다.

이제 한번 상상해보자. 신앙심 깊은 기사들이 이끄는 노르만의 통치자가 로마 가톨릭 주교들과 함께 부활절을 기념하기 위해 대성당에 서 있는 모습을. 그 성당은 이슬람교와 정교회의 양식을 풍기고, 그는 시칠리아의 다양성을 상징하는 예복을 입고 있다. 시칠리아 섬의 풍부한 자원과 평화와 협력의 이점을 누리던 로저 2세가 십자군전쟁에 참여하지 않은 건 어쩌면 너무나 당연한 일이 아닐까?

상인 은행가의 등장

1202년, 베자이아 상인들에게 사라센의 마법을 오랫동안 배웠고, 메시나 항구에서 대수학이 실제 상업에 쓰이는 광경을 목격한 피사의 레오나르도(우리가 피보나치로 알고 있는 인물)는 유럽의 상업을 뒤바꿔 놓을 책을 출판했다.[4]

그 책의 제목은 리베르 아바치(Liber Abaci), 즉 '계산의 책'이었는데, 상인들이 실제로 사용할 수 있는 대수학의 원리가 들어 있었다.

피보나치는 이상한 것을 평범하게, 별 관련 없는 것을 중요하게 느끼게 하는 필력을 갖고 있었다. 그는 상인들이 현장에서 느끼는 문제들을 예로 들며 수학을 재미있게 설명했다. 만약 그가 학술 용어로 글을 썼더라면 이 책은 크게 주목받지 못했을 것이다.

그는 학자 집단의 틀에 얽매이지 않고 상인 대중을 위한 글을 썼기 때문에 자신의 천재성을 만천하에 알릴 수 있었다. 그가 만약 학자, 수도사들을 대상으로 책을 썼다면 철저히 비판받았을 게 뻔하다. 그러나 역사상 위대한 소통가들이 다 그랬듯이 그는 기존의 문지기들을 피해 이 기술을 최대로 활용할 수 있는 대상자, 즉 상인들에게 직접 다가갔다.

『계산의 책』은 상인들이 가장 많이 찾는 책이자 국제 상거래의 필수 도구가 되었다. 최초의 베스트셀러 경제경영서라고나 할까. 혁명적일 뿐 아니라 계몽적이기도 한 이 책에는 금리 계산법, 교회의 고리대금 금지를 피하는 방법, 이윤을 배분하고, 수익과 비용을 평가하는 방법이 나와 있다.

이 책은 상인들이 자신이 파는 상품을 다른 상품을 기준으로 분수 그리고 공통 화폐로 표기하는 지침을 제공한다. 또한 금리, 은행, 고리대금업과 관련된 문제를 깊이 있게 다루고 있었기 때문에 큰 논란거리가 되었다. 그 당시는 교회가 대부업을 독점하고 있었기 때문에 책의 내용을 탐탁지 않게 여겼던 것이다. 고리대금업자는 지옥에 간다며 저주하는 것은 제 밥그릇을 지키기에 꽤 좋은 방법이었다. 게다가 이 방식은 법정에서 만날 일도 없다는 장점이 있었다. 유럽 영세 사업자들이 금융 사업에 눈을 뜨자 세상에서 가장 크고 성공적이며 본사가 로마에 있는 다국적기업인 교회는 걱정이 이만저만이 아니었다.

피보나치의 통찰 중 가장 중대한 것 중 하나는 돈과 시간의 상관관계를 밝혀낸 것이다. 그는 경제학자들이 말하는 '시간의 가치'를 해설했는데 이것은 '내일의 닭 한 마리보다 오늘의 달걀 하나가 더 낫다'는 개념이다.

'오늘 갖고 있는 돈이 내일 돈을 받을 수 있다는 약속보다 낫다'는 뜻인데 이는 모든 차입과 대출의 근본 원칙이다. 이것을 우리는 기회비용이라 부른다. 내가 당신에게 돈을 빌려주면 나는 그 돈을 쓸 기회를 놓치게 되므로 나에게는 비용이 발생한다. 나중에 당신이 나에게 돈을 갚을 때는 내가 놓친 기회에 대한 보상을 해야 한다. 이것이 기회비용이다. 이것을 계산하는 방법은 간단하다. 내가 당신에게 돌려받을 돈 전액을 시중 금리로 나누는 것이다. 왜 그러느냐고? 이 돈을 은행에 맡겨놓기만 해도 내가 받았을 돈이기 때문이다. 현대인들은 모두 이 논리를 본능적으로 이해하고 있지만, 중세 시대에 시간의 경과에 따라 이자가 붙는다는 개념은 가히 상상하지도 못했을 만큼 혁명적인 것이었다. 금리라는 개념을 통해 상인들과 은행가들은 자금을 융통해줘야 할 다양한 대상의 우열을 가려냈다. 수메르인들은 이미 수천 년 전에 금리를 도입했지만, 피보나치는 이 개념을 대수학적 용어로 쉽게 풀어내어 시간의 가치로 이해할 수 있게 도왔다. 그 덕분에 상인들과 은행가들은 명확한 개념을 이해할 수 있었다. 그리고 그 결과 상인과 은행가라는 두 계층이 합쳐지면서 상인 은행가가 탄생했다.

수학의 눈으로 세상을 바라보다

14세기에 지어진 피렌체의 푸치 궁전 옥상에서는 브루넬레스키의 대성당 돔이 보인다. 누가 뭐라 해도 피렌체의 상인들은 자신들의 재산을 지키는 데 능숙했다. 이 궁전의 도서관에는 전 세계의 상인, 중개상들이 구매자들과 주고받은 장부, 문서, 편지들이 보존되어 있다.

피렌체 상인들은 편지를 부지런히 주고받았는데 내용은 대부분 여러 사업체의 대차대조표가 담긴 장부였다. 이 장부들은 상인이라는 신흥 계층의 강력한 무기였다. 만약 피보나치가 숫자의 중요성을 전파하지 않았다면 존재하지도 않았을 것이다.

피보나치 이후 약 200년 뒤, 수학자이자 수도사였던 루카 파치올리 Luca Pacioli, 레오나르도 다 빈치와 알브레히트 뒤러에게 수학을 가르쳤던 인물*는 이탈리아식 장부 정리법, 즉 복식부기를 소개했다. 이 방식은 은행가들이 고객들(일반가정, 회사 등등)의 계좌를 관리하면서 만든 것인데 차변과 대변이 따로 기록돼 있다. 모든 차변 항목에는 그에 상응하는 대변 항목이 있어야 했고, 약속한 기간이 끝나면 장부의 금액은 정확히 맞아떨어져야 했다.

정산이 끝나고 모두에게 돈이 제대로 지급되면 이 과정을 다시 시작했다. 물론 꼼꼼한 장부 정리법은 오류를 줄여준다는 것이 큰 장점이지만, 그보다 더 중요한 점이 있었다. 그것은 사람들이 세상을 회계라는 관점에서 보기 시작했다는 것이다.

오늘날 뉴스에서 '경상수지'라는 단어를 듣는 건 이미 일상이 되었다. 한 나라의 경제뿐 아니라 회사, 가정, 축구단 같은 각종 단체 등등 모든 사람들이 이전과는 전혀 다른 관점에서 세상을 바라보게 된 것은 피보나치가 유럽에 '사라센의 마법'을 소개하면서부터 시작되었다.

어쩌면 『계산의 책』이 인류에 던진 파급효과는 실용적인 것이 지적인 것일 수도 있다는 것을 보여준 것일지도 모른다. 이 책 덕분에 많은 사람들이 수학적이면서 논리적인 사고를 하게 되었기 때문이다.

수학의 핵심은 정확성이다. 장부는 정확성이라는 개념을 실현한다. 다시 말해 숫자는 거짓말을 하지 않는다. 기존의 세상은 추측과 기적, 어림짐작으로 가득했다. 피보나치가 제시한 수학의 세계는 객관적이고 수치화할 수 있는 가치를 존중하고 경험주의를 우대했는데 이는 그 당시 사람들에게는 매우 혁신적인 개념이었다. 수학적 사고 덕분에 인류는 세상을 이해하는 데 한 걸음 더 진전할 수 있었다.

수학은 모호한 것을 정확하게 설명해주고, 추측이 아니라 사실을 확인할 수 있게 도와준다. 피보나치는 사람들이 배우고 가르치고 계산하는 방식을 혁신적으로 바꾸어놓았다. 이제 봉건 경제는 '화폐의 시대'로 접어들었다.

신을 두려워하던 피렌체 사람들은 처음에 아라비아 숫자를 금지했지만, 사람들의 마음을 사로잡는 신기술을 언제까지 막을 수는 없는 법이다. 더군다나 돈 벌어주는 기술을 막는 건 불가능하다.

13세기 말이 되자 피렌체 사람들은 각성되었고, 특별한 상업 학교를 통해 '0'의 개념을 받아들이기 시작했다. 1350년쯤 되자 힌두 아라비아 숫자가 대중화되었고 피렌체에서만 해도 1000명이 넘는 학생들이 이 학교에서 수학을 배웠다.

14세기의 하버드 MBA였던 이 학교들은 혁신적인 피보나치의 수학을 기본 교재로 삼았다. 전 세계 MBA가 기업의 관리자를 배출하듯, 피렌체의 상업 학교는 그들만의 상인 계층을 만들어냈다. 이 학교 출신 중 유명인으로는 니콜로 마키아벨리와 레오나르도 다 빈치가 있다. 피렌체 은행가들의 탐욕을 강하게 비판했던 단테 알리기에리조차 상업이라는 흑마술을 가르치기 위해 아들을 그런 학교에 보냈다.

숫자와 장부, 수학 지식을 익히는 것도 중요했지만 이 혁신적인 도구를 제대로 활용하기 위해 피렌체 사람들은 상인들이 신뢰할 만한 화폐를 만들어냈다. 신종 화폐가 피렌체에 등장한 것이다. 그리고 피렌체가 낳은 가장 유명한 인물인 단테는 그 화폐를 악용한 자들을 위해 『신곡: 지옥편』에 특별한 자리를 마련해두었다.

8장 | 암흑에서 광명으로

부르주아 시민계급의 등장

셰이머스 히니Seamus Heaney, 노벨문학상을 수상한 아일랜드의 시인*와 사뮈엘 베케트Samuel Beckett, 아일랜드 태생의 프랑스 소설가이자 극작가* 그리고 제임스 조이스James Joyce, 아일랜드의 소설가이지 시인*의 사랑을 받은 『신곡(The Divine Comedy)』은 유럽 문학의 최고 걸작 중 하나다. 오스카 와일드는 레딩 감옥오스카 와일드는 동성애 스캔들로 2년간 교도소에서 중노동을 해야 했다*에 갇혔을 때 지옥을 곱씹기 위해서였는지 『신곡: 지옥편』을 넣어달라고 요청했다. 많은 이탈리아인들이 그렇듯 프리모 레비도 『신곡』의 대부분을 외우고 있었다. 그는 아우슈비츠에 대한 경험담을 기록한 『이것이 인간인가』에서 나치가 만든 생지옥 안에서도 예술과 문명이 여전히 살아 있다는 걸 증명하기 위해 『신곡』의 구절을 떠올렸다고 회상했다.

1265년에 태어난 단테는 중세 시대의 피렌체에서 자랐다. 그가 『신곡』을 쓸 무렵에는 피렌체가 눈부신 도시로 변해 있었지만, 단테가 태어난 시기의 피렌체는 그와는 많이 달랐다.[1] 『신곡』은 단테가 정치적 망명 중이던 1308년부터 1321년 사이에 쓰여진 작품으로, 암흑의 시대에서 광명의 시대인 르네상스로 나아가는 과정을 보여준다. 단테는 인생에서 매우 가파른 경제성장, 엄청난 정치적 격변, 혼란스러운 사회 변화를 겪었다.

단테가 살던 피렌체는 실험적인 도시였다. 자신감이 넘치는 이 도시는 교육받은 시민들과 상인들이 만든 길드가 직접 다스리는 자치 공화국이었다. 이 공화국은 유럽의 두 강대국인 바티칸과 신성로마제국 사이에서 견제와 균형을 유지했다. 한쪽에는 교황이 이끄는 성직자 중심의 엄격한 위계질서를 가진 로마가 있었고, 다른 한쪽에는 샤를마뉴의 후손으로 이탈리아에서 독일에 이르기까지 광대한 영토를 다스리던 신성로마제국의 황제가 있었다. 총으로 무장한 한 강대국과 신의 이름으로 무장한 또 다른 강대국 사이 한가운데에 오직 약속으로만 무장한 작지만 당찬 공화국, 피렌체가 있었던 것이다. 지정학적으로 위험할 수밖에 없었던 피렌체는 두 강대국이 힘을 합치면 짓밟힐 수도 있었다.

하지만 피렌체에겐 비장의 무기가 하나 있었으니, 그것은 바로 '같은 믿음'을 공유하고 있었다는 점이다. 그것은 기존과는 전혀 다른 정치 체제를 통해 계급이동이 가능하다는 믿음이었다. 당시 사람들에게 노력만 하면 더 높은 신분으로 바뀔 수 있다는 사실은 너무나 매력적인 일일 수밖에 없었다. 1250년부터 1300년 사이, 피렌체의 인구는 2만 명에서 10만 명으로 폭증했다.[2] 피렌체의 유명한 역사학자 조반니 빌라니는 1338년까지 피렌체에는 공증인 600명, 제빵사 146명, 약제상 100명, 외과의사 60명, 병원 30개, 금융회사 및 대부업체 80개, 취학 아동 1만 명이 있었다고 기록하고 있다.[3]

피렌체 사람들은 아름다운 광장과 궁전, 예술품, 건축물로 가득한 이 도시를 새로운 아테네라고 불렀다. 피렌체가 작은 지방 도시에서 보카치오의 도시로, 또 브루넬레스키와 레오나르도 다 빈치와 갈릴레오의 도시로 변화하며 르네상스의 요람이자 예술적, 지적, 정치적인 중심지가 된 것은 치열한 금융 혁신과 함께 시민들의 의식이 변했기 때문이다. 상업, 학문, 아름다움이 꽃피던 피렌체는 거의 최초로 민주주의라는 형식을 갖춘 모범 국가이자 상인들의 도시였다. 기존과 달리 귀족이나 기사들의 특권으로 다스리는 봉건 영주의 도시가 아니라 돈이 다스리는 도시로 변모한 것이다.

이 도시의 중심에는 피렌체의 금화인 플로린이 있었다. 바티칸에게는 성서가, 황제에게는 군대가 있었다면, '새로운 아테네'인 피렌체에는 돈이 있었던 것이다. 이 돈으로 피렌체는 유럽의 도시 문명을 완전히 바꿔놓았다. 이런 형태의 도시국가가 봉건 시대의 사회체제와 얼마나 달라졌는지는 말로 다 표현하기 어려울 정도다. 농업 중심이던 중세의 일반 국가들과 달리 피렌체는 상인 조합과 그들의 후원자였던 상인 은행가들이 선출되어 운영하는, 일종의 부르주아 민주주의 형태로 발전해나갔다. 이들은 런던에서 카이로까지 세계를 누비며 무역을 하던 사람들이었다. 그들의 광범위한 무역망과 국제 감각은 흑사병이 휩쓸고 간 이후 보카치오가 쓴 『데카메론』에 잘 묘사돼 있다.

『데카메론』속 등장인물들은 1340년대에 베이루트[Beirut, 레바논의 수도*]에서 스페인, 파리에서 알렉산드리아[Alexandria, 이집트 북부 항구도시*]까지 종횡무진 활약했다. 14세기 이탈리아는 유럽 무역의 중심지이자 동서양을 잇는 필수 경유지였다. 이 와중에 피렌체는 상업과 금융, 지식의 중심지로 급부상하고 있었다.

이 시기 서유럽은 본격적으로 세계화 시대로 진입하고 있었고 이 과정에서 상인 계급은 새로운 주역으로 떠올랐다. 그때도 세계화의 중심지는 도시였다. 도시는 부가가치를 창출한다. 상인들은 농민에게 양모를 구입해 가공하여 최종 소비자에게 더 높은 가격에 판매한다. 즉 부가가치를 창출하는 것이다. 초기 사회개혁가이기도 했던 이러한 부르주아 시민계급은 고아원, 병원, 학교, 하수도 시설을 건설했다. 13세기 말 피렌체를 변신시킨 이들은 구시대의 낡은 질서를 뒤엎으려고 했는데 그들의 무기는 다름 아닌 돈이었다.

피렌체의 창업 지원 센터, 길드

영웅과는 거리가 먼 지루한 얘기처럼 들릴지 모르겠지만, 피렌체의 상인들은 숙련된 장인이자 기업가였을 뿐 아니라 자원을 최대한 활용할 줄 아는 능숙한 경영자들이었다. 12세기 말이 되자 피렌체 상인들은 완전히 새로운 사업 운영 방식인 업종별 길드를 조직했다. 피렌체의 제조업은 집단적으로 운영되었고 상호 지원하는 공동체였다. 길드를 통해 상인들은 더 전략적으로 사업을 운영했다. 자원을 함께 모으고 장비를 서로 빌려주고 단체 협상을 하고 원자재도 대량으로 구매하면서 원가를 절감했다. '백지장도 맞들면 낫다'는 원리를 체득했던 것이다.

길드는 장인들이 정보를 공유하고 이것저것 실험해볼 수 있게 도와주는 창업 지원 센터였다. 예를 들어, 12세기 말 피렌체의 한 유리 공예 장인(유리 세공사였을 확률이 높다)은 작업하는 과정에서 유리를 이용하면 눈이 더 잘 보일 수 있다는 사실을 깨달았다. 사실 꽤 오래전부터 사람들은 볼록한 모양의 유리가 시야를 확대해준다는 걸 알고는 있었다. 하지만 코를 받침대로 사용하고, 작은 금속으로 연결해 두 귀에 걸 수 있는 형태의 물건을 만들 생각은 아무도 하지 못했다. 지금 우리에겐 간단해 보이지만 누군가는 아이디어를 낸 다음 안경이라는 형태가 나올 수 있도록 시제품을 제작해야만 했다. 이 시기 아주 기본적인 형태의 안경이 발명되었고 장인들의 노동 수명은 크게 늘어났다.

이는 사소한 일처럼 보일지 모르지만 숙련된 장인들이 시력이 떨어진 이후에도 계속 일할 수 있게 된 것은 생산성에 혁명적인 변화를 일으켰다. 작은 발명품도 길드라는 조직을 통해 널리 퍼지면 도시의 생산성에 막대한 영향을 미쳤다. 길드는 발명품을 실제 생활에서 써먹을 수 있도록 혁신의 발판으로서 제 역할을 톡톡히 했다.[4]

약 50년이라는 짧은 기간 동안 피렌체 번영의 기반이 된 주요 기관이 설립된다. 1190년 판사와 공증인들, 은행가와 국제무역상, 환전상, 비단 상인, 의사와 약제상, 양모 상인과 모피 상인이 속한 7개의 길드, 즉 아르티 마조리(Arti Maggiori)가 설립되었다.

의사 및 약제상 길드의 초기 회원 중에는 메디치 가문 출신들이 있었는데, 메디치(Medici)라는 이름은 '의학'이라는 뜻의 라틴어에서 유래한 말이다. 1200년쯤에는 피렌체 은행가 연맹이 등장했는데, 이들은 후에 런던의 은행가들과도 연결된다. 런던에 있는 롬바드 스트리트(Lombard Street)는 중세 시대 이탈리아의 롬바르디아 출신 은행가들의 이름에서 유래되었는데 이들은 그 당시 금융 지식이 부족했던 영국인들에게 돈을 빌려준 사람들이었다.

1218년에는 대형 금융 가문의 전신인 전당포 업자들의 길드가 생겼다. 물건을 담보로 현금을 빌려주는 전당포의 영업 방식은 14세기 피렌체의 금융업계에 혁명을 일으켰다. 1233년에는 모든 시민이 자신의 직업과 소속된 길드를 등록해야 했다. 이것이 바로 최초의 상인 인구 조사였다. 각각의 길드들은 도시를 운영하는 최고 행정관(podestà)을 선출했다.

피렌체의 시민의식

1252년, 섬유업이 번성하면서 도시로 금이 몰리자 피렌체 상인들은 자금을 모아 금융 혁신을 시도했고, 그 결과 25캐럿짜리 금화인 '플로리(florin)'을 주조했다. 한쪽 면에는 피렌체의 수호성인인 세례 요한이, 다른 한쪽 면에는 피렌체의 상징인 백합이 새겨졌다. 이는 도시와 종교가 똑같이 중요하다는 걸 상징한다.

재정적 측면에서 이 금화는 피렌체의 힘, 상인의 힘, 그리고 명예를 상징했다. 즉 공화국의 부를 바탕으로 한 이 금화가 공신력 있는 화폐, 유럽 전체가 믿을 수 있는 화폐가 되었다는 말이다. 이런 평판 덕분에 플로린은 곧 유럽의 기축통화 reserve currency, 국제간 금융 거래의 기본이 되는 화폐*로 자리 잡는다.

피렌체 사람들은 시내에서 매일 쓰는 돈과 해외나 장거리 무역에서 쓰는 돈을 철저히 구분했다. 금화인 플로린이 장거리 무역이나 도매 거래를 위한 것이었다면, 지역에서 소매 거래나 작은 거래를 위해서는 은화인 모네타 디 피콜리(moneta di piccoli)를 사용했다. 이름 그대로 '작은 돈'이라는 뜻이다. 이 두 화폐는 완전히 다른 통화 시스템이었으며, 환율은 변동성이 있었지만 피렌체에서는 이를 신중하게 관리했다. 제노바와 베네치아의 유사한 지역 통화 시스템에서도 마찬가지였다.

1275년경부터 피렌체는 꾸준히 호황을 누렸다. 현대 관광객들이 피렌체 하면 떠올리는 걸작 건축물의 대부분이 이 시기에 계획되었다. 바로 13세기 후반부터 1348년 흑사병이 퍼지기 전까지 상업이 꽃피던 시기였다.

흑사병이 유행하기 전 산타 마리아 델 피오레 대성당(1296년), 산타 크로체 성당(1294년), 산타 카르미네 성당(1268년), 산타 마리아 노벨라 성당(1279년)을 비롯하여 조토의 종탑(1334년)과 베키오 궁전(1298년)도 이 시기에 건축이 시작되었다. 베키오 궁전은 오늘날 수많은 르네상스 시대의 그림과 조각을 소장하고 있기로 유명한데 니콜로 마키아벨리가 공화국의 서기관으로 집무하던 장소이기도 했다.

피렌체는 화려함으로 로마에 도전하려 했지만 건축물들은 민주적이었다. 피렌체의 건물들은 시민의식을 갖고 있는 상인들이 사람들을 위해 지은 것이었으며 당시의 지도자들은 개인적인 공간보다는 아름다운 공공건물을 짓는 것이 목표였다. 유럽의 왕족이나 교회의 추기경들은 부를 쌓는 데 바빴지만, 피렌체의 길드와 거상들은 자신들이 살고 있는 도시를 아름답게 만들기 위해 경쟁하듯 돈을 뿌렸다. 예를 들어 가장 부유했던 양모 길드는 산타 마리아 델 피오레 대성당을 비롯한 여러 건축물 프로젝트에 자금을 지원했다.

이렇게 아름다운 도시에 대한 열망은 개인적인 부의 과시를 터부시하는 사회 분위기를 만들어 결국 탑의 높이를 제한하는 법까지 생겼다. 시에나와 산지미냐노 같은 다른 토스카나 지역의 도시들에서는 부유한 가문들이 도시 성벽 안에 높은 탑을 세워 자신의 부를 과시했다. 이에 반해 민주적인 시민의식을 갖고 있었던 피렌체 사람들은 높은 탑을 금지하고 그 대신 궁전의 높이를 일정하게 맞추는 방식을 선택했다. 그 결과 피렌체의 거리는 통일감이 있고 잘 정돈된 느낌이 든다. 피렌체에서는 가장 부유했던 상인들도 자기 가게의 위층에 살았다. 피렌체의 도시 계획에는 이런 중산층의 삶의 철학이 잘 반영되어 있다. 부와 함께 후원도 꾸준히 늘었고 그 밑바탕에는 자국 화폐에 대한 신뢰가 있었다.

아담의 범죄

이처럼 질서정연하고 민주적인 분위기의 아름다운 도시 풍경과 달리, 단테가 젊었던 시절의 피렌체는 어둡고 지저분하고 비좁은 골목에 사람들이 다닥다닥 붙어 살던 광란의 장소였다. 구두 수선공, 마구상, 재단사, 금세공인, 이발사가 상점이자 공장이자 도살장이었던 길바닥에서 열심히 장사를 했다. 그곳은 살아 있는 짐승과 여기저기 흩뿌려진 핏자국과 인간의 배설물과 생선, 무두질 공장에서 나오는 악취로 가득차 있었다.

염색공들은 모든 담수가 포도주 양조에 들어가는 포도 수확기를 제외하고는 사시사철 강과 운하에서 천을 빨았다. 마을의 포고꾼은 출생과 사망, 결혼식과 간통, 파산 사건은 물론 이탈리아 너머에 있는 상인들로부터 들어오는 온갖 뉴스를 큰소리로 알렸다. 매춘부와 도둑들은 발가벗겨진 채 여기저기 끌려다니며 매질을 당했고, 이교도들은 하느님을 거역한 죄로, 도둑들은 절도죄로 화형을 당했다. 이런 골목을 거닐던 어린 단테는 잔혹 행위가 벌어지는 광경을 날마다 목격했을 것이다. 처벌은 사회구조 속에 깊이 박혀 있었고 죄인은 공개적으로 고통을 받아야 했으며 용서는 드문 일이었고 경멸과 모욕은 때때로 죽음을 동반하더라도 당연시되었다. 어린 단테는 형이 집행되는 동안 살 타는 냄새를 맡고 고통에 몸부림치는 비명소리를 들었을 것이다. 이런 장면들이 그의 뇌리에 각인되어 훗날 『신곡: 지옥편』에서 각종 죄인들에게 내려지는 끔찍한 형벌의 근간이 되었을 것이다. 그리고 이 작품은 오늘날 우리에게 지옥은 어떤 곳이고 고통은 어떤 것인지를 생각하게 만든다.

단테는 위조범에게 가장 끔찍한 형벌 중 하나를 내렸다. 제30곡에서 위조범 아다모는 지옥의 여덟 번째 원에 떨어지는데, 그곳은 가장 아래층인 루치페르가 있는 아홉 번째 원보다 겨우 한 단계 높은 곳이다. 여기서 단테와 지하 세계의 안내자인 베르길리우스는 두 명의 위조범을 만나게 되는데 그중 한 명이 불쌍한 마에스트로 아다모다. 그는 실제로 단테가 어렸을 때 피렌체의 금화인 플로린을 위조한 인물이었다.

잉글랜드 출신이었던 아담(아다모)은 피렌체와 경쟁관계에 있던 도시 브레시아에서 공부했다. 그는 잘나가던 브레시아 상인들에게 매수되어 순금으로 돼 있는 플로린의 3캐럿1캐럿은 200밀리그램이다* 정도를 구리로 변조했다. 동전의 무게는 비슷했지만 가짜였다. 단테는 여기서 또 다른 거짓말쟁이인 그리스인 시논도 등장시키는데 그는 트로이 목마가 아무런 해가 없는 선물이라고 사람들을 속인 인물이다. 그의 배신은 트로이 문명의 멸망을 초래했다.

단테는 왜 평범한 범죄자인 아담을 트로이를 배신한 시논과 동급으로 본 걸까? 얼핏 보기에는 과한 처사 같지만 그것은 플로린이라는 화폐가 피렌체 경제에 어떤 영향을 미쳤는지를 잘 모르고 하는 소리다. 1플로린은 요즘 돈으로 125유로107파운드, 한화로 약 20만 원* 정도인데, 그 당시 기준으로 보면 여자 노예 한 명 혹은 노새 한 마리가 50플로린, 즉 6000유로5150파운드, 한화로 약 1000만 원* 였다.5

피렌체 사람들이 유럽 전역으로 상거래를 확대해 나가면서 플로린은 교환수단이었을 뿐 아니라 피렌체의 힘을 상징했다. 무게 3.25그램에 순금으로 만들어진 플로린은 상업 중심의 유럽 사회에서 기축통화로 자리 잡았고 오늘날 미국 달러처럼 국제무역에서 중요한 역할을 담당했다. 유럽 전역에서 물건을 플로린으로 거래했고, 빚을 플로린으로 갚았으며, 대출도 플로린으로 해줬다. 사람들은 플로린으로 부를 축적했다. 헝가리 화폐는 아직도 플로린(또는 포린트)이라고 불리며, 네덜란드 화폐인 길더도 한때 같은 이름을 썼다(실제로 길더의 약칭 기호는 'f'였다). 오늘날 네덜란드령인 아루바Aruba, 카리브해 남부에 위치한 국가로 네덜란드 왕국 내 자치 국가이다*는 아루바 플로린을 공식 화폐로 사용하고 있다.

플로린은 순식간에 유럽에서 가장 신뢰받는 안정적인 화폐가 되었다. 이 말은 북쪽으로는 런던과 브뤼허에서 남쪽으로는 알렉산드리아와 티레에 이르기까지 광범위한 지역에서 플로린을 사용했다는 뜻이다.

전 세계가 특정 화폐를 자연스럽게 받아들이면 그 화폐는 언제든 쉽게 쓰고 바꿀 수 있는 힘, 즉 유동성을 갖게 된다. 유동성이 높을수록 거래가 쉬워진다. 만약 어떤 화폐를 뒷받침하고 있는 상품의 수요가 많다면 그 화폐의 공급도 늘어날 것이다. 그러면 화폐의 액면가는 그대로이더라도 실제로 사용 가능한 범위와 활용도가 좋아지므로 결과적으로 가치가 상승한다.

플로린을 뒷받침해주는 상품은 섬유였다. 역사학자 조반니 빌라니는 흑사병이 돌기 10년 선인 1338년, 피렌체의 인구 10만 명 중 3만 명이 염색 및 의류 산업에 종사하고 있었으며, 약 200개의 작업장에서 일했다고 추산했다.[6] 이들은 영국산, 스페인산, 프랑스산 양모를 수입해서 고급 섬유 제품으로 가공한 뒤 다시 수출했고 여기서 얻은 이익을 금융업에 재투자했다.

유동성이 좋았기 때문에 누구나 플로린으로 대금 결제를 하려고 했다. 모두가 원하는 화폐를 발행하는 나라는 소프트파워를 갖게 된다. 소프트파워란 강제하지 않고도 설득할 수 있는 힘을 말한다. 현재 미국 달러가 미국이라는 나라에 얼마나 강력한 권력을 부여하는지를 생각해보라. 석유, 구리, 철, 우라늄, 희토류, 목재, 면화, 실크, 다이아몬드 등등 모든 원자재는 달러로 가치가 매겨진다. 이를 구매하려면 달러부터 사야 한다는 말이다(알다시피 미국 연방준비제도는 거의 비용을 들이지 않고 달러를 발행할 수 있다). 중세 경제에서는 플로린이 현재의 달러와 똑같은 위상을 차지했고 발행국인 피렌체에 부를 가져다주었다. 이렇듯 기축통화가 된다는 것은 그 화폐의 발행국에 엄청난 특혜가 주어진다는 뜻이다.

이제 무슨 일이 생길지 생각해보자. 유럽 전역과 그 외 여러 지역의 화폐가 피렌체로 들어왔고, 이렇게 유입된 동전은 플로린으로 재주조된다. 이런 현상이 심화되면서 플로린의 가치는 올라가고 피렌체 사람들의 물품 대금은 내려간다. 자국의 화폐 가치가 오르자 피렌체인들은 어디서든 더 유리한 입장에서 거래할 수 있게 된 것이다. 그 반면에 나머지 지역 사람들은 플로린을 얻기 위해 더 불리한 거래를 감수해야 했다. 피렌체의 은행가들에게 이는 횡재나 다름없었다. 상대적으로 싼 가격으로 해외에 투자할 수 있었기 때문이다. 이들은 해외무역 계약은 쉽게 성사시키면서 유동성이 높은 자국 시장에서는 큰 이득을 봤다. 피렌체 사람들은 플로린 덕분에 어디서든 환영받는 구매자가 되었던 것이다.[7]

단테에게 위조범은 극악무도한 범죄자였다. 화폐의 가치를 훼손하는 것은 공화국의 기반 자체를 뒤흔드는 일이었기 때문이다. 플로린의 실질적 역할은 믿을 수 있는 화폐라는 인식을 통해 무역을 촉진하는 것이었다. 그러므로 아담의 범죄는 피렌체 공화국의 신용도를 해치고 발전을 가로막는 행위였다.

미신 대신 숫자를

화폐는 피렌체의 사업 방식만 바꾼 것이 아니라 세상을 바라보는 관점까지 바꿔놓았다. 그 결과 사람들은 옛날 방식과 충돌했다. 이 현상은 과거 피보나치가 그 당시 사람들에게는 낯선 금융 개념을 이야기했을 때와 비슷하다.

은행업에 종사하는 사람들, 특히 상인들이 만든 대규모 은행들은 교회와 아슬아슬한 줄타기를 했다. 교회는 돈으로 돈을 버는 행위가 토마스 아퀴나스가 말한 핵심 교리인 '공정가격'에 어긋난다는 이유로 은행업을 비난했다. '공정가격'이란 모든 돈은 노동이나 토지처럼 실질적이고 눈에 보이는 것과 연결되어 있어야 한다는 뜻이다. 바로 이 지점에서 신앙심 깊은 성자 토마스 아퀴나스와 무신론자인 카를 마르크스가 만난다. 양쪽 다 돈이 가진 핵심적 속성 중 하나인 추상성을 거부했는데, 기존의 고정관념으로는 돈의 추상성을 이해하기 힘들었기 때문일 것이다.

교회가 아닌 다른 그 어떤 자에게도 고리대금업을 허락할 수 없었던 바티칸은 이런 질문을 던졌다. 만약 금리가 시간에 따라 매겨지는 대가라면 누가 그 가치를 매길 수 있단 말인가? 하찮은 인간이 어찌 시간의 가치를 알 수 있단 말인가? 시간의 조물주는 주님이니 주님만이 이 일을 해낼 수 있다는 뜻이다. 이에 따르면 고리대금업은 하느님을 거역하는 죄였다. 하느님이 시간을 만들었으니 하느님 혹은 지상에서 그의 말씀을 전하는 자, 즉 주교만이 시간에 가격을 매길 수 있다는 것이 그들의 논리였다.

피보나치의 수학적 개념을 가르치기 위해 세워진 상업 학교들은 교리 대신 논리를, 미신 대신 숫자를, 추측 대신 팩트를 내세워 교회에 도전장을 내밀었다. 상인의 권력이 점점 세지면서 하느님과 맘몬_{신약성서에서 하느님과 대립하는 우상 가운데 하나인 재물의 신을 이르는 말}*의 대결은 불가피해졌다. 아직 부유층 자녀들의 전유물이긴 했지만 상업 학교들은 교육 방식을 완전히 바꿔놓았다. 이제 교육은 더 이상 수도사들이 주도하는 인문학의 전유물이 아니었다. 은행가들과 상인들은 위험, 확률, 측정 같은 개념을 포함한 수치 교육을 선도했다. 이 같은 교육 형태는 단순히 과거를 분석하는 것이 아니라, 미래의 가치를 평가하는 훈련이 핵심이었다. 이미 알고 있는 것에서 결론을 도출하는 연역적 사고가 주를 이뤘던 시대에서 이제는 주변에서 벌어지고 있는 여러 현상으로부터 일반적인 법칙을 도출하는 귀납적 사고의 시대로 나아가게 된 것이다. 돈을 중심으로 한 수치의 세계는 교회의 가르침과는 맞지 않았다. 단테가 태어날 무렵에는 소수였던 상인 계급은 단테가 사망한 시대인 1321년쯤에는 어디에나 존재하는 계급으로 급부상했다. 돈이 유럽을 단테 이전인 암흑의 시대에서 르네상스 광명의 시대로 이끌고 있었다.

중세 상인의 인맥 네트워크

1957년에 출간된 이리스 오리고의 『프라토의 중세 상인(The Merchant of Prato)』만큼 중세 시대 상인들의 일상을 흥미진진하게 묘사한 책은 없을 것이다.

1335년경 토스카나에서 태어나 자수성가한 상인, 프란체스코 디 마르코 다티니가 남긴 15만 통의 편지와 수천 건의 기록을 바탕으로 쓰여진 이 책은 성공한 상인의 사생활과 비즈니스의 세계를 자세히 보여준다. 이 책을 보면 14세기 말에도 이미 세계 경제가 꽤 정교하게 설계되어 있으며 서로 긴밀하게 연결되어 있다는 걸 알 수 있다.

책 속에 등장하는 다티니의 장부에는 '신 그리고 이윤의 이름으로'라는 좌우명이 적혀 있다. 독자들은 교황청의 도시 아비뇽에서 야망 넘치던 견습생, 다티니를 만난다. 그는 철저함, 리스크 분석 능력, 대담함 그리고 피보나치의 수학이라는 무기를 통해 35년이라는 세월 동안 육지와 바다를 가로질러 수만 킬로미터 이상의 무역망을 갖춘 글로벌 기업을 일궈낸다. 그가 남긴 기록 중에는 하루하루의 고민이 담긴 일기뿐 아니라 동반자였던 아내 마르게리타에게 보낸 연애편지도 있었다. 마르게리타는 그를 혼내거나 위로하기도 하는 조언자이자 가장 가까운 대화 상대였다. 두 사람 사이에는 자녀가 없었지만 다티니가 '사고를 쳐서' 하녀 중 한 명이 그의 아이를 낳자 그녀는 그 아이를 자신의 친딸처럼 키웠다고 한다.

다티니가 집을 비운 동안 피렌체의 귀족이었던 마르게리타는 현지 사업을 관리 감독했기 때문에 두 사람은 편지를 통해 수많은 소식을 주고받았다. 이 편지들을 살펴보면 두 사람의 결혼생활이 늘 순탄했던 것만은 아니었다. 또한 다티니는 공증인이자 와인 감별사인 세르라포와 나눈 우정에 대해서도 많은 자료를 남겼다. 음식과 와인, 집안일과 의류업, 돈과 정치 그리고 종교에 대해 두 사람이 나눈 이야기들은 7세기 전에 나눈 대화라고는 믿어지지 않을 정도로 우리에게 익숙한 내용들이다. 다티니가 사업을 하며 활약한 지리적 범위는 실로 대단했다. 그는 영국 코츠월드에서 최고급 양모를 구입했고 주홍색, 선홍색, 진홍색, 황색, 백색 등으로 염색할 수 있는 원료는 흑해, 북아프리카 연안, 발레아레스 제도, 스페인, 레바논에 이르는 무역망을 통해 입수했다.[8]

  옷 한 벌을 만드는 데에도 영국, 프랑스, 플랑드르의 수도원장들과의 거래와 베네치아, 제노바, 바르셀로나, 마요르카 전역에 퍼져 있는 인맥이 동원되었다. 다티니는 이 복잡한 인맥 네트워크를 통해 부를 추구했다. 의류 사업만 살펴봐도 이 정도 규모였다. 상인의 권력은 무엇을 알고 있느냐가 아니라 누구를 알고 있느냐에 달려 있지만, 다티니의 경우에는 양쪽 다 중요한 역할을 했다. 그의 영향력은 군대나 물려받은 작위가 아니라 수천 통의 편지에서 확인할 수 있다시피 인맥에서 비롯된 것이다. 다티니가 남긴 기록들은 계약, 관계, 도리로 얽혀 있는 방대한 인맥 네트워크의 세계를 보여준다. 피보나치의 수학은 그들 사이에서 언어 역할을 했으며 이 시스템을 견인했다. 수학자 파치올리가 개발한 대차대조표와 복식부기도 활용되어 각 사업을 벤치마킹하는 데 도움을 주었다.

  이렇게 강력한 인맥의 접착제는 물론 돈이었다. 돈이라는 공동의 목표가 없다면 존재할 이유가 없었다. 한 명의 상인이 모든 거래에서 파생하는 각종 문제들을 다 파악할 수는 없었다. 그들은 이 모든 일들을 한눈에 파악할 수 있는 뭔가가 필요했고 그것이 바로 이윤과 손실, 비용과 수익 등등의 수치들이었다. 이들의 네트워크 경제는 오늘날 소셜미디어의 메커니즘과도 비슷하다. 인스타그램 같은 플랫폼은 수천만 명의 유저가 없다면 수익사업을 할 수가 없다. 유저가 많아질수록 네트워크는 더욱 강력해진다. 돈은 사람들을 연결해주는 사회적 기술이기 때문에 늘 네트워크를 만들었고, 또 네트워크에 의해서 만들어졌다.

리디아인 그리고 그 뒤를 이은 그리스인의 기본적인 네트워크든, 중세 피렌체인들이 만들어낸 좀 더 복잡한 네트워크든 그 속성은 똑같다. 구조적으로 볼 때 이 네트워크는 수직적이기보다는 수평적이었다. 수직적인 구조는 위에서 아래로 명령이 내려오는 구시대의 방식이었다. 피렌체를 위협했던 두 권력, 즉 바티칸과 신성로마제국은 전형적인 수직적 구조 사회였다. 대군주나 사제의 권위는 오래된 관습에서 나왔다. 교황이나 왕처럼 거물급 인물이 중앙에서 명령을 내리면 나머지 사람들은 그것에 복종하는 방식이 그것이다. 하지만 한 사회가 소수의 권력자들을 위해서만 돌아가면 결국에는 자원이 낭비되고 만다. 모두가 권력자의 눈치만 보면서 아무 말도 하지 못한다면 누가 새로운 아이디어를 내겠는가? 사람들이 그저 순응하기만 한다면 어떻게 더 나은 사회가 나오겠는가? 변화와 혁신에 보상이 없다면 어떻게 발전이 되겠는가? 수직적 사회는 겉으로는 단단해 보여도 실제로는 쉽게 무너질 위험이 있다.

그에 반해 수평적 네트워크는 끊임없이 긴장해야 하는 분위기 속에서 언제나 역동적으로 변한다. 그래서 수평적 사회에서는 끊임없이 새로운 방식이나 아이디어가 나온다. 네트워크의 유대감은 약하지만 광범위한 연결을 통해 이익을 얻는다.[9] 어떤 네트워크의 유대감이 너무 강력하면(예를 들어 결속력이 강한 종교나 지역주의, 민족주의, 가족주의 등등) 오히려 제약이 많다. 돈으로 이어진 관계는 약한 유대감을 바탕으로 하기 때문에 더 넓게 수많은 사람들을 포용할 수 있다. 더 많은 사람이 연결될수록 네트워크의 영향력은 어마어마하게 커진다.

피렌체를 비롯한 여러 무역 도시들에서는 심상치 않은 변화가 일어나고 있었다. 바로 수천 년 동안 이어져 내려온 수직적 계층 구조에 균열이 일어나고 그 대신 수평적 네트워크의 힘이 강력해지는 현상이었다. 급속하게 변화하는 환경일수록 이 네트워크에 유입되는 사람들은 늘어나고 그만큼 새로운 상품과 아이디어가 쏟아졌다.

네트워크는 열심히 활동하고 쉽게 연결될 수 있는 집단을 중심으로 형성된다. 그런 집단에는 활력이 넘친다. 피렌체에서는 상인들이 네트워크의 중심 집단이었다. 12세기에 만들어진 피렌체의 길드들은 지역 중심의 네트워크였지만 14세기 말이 되자 국제금융에 힘입에 점차 글로벌화되었다.

르네상스 이전인 봉건제 시대에서 이러한 금융 네트워크는 기존의 질서에 위협적이었다. 수직적 네트워크는 한 나라에 국한됐지만 수평적 네트워크는 국적도 국경도 초월했다. 또한 상인 계층은 영토 확장을 위한 전쟁에는 그다지 관심이 없었다. 그들은 전쟁이 자신들에게 손해라는 걸 알고 있었기 때문이다. 전쟁은 자신들이 구축해놓은 무역 네트워크도 파괴한다. 가능하면 피하는 것이 상책이었다.

돈의 세계에서는 야망 넘치는 그들에게 새로운 삶의 방식을 제시했다. 그들은 곧 칼보다도 무섭고 성경보다도 더 강력한 무기를 활용해 기회를 넓혀나갔다. 그 힘은 결국 돈에서 나왔다. 만약 이들이 왕이 갖고 있던 돈의 통제권까지 손에 넣는다면 아무도 그들을 막을 수 없을 것이다. 인류는 이제 '돈의 시대'를 지나 '금융의 시대'로 접어들고 있었다.

은행업의 탄생

플로린의 상징적 위상에도 불구하고 피렌체에서는 이에 못지않게 중요한 변화가 일어났다. 그것은 바로 은행업의 탄생이었다. 알다시피 은행업의 가장 기본적인 업무는 돈을 맡아주고 빌려주는 것이다. 피렌체에서 시작된 은행업의 형태는 세 가지에서 비롯되었다. 전당포업, 환전업, 상인 은행이 바로 그것이다. 피렌체의 전당포는 다양한 물건을 담보로 돈을 빌려주었다. 한편 환전상들은 박람회나 시장에 죽치고 앉아서 긴 의자(이것이 바로 이탈리아어로 banco인데 영어 bank의 어원이다) 위에 동전 상자를 쭉 펼쳐놓고 저울로 무게를 달면서 환전을 해줬다. 유럽 전역의 상인들이 전부 피렌체의 시장으로 몰려들었기 때문에 외국의 온갖 동전들이 유통되었다. 이들은 이렇게 번 돈을 기반으로 돈을 빌려주는 금융업자로 성장하게 된다.

상인 은행은 파종부터 수확 때까지 농민들이 잘 버틸 수 있도록 미리 돈을 빌려주던 중세의 선대제도(先貸制度, putting out system)에서 더 발전한 형태였다. 그 당시의 경제는 자연의 변화에 따라 움직였기 때문에, 돈이 필요한 때와 버는 때가 정해져 있었다. 메소포타미아 시대와 마찬가지로 봉건 시대의 경제도 계절에 따라 움직이는 구조였던 것이다.

상업 역시 토지에 기반할 수밖에 없었다. 인간은 땅에서 난 걸 먹고, 입고, 또 땅에서 나온 재료로 집을 지어 살았다. 이 때문에 의식주를 해결하고 나면 남는 것이 거의 없었다. 이렇게 돈이 필요한 때와 버는 때 사이에 시간의 차이가 있었기 때문에 상인들은 다양한 대출 상품을 개발했다. 농민들이 수확할 때까지 필요한 돈뿐 아니라 원자재가 상품으로 완성되어 나오기 전까지 필요한 자금도 대출해줬다. 씨앗이 곡식이 되기까지, 양모가 옷이 되기까지 필요한 운영 자금을 융통해준 것이다.

피렌체 양모 직공들의 길드인 '아르테 델라 라나'는 양모 같은 원자재를 다른 직공들에게 미리 정한 가격에 빌려주었다. 그들이 옷을 완성해서 주면 상환되는 시스템이었다. 이는 송장 할인$^{invoice\ discounting,\ 기업이\ 미수금을\ 담보로\ 금융기관에서\ 단기\ 자금을\ 조달받는\ 것}$*의 시초라 할 수 있다.

새로운 사업가들은 생산에 필요한 원자재와 도구를 빌려주기도 했다. 여기서 더 나아가 투자 목적으로 돈을 직접 빌려주는 일도 자연스럽게 생겨났다. 물론 교회가 이자를 금지했기 때문에 그 대신 수수료나 마진을 붙여 이익을 남겼다.

없던 돈을 계속 만들어내는 기술, 승수효과

처음에는 한 상인이 다른 상인에게 돈을 보내고 싶은데 은행이나 금고가 다를 경우, 실제로 동전을 들고 옮겨야 했을 것이다. 당연히 그 과정은 번거롭고 시간이 많이 걸렸다. 그래서 사람들은 이런 생각을 하게 되었다. '돈을 직접 옮기지 말고 누가 누구에게 얼마를 보내고 싶은지 문서로 작성해서 은행에 제출하면 어떨까?' 이 문서가 바로 신용장(letter of credit)이다. 여기서 수표와 수표책의 개념이 시작된다. 은행의 신용이 믿을 만하다면 이 종이 문서는 돈이나 마찬가지였다. 예를 들어 어떤 상인이 다른 사람에게 돈을 받아야 하는 입장이라면 그에게 신용장을 써달라고 요청할 수 있었다. 그는 그 신용장을 받아서 또 다른 사람에게 빚을 갚는 용도로 사용했다. 이런 식으로 신용장은 두 사람의 거래와는 아무 관련이 없는 제삼자를 끌어들인다. 여기서 가장 중요한 점은 이 모든 거래가 평판이 좋은 은행(보통은 한 가문이 운영했다)을 중심으로 이루어졌다는 것이다. 은행은 상인들 사이에 오간 신용장들을 깔끔하게 처리해주었다. 이 신용장 덕분에 은행을 중심으로 한 네트워크는 점점 더 확장되었다.

신용장과 비슷한 개념으로 환어음(bill of exchange)이 있다. 이것은 롬바르디아 은행가들이 만든 것이지만 그 이전에 아랍인들로부터 배운 것일 수도 있다. 다티니가 살던 시대에 이 환어음은 국제무역에 큰 변화를 일으켰다. 피렌체와 리옹, 브뤼허와 바르셀로나, 생산자와 상인, 공급자와 은행가가 이 환어음으로 연결되었다. 환어음은 유럽 은행이 상인에게 발행해주는 일종의 지불 약속 문서였는데 해외에서도 정해진 금액만큼 인정받았다. 신용 있는 은행이 발행한 환어음이라면 그것으로 대금을 치를 수도 있었다. 환어음이 국제적으로 통용되는 화폐로 급부상하자 무역 시스템 역시 폭발적으로 성장했다. 환어음이 많아질수록 상품이 많아지고, 무역량이 늘고, 돈이 늘어나고, 담보가 늘어났고 이는 또다시 환어음이 많아지는 결과로 이어졌다. 시간이 지나면서 유럽의 대규모 무역박람회는 물건을 사고파는 장소일 뿐 아니라 유럽 전역에서 발생한 수천 장의 환어음을 정산하는 장소가 되었다. 이 시스템의 정점에는 상인 은행가가 있었다.

환어음은 실제 동전이나 지폐가 아니라 오직 신용을 기반으로 한 일종의 가상화폐였다. 피렌체를 비롯해 제노바, 나폴리, 밀라노, 베네치아에 있는 은행들은 이러한 신용 기반 시스템을 발전시켜 오늘날 우리가 알고 있는 '부분지급준비 은행제(fractional reserve banking)'로 발전해나갔다. '부분지급준비'란 은행이 예금자의 인출 요청에 대비해 예금액 중 일정 비율의 금액은 예치하고 나머지 금액은 대출 등으로 운용할 수 있다는 말이다.

이런 식으로 은행이 대출 업무를 시작하면서 신용거래는 기하급수적으로 늘어난다. 이 같은 화폐의 발전은 산업혁명과 맞먹을 정도로 놀라운 혁신이었다. 그렇다면 이 시스템이 어떻게 작동했는지 알아보자. 평상시에 우리는 은행에 예금을 맡겨둔다. 14세기에도 그건 마찬가지였다. 이 돈은 은행가에게 귀중한 자산이었고 지급준비 은행의 핵심이었다. 은행가는 자신에게 맡겨진 돈의 상당액이 자주 인출되지 않는다는 사실을 알게 된다. 그도 그럴 것이 금이나 은을 직접 들도 다녔다가는 도둑들의 표적이 되기 십상이었기 때문이다. 은행가는 예상치 못한 인출에 대비해 적당한 현금을 남겨두기만 하면 나머지 돈으로 대출 이자 장사를 할 수 있을 거라 판단했다.

일단 믿을 만하고 정직하다는 평판이 쌓인 은행가에게는 더 많은 예금이 들어왔다. 그러면 그는 피렌체 경제 곳곳에 더 많은 신용대출을 공급했다. 그가 빌려준 돈은 여러 사람을 돌고 돌아 다시 은행에 예치금으로 돌아왔고 그 돈은 다시 대출로 나갔다. 이렇게 돈의 순환이 계속 이어지면서 은행은 점점 돈을 만들어내는 현금지급기 같은 존재가 되었다. 이런 승수효과가 바로 모든 금융의 원천이다.

무엇보다 중요한 건 이러한 금융시스템이 왕실의 주조국과 화폐 사이의 연결고리를 끊어놓았다는 것이다. 과거에는 오직 왕실의 주조국에서만 화폐를 발행할 수 있었다. 그러나 상인 은행이 등장하면서 은행가가 '없던 돈을 만들어내는 기술'을 갖게 된 것이다. 권력이 왕에게서 상인에게로, 수직적 네트워크에서 수평적 네트워크로, 궁전에서 사무실로 움직이고 있었다.

르네상스를 낳은 새로운 정치권력

다티니는 독실한 기독교인이었지만 돈으로 돈을 버는 상인 은행가가 되었다. 그 역시 다른 상인들처럼 이자 대신 다른 수수료를 부과하는 방식으로 교회의 고리대금업 금지령을 피했다. 계속 돈이 돈을 낳았고 그로 인해 더 많은 대출, 계약이 이루어졌다. 수많은 채권자와 채무자가 생겨났다. 이런 변화로 공증인, 변호사 같은 새로운 직업이 등장했다. 그와 더불어 상법도 발달하면서 상인과 그들의 대리인, 공급업자, 고객, 은행가 등등이 지켜야 할 규칙이 정해졌다.

이렇게 되자 무역을 위한 대출에서 멈추지 않았다. 신용장이 확실하다면 소비를 위한 대출도 하지 못할 이유가 없었다. 어차피 상인들도 계속 먹고살아야 했다. 그들은 새로운 신용장을 만들어서 급성장하는 상인 계층의 소비 자금을 대출해줬다. 다티니는 원래 아비뇽에서 방패, 검, 쇠사슬, 갑옷 등을 팔며 사업을 시작한 사람이었다. 그러던 그가 이제 세계적인 상업 제국을 이끄는 인물이 되었다. 그의 은행은 이제 자신의 사업뿐 아니라 수많은 다른 상인의 사업에도 자금을 댔다. 1415년 다티니가 사망할 무렵 유럽은 강의 상류와 하류, 산맥 이전과 너머, 남북과 동서를 연결하는 다양한 무역망이 갖춰져 있었고, 그 중심에는 상인들이 있었다.

1348년 흑사병이 유럽 전역을 휩쓸었지만 피렌체의 놀라운 경제, 사회, 지식, 정치 발전을 막지는 못했다. 이때 도시 인구의 절반이 사라졌지만 플로린의 가치는 떨어지지 않았다. 사람들은 여전히 플로린의 위상을 믿었다.

흑사병이 지나간 뒤 100년 동안, 피렌체는 상인들과 무역 네트워크 덕분에 큰 발전을 이루었다. 코시모 데 메디치, 레오나르도 다 빈치, 미켈란젤로 같은 인물들이 보여준 뛰어난 지적, 예술적, 상업적 재능이 그 중심에 있었다. 지적 능력과 예술적 재능에 상인 계층의 강력한 경제력이 결합하면서 전혀 새로운 정치권력이 탄생했다. 이 힘의 결합은 과거의 모든 가치를 전복했고, 그 결과 르네상스가 시작되었으며, 이어서 종교개혁과 계몽주의로 이어지게 되었다. 돈과 신용, 상업의 비약적인 발전이 봉건제를 무너뜨리지 않았다면 이러한 위대한 변화는 일어나기 힘들었을 것이다.

새로운 유럽 지도가 그려지고 있었다. 그 중심에는 이탈리아가 있었고, 피렌체는 그중에서도 가장 빛나는 도시였다. 이 도시가 배출한 가장 유명한 인물은 훗날 '르네상스맨'이라 불리게 되는데 그는 여러 언어에 능통하고 예술, 철학, 수학, 금융, 상업 등 다양한 분야에서 두각을 나타내는 팔방미인이었다. 이때의 피렌체는 단테가 어린 시절을 보낸 작은 성벽 도시와는 전혀 다른 곳이었다. 하지만 이러한 변화는 우연이 아니었다. 상인들을 움직이게 만든 원동력은 돈, 특히 은행에서 발행한 신용화폐였다. 이 새로운 형태의 돈은 동전을 찍어내는 기존의 권력 체제를 무너뜨렸다. 이제 신용을 기반으로 돈을 빌려주는 시대가 시작되었다.

현시대에 은행이 주도하는 금융 상품들은 경제를 폭발적으로 성장시켰다. 대출이 예금을 만들고, 다시 그 예금이 대출로 이어지면서 수많은 사람들이 이득을 봤다. 돈은 이제 실제 손으로 만질 수 있는 형태에서 추상적인 형태로 바뀌고 있었다. 은행의 평판 말고는 믿을 것 하나 없는 종이 한 장이 금으로 만든 플로린과 동등한 가치를 갖게 된 것이다. 인류는 이제 전혀 다른 세상과 만나고 있었고 그 중심지는 이탈리아반도에서 알프스산맥 너머에 있는 북유럽 쪽으로 이동 중이었다.

9장 | 하느님의 인쇄기

논란의 사나이, 구텐베르크

요하네스 구텐베르크는 항상 논란을 불러일으키는 인물이었다. 그가 일으킨 사건 중 다수가 법정까지 가는 바람에 아슬아슬한 짓을 밥 먹듯 했던 이 재능 많은 기회주의자에 대한 기록이 지금까지 남게 되었다. 그는 채권자들, 동업자들, 전 직원들, 예비 장인들과도 갈등을 빚었다. 돈, 주식, 약속, 특허 그리고 여자 문제(더 정확하게 말하자면 여성들에 대한 그의 무책임한 태도)가 주요 쟁점이었다. 구텐베르크가 사기꾼이었다는 이야기는 대중에게 많이 알려지지 않았지만 그와 관련된 소송에 대한 여러 문서를 통해 그 사실을 확인할 수 있다.

구텐베르크는 늘 빚에 시달렸고, 신용도 좋지 않았기에 끊임없이 자금난에 시달렸다. 야망 있는 금세공사였던 그는 빚을 갚지 못했기 때문에 이미 평판이 땅에 떨어진 상태였다. 그가 스트라스부르에서 결혼 약속을 어기고 신부의 아버지에게 쫓기고 있었다는 사실만 봐도 인간관계가 어땠는지를 짐작할 수 있다. 구텐베르크는 결코 평범한 인물이 아니었다. 투자의 관점에서 표현한다면 그는 신용등급 AAA와는 가장 거리가 먼, 그저 걸어 다니는 쓰레기 채권이었다. 그런데 그는 하느님 안에 돈이 있다는 걸 꿰뚫어 봤고, 교회라는 돈줄을 어떻게 하면 잡을 수 있을지를 궁리했다.

이탈리아의 상인 은행가들이 자신들의 현금지급기를 만드는 동안, 북유럽의 내륙 지역인 독일에서는 여전히 뾰족한 모자를 쓰고 향을 피우는 사람들, 즉 성직자들이 돈의 주도권을 쥐고 있었다. 젊은 구텐베르크가 황금빛 성체함에 가까이 갈 수 있는 방법은 그저 싸구려 교회 기념품을 팔며 생계를 유지하는 길뿐이었다.

1430년대 초, 그는 신성한 도시 아헨에서 순례자들에게 '축복받은 거울'을 팔기 위해 안간힘을 쓰고 있었다. 지금도 축제가 벌어지면 기념품을 팔며 생계를 이어가는 사람들이 있는데, 이들의 하루 수입은 날씨에 달려 있는 경우가 많았다. 1432년 축제 당일, 하늘에 구멍이 난 것처럼 갑자기 비가 쏟아지는 바람에 모든 행사가 취소되었다. 그 결과 구텐베르크에게는 팔리지 않은(설상가상으로 더 이상 팔 수도 없는) 재고만 남게 되었다. 산더미 같은 청구서와 아직 갚지 못한 빚은 말할 것도 없었다. 스물여덟의 나이에 직업을 잃고 빚만 잔뜩 지게 된 구텐베르크는 절망에 빠졌다. 그에게는 뭔가 다른 획기적인 일이 필요했다. 소매업에 대해서 감을 잡은 그는 이제 상류층을 대상으로 사업을 해야겠다고 마음먹는다. 재정 상태는 엉망이었지만 그에게는 혁명적인 아이디어가 있었다.

그는 공증인, 변호사, 수도사들의 생업을 평생 좌지우지할 수 있는 발명품을 손에 쥐고 있었다. 무엇보다 그 발명품이 교회에 큰 수입원이 될 거라 짐작했다. 그러나 그는 자신이 개발한 인쇄기가 얼마나 큰 파장을 미칠지는 전혀 예상하지 못했다. 청년 구텐베르크는 마인츠 대주교의 전속 인쇄공이 되기 위한 플랜을 짜고 자금을 구했다.

그에게는 몹시 다행스럽게도 15세기 독일에는 대부업자들이 넘쳐났다. 금융 혁신으로 리스크를 감수하려는 사람들이 급격히 늘었고 시중에는 돈이 남아돌았다. 당시 독일은 여러 왕국과 무역 도시들로 구성돼 있었는데, 각 왕국과 도시는 자신들만의 주화를 자체 제작하고 있었다. 유통되는 화폐의 종류는 많은데 공식 환율이 없었기 때문에 환차익으로 돈을 벌 기회가 있었다. 교회는 고리대금업을 금지했지만 무역박람회에서 약삭빠른 상인들은 불분명한 환율을 이용해 교회 모르게 대출 수수료를 청구하는 방식으로 돈을 벌었다. 이렇게 계속 바뀌는 환율 덕분에 독일 전역에서 무역이 활발해졌다.

내일에서 빌려오기

1337년부터 1453년까지 프랑스와 잉글랜드 사이에 벌어진 백년전쟁 때문에 지중해 무역은 동쪽으로 방향을 틀었다. 프랑스와 잉글랜드가 어려움에 처한 사이, 독일에게는 기회가 주어졌다. 이탈리아 무역망은 전쟁으로 폐허가 된 프랑스를 관통하는 론강을 버리고 평화로운 독일을 관통하는 라인강으로 향했다. 이탈리아에서는 지정학적으로 큰 변화가 일어나면서 지리적 이점이 사라졌다. 오스만제국의 등장으로 실크로드가 막히자, 유럽의 기독교 국가들은 인도로 가는 새로운 길을 찾아야 했고, 지중해는 더 이상 주요 무역로가 아니라 막다른 골목이 되어버렸다. 콜럼버스는 대서양을 통해 신대륙으로 가는 길을 열었고, 바스코 다 가마는 아프리카를 돌아 동방으로 가는 길을 열었다. 이로써 유럽 해상 무역의 중심지는 지중해가 아니라 대서양이 되었다.

이런 환경 속에서 포르투갈, 스페인, 네덜란드, 그리고 나중에는 영국 같은 나라들이 번영을 누렸다. 서아프리카의 금 시장에 접근성이 훨씬 좋아지고 채굴량이 늘어나자 유럽에는 금과 은이 더 풍부해졌다. 특히 작센, 보헤미아, 헝가리의 은 생산량은 15세기 중반에 다섯 배나 뛴 것으로 추산된다. 이와 동시에 체코 지역과 폴란드, 헝가리에서는 신흥 권력이 출현했다. 한자 동맹을 맺은 발트해 연안에서 농업이 발달한 다뉴브까지, 유럽 금융의 중심축은 지중해에서 점점 멀어져 중앙의 내륙과 새로운 독일 경제 쪽으로 이동했다.

이런 사건들이 유럽의 경제 지형을 바꾸는 동안 금융 혁신은 사람들의 시간 감각도 바꿔놓았다. 중세 사람들에게는 장기적인 재정 계획이라는 게 별로 필요하지 않았다. 그들의 일상은 날씨, 흉작, 전염병 등등의 문제로 가득차 있었기 때문에 수확 이후의 삶을 생각할 여유조차 없었다. 하지만 토지를 소유한 지방 대지주에게 장기적 관점은 현실이었고 투자 가치를 생각해야 했다. 오늘날에도 부자와 가난뱅이의 차이 중 하나는 시간에 대한 관점이다. 부자일수록 먼 미래를 내다볼 수 있다. 당장 오늘 내야 할 공과금 걱정이 없어야 내일을 대비해 투자할 계획을 세울 것이다. 예를 들어 대학에 진학하거나, 경력을 쌓거나, 전망 있는 사업에 투자해서 수익이 나올 때까지 견딜 수 있는 여유가 있어야 하는 법이다. 이 때문에 부는 미래를 가능하게 만들고, 가난은 미래를 지워버린다. 지금도 통용되는 이 법칙은 14세기 말과 15세기 초에도 마찬가지였다.

농업에 의존했던 유럽 경제에서 부의 원천은 농업과 농업에 부과하는 세금이었다. 상인들의 숫자가 점점 늘어나긴 했지만, 중세의 경제는 여전히 교회와 귀족들이 농민들을 착취하는 구조였다. 매년 거둬들이는 십일조나 소작료는 지속적인 수입원이자 산업화 이전 금융의 근간이었다. 땅이 모든 경제의 기반이었던 것이다. 하지만 땅은 현금으로 쉽게 바꿀 수 없는 자산인데 돈의 연금술은 이렇게 정체된 자산을 소득으로 바꿔준다. 이미 로마인들은 과거에 토지를 담보로 이 문제를 해결한 바 있다. 참고로 mortgage(담보대출)라는 단어에 들어 있는 'mort'는 프랑스어로 '죽음'이라는 뜻이다.

중세 독일의 부유한 지주들은 현금이 필요했다. 그들은 자기 땅을 대부업자, 즉 수도원에 담보로 맡겼고, 수도원은 이 담보를 확보한 뒤 현금으로 모은 돈으로 대출을 해줬다. 지주는 현금을 한꺼번에 받는 대가로 수도원에 이자를 지불했다. 그리고 농민들에게서 거둬들인 땅의 수입은 수도원으로 들어갔다. 약속한 기간이 지나면 대출을 상환해야 했지만, 그 당시 귀족들은 돈 관리에 서툴렀기 때문에 갚지 못하는 경우가 흔했다. 그러면 돈을 빌려준 쪽으로 토지의 소유권은 넘어갔다(오늘날 가톨릭교회가 어떻게 세계 최대의 지주 중 하나가 되었는지 알겠는가?).

이처럼 계약에 채무불이행(또는 사망)이라는 뜻이 이미 들어 있기 때문에, 모기지(mortgage)라고 이름붙인 것이다. 물론 돈을 빌려준 수도원 측도 고민이 많았다. 그들도 양초나 소금 같은 생필품을 사기 위해서는 현금이 필요했기 때문이다. 수도원도 계속 더 많은 땅을 원하지는 않았다. 그 대신 다른 방법을 궁리하기 시작했다. 만약 귀족들이 땅 전체를 수도원에 맡기는 대신 땅의 일부분만 제삼자에게 담보로 맡기고 수도원이 중개인 역할만 하면 어떨까? 이렇게 하면 수도원은 모든 책임을 떠안지 않고도 수수료를 받을 수 있었고, 귀족들은 여러 작은 대부업자들에게 돈을 빌려 교회의 간섭에서 벗어날 수 있었다. 어떻게 보면 이들은 어느 정도 돈이 있는 농부, 장인, 수공업자라는 대안세력을 찾아 서로가 서로를 해방시킨 것이다.

위험부담을 분산하면 귀족이 부담하는 금리는 낮아지고 농부, 장인, 수공업자 등등의 여러 대부업자들은 이자를 챙길 수 있었다. 여기서 연금(annuity)이라는 개념이 시작되었다. 그해에 농사가 잘되고 귀족이 방탕한 사기꾼만 아니라면 이 시스템은 잘 굴러갔다. 또 귀족이 약속을 어긴다고 해도 담보로 받은 토지로 수익을 올릴 수 있었기 때문에 크게 문제가 되지는 않았다.

연금이 제때 나올 거라는 믿음이 있었기 때문에 사람들은 연금으로 부채를 탕감하거나 자녀에게 물려주기도 했다. 장인들은 자신이 모은 돈으로 연금을 사서 일정한 수입을 받았고, 그 대신 귀족들은 한꺼번에 현금을 손에 쥘 수 있었다. 연금은 쉽게 현금화할 수 없는 땅을 현금처럼 만들었다.

  독일 금융이 성공했다는 신호 중 하나는 14세기 동안 금리가 연 12% 정도에서 6%로 급락했다는 사실이다. 금리가 떨어지면 당연히 대출 규모는 늘어나고 결과적으로 연금 거래를 비롯한 모든 신용거래가 폭발적으로 증가한다. 이렇게 거래가 늘어날수록 시장의 유동성이 증가한다.

  농업을 기반으로 한 연금이 성공하자 독일의 도시들은 지방자치 금융이라는 새로운 상품을 내놓는다. 이 상품은 공공시설을 짓기 위해 시민들로부터 돈을 빌리는 방식이었다. 돈을 빌려준 시민들에게 발행된 지방 채권은 꾸준히 거래되면서 시민들의 수입원이 되었다. 독일은 이제 돈이 넘치는 '유동성의 시대'로 들어서고 있었다. 논란의 주인공 구텐베르크는 이 시대에 큰 수혜를 받게 될 운명이었던 것이다.

천국으로 가는 티켓 비즈니스

세상 사람들은 성경 덕분에 구텐베르크의 존재를 알고 있지만, 사실 그는 더러운 방식으로 돈벌이를 시작한 인물이다. 그건 바로 독일인의 영혼을 구한다는 속임수였다. 탐욕스러운 교회가 지배했던 독일의 신흥 도시들은 여전히 신앙과 미신에 사로잡혀 있었다. 이런 사회에서 교회는 여전히 가장 강력한 돈벌이 기관이었다. 그 어떤 왕이나 상인도 수도원의 수익을 따라잡지 못했다. 교회는 모든 것을 압도하는 권력을 갖고 있었으니 그것은 바로 교회가 신을 대리한다는 기원설이었다. 교회는 굳이 돈을 찍어내지 않더라도 믿음을 통해 언제든 헌금을 받을 수 있었다. 사람들은 매년 교회에 십일조를 냈다. 그들은 이따금 교회가 경제적 압박을 받을 때 언제든 쥐어짤 수 있는 포로들이었다.

또 헌금뿐 아니라 또 다른 막강한 돈벌이 수단도 있었는데, 구텐베르크 같은 기회주의자는 그것에 눈독을 들이고 있었다. 마치 포도주가 물로 변하는 기적처럼(물이 포도주로 변하는 것이 아니라) 교회는 약간의 돈을 내면 영혼을 구원해주겠다고 약속했다. 천국을 비즈니스로 이용하는 아이디어는 놀라웠다. 그 당시 사람들에게 이보다 더 효과적인 사기 수법은 상상하기도 어려웠을 것이다. 거래는 간단했다. 사람들은 망자나 죽어가는 가족을 위해 면죄부를 사서 그들이 지옥에 가지 않게 해달라고 빌었다. 이 천국행 티켓 덕분에 교회의 돈줄은 마르지 않는 샘물과도 같았다. 그 당시에 이미 100년 동안 얼마나 많은 사람들이 단테의 『신곡: 지옥편』을 읽었을지 한번 상상해보자. 누구나 끔찍한 형벌로 가득한 9개 지옥의 고리를 피하고 싶었을 것이다. 면죄부는 죄인들을 현금으로 바꾸는 사업이었다. 죽은 자의 영혼을 구하기 위해 가족의 무조건적인 사랑을 이용하는 것보다 더 좋은 사업이 어디 있을까? 게으른 수도사들과 돈 냄새를 맡은 하이에나들로 가득했던 교회에게 면죄부 사업은 황금알을 낳는 거위와 다를 바가 없었다. 이와 비슷한 것이 지금 가톨릭에서 발행하는 미사 봉헌 카드다. 가족을 잃은 신자는 고인이 된 사람을 위해 미사 봉헌 카드를 산다. 아버지의 장례를 치른 후 우리 집 벽난로 선반 위에도 여러 장의 미사 봉헌 카드가 장식돼 있었다. 이 카드에는 고인이 무사히 천국으로 갈 수 있길 바라는 마음이 담겨 있다.

이렇게 쉽게 돈을 벌 수 있는 길은 열려 있었지만 문제는 면죄부를 제작하는 과정이었다. 15세기 초까지만 해도 인쇄물을 발행하려면 먼저 동물을 죽이고 그 가죽으로 양피지를 만들어야 했다. 두축과 양피지 제작, 서예 등등의 제작 과정이 복잡했기 때문에 기본적으로 돈이 많이 들었다. 만약 인쇄 과정이 간소화되고 제작비를 더 아낄 수 있다면 교회는 더 많은 돈을 벌 수 있었다. 바로 이런 배경이 구텐베르크에게는 어마어마한 성공의 기회였다. 그는 새 인쇄기로 면죄부 제작 시장을 독점해 마인츠의 주교(이 책의 뒷부분에 다시 등장할 직책)를 부자로 만들 계획을 세웠다.

금세공인이자 간판장이였던 구텐베르크는 초보적인 인쇄기만으로도 깃펜으로 일일이 수기 작성하는 것보다 훨씬 더 많은 면죄부를 빠른 시간 안에 생산할 수 있다고 주교를 설득했다. 부분지급준비 은행을 통해 원금의 몇 배를 대출해주었던 이탈리아의 은행가들처럼, 구텐베르크는 인쇄기로 필경사보다 몇 배는 더 많은 수익을 냈다. 뛰어난 영업사원이었던 구텐베르크는 면죄부를 구매하는 사람들이 자신의 이름을 자랑할 수 있도록 사인할 공간을 넉넉하게 남겨두었다. 그는 사람들이 단순히 죽은 가족의 영혼을 구원하기 위해서가 아니라 자신이 그 가족을 구원하기 위해 얼마나 많은 기부를 했는지 생색내기 위해 기꺼이 돈을 낸다는 걸 꿰뚫어본 것이다.

면죄부는 시작에 불과했다. 구텐베르크는 성경에 주목했다. 약간의 돈만 있으면 살 수 있었던 평범한 면죄부와 달리, 성경은 진짜 부자들만 샀다. 또 교회에 기부하는 큰손들의 영혼을 위해 기도해주는 대가로 수도원에 기증되었다. 면죄부 판매는 성경 판매에 비하면 아무것도 아니었다. 구텐베르크가 새 인쇄기를 이용해 판매한 성경은 평범한 것이 아니었다. 성경은 화려하고 장식이 많을수록 가격이 높아졌다. 그는 신의 존재를 믿어서가 아니라 오로지 돈 때문에 성경 사업에 뛰어들었다. 아무리 열정적인 사업가에게도 운이 따라주지 않으면 성공하기 쉽지 않은데, 1453년에 구텐베르크에게는 그 운이 따라주었다.

허영심 많은 교황

교황 비오 2세(Pius II)는 굉장히 독특했던 인물로 애주가에 호색한이었다. 그에게는 적어도 아이가 두 명 있었는데, 그중 한 명은 젊은 시절 스코틀랜드에 머물던 시절에 생긴 자식이었다. 그는 한때 '겨울 햇살조차 들지 않는 그 땅'에는 절대 돌아가지 않겠다고 맹세하기도 했지만, 스코틀랜드에서 보낸 반년은 생산적(생식적)이었다.[1] 그는 성애 소설가라는 추가적 명예까지 얻은 유일한 교황으로, 그의 작품 '두 연인 이야기(The Tale of Two Lovers)'는 절대 성직자가 쓸 만한 시가 아니다. 육체적 욕망에 굴복했음에도 교황 비오 2세는 당대의 중요한 저술가가 되었고 강력한 교황권을 행사했다. 그는 방탕한 본성을 공적 자리에서는 세련되게 감추었으며 십자군을 지지했고 거만한 대주교들에 맞서 교황의 권위를 지켰다.

심지어 기독교 동부 발칸 지역을 이슬람계 오스만제국으로부터 보호하기 위해 또 다른 '미덕의 화신'인 블라드 체페슈[Vlad the Impaler, 15세기 루마니아 공국의 군주로 죄인이나 전쟁 포로 등을 가시나 꼬챙이 같은 뾰족한 장대에 꽂아서 처형한 것으로 악명이 높았다. 소설과 영화로 유명한 드라큘라 백작의 모델이다]* 와 동맹을 맺는 데에도 성공했다. 유럽 문명의 성패가 달려 있는데 꼬챙이에 꽂힌 머리 몇 개가 무슨 대수였겠는가? 오랜 친구 드라큘라 백작과 동맹을 맺을 때가 아니면 비오 2세는 글을 썼다. 촛불에 눈을 혹사시켜 가며 자신의 인생과 시대를 기록한 일기인 13권 분량의 에세이 『비망록(Commentaries)』 작업에 매진했다.

자존심 강한 교황답게 비오 2세는 약간의 사치를 좋아해서 고급 와인과 그림과 건축을 즐겼다. 피렌체 공화국과 피렌체 상인 은행가들이 세계에서 가장 아름다운 도시를 건설하는 데서 선두를 달리자, 교황도 가만히 있을 수는 없었다. 피렌체에 뒤지지 않으려고 그는 도시 설계 작업에 착수했다. 그는 자신이 자란 토스카나의 코르시냐노란 마을을 완전히 철거한 다음 그 자리에 돔 모양의 성당과 궁전 여러 채, 고딕양식의 성당 등등을 채워 피렌체의 축소판 도시를 건설했다. 그런 다음 자신의 이름을 넣어 피엔차^{Pienza, 비오(Pius)의 마을'이라는 뜻*}라는 도시명을 정해서 헌정했다. 제도공, 건설업자, 건축가, 화가와 쉬지 않고 일하면서 밤늦게까지 글을 썼기 때문에 그의 시력은 더 악화되었다.

허영심 많은 이 바람둥이는 사람들 앞에서 안경 쓰는 것을 극도로 꺼렸다. 하지만 교황에게는 손으로 정성스럽게 필사한 성경을 신도들 앞에서 읽어줘야 할 의무가 있었기에 그런 허영심은 꽤나 곤란한 일이었다. 그에게는 안경 없이도 읽을 수 있는 성경이 절실했다. 그런데 바로 그때 구텐베르크가 나타나 해결책을 제시한 것이다.

디자인의 왕

금세공에 능숙했던 구텐베르크는 복잡한 작업과 미적 감각에 뛰어났다. 그는 디자인으로 독자의 마음을 사로잡을 작정이었다. 그의 인쇄본 성경은 수기 제작한 성경보다 싸고 빠르게 제작할 수 있을 뿐만 아니라 미학적으로도 훌륭했다.

그는 장별 제목을 짓고 글 간격을 보기 좋게 디자인하면 사람들이 보기에 더 편할 거라고 예상했다. 이 예상은 맞아떨어졌고 독자들은 크게 만족했다. 또한 주교, 추기경 그리고 교황까지 화려함을 추구하는 특별한 고객들을 만족시키는 디자인을 감행했다.

그가 만든 디자인의 트레이드마크는 주홍색 장 제목이었는데 제목

밑에는 절반씩 나뉜 볼드체 세로단이 페이지 양쪽에 있었으며, 래커를 칠하고 광택제를 발라 본문을 읽기가 더 쉬웠다. 구텐베르크는 광택제를 사용해 독특하고 화려한 느낌을 주었다. 두 단짜리 본문은 금색을 비롯하여 다양한 밝은색을 칠한 동식물로 가장자리를 아름답게 장식했다.[2] 디자인은 놀랍고 현대적이었다. 꼭 미래에서 온 책 같았고 이전의 필사본과는 판이하게 달랐다. 그 결과 가독성이 매우 훌륭해졌고, 당대 가장 영향력 있던 한 사람, 근시였던 교황 비오 2세의 눈에 들게 되었다. 비오 2세는 구텐베르크의 성경을 두고 '안경을 쓰지 않아도 읽을 수 있다'고 쓰기도 했다.[3]

신의 인쇄기를 만든 요하네스 구텐베르크. 그는 이제 성공 가도에 올랐다. 혁신가의 속성 중 하나는 기존의 제품을 조합해서 시행착오를 거친 후, 전혀 새로운 발명품으로 내놓는 능력이다. 그가 만든 인쇄기는 효율성은 물론이고 기술적인 면에서도 장안의 화제였다. 구텐베르크는 필경사 한 명이 성경 한 권을 필사하는 데 걸리는 시간 동안 여러 권의 성경을 찍어낼 수 있었다. 이 성경은 보기에도 아름답고 촉감도 좋았다. 그의 디자인은 깔끔하고 산뜻하며 눈길을 끌었다. 아마도 귀금속을 다루던 솜씨가 그의 섬세한 감각에 큰 영향을 줬을 것이다. 누구라도 구텐베르크 성경을 한번 보고 나면 절대 잊을 수가 없었다. 마치 보석처럼 빛났기 때문이다.

이 혁신가는 마인츠 주변 주민들이 대형 압착기로 와인을 만드는 모습을 오랫동안 지켜봤다. 사람들은 대량의 포도가 동시에 같은 압력을 받을 수 있도록 기계식 나사 장치를 이용해 압착기를 눌렀다. 이는 고대 로마의 기술이었다. 어쩌면 구텐베르크는 모젤의 포도밭에서 와인 몇 잔을 마시고 나서 아르키메데스처럼 유레카를 외쳤을지도 모른다. 그전까지는 모든 철자에 동일한 압력을 가하는 인쇄 기술이 없었기 때문에 잉크가 계속 번질 수밖에 없었다. 그는 생각했다.

'와인 압착기의 원리를 인쇄기에 적용해보면 어떨까?' 만약 마인츠가 금속 가공과 와인 양조의 중심지가 아니었다면 구텐베르크가 이런 발상을 할 수 있었을까?

혁신은 본래 여러 가지 요인들이 복합적으로 얽히면서 일어난다. 마인츠는 라인강이 모젤강 그리고 마인강과 만나는 지점에 위치했기 때문에 피렌체처럼 경제활동의 중심지였다. 당연히 현금 유동성이 풍부한 곳이었고 빚에 허덕이던 구텐베르크가 자금을 조달받기에는 최적의 장소였다. 게다가 인쇄기의 가격은 어마어마했다. 정교한 철 주물과 가동식 활자를 갖춘 이 복잡한 기계를 만드는 데는 상당한 자금이 필요했다. 완전한 활자 세트를 만드는 데만 일반 장인의 4년에서 10년 치 연봉에 해당하는 돈이 들었다.[4]

활자 세트는 발명되기만 하면 그 가치가 상상을 초월할 정도라고 예상했기 때문에 구텐베르크는 동업자 중 한 사람이 사망했을 때 하인을 그의 집에 보내 인쇄기를 분해한 다음 부품을 전부 회수했다. 그러면서 모든 자료가 그 죽은 동업자의 상속인에게 넘어가지 않도록 공동 작업의 증거를 없애라고 지시했다.[5]

저축액을 재순환시키고 구텐베르크 같은 승부사에게 투자자본을 마련해준 연금과 지방채가 폭발적으로 증가하지 않았다면, 인쇄기는 독일에서 탄생하지 않았을 확률이 높다. 당시에는 연금과 지방채가 폭발적으로 늘어나면서 저축이 투자금으로 바뀌는 시대였기 때문에 구텐베르크 같은 승부사들도 손쉽게 돈을 구할 수 있었다. 만약 이런 금융의 시대가 오지 않았더라면 인쇄기는 독일에서 그렇게 빨리 발명되지 못했을 것이다.

인쇄소, 도시의 운명을 가르다

인쇄기의 발명으로 대중 토론이 활성화되며 지식에 대한 수요가 폭발했다. 아는 것이 많아진 시민들이 말이 많아진 것은 당연한 결과다. 인쇄기의 경제적 영향력은 분명했다. 책에 대한 일반 수요가 높아졌고 이에 따라 가격이 하락했다. 규모의 경제가 나타나기 시작한 것이다.

수요의 증가는 공급의 증가를 이끌어냈다. 마인츠의 인쇄소는 쉬지 않고 돌아가면서 이윤을 남겼으며 점점 더 많은 책을 저렴하게 공급할 수 있었다. 1450년과 1500년 사이, 책값은 3분의 2나 떨어졌다. 1460년 구텐베르크가 처음으로 성경을 인쇄했을 때, 책 한 권 값은 평균 임금의 약 100일치에 해당했다. 그러나 1600년이 되자 책 한 권 값은 하루치 임금도 되지 않았다.[6]

인쇄기는 사람들의 가치관을 변화시켰다. 식자층은 일상적으로 책을 읽을 수 있게 되었고 그러자 더 깊은 성찰과 분석이 가능해졌다. 또한 혁신적인 신규 디자인도 등장했다. 그것은 바로 팸플릿이었다. 빨리 제작할 수 있고, 쉽게 이해할 수 있으며, 글을 아는 포고꾼이 광장에서 큰소리로 낭독할 때 사용한 팸플릿은 문맹률이 높았던 대중에게 사상을 전파하는 도구였다. 인쇄술은 사람들의 가치관뿐 아니라 노동 방식도 변화시켰다.

인쇄술 덕분에 상인들은 난생처음 대량 생산의 마법을 경험하게 되었다. 인쇄소는 훗날 탄생할 공장의 최초 모델 중 하나였다. 상인은 이제 공장의 경영자가 되는 길에 첫발을 내디뎠고 구텐베르크의 작업장은 다가올 산업혁명의 첫 문장을 기록했다. 인쇄기는 자본주의에서 생산의 세 번째 요소인 자본 또한 도입했다. 이는 노동자의 1인당 수익을 끌어올리면서 생산성에 영향을 미친 기계의 최초 사례이기도 했다.

책은 인간의 노동을 육체노동에서 기술노동으로 변화시켰으며 이때부터 숙련 노동자와 비숙련 노동자의 차별화가 시작되었다. 바로 이 두 가지 변화, 즉 자본주의와 숙련 노동의 발전은 앞으로 수 세기 동안 사회에 지대한 영향을 미치게 될 요소였다. 지자체들은 자금을 모아 인쇄기를 구입했다. 인쇄소 설립 이전과 이후의 경제성장에는 큰 변화가 나타났다. 15세기 말에 인쇄소가 있는 유럽의 도시들은 1500년에서 1600년 사이 인쇄소가 없는 도시들보다 60%나 더 빨리 성장했다.[7]

지적 자유와 상업적 자유는 밀접한 관련이 있었다. 인쇄소가 생긴 도시는 그 전에 산업이나 무역, 금융과는 전혀 거리가 멀었음에도 경제가 급성장했고 문맹률은 급격히 떨어졌다. 사람들은 책, 팸플릿, 잡지 등을 탐독하며 동물학, 해부학, 식물학 같은 미래지향적 분야에 뚜렷한 관심을 보였다.

이는 교사를 비롯한 교육계 종사자에게는 희소식이었다. 대학교수의 평균임금은 숙련공의 그것과 비슷한 수준이었는데 50년 만에 두 배로 뛰어올랐다. 과학에 대한 관심, 급변하는 미래에 대한 관심도 부쩍 높아졌다. 16세기 초 교수들의 임금 체계를 보면 이러한 편향을 관찰할 수 있다. 과학, 수학, 천문학을 가르치는 교수들의 월급이 법학, 신학, 수사학, 문법, 시, 그리스어를 가르치는 교수들의 월급보다 큰 폭으로 올랐던 것이다.

14세기에 이탈리아가 그랬던 것처럼 16세기 이후에는 독일이 유럽을 이끄는 나라가 되었다. 그 중심에는 뵈메에서 라이프니츠, 볼프, 칸트 그리고 헤겔이 있었다. 그 당시 독일은 정보와 기술이 빠르게 퍼지는 환경이 구축돼 있었다. 왜냐하면 신성로마제국은 하나의 큰 나라가 아니라, 여러 작은 도시들과 지역들이 서로 경쟁하듯 발전하는 형태였기 때문이다.

만약 그 당시 독일이 수직적 권력구조를 갖춘 거대한 통일제국이었다면 중앙정부의 검열이 있었을 것이다. 그렇다면 새로운 사상과 혁명적인 발견 등등 온갖 내용을 퍼뜨릴 수 있는 인쇄기는 아마도 감시와 통제에서 벗어나지 못했을 것이다.

중국은 구텐베르크보다 수 세기 전에 인쇄술을 개발했지만 중앙정부의 권위를 위협할까 두려웠던 관료들이 인쇄기의 확산을 차단했고, 인쇄물의 내용까지 철저히 검열했다. 그에 반해 독일에는 중앙정부가 없었다. 여러 도시와 지역은 서로 경쟁하는 구조였기 때문에, 새로운 사상이나 과학적 발견, 상업적인 변화를 앞다퉈 받아들였던 것이다. 변화를 받아들일 준비가 이미 되어 있었던 셈이다.

종교개혁의 또 다른 이유

인쇄술은 15세기 중반에는 교회를 재정적으로 지원한 혁신 기술이었지만, 16세기에는 교회를 분열시키는 원인이 되었다. 마르틴 루터는 인쇄기가 만들어낸 인물이었고 그와 동시에 '돈'이 만들어낸 인물이기도 했다. 그는 작센의 은광 지역에서 자랐으며 그의 아버지는 광산 사업가였다. 그의 형제와 세 명의 매형도 광산업에 종사했다. 광산업은 돈이 많이 드는 사업이기 때문에, 채굴을 시작한 지역 주민들은 초기 투자 비용 증가에 대응하기 위해 주식회사의 초기 형태인 게베르크(gewerk)를 설립했다. 산을 깊게 파낼수록 비용이 계속 들어갔기 때문이다. 루터 가족도 다른 주주들처럼 채굴이 시작되기 전에 투자를 했다. 매 분기 투자자들은 광산을 굴러가게 하기 위해 투자금을 늘리거나 소유한 주식에 비례한 배당금을 받았다. 1490년대가 되자 이런 주식들은 고품질의 대형 은화로 수익을 내기 시작했다.[8] 마르틴 루터도 광산 주식을 약간 보유하고 있었다. 하지만 대략 1500년부터

1530년 사이에 지나친 시굴로 광산업 침체가 발생하면서 작센 지역의 경제는 엄청난 타격을 받는다.

루터 가족이 경제적으로 궁핍해지는 동안 교회는 면죄부 판매로 계속해서 부를 축적했다. 자신의 집안은 하루아침에 몰락했는데 교회는 계속해서 부를 쌓자 루터의 분노가 터져버린 것일까? 그가 항의에 나선 시기는 바티칸이 대대적으로 면죄부 판매 사업을 벌이던 때와 일치한다.

1517년 10월, '연옥 면죄부'를 팔러 다니는 순회 행사가 작센에서 시작되었는데 이 돈은 로마의 성 베드로 대성당을 재건하는 데 쓰일 거라고 홍보했다. 하지만 그 돈의 일부는 사실 푸거 가문 독일의 메디치 가문에 해당하는 은행가 집안*에게 돌아갈 예정이었다. 그들은 구텐베르크의 옛 상사의 후임자인 마인츠 대주교에게 2만 1000두캇ducats, 12~16세기에 유럽 대륙에서 사용하던 화폐단위, 15~16세기 당시 1두캇은 장인의 한 달 급여 혹은 소 한 마리의 가격과 비슷했다*을 빌려준 상태였다. 이 대주교는 교황에게 그 돈을 뇌물로 주고 주교직을 얻었는데, 이 직책은 신성로마제국 황제를 선출하는 선거권을 갖고 있는 단 일곱 명의 선거 군주 중 하나일 정도로 막강한 요직이었다.

돈, 은행, 뇌물, 부패, 거짓말, 구원……. 이 같은 요소들은 루터를 자극하기에 충분했다. 그는 1517년 성인 대축일 전야에 비텐베르크 대성당 문에 처음으로 반박문을 써서 못으로 박아놓았다. 문장이 아닌 짧은 항목들로 구성된 글이었다. 이런 형식은 구텐베르크의 인쇄기로 빠르게 여러 장 찍어낼 수 있었기 때문이다. 그의 글은 단정적인 결론이 아니라 사람들에게 화두를 던지는 형식으로 돼 있었다. 누구든 논쟁에 참여할 수 있도록 유도하는 것이 목적이었다.

이 '95개조 반박문'은 하룻밤 사이에 센세이션을 불러일으켰다. 인쇄기는 그의 싸움을 수도원의 탑 안에서 사람들로 붐비는 시장으로 이동시켰다. 교회의 권위가 이제 네트워크의 쓴맛을 보게 된 것이다. 1517년이 끝나기도 전에 이 반박문은 라이프치히, 뉘른베르크, 바젤 등 여러 도시에서 인쇄되고 또 인쇄되었다. 루터는 엄청난 양의 글을 썼고, 1517년부터 1521년 사이에 그가 쓴 13편의 논문은 30만 부 이상 판매되었다.[9]

루터의 소책자는 라틴어가 아닌 독일어로 작성되었고 사람들이 소리 내어 읽을 수 있도록 정리돼 있었다. 대부분 6쪽에서 8쪽 분량이어서 이해하기도 쉽고 몰래 숨기기도 쉬웠다. 그 안에는 타락한 수도사들, 뚱뚱한 주교들, 욕망에 빠진 부패한 교황들을 조롱하는 풍자 그림들이 들어 있었다. 웃음과 해학, 그리고 충격까지 던진 이 소책자는 루터를 비롯한 반역자 집단이 선택한 가장 강력한 무기였다.

시간이 흐르면서 루터의 반(反)로마 사상은 점점 퍼져나갔고, 그의 뜻에 따르는 개혁파 목사들은 도시 교구와 더 큰 자유 도시^{free city, 지역 영주나 주교의 통제에서 벗어나 국왕이나 황제에 소속돼 있던 도시}*들에서 자리를 잡기 시작했다. 이렇게 해서 그들의 네트워크는 점점 더 굳건해졌다.

창시자인 루터가 자신의 사상을 발표하면 목사들의 네트워크는 그것을 신자들에게 전달했고 신자들은 다시 주변에 퍼뜨렸다. 여인숙 뒤편에서, 통행료 징수소에서, 시장 광장에서, 장인들의 길드에서 사람들은 루터의 사상에 대해 이야기를 나눴다. 그전까지 날씨 말고는 아무도 자신의 의견을 물어보지 않았는데 이제 루터의 사상에 대해 질문하고 의견을 말하는 상황이 된 것이다. 이런 경험은 사람들에게 '나도 이 일에 참여하고 있다'는 느낌을 줬을 것이다. 아내는 남편과, 제빵사는 도축업자와, 금세공인은 고리대금업자와 이야기를 나누었다. 대화의 주제는 삶의 의미, 도덕, 사후 세계 그리고 구원이라는 영원히 풀리지 않는 주제에 대한 것이었다.

루터의 이름을 대중적으로 알린 대표작은 『면죄부와 은총에 대한 설교』로 작센 지역에서부터 라인란트 지역에 이르기까지 누구나 이해할 수 있도록 쉬운 독일어로 쓰여 있었다. 이 책은 1518년 한 해 동안에 14번이나 재인쇄되었다. 1517년부터 1530년 사이에 약 700만 부의 소책자가 인쇄된 것으로 추정되는데 그중 4분의 1 이상이 루터가 쓴 출판물이었다. 그는 말 그대로 출판계에 혜성처럼 등장한 스타 작가였다. 한 권의 성공이 또 다른 성공을 불렀다. 모든 출판업자들이 루터의 책을 출판하고 싶어 안달했다. 그 덕분에 인쇄소는 쉴 틈 없이 바빠졌다.

    그런데 이 모든 것이 도덕의 문제만은 아니었다. 돈 역시 종교개혁을 이끄는 큰 원동력이었다. 개신교가 매력적이었던 이유 중 하나는 군주가 개종하면 가톨릭교회의 재산을 빼앗아 올 수 있다는 점이었다. 위대한 변절자이자 재정 관리를 끔찍이 못 했던 것으로 유명했던 잉글랜드 왕 헨리 8세는 교회 땅을 몰수할 수 있다는 생각에 몹시 마음이 동했다. 독일 전역의 왕들과 영주들이 헨리 8세를 본받아 교회의 재산을 몰수했다. 파산한 왕의 관점에서 개신교로 개종한다는 건 로또 당첨과 다를 바가 없었다. 지방 영주들에게도 교회 땅을 몰수한다는 건 하루아침에 부자가 될 수 있는 확실한 방법이었다. 도대체 누가 이 선택을 거부할 수 있었을까? 일반 서민들이 개종하는 데도 돈은 큰 역할을 했다. 루터는 면죄부를 사는 것보다 훨씬 더 저렴하게 구원받을 길을 열어놓았다. 그는 굳이 면죄부를 사지 않아도 착하게 살기만 하면 구원받을 수 있다고 설파했다. 어찌 보면 개신교로 개종한다는 건 일종의 '세금 회피 전략'이었던 것이다!

    또한 이 반란의 신흥 교회는 가톨릭교회와 근본적으로 다른 점이 하나 있었는데 바로 사업을 벌이고 돈을 버는 일을 찬양했다는 것이다. 특히 급진적 분파인 칼뱅주의자들은 재산을 많이 모아 부유해지는 것이 천국에 갈 수 있는 징표라고 여겼다. 이런 생각은 가난에 대한 교회의 전통적 사고방식과는 180도 다른 것이었다. 이제부터는 돈에도 종교가 생긴 셈이었다.

독일에서는 많은 도시들이 계속해서 개신교로 개종했는데 인쇄기의 역할이 막중했다. 인쇄기가 있는 도시는 그렇지 않은 도시보다 개종할 확률이 훨씬 높았고 여러 인쇄소가 경쟁을 벌이고 있는 도시는 더 말할 것도 없었다.[10] 루터는 여러 도시들을 돌며 강연을 하고 편지를 끊임없이 썼다. 반항적인 사제들이 이 거장의 강연을 직접 듣기 위해 모여들었고 비텐베르크는 혁명의 진원지이자 선동의 산실이 되었다. 그의 급진적인 메시지에 감화된 수강생들은 개종한 자유 도시로 가서 그 메시지를 전파했다.

유럽이 세계를 지배한 이유

1519년 겨울 마르틴 루터가 글을 쏟아내고 있을 때, 인류의 역사를 바꿔놓을 두 남자의 만남이 이루어졌다. 이보다 26년 전 돈, 특히 중국 돈을 찾아 나섰던 크리스토퍼 콜럼버스는 우연히 아메리카 대륙을 발견했다. 그 후 수많은 스페인의 모험가들이 부를 찾아, 특히 금을 찾아 대서양을 건너기 시작했고 결국에는 어마어마한 양의 금을 발견한다.

1519년 11월 9일 아침 서기 출신에서 콩키스타도르Conquistador, 15세기부터 17세기에 걸쳐 아메리카 대륙에 침입한 스페인 침략자들*로 변신한 에르난 코르테스는 아즈텍제국의 황제 몬테수마 2세를 알현하기 위해 제방 길을 걷고 있었다. 몬테수마는 유럽인들을 환대하며 선물까지 하사했다. 그러나 이들에 대한 메소아메리카인들Meso-Americans, 고대 중앙아메리카 지역에 살던 원주민들*의 관대함은 한 번도 보답받은 적이 없다고 봐야 할 것이다. 이 만남 이후 몇 달도 되지 않아 스페인인들은 위대한 아즈텍의 도시 테노치티틀란을 파괴하기 시작했고, 몬테수마를 죽였으며, 그의 백성들을 노예로 만들었다.

스페인의 기술이 아즈텍의 그것보다 훨씬 앞서갔던 이유에는 여러 가지 설이 있다. 유럽인들에겐 이미 배, 총, 바퀴, 강철과 같은 도구들이 있었다. 게다가 나침반, 지도, 말, 대포, 아메리카 원주민들이 두려워하던 사나운 개도 있었다. 그런데 정말 중요한 건 유럽인들이 천연두와 독감을 포함하여 원주민들을 대량살상할 수 있는 바이러스에 대한 면역력을 갖고 있었다는 사실이다. 두 문명의 운명적 만남에서 드러난 이 같은 기술의 차이는 르네상스 시대의 유럽이 고대 수메르 문명과 만난 것에 비유할 수 있다.[11]

역사학자들은 메소아메리카 문명이 상대적으로 낙후되었던 이유를 여러 구조적 측면에서 해석했다. 예를 들어 유럽인들은 메소아메리카인들보다 훨씬 더 오랫동안 정착해서 농경 생활을 했기 때문에 광범위한 정착지가 생겼고 도시도 발달할 수 있었다는 것이다. 하지만 금융업까지 발달한 유럽에 비해 아즈텍문명에는 아주 기본적인 화폐의 형태만 존재했다는 점은 간과하고 있다.

지금까지 살펴본 바와 같이 화폐는 혁신의 강력한 수단이다. 아즈텍문명에 금융시스템이 전무했다는 점만 봐도 왜 유럽이 기술적으로 앞설 수밖에 없었는지를 말해주는 거 아닐까?

뛰어난 농업기술과 의심할 여지 없는 건축 기술, 수학적 능력을 갖고 있던 아즈텍 사람들에겐 아주 기초적인 형태의 화폐밖에 없었다. 그들은 소액 거래에 쓰기 쉬운 카카오콩을 사용했다. 여러 사료에 따르면 아즈텍 사람들도 활발하게 무역을 했지만 그 방식은 주로 물물교환, 선물, 조공 같은 것들이었다. 그 반면에 유럽인들은 고대 수메르 시대부터 여러 화폐에 대한 실험을 꾸준히 해왔고, 리디아 시대부터는 동전을 사용했다. 신대륙(아메리카)과 구대륙(유럽)의 차이를 설명할 때 화폐의 존재는 가장 중요한 요소라 할 만하다.

아즈텍 사람들에게 정교한 화폐는 없었지만 금과 은은 아주 풍부했으므로 스페인 약탈자들은 닥치는 대로 그것을 챙겼다. 한 추정에 따르면 1500년대 동안 유럽의 금과 은 보유량은 1493년에 비해 다섯 배나 늘어났다고 한다.[12]

막대한 양의 금은보화를 실은 무장 함대들이 신대륙에서 스페인으로 출항했다. 이들에게 경비를 지원한 사람들은 돈 냄새를 맡은 자유 투자자들이었다. 무장을 한 채 자신의 이익만을 추구하던 콩키스타도르들은 이때다 하고 아메리카 대륙을 거침없이 약탈했다. 스페인 사람들은 신대륙의 광산을 약탈하며 금과 은을 모았지만, 이 같은 열광도 이제 과거의 일이 되고 있었다. 돈의 미래는 금이나 은이 아니라 지폐와 주식, 채권시장 같은 새로운 금융시스템으로 향하고 있었기 때문이다.

튼튼한 스페인 갤리선을 무겁게 짓누르던 묵직한 금괴를 뒤로하고 이제 손에 들고 다니기 쉽고 가벼운 지폐의 시대가 열리고 있었다.

새로운 무역과 식민지 시대가 열리면서 바다는 세계로 연결하는 길이 되었다. 넓은 땅을 가진 나라들보다 바닷길을 지배한 해양 국가들이 먼저 금융 국가가 되었다. 17세기가 되자 유럽에서 가장 작은 나라인 네덜란드가 최대 승자가 되었다.

|3부|
혁명기의 화폐
Revolutionary Money

프랑스혁명은 결국 돈, 특히 세금에 대항한 혁명이었다.
프랑스는 금융시스템을 혁신하지 못했기 때문에
왕은 돈이 필요할 때마다
가난한 국민들에게 세금을 징수했다.
결국 참다 못한 국민들의 분노가 폭발했다.

10장 | 금융 부르주아의 등장

유럽에서 가장 작은 나라, 네덜란드는 어떻게 부국이 되었을까?

1697년 러시아의 황제 표트르 대제는 선원으로 위장한 채 세계에서 가장 부유한 도시에 도착했다. 습지 위에 세워진 암스테르담은 우아한 집들과 상업용 부두, 그리고 분주한 운하가 있는 자유 도시였으며, 주식시장의 활성화로 번영을 누리는 중이었다. 이 무역 도시는 개신교 신앙과 상업 정신을 바탕으로 세워졌다. 종교 반대파와 난민을 기꺼이 받아들인 이 도시는 세계 최대 규모의 상선을 보유하고 있었고, 네덜란드에서 케이프타운, 잔지바르, 말라카까지 이어지는 거대한 상업 제국의 중심지였다. 저지대의 잔뜩 흐린 하늘을 배경으로 수백 개의 돛대가 하늘을 찌를 듯 솟아 있는 암스테르담 항구는 네덜란드의 거점이자 힘의 원천이었다. 러시아인들 특히 내륙에 갇힌 모스크바인들은 바다에 대해 아는 것이 거의 없었지만, 표트르 대제는 세상의 변화를 감지하고 있었다. 바다를 아는 사람들이 무역을 이해했고, 무역을 이해한 사람들이 상업적으로 앞서고 있었다. 16세기에는 포르투갈이, 그리고 17세기 말에는 네덜란드가 그 주인공이었다.

두 해상 국가는 무역로를 따라 세계 지도를 새로 그려냈다. 아프리카 대서양 연안, 케이프타운 주변, 인도양을 거쳐 더 동쪽의 아시아까지, 전략적인 지점마다 무역 거점을 세웠다. 이들은 육로인 실크로드를 장악하고 있던 오스만제국의 통제를 피해, 지구를 한 바퀴 돌아 무역로를 개척하는 데 성공했다. 이제 급부상한 네덜란드는 글로벌 차익거래 게임에 뛰어들었다. 이들은 후추, 계피 같은 향신료를 동양에서 싸게 사들인 다음 서양에 비싸게 팔아 차익을 남겼다. 러시아는 이런 시대의 변화에 뒤처지고 있었고 로마노프 왕조의 젊은 황제는 고뇌에 빠졌다. 네덜란드의 성공 비결을 반드시 알아내겠다고 결심한 표트르 대제는 유명한 조선소에서 4개월간 인턴십을 시작했다. 그는 그곳에서 암스테르담의 모든 것을 보고 배우며 하나하나 자신의 것으로 흡수해나갔다.

세계에서 가장 넓은 땅을 가진 군주가 세계 최고의 조선 기술을 배운다는 목표로 위장 취업에 성공했다. 그는 장인(匠人)이 내어준 작은 목조 주택에 살면서 목수 옷을 입고 직접 침대를 만들면서 현지인과 똑같이 살았다. 수습 기간이 끝나자 칼뱅주의자였던 상사는 그를 이렇게 평가했다. "그는 성실하고 솜씨 좋은 목수였다."[1]

이 경험은 그의 인생뿐 아니라 러시아와 유럽의 역사에도 큰 변화를 불러일으켰다.

표트르 대제는 네덜란드의 수도를 본떠서 나라의 수도를 건설했고 이름도 러시아어가 아닌 네덜란드어로 '상트페테르부르크(Sankt Pieter Burkh)'라고 지었다. 이렇게 러시아의 가장 위대한 도시는 유럽의 가장 위대한 도시를 모방하며 탄생했다. 이 도시는 습지 위에 세워졌으며 운하를 중심으로 설계되었다.

국제도시 암스테르담의 상업적, 문화적 활기에 감명받은 표트르 대제는 외국인들을 초청하여 상트페테르부르크에 상점을 열도록 독려했다. 세계에서 가장 거대한 영토를 가진 제국의 전제 군주인 표트르 대제는 관습에 얽매이는 인물이 아니었다. 전기 작가 중 한 명에 따르면,[2] 표트르 대제는 엄청난 거구에다가 술을 지나치게 많이 마시고, 호색한이었으며 시간이 남으면 시체 부검을 즐겼다고 한다. 혹시 누군가 반역을 일으키지 않을까 늘 경계했던 그는 네덜란드 사람들의 무사태평한 태도와 느슨한 보안 의식에 무척이나 놀랐다. 그도 그럴 것이 부유한 러시아인들은 마치 비밀 요새처럼 집에 방어벽을 두르고 살았는데, 네덜란드의 부유한 은행가, 상인, 변호사 등등은 서민들의 시선에 그대로 노출되는 큰 유리창이 있는 집에서 살았다. 이 점을 보고 그는 신선한 충격을 받았다. 서로 다른 계층이 가까운 곳에 어울려 살아가는 모습은 세계에서 가장 많은 노예를 소유한 그에게는 불편하게 보였을 것이다. 다른 많은 러시아인들이 그랬던 것처럼 표트르 대제도 서유럽의 기술과 세련된 문명에 감탄하면서도 불안감을 느꼈다.

서구의 세계를 등불처럼 바라보면서도 왠지 모를 불안감에 떠는 이 모순된 감정은 러시아 지식인들 사이에서 오랫동안 하나의 수수께끼로 남아 있었다. 수년간 그래왔듯 야망 있는 러시아의 지도자들은 서구의 겉모습은 흔쾌히 받아들였지만, 서구식 자유주의가 자신들에게 해를 끼칠까 봐 두려워 권력자들에게 요구되는 변화는 쉽게 받아들이지 않았다. 러시아로 돌아온 표트르 대제는 귀족들에게 긴 수염을 깎고, 서양식 옷을 입으며, 농노를 거느린 귀족처럼 굴지 말고 검소하고 성실한 네덜란드 시민처럼 행동하라고 요구했다. 물론 자기 맘에 들지 않는 네덜란드의 체제, 예를 들어 국왕이 의회에 순종하는 모습 같은 것은 암스텔 강가에 버리고 돌아온 모양이었다.

그는 네덜란드의 혁신, 부, 해군력을 선망하면서도, 그런 성과를 얻기까지 네덜란드 체제가 치러야 했던 민주적, 제도적 타협에는 별 관심이 없었다. 토론을 권장하거나 나와 다른 의견을 인정하는 태도가 그에겐 없었다. 하지만 자유가 보장되지 않는다면 번영도 누릴 수 없는 법. 다른 의견과 창의성은 종종 큰 사업을 성공으로 이끄는 견인차 역할을 한다. 네덜란드라는 나라의 관용, 부 그리고 천재적인 금융시스템은 서로 밀접하게 연결되어 있다.

17세기 암스테르담의 활력 넘치는 상업과 금융시스템을 생각해보면 호기심 많고 개척 정신이 강한 러시아 군주가 신분을 숨기고 네덜란드 수도까지 와서 부의 비밀을 탐구한 사건은 그리 놀랄 일도 아니다. 네덜란드는 정말이지 수수께끼 같은 나라였다. 러시아처럼 큰 나라는 가난한데 어떻게 이토록 작은 나라가 세계적으로 막강한 힘과 부를 갖게 되었을까? 러시아에서는 힘이 곧 정의였고, 권력에는 규모가 필요했다. 그런데 이렇게 작은 나라가 어떻게 유럽 상업의 중심지가 된 건지 표트르 대제는 궁금했다. 그는 네덜란드 사람들이 무엇을 마시건, 자신도 그걸 마시길 원했다.

깃털처럼 가벼운 돈

인쇄기는 성직자와 궁정의 전유물이었던 종이에 대한 수요를 창출했다. 그 이전에는 일반인들이 일상생활에서 종이나 양피지를 쓸 일이 극히 드물었다. 그러나 구텐베르크가 인쇄기를 발명한 이후에는 상황이 급변했다. 사람들은 포스터, 소책자, 책, 필사 공책 등등 문자언어가 인쇄된 종이를 원했다. 수요가 발생하자 삼림 관리, 벌채, 세척, 표백, 펄프 뽑기, 펼치기, 건조하기 등등 종이를 생산하는 공장이 생기기 시작했다.

인쇄소가 있는 곳에는 여지없이 제지 공장이 있었다. 때는 탐구와 발견의 시대로 문해율이 급등하기 시작했다. 그러자 사람들은 당연했던 가치에도 의문을 품었다. 철석같이 믿었던 종교도 버릴 수 있는데 확실한 건 없지 않을까? 종이로 만든 소책자가 종교개혁에 큰 역할을 했는데, 또 다른 쓰임새가 있지 않을까? 이제 돈은 큰 변화의 시기를 맞이하고 있었다. '돈이란 무엇인가'를 규정하는 과정에서는 큰 믿음이 필요했다. 특히 지폐의 경우 '종이 쪼가리 한 장'에 엄청난 가치가 있다는 걸 받아들이는 건 쉬운 일이 아니었다.

지금까지 우리는 인류 역사상 여러 화폐를 살펴봤다. 리디아의 금화, 그리스의 은화, 로마의 금화, 은화, 구리화, 독일의 은화, 피렌체의 금화인 플로린까지 형태는 다양했다. 그 후 화폐는 신용장과 독일 연금으로 진화했지만 이것들은 모두 특정 상인, 상인 은행, 지방자치단체나 실물 토지와 연결돼 있었다. 달리 표현하자면 신용장과 연금은 '이력'을 가지고 있었기에 추적하면 그 돈이 어디에서 비롯된 것인지 다 알 수 있었다. 이런 사회에서 '이력'이 없는 종이 화폐가 등장했다고 상상해보자. 발행 기관에 대한 신용 말고는 전혀 추적이 불가능한 형태의 화폐가 등장한 건 대사건이었다. 이 정도의 진화는 사회가 미리 바뀌지 않으면 일어나지 않는다. 생판 모르는 타인에 대해서도 신뢰가 형성되어 있어야만 가능한 일이다. 네덜란드는 바로 그 방향으로 나아간 나라였다.

지폐의 탄생은 돈의 역사에서 가장 혁명적인 한 페이지로 기록될 것이다. 정부의 인장과 정교한 디자인만 더해지면 그저 종이 한 장에 불과했던 것이 마치 마법처럼 실제 물건을 사고팔 수 있는 법정화폐로 변신한다. 인쇄술과 마찬가지로 종이 화폐도 사실 수 세기 전에 중국에서 발명된 것이었다. 지폐의 원류는 전당포의 영수증이었다. 중국인들은 옷이나 보석을 전당포에 맡기고 물건의 가치가 적힌 영수증을 받아왔다. 이 영수증은 이후 종이에 적힌 재산의 가치만큼 물건을 교환하는 데 사용되었다. 사람들은 전당포가 물건의 가치를 보장해준다고 믿었다. 송나라 시대(980~1280년)가 되자 종이는 화폐의 중요한 수단으로 재무부와 관료조직 간의 모든 거래를 중개했다.

이 지폐는 뽕나무 껍질에 4색 동판으로 인쇄되었는데(이런 기술을 활용해서 제작된 최초의 화폐였다) 번짐이나 마모 없이 이 손에서 저 손으로 전달할 수 있었다.

유럽에서 중앙은행이 발행한 지폐는 1695년 설립된 영국 중앙은행에서 처음 등장했다. 하지만 만약 그보다 수십 년 전 암스테르담에서 먼저 기반을 닦아놓지 않았더라면 불가능했을지도 모른다.

1609년 네덜란드는 비셀은행(Wisselbank)이라는 중앙은행을 설립했는데 이는 부유한 상인들의 소유였고 왕실 헌장에 따라 운영되었다. 도대체 왜 네덜란드가 먼저였을까? 바로 이 점이 표트르 대제가 품은 의문이었다.

비셀은행이 네덜란드에 등장한 데에는 여러 가지 이유가 있다. 작은 나라는 지리적 한계에 갇혀 있다. 자국 시장이 작을 때 작은 나라가 빠르게 성장할 수 있는 유일한 길은 무역을 통해 더 큰 지역의 시장점유율을 확보하는 것이다. 그런데 소규모 개방경제가 지리적 제약에서 벗어나 국경 너머까지 무역을 하기 시작하면 환율이나 금리 같은 금융시스템의 딜레마에 직면하게 된다. 해외에서 유입되는 외화를 어떻게 관리할 것인가? 무역국가가 유입된 외화를 잘 관리하지 못하면 자국 화폐의 가치가 올라 무역 경쟁력이 떨어지고 만다(오늘날 싱가포르, 아일랜드, 스위스처럼 무역에서 성공한 작은 나라들도 비슷한 문제를 겪고 있다). 무역을 하는 나라에서 통화 정책은 곧 균형을 맞추는 일이다.

네덜란드의 경우 해외무역이 활발해질수록 암스테르담으로 들어오는 돈도 많아졌다. 17세기 초에 이 돈은 다양한 나라의 동전(스페인과 영국의 은화, 피렌체의 플로린 등등)이었을 것이다. 다량의 금괴도 있었을 것이다. 이렇게 무역이 늘어날수록 통화의 종류도 늘어났다. 이런 상황에서 원활하게 경제를 운영하기 위해서는 표준화된 화폐가 필요했을 것이다. 비셀은행의 주요 기능 중 하나는 이렇게 다양한 화폐들을 흡수한 다음 네덜란드 화폐인 길더화(guilder貨)로 교환해 주는 것이었다. 길더화는 금 보유고로 가치를 보장받는 화폐였기 때문에 네덜란드 안에서 안정적으로 사용되었다.

해군에 자금을 지원하는 것도 비셀은행 설립의 중요한 동기였다. 유럽의 다른 식민지 개척 국가들과 달리 네덜란드는 대규모 영토 정복보다 주로 고립된 무역 전초기지를 선호했지만, 네덜란드가 무역을 확장한 배경에 군사적 영향력을 무시할 수는 없다. 네덜란드는 자유롭고 포용적인 나라로 알려져 있지만 실제로 그들이 얻은 부는 아프리카와 아시아에서 약탈한 것이었다. 그들은 해군을 지원하기 위해 상인들로부터 자금을 빌렸다. 그 대신 해군은 동아시아와 아메리카에서 전리품을 가득 싣고 돌아오는 상선들을 보호해줬다. 무역이 증가하면서 상선이 늘자 해군의 규모도 더 커졌으며 그에 따라 해군에 지원할 돈의 액수도 커졌다. 그러자 자연스럽게 암스테르담으로 유입되는 돈도 많아졌다. 거대한 상업 제국으로 변모한 작은 나라 네덜란드는 '돈의 공화국'으로 변모하고 있었다.

세계 최초 주식 투자의 나라, 네덜란드

1580년대 말, 네덜란드는 장기 채권을 시험적으로 도입했는데, 이는 지금 투자를 위해 먼 미래의 자금을 미리 빌려 쓰는 것을 말한다. 이런 실험 덕분에 이들은 다른 경쟁 국가들보다 한발 앞서나갔다. 시민들이 소유할 수 있는 주식으로 탄생한 이 회사들은 네덜란드제국이 정해놓은 법과 무역 규칙 덕분에 잘 운영되었다. 이들이 해외에서 약탈을 일삼는 동안, 네덜란드 공화국 사람들은 국내에서 자원을 모아 식민지 사업에 투자할 기회를 모색했다.

그들은 폭넓은 투자자 기반을 만들고, 소규모 상인 계층을 위한 세계 최초의 주식회사를 설립하기로 했다. 1601년, 수많은 주주가 개인 자금으로 출자한 거대한 금융 기업인 네덜란드 동인도 회사(VOC)가 설립되었다. 동인도 회사의 무역 수입이 어찌나 가파르게 증가했던지 당시 화폐를 기준으로 따지면 지금의 애플을 능가하는 세계 최대의 기업이었다. 1602년 동인도 회사는 암스테르담의 재정에 막대한 영향을 끼치게 되었고, 정부는 이 회사에 독점권을 부여했다. 이런 결정을 내린 이유는 투자 위험성을 줄이기 위해서였다.

네덜란드 투자자들이 자금을 댄 선박의 성공 확률은 모 아니면 도였다. 만약 배가 침몰하면 모든 것을 잃게 되기 때문이었다. 하지만 무사히 항구까지 돌아오기만 하면 수익이 엄청났기 때문에 투자자들은 큰돈을 벌 수 있었다. 그렇다면 리스크를 줄일 방법은 무엇일까? 정답은 바로 해당 기업에 무역 독점권을 주는 것이었다.

이렇게 하면 모든 주주가 위험을 함께 나누어 부담을 줄이고, 불안정하지만 수익성 높은 사업에서 훨씬 안정적인 수익을 만들어낼 수 있다.

정부는 회사의 운명을 국가와 사실상 하나로 묶음으로써 평소에는 주식을 사지 않았던 사람들까지 대거 끌어들였다. 투기성 사업을 투자 기회로 바꾸어 그 수익이 더 넓은 계층에 꾸준히 돌아가도록 만든 것이다. 이를 통해 금융자본주의는 네덜란드 사람들의 머릿속 깊은 곳에 뿌리 깊게 자리하게 된다.

네덜란드는 화폐를 매개로 한 주식 투자 문화가 정착되기 시작한 세계 최초의 나라다. 암스테르담의 도시 풍경은, 세계에서 가장 부유한 곳이라면 떠올릴 법한 모습과는 꽤 다른 방식으로 발전해갔다. 이 도시에는 넓은 대로도, 제국의 위엄을 과시하는 호화로운 광장도, 귀족들의 거대한 저택도 없었다. 알부자들이 많았지만 겉으로는 소박하고 겸손한 모습이 특징이었다.

운하를 따라 네덜란드인들은 보기 좋은 테라스식 연립 주택들을 지었고, 그 옆에는 배들이 정박할 수 있어 전 세계에서 온 다양한 물품들을 실어 나를 수 있었다. 이 좁은 상인들의 집은 보통 지하에는 창고를 두고, 1층은 가게, 그리고 그 위층은 주거 공간이나 사무실이 이어지도록 설계되었다. 이들은 돈도 잘 벌고 민주주의를 실천했던 피렌체 시민들의 주거 형태에서 모티브를 얻었다.

15세기의 피렌체처럼 암스테르담도 그런 위상을 가진 도시가 되었다. 엄격한 봉건제보다 더 평등하고 접근 가능한 '돈'을 중심으로 운영되던 피렌체는 호기심 많은 사람들을 끌어들이는 도시였다. 암스테르담 역시 그렇게 매력적인 도시가 되어갔다.

17세기 초 유럽 각지의 야심가들은 부를 꿈꾸며 암스테르담으로 향했다. 관용은 없고 폭력만 난무하던 세상에서 암스테르담은 스페인과 포르투갈에서 추방당한 세파르디 유대인도 기꺼이 받아들였는데, 이들은 상업 기술, 금융 지식 그리고 지중해 및 북아프리카 무역로에 대한 지식을 함께 가져왔다.

이후 프랑스 개신교도였던 위그노 교도들도 네덜란드로 피신해왔고 이들은 친절한 네덜란드인들에게 은행업에 대한 경험을 선사했다. 오랜 세월 프랑스 왕실의 은행가 역할을 해왔던 이 칼뱅주의자들은 리옹과 아비뇽의 장터에서 금융 기술을 익혔고, 제네바의 칼뱅주의자들로부터 그 노하우를 배워왔다.

영국 중앙은행의 초대 총장이였던 존 후블론은 위그노 출신이었고, 오늘날 런던의 증권사인 카제노브(Cazenove) 같은 곳에서도 그들의 흔적을 찾아볼 수 있다. 실제 'refugee(난민)'이라는 영어 단어도 프랑스에서 도망친 위그노들을 가리키는 단어인 레퓌지에(réfugiés)에서 유래했고 17세기 후반에 영어권에서 쓰기 시작했다.

네덜란드 경제의 기적은 유럽 전역에서 화제가 되었다. 네덜란드는 스칸디나비아에서 목재를, 서인도 제도에서 설탕을, 프랑스령 캐나다에서 모피를, 북미의 영국 식민지에서는 담배를, 보르네오에서는 계피, 후추, 생강, 실크를 거래했다.

16세기 후반, 콜럼버스가 아메리카에 도착한 지 100년이 지난 시점에는 스페인 식민지 개척자들이 퍼뜨린 질병과 폭력으로 라틴아메리카 원주민의 인구가 크게 줄어들어, 스페인인들은 더 이상 노예로 부릴 원주민조차 찾기가 어려웠다.

노예무역에서 두각을 나타낸 네덜란드는 아프리카인들을 스페인에 팔아넘겼다. 자국 내에서는 관용적인 태도를 보였지만, 무역을 할 때는 전혀 다른 모습이었다. 어디든 이득이 있는 곳에는 항상 네덜란드인이 끼어 있었다. 네덜란드는 상업의 나라였다. 어떻게 보면 이 나라에 동인도 회사가 있는 것이 아니라 동인도 회사에 네덜란드라는 나라가 붙어 있는 형국이었다. 사설 군대를 보유한 기업을 떠올려 보면 쉽게 이해할 수 있을 것이다. 하지만 그 이면에는 다른 뭔가가 있었다. 표트르 대제가 알아내고 싶어 했던 바로 그것. 그러나 그는 그 뭔가를 완전히 이해하지는 못했다. 그것은 눈에 드러나는 것이 아니라 사람들의 생각이나 관념, 즉 사회학적인 것이었기 때문이다. 이것은 네덜란드인들이 미래를 인식하는 방식과 깊이 연결되어 있다.

돈이 네덜란드 사회 깊숙이 스며들면서, 사람들은 미래에 대해서 다른 방식으로 사고했다. 예를 들어, 네덜란드는 '영구채'라는 개념을 최초로 만들어냈다. 이는 원금을 상환하지 않는 형태의 대출로, 채권을 산 사람은 원금을 돌려받는 대신 영구적으로 이자 수익을 받는다.

원금을 돌려받지 못한다는 걸 알면서도 기꺼이 돈을 빌려주려면 사람들이 돈에 대해 얼마나 깊은 신뢰를 갖고 있어야 할까? 이것은 믿기 어려울 만큼 추상적인 개념이다. 그러나 사람들 사이에 이 믿음이 생기면 돈은 마법을 부린다. 처음에는 말이 안 된다고 생각하다가도 일단 사회적으로 돈에 대한 믿음이 뿌리를 내리면 누구나 일상적으로 이 돈의 사이클을 받아들이게 된다. 어떤 사회에 영구채 같은 제도가 뿌리내렸다면 사람들의 가치 체계에 큰 변화가 일어난 것만은 확실하다. 르네상스 시대의 피렌체였다면 상업 네트워크 안에 소속된 검증된 상인들만이 서로에게 원금이 상환되지 않을 것을 알면서도 자금을 빌려줬을 것이다.

하지만 17세기 초 네덜란드에서는 일반 지자체들이 평범한 주민들로부터 영구채를 빌려 방조제와 해안 요새를 건설했다. 주민들은 영구채를 저축의 수단으로 활용했다. 이 현상은 특수 계층뿐 아니라 대부분의 네덜란드인들이 상업을 이해하는 수준(예를 들어 새로운 사업 아이템에 대한 신뢰, 리스크를 받아들이는 태도, 금융시스템에 대한 이해)이 매우 높았다는 것을 방증한다.

이제 중앙정부가 명령하고 통제하는 하향식 경제 네트워크에서 수평적인 네트워크 경제로 전환하고 있었다. 네덜란드는 자원이 풍부한 나라가 아니었다. 영국처럼 석탄이나 철광석이 있었던 것도 아니었고, 스칸디나비아처럼 목재가 있었던 것도 아니었으며, 중세 이탈리아처럼 지리적 이점이 있었던 것도, 그렇다고 제국주의 스페인처럼 광대한 해외 영토가 있었던 것도 아니었다. 그렇다고 프랑스처럼 인구가 많은 것도 아니었고, 러시아처럼 땅덩이가 큰 것도 아니었다. 사실 네덜란드의 국토 면적은 유럽에서 가장 작았으며 그마저도 대부분이 물에 잠겨 있었다.

하지만 네덜란드에는 아이디어가 있었다. 그것은 바로 돈을 최대한 활용하는 금융시스템을 통해 모두가 상업에 참여하는 것이었다. 사람들은 풍요로운 미래를 믿었기 때문에 영구채를 거리낌 없이 구매했다. 또 이런 믿음이 있었기에 자신의 운명을 스스로 바꿀 수 있다고도 믿었다.

신분 상승이 가능한 사회가 되려면, 사회는 평범한 사람도 원대한 꿈을 꿀 수 있도록 새로운 사업을 존중하고 장려해야 한다. 만약 새로운 상업적 시도를 비하하는 사회적 분위기가 팽배하다면 누가 위험을 감수하겠는가? 사실 이런 경멸적인 태도는 귀족들의 전형적인 사고방식이었다. 그런데 돈에 대한 인식이 달라지자 네덜란드인들의 사고방식은 크게 변했다.

표트르 대제는 바로 이런 변화 즉 개인의 자유, 상업에 대한 존중, 활기차고 혁신적인 네트워크 경제 등등을 제대로 이해하지 못했다. 네덜란드에는 천연자원은 없었지만 그보다 더 강력한 자원을 갖고 있었다. 그것은 바로 새로운 것에 대한 탐구 정신이다. 이러한 인간의 에너지가 없었다면 지속적인 경제성장은 불가능했을 것이다. 혁신은 끊임없이 새로운 것을 탐구하는 과정에서 일어나는 것이기 때문이다.

또 상업이 발달하면 그에 따라 예술에서도 새로운 시도가 나타난다. 네덜란드 상인들이 무역을 확장하던 시기에 예술가들도 새로운 방식으로 작품을 만들기 시작했고, 이 시기는 훗날 '네덜란드 거장 시대'로 불리게 된다. 렘브란트 같은 화가의 초상화를 생각해보라. 그의 그림은 전 시대 이탈리아의 화려한 초상화와 달리 꾸밈이 없고 물질적 과시가 없다. 이는 겉으로 부를 드러내지 않는 네덜란드인들의 특징을 잘 보여준다. 그렇다고 그들이 자신의 사회적 지위를 전혀 드러내지 않았다는 말은 아니다. 예를 들어 초상화 속 인물들이 입고 있는 검은색 옷은 겉보기에는 단정하고 소박해 보이지만, 당시에는 검은 염료가 가장 비쌌기 때문에 오히려 부를 상징했다. 네덜란드인들은 낡은 것을 거부하고 새로운 것을 온갖 방식으로 수용하면서 경계를 확장해갔다. 영구채와 베르메르의 그림은 동일한 원천, 즉 인간의 상상력에서 비롯된 것이다.

소문의 경제학

돈의 가능성을 조금씩 앞으로 밀고 나아가던 중 네덜란드는 1610년 주식시장인 뉴익스체인지(New Exchange)를 설립했다. 1620년대가 되자 네덜란드인들은 오늘날 사용하는 다양한 금융 기법들을 이미 일상적으로 활용했다. 예를 들어 몇 년 뒤의 결과에 베팅하는 선물시장, 직감을 바탕으로 더 큰 수익을 노릴 수 있게 해주는 신용거래, 그리고 큰 이익이나 손실에 베팅하는 옵션거래 등이 그것이다. 1600년대 초 암스테르담에서는 미래에 일어날 수 있는 여러 가지 사건에 가격을 매겨 베팅할 수 있었다. 네덜란드인들이 그렇게 열광한 것이 놀라운 일일까?

더 많은 자금이 안전한 피난처이자 기회의 용광로였던 네덜란드로 몰려들자 금리는 떨어졌고, 집값은 올랐으며 수익이 전혀 없는 회사의 주가조차 치솟았다. 17세기 초 네덜란드인들은 이러한 현상을 '빈트한델(windhandel)', 즉 '바람 장사실체가 없는 투기성 거래*'라고 불렀다. 돈의 실체가 없었기 때문이다. 그렇게 되자 네덜란드인들의 재산은 늘어났고 위험을 감수하려는 욕망은 더욱 커졌다. 1630년부터 1639년 사이, 네덜란드 동인도 회사의 주식은 두 배 이상 뛰었고 암스테르담 주가지수는 1630년 229에서 1640년 500으로 상승했다. 모든 시장이 상승세였다. 주택 투자로 돈을 번 상인들과 투자자들은 동인도회사 주식을 포함한 여러 주식에 여유 자금을 투자했다. 때로는 가장 좋은 시기에 가장 나쁜 투자를 하기도 했다. 들뜬 분위기와 흥분이 세상을 지배하고 있었다. 주가가 새로운 고점을 찍을 때마다 소문은 더 퍼졌고 큰돈을 벌었다는 이야기에 혹해 더 많은 사람들이 상승 중인 주식 시장에 뛰어들었다. 그 어느 때보다 부자 되기 쉬운 시절이었다.

사람들은 돈을 벌면 그 이야기를 하고 싶어 입이 근질거리는 법이다. 좋은 소문만큼 사람을 사로잡는 것도 드물다. 소문은 때로는 순수할 수 있지만, 또 때로는 위험할 수도 있다. 그리고 대부분의 사람들은 소문을 좋아한다. 아리스토텔레스가 말했듯 인간은 사회적 동물이기 때문이다. 사람들은 경제와 금융에서 소문의 영향력을 과소평가하곤 한다. 하지만 많은 사람들이 소문에 휩싸여 '지금 안 하면 손해 볼 것 같다'는 불안감 속에서 투자를 감행한다. 경기순환은 결국 인간 본성의 집단적 표현일 뿐이다. 낙관과 비관 사이를 오가는 것이다. 우리는 함께 들뜨고 함께 우울해진다. 여기서 중요한 건 바로 '함께'라는 점이다.

나는 자산 가격이 변동하는 방식을 설명할 때 '소문의 경제학'(economics of gossip)이라는 표현을 즐겨 쓴다. 우리는 사회적 동물이기에, 새로운 정보에 반응하고, 그것을 다른 사람들에게 퍼뜨려 주변 사람들까지 감염시키기 때문이다. 전 세계 대학에서 가르치는 고전 경제학은 사람들이 돈에 관한 결정을 내릴 때 합리적이며 감정이나 소문에 휘둘리지 않는다고 가정한다. 그러나 그런 인간을 만나본 적이 있는가? 인간은 아름답지만 결점이 많은 피조물이다. 이런 인간을 합리적인 존재라 단정하고 감정의 영향력을 무시하는 것은 어리석은 일이다. 인류의 역사에서 호황과 불황이라는 주기가 반복되는 것은 돈이 사회적 생물이기 때문이다. 투기는 돈이 사회적 생물이라는 걸 가장 잘 말해준다. 서로 알지 못하거나 공통점이 거의 없는 사람들이 특정한 공동 프로젝트를 위해 모인다. 쉽게 돈 벌 수 있다는 소문에 휩싸이는 사람은 흐름에 편승하는 '모멘텀 투자자'가 되기 쉽고, 흐름에 역행하는 '가치 투자자'가 되지는 못한다. 많은 사람들이

집단심리에 따라 행동한다. 그러다 보면 경제학 법칙은 통하지 않는다. 고전 경제학에서는 가격이 오르면 수요가 떨어진다고 하지만 현실은 다르다. 예를 들어 어떤 자산의 가격이 오르면 그 자산을 가진 사람들은 자신이 부유해졌다는 걸 주변 사람들에게 퍼뜨린다. 그러면 얘기를 들은 잠재적 구매자들은 자산의 가격이 더 오를까 봐 불안해지고 그 불안감 때문에 서둘러 매수에 나선다. 이렇게 가격 상승은 수요를 부추기면서 더 많은 가격 상승을 불러일으킨다. 경제학의 가장 기본적인 법칙조차 현실에서는 들어맞지 않는다는 말이다.

경제학의 두 번째 법칙은 가격이 오르면 공급이 늘어난다고 말한다. 하지만 항상 그럴까? 가격이 오르고 있는 시장에서 판매자는 전혀 다른 생각을 할 수도 있다. "지금 파는 건 바보 같은 짓이야. 내년에 팔면 더 큰돈을 벌 수 있을 텐데." 그리고 이런 생각을 주변에 퍼뜨린다. 그러면 모두가 지금 당장 팔기보다는 더 높은 가격으로 팔기 위해 관망하는 자세를 취한다. 이렇게 가격 상승이 항상 공급으로 이어지는 건 아니다. 오히려 공급이 줄어들어 가격은 더욱 치솟으며 결국에는 가격에 거품 현상이 일어나고 종국에는 붕괴로 이어지는 경우도 있다.

고전 경제학에서는 가격을 단순히 수요와 공급이 균형을 이루는 지점, 즉 경제가 안정된 상태를 나타내는 기계적인 신호로 본다. 하지만 그건 이론일 뿐이다. 실제로 가격이 오르면 사람들은 마음이 들떠서 더 큰 돈을 벌 수 있을 거라는 기대감에 위험을 감수하게 된다. 안정과는 정반대의 결과인 것이다. 경제학자들에게 가격은 하나의 숫자에 불과하지만 실제 사람들에게 가격은 감정이자 욕망일 따름이다.

튤립 파동

튤립은 16세기 말 오스만제국 대사가 암스테르담으로 들여왔다. 튀르키예에서 튤립은 '터번'이라는 뜻인데, 이는 왕관 모양에서 유래한 것이다*. 당시 가장 이국적인 꽃이었던 튤립은 원예계와 식물학계의 관심을 불러일으켰다. 암스테르담 상류사회의 자랑거리였던 헤렝라흐트 운하 지역의 집 창가에는 매년 봄 아름다운 꽃장식이 진열되었다. 바람 장사라는 말이 나돌 정도로 투기가 일반화된 사회에서 튤립 구근의 미래 가격에 대중의 관심이 쏠리는 건 당연한 결과였다. 나날이 가격이 오르자, 오늘 심은 튤립 구근이 결국 큰 차익을 안겨줄 것처럼 느껴졌기 때문이다. 주식이나 주택에 비해 구근은 값이 쌌기 때문에 소액 투자자들도 쉽게 투자 시장에 뛰어들었다. 약 10년 동안 튤립 가격은 꾸준히 상승했다.

　네덜란드 자본시장의 깊이와 정교함 덕분에 튤립 계약은 일상적 거래 수단이 되었다. 상인들은 튤립 계약서를 담보로 물품 대금을 지불할 수 있었고, 봄에 꽃이 피었을 때 그 수익으로 대출금을 갚았다. 이것은 오늘날 담보를 이용하는 방식과 동일하다. 지금 우리에게는 너무나 평범한 방식이지만 16세기는 대부분의 유럽인들이 자신이 태어난 마을을 평생 한 번도 벗어나지 못한 때였다. 이런 시절에 이미 국제적인 감각을 갖고 있던 네덜란드인들은 튤립을 담보로 채무 증권을 거래했던 셈이다. 처음에 튤립 시장은 네덜란드의 꽃 재배자들이나 부유한 구근 수집가들로 구성되어 있었다. 그런데 1634년 말이 되자 새로운 유형의 사람들이 구근 경매에 참여하기 시작했다. 이들 중에는 멀리 파리에서 온 사람들도 있었다.[3]

　튤립 거래로 돈을 벌었다는 소문이 퍼지면서 투기꾼들이 점점 몰려들기 시작했다. 1636년 여름과 가을, '튤립 열풍' 혹은 '튤립 파동'은 절정에 올랐다. 입찰가가 계속 상승하자 전문 투자자들은 시장에서 빠져나갔고 튤립 시장에는 경험은 없고 열정만 넘치는 일반 대중만 남게 되었다. 환어음, 시내의 호화 주택, 중앙은행이 보증하는 지폐만을 고수하던 암스테르담의 상인 귀족들은 그저 방관자의 입장에서 이 광풍을 지켜보았다. 더 많은 사람들이 튤립 시장에 뛰어들자 중개업자들은 현물을 담보로 받기 시작했다. 소, 토지, 그림, 양 열두 마리, 큰 통나무통에 든 와인 두 통, 은 술잔, 치즈 약 450킬로그램 등이 담보로 쓰였다는 기록이 남아 있다. 네덜란드는 튤립 구근 한 줌으로 떼돈을 벌 수 있다는 광풍에 휩쓸려 자국의 부를 저당 잡히고 있었다.[4]

1636년 겨울, 평균 연봉이 200에서 400길더이고 연립주택 한 채가 300길더이던 때, 3등급인 튤립 구근조차 25길더에서 220길더까지 가격이 폭등했다. 희귀종이라 더 비쌌던 장군 튤립은 1636년 초에 95길더에 거래되던 것이 불과 1년 만에 900길더까지 가격이 치솟았다. 가장 희귀한 종인 센페이 아우구스투스Semper Augustus, 영원한 황제라는 뜻*는 평균 연봉의 스무 배가 넘는 6000길더에 거래되었다.[5] 이제 수천 수만 명의 투기꾼들이 이 광풍에 뛰어들었다. 선술집은 더 많은 투자를 위해 재산을 담보 잡히는 사람들로 넘쳐났다. 떼돈을 벌었다는 소문이 사람들의 심장에 파고들어 이 광기는 계속되었다. 그러다가 1637년 2월 3일, 매입하려는 열풍은 매도하려는 상태로 급변했다. 거리에는 파산한 사람들로 넘쳐났다. 탐욕이 공포로, 희열이 공황으로 뒤바뀌는 순간이었다. 대중에게 활력을 주던 튤립 가격은 순식간에 폭락하면서 그들의 꿈을 짓밟았다.

튤립 광풍은 평범한 사람들과 소규모 상인들까지 뛰어들었다는 점에서 대중적인 현상이었다. 이후에 일어날 수많은 금융 사건들과 달리 이 일에는 암스테르담의 기성 은행가나 상인 귀족 같은 엘리트들이 빠져 있었다. 중요한 점은, 이 거래들이 부채가 아닌 실물 자산을 담보로 한 것이어서 경제에 일시적 충격만 있었을 뿐 장기적인 위기로 번지지 않았다는 점이다. 만약 신용대출로 자금을 조달했을 경우에는 정반대의 상황이 펼쳐진다(나중에 살펴볼 예정이다). 튤립 파동 이후 네덜란드 경제는 충격을 받았지만 회복하기까지 그리 오랜 시간이 걸리지는 않았다. 네덜란드는 계속해서 무역을 이어갔고, 금융 분야에서 세계를 선도했다. 표트르 대제가 장인으로 위장하고 네덜란드에 도착했을 때에도 배워야 할 것은 여전히 많았다.

17세기 말인 1688년 네덜란드 군대가 잉글랜드를 침략한 이후 암스테르담의 금융 기법들이 북해를 넘어 런던까지 전해졌다. 네덜란드의 은행가들과 금융인들은 오렌지 공 윌리엄 3세를 따라 잉글랜드로 건너갔고, 암스테르담의 금융 DNA를 런던에 뿌렸다.

오늘날 우리가 말하는 '금융 부르주아'가 가장 먼저 등장한 나라는 네덜란드였다. 이들은 자본을 다루는 능력으로 전 세계의 돈을 빨아들였다. 그 결과 암스테르담은 세계에서 가장 부유한 도시가 되었으며, 네덜란드는 자신보다 훨씬 더 큰 나라의 정권을 뒤흔들 만큼 막강한 힘을 갖게 되었다.

이 시기 암스테르담이 런던에 전수해준 혁신 중 하나는 비셀은행과 유사한 형태의 중앙 집중식 상업 은행이었다. 1694년에 설립된 영국 중앙은행은 지폐를 발행하기 시작했고 이를 통해 영국의 자본시장은 더욱 발전하게 된다. 이후 영구 채권, 투자자로부터 자금을 유치할 수 있는 상장기업, 그리고 위험을 분산할 수 있는 유한책임회사 제도까지 등장한다. 이러한 금융시스템은 영국의 해외무역 확장에 핵심적 역할을 하게 된다. 1602년 네덜란드의 동인도회사 설립부터 영국의 네덜란드식 정권교체 즉 명예혁명에 이르기까지 네덜란드는 금융 혁신을 통해 세기의 발전을 이루었다.

17세기 네덜란드인들은 오늘날 사용되고 있는 수많은 금융제도를 만들어낸 선구자들이다. 그들은 마르틴 루터의 프로테스탄트 사상을 열정적으로 받아들였고, 종이 한 장에 적힌 주식 가격이 실제 가치가 있다고 믿는 것에도 주저함이 없었다. 이런 생각이 일반화되기 위해서는 먼저 사람들의 의식이 변해야 한다. 네덜란드가 주도한 화폐의 시대는 돈과 무역으로 얼마나 많은 성과를 낼 수 있는지 보여주면서도 튤립 파동 같은 대중의 광기도 드러냈다. 또한 전 세계에서 물건을 싸게 사들여 유럽에서 비싸게 파는 차익거래는 암스테르담 상인들에게 막대한 부를 안겨줬지만, 그 이면에는 식민지 주민들의 고통이 숨어 있었다. 이 고통은 수 세기 동안 이어진다. 어떤 이들은 자유라는 이름으로 돈을 추구하지만, 그로 인해 또 다른 이들은 피지배와 착취, 인간성 파괴를 감내하게 된다. 인류의 발전을 이끌었던 돈이라는 기술은 고통과 공포를 불러일으키기도 했다. 그러므로 돈의 역사는 곧 영광과 비극이 공존하는 인류의 역사라 할 수 있다.

11장 | 통화 경제학의 아버지

도주 중인 살인범

1694년 4월, 사고뭉치 스코틀랜드인 존 로의 상태는 그리 좋지 않았다. 그는 제법 넉넉했던 유산을 도박과 유흥으로 날려버렸다. 낙담한 그의 어머니가 결국 구제해주긴 했지만 그는 이제 그런 어머니에게도 비극적인 소식을 전해야만 했다. 자신이 사람을 죽인 것이었다. 겨우 스물세 살 나름 유복한 집안에서 태어났지만 존 로의 인생은 이제 끝난 것처럼 보였다. 과연 그는 어떻게 됐을까? 그는 충동적으로 칼을 뽑아 휘두르다 에드먼드 윌슨의 배를 찔러 죽이고야 말았다. 두 사람은 같은 여자를 사랑하고 있었는데, 그게 끝이 아니었다. 그 여자, 베티 빌리어스가 왕의 애인이었기 때문이다. 복잡하고 위험한 삼각관계였다. 아마도 그는 그 순간 '보헤미안 랩소디'의 주인공처럼 차라리 태어나지 않았더라면 좋았을 거라 생각했을지도 모른다. 하지만 그는 믿기 어려운 일들의 연속이었던 그의 삶답게, 이번에도 기적처럼 교수형을 피해갔다.

살인범, 노름꾼, 바람둥이, 미술품 수집가, 카지노 운영자, 카사노바……. 한마디로 인생을 즐길 줄 알았던 존 로는 통화 경제학의 아버지라 불리지만 우리가 흔히 알고 있는 지루하고 딱딱한 경제학자는 아니었다. 그는 정말 유쾌한 인물이었고, 머리까지 비상했다. 수많은 비밀을 알고 있었고 또 그것을 잘 지킬 줄 아는 사람이었다. 그의 인생은 말 그대로 아슬아슬한 모험의 연속이었다. 말년의 무모한 행각을 고려할 때, 혹자는 그가 돈이라면 무슨 짓이든 할 사람이라고 할지 모르겠지만 이는 반만 맞는 얘기다. 얼마 후 그는 화폐 혁명을 일으켰고, 그의 유산은 지금까지 중앙은행의 시스템에 각인돼 있다.

존 로는 훗날 명목화폐fiat money, 정부가 발행하는 것으로 금, 은, 동 등 실물자산 가치가 아닌 오직 발행 주체인 정부에 의해 가치가 결정되는 화폐, 법정화폐라고 하기도 한다*라 불리는 돈, 즉 금에 기반하지 않고 중앙은행이 발행하는 화폐의 창시자였다. 네덜란드가 여전히 금 본위의 길더화를 중심으로 금융시스템을 운영하고 있을 때, 로의 시스템은 오직 '신뢰'에 기반해 움직였다. 이제 곧 살펴보겠지만 1694년 운 좋게 교수형을 피했던 이 남자는 자신의 사생활은 물론, 화폐 운영에 있어서도 어떠한 제약에서도 벗어나려고 하는 성향이 강했다. 로는 돈의 형태를 자유롭게 만들려고 했다. 그가 생전이나 사후에 모두에게 사랑받은 인물은 아니었다. 그러나 정치경제학자 조지프 슘페터가 말했듯, '그는 독보적인 존재다. 그의 프로젝트들은 뛰어난 통찰력과 깊은 이해를 바탕으로 경제 원리를 완성했으며, 덕분에 그는 역사상 가장 뛰어난 화폐 이론가 중 한 명'으로 평가받는다.[1]

월슨을 살해할 무렵, 로는 화려한 차림새로 먹고 마시고 대개 소란을 피우면서 런던 이곳저곳을 활보했는데 합법적 수입의 흔적은 전혀 없었다. 결투는 한물간 유행이었지만 허영심 많던 두 젊은이 로와 월슨은 있지도 않은 명예를 지키는 방법이라 믿었다. 로는 이것이 순간의 격정에 휩싸여 저지른 범죄라고 주장했다.

로는 월슨이 빌리어스와 관계를 맺었다는 사실을 알게 되자, 바로 결투를 신청했다. 이것이 1694년 여름, 런던에서 떠돌던 이야기다.

하지만 이보다 흥미진진한 이야기가 하나 더 있었으니 그것은 그가 사실 살인청부업자였다는 설이다. 그 당시 소문에 의하면 윌슨은 한 귀족의 정부(情夫)였다고 한다. 여기서부터 이 이야기는 더욱 삼류로 빠진다.

수년 뒤 1723년, 윌슨의 사치스러운 생활에 대한 또 하나의 음란하고 선정적인 해석이 등장했다. 『망자가 된 어느 귀족과 유명한 윌슨씨가 주고받은 연애편지: 그 유명한 멋쟁이의 충격적인 실체』라는 제목의 49쪽짜리 팸플릿이 그것이었다. 그 팸플릿의 내용은 윌슨이 어떤 남성 애인에게서 비단옷과 호화로운 생활을 제공받으며 '관리' 받고 있었다고 암시한다. 그런데 어느 날부터인가 그 귀족은 윌슨이 지겨워졌다. 어쩌면 윌슨이 지나치게 돈을 요구했거나 혹은 뭔가를 폭로하겠다고 협박했을지도 모른다.

이 이야기에는 격정적인 범죄도, 버림받은 연인도, 왕의 애인을 함께 사랑했다는 두 남자의 드라마도 없다. 존 로가 단지 돈을 받은 대가로 에드먼드 윌슨을 청부 살인했다는 내용이 전부다. 초기 게이 문학의 역사학자들, 예를 들어 릭터 노턴 같은 인물이 주목했던 이 편지들은 문제의 그 귀족이 찰스 스펜서, 즉 윈스턴 처칠, 다이애나 비, 그리고 차기 영국 국왕이 될 윌리엄 왕세자의 직계 조상인 3대 선덜랜드 백작이라는 점을 암시하고 있다. 만약 이 가설이 맞는다면(이를 뒷받침하는 증거가 간접적인 것이긴 하지만) 에드먼드 윌슨을 살해하는 데 관련된 인물은 존 로와 찰스 스펜서였다. 26년이 흐른 1720년 주식시장의 거품이 극에 달했을 때, 이 두 사람은 재회한다. 한 명은 프랑스의 재무담당관이, 다른 한 명은 영국의 재무부 장관이 되어 있었다. 두 사람은 여전히 비밀을 간직하고 있었고, 그 비밀은 돈과 연인, 왕실이 얽힌 것으로 두 사람의 목숨을 구하게 된다. 이 이야기는 나중에 다시 다루겠다. 로는 사형뿐 아니라 투옥도 피했다. 런던 공문

서보관소가 보유한 문서를 보면 정부가 로의 탈옥을 주선한 정황이 나와 있다.² 이것은 로의 유력한 인맥이었던 스코틀랜드 측 인사들의 특별한 청탁 때문이었을까, 아니면 윌슨을 살해할 계획을 세울 때부터 약속받은 것일까?

친구들이 고위직에 있으면 유리하긴 하다. 특히 그 친구의 약점을 쥐고 있다면 더더욱 그럴 것이다. 1694년 '탈출' 후, 로는 10년 동안 프랑스와 네덜란드, 이탈리아를 떠돌며 사실상 도피 생활을 했다. 그는 스코틀랜드 학교 시절부터 두각을 나타낸 수학적 능력을 활용해 유럽의 카지노에서 막대한 돈을 벌었다. 확률 법칙을 십분 활용하여 그는 어마어마한 부를 축적했는데, 1720년대 그의 재산은 150만에서 200만 리브르^{현재 가치로 환산하면 약 2000만 달러, 한화로 약 270억 원에 해당하는 금액}* 정도 되었을 것으로 추정된다.

최초의 통화 이론가

도박으로 부유하고 방탕한 생활을 즐기던 로는, 암스테르담의 분위기 때문이었는지 은행업과 지폐의 가능성에 점점 더 매료되었다. 돈이 사람들에게 미치는 영향, 돈이 불러일으키는 에너지, 돈 때문에 분출되는 욕망 등등을 목격한 로는 인간의 가능성이 단지 땅속에 묻힌 금의 양에 제약받는 상황을 도저히 인정할 수 없었다. 그는 금, 은, 동으로 만든 금속 화폐가 지폐의 경제적 기능을 가로막고 있다고 생각했다. 법적으로는 여전히 도주 중인 기결 살인범이었음에도 이 스코틀랜드 남자는 지폐를 기반으로 한 전혀 새로운 은행 제도에 대한 제안서를 영국의 재무장관인 고돌핀 경에게 보낸다.

그가 1704년에 발송한 이 제안서(뒤늦게 1994년에 처음으로 『존 로의 토지 은행론³』이라는 제목으로 출간된다)는 놀라울 만큼 현대적인 어조를 띠고 있으며, 당대의 다른 화폐 관련 저술들에 비해 훨씬 뛰어난 통찰력과 명확한 사고를 보여준다. 앞서 살펴본 중국의 전당포를 떠올려보자. 거기서는 재산을 담보로 맡기고 현금을 받았다. 18세기 초 유럽 사회에서도 담보로 잡힐 만한 재산은 많았지만 사람들은 금이나 은이 돈의 가치를 뒷받침해주길 바랐기 때문에 유통되는 돈은 늘 부족했다. 네덜란드의 금융 혁신에도 불구하고, 금에 대한 구시대적인 제약이 여전히 원활한 화폐 공급을 방해하고 있었다. 로는 이것이 금융의 실패가 아니라 상상력의 실패 때문이라 진단했다. 만약 지폐의 가치를 뒷받침할 다른 뭔가를 만들어낸다면 어떨까? 당시 로가 생각한 대안은 바로 토지였다. 토지는 산업화 이전 사회에서 모든 소득의 전통적인 원천이자, 안정적이면서도 유동성도 있는 자산이었다.

로는 화폐 공급량과 경제성장이 분명 연관이 있다고 생각했다. 이는 당시로서는 매우 획기적인 통찰이었다. 그는 화폐 공급량이 경제에 어떤 활력을 불어넣는지를 역사상 최초로 체계적으로 설명했고, 이를 '화폐에 대한 수요'라 불렀다. 이 이론의 핵심은 화폐의 공급량이 늘어나면 경제에 활력이 생기고 결국 화폐의 수요량도 늘어난다는 것이다.

예를 들어 어떤 사람이 빵집을 차리고 싶은데, 충분한 자금이 있다면 그 사람은 실제로 가게를 열고 빵을 팔기 시작할 것이다. 그러면 사람들은 돈을 내고 빵을 사먹는다. 이렇게 상품이 많아지면 그 상품을 사기 위해 돈에 대한 수요도 늘어난다. 그 돈이 빵집처럼 실제 사업에 쓰이기만 한다면 경제의 생산량도 증가한다(더 많은 빵이 생산되기 때문). 이렇게 빵의 생산량이 늘어났기 때문에 빵값은 크게 오르지 않는다. 수요가 늘어나면 가격은 오르기 마련이지만, 공급이 그에 맞춰 늘어나면 가격 상승은 적당한 수준에서 멈춘다.

로는 신규 화폐를 풀면 경제활동이 활발해지고 그에 따라 돈에 대한 수요도 늘어날 거라 믿었다. 이렇게 돈의 수요와 공급이 동시에 증가하면 경제성장이 빨라지고, 사람들의 생활수준도 높아진다. 로의 이런 생각은 오늘날 중앙은행이 경제를 바라보고 운영하는 방식의 출발점이 되었다. 오늘날 미국의 중앙은행인 연방준비제도Federal Reserve, 이하 연준으로 통일*도 통화량을 조절해서 경제를 성장시키고 물가를 안정시키려 하는데, 이 역시 로의 생각에서 시작된 거라 할 수 있다.

식민지 사업

영국 재무장관 고돌핀은 로의 제안을 거절했다. 로는 이에 굴하지 않고 유럽 전역에 자신의 혁신적인 화폐 이론을 알리면서 사람들을 설득하려 애썼다. 그러던 중 그는 프랑스에서 돌파구를 찾는다. 그 당시 프랑스는 유럽에서 가장 부유하고(러시아를 제외하면) 가장 크고 인구도 많은 나라였다. 그러나 1715년에 사망한 태양왕 루이 14세의 지나친 낭비벽으로 프랑스는 거의 파산할 지경까지 몰려 있었다.

섭정을 하던 오를레앙 공작은 프랑스 경제에 활력을 불어넣을 뭔가가 필요하다고 생각했다. 그는 절박한 심정으로 로의 말을 들었다. 그 당시 프랑스는 두 가지 위기에 직면해 있었다. 첫째, 금과 은이 부족했고, 둘째 국가부채 비율이 심각하게 높다는 점이 이를 더욱 악화시켰다. 로의 화폐 이론은 이 두 가지 문제를 한꺼번에 해결할 수 있는 방법이었다.

첫 번째 위기를 해결하기 위해 로는 재무담당관 자격으로 금과 은으로 만든 금속 화폐 대신 새로운 은행인 제너럴 뱅크가 발행하는 지폐를 사용하자고 제안했다. 이 은행은 1716년 5월에 설립되었다. 영국 중앙은행(이 은행도 네덜란드의 비셀은행이 원류이다)을 모델로 만든 이 새로운 은행은 프랑스의 부유한 귀족들에게 주식을 파는 게 목적이었다. 하지만 로는 자신과 오를레앙 공작이 이 은행의 최대 주주라는 사실은 밝히지 않았다. 왕실 인가를 받은 이 사설 은행은 처음에는 금과 은으로 전환이 가능한 지폐를 발행했지만, 나중에는 세금 수입으로 뒷받침되는 국가의 신용을 기반으로 한 지폐를 발행했다. 그리하여 제너럴 뱅크는 프랑스의 첫 번째 문제를 해결했다. 지폐가 자유롭게 유통되자 프랑스의 상인들과 기업가, 사업가들은 더 큰 모험을 감수하며 시장에 더 많은 상품을 내놓았다. 또한 그들은 새로운 무역로를 개척하는 데 더 많은 자금을 투자한다.

로는 국가부채를 해결하려면 인간의 욕망에 호소해 투자를 유도해야 한다는 걸 알고 있었다. 그는 카지노에서 수많은 도박꾼들을 관찰했던 경험을 바탕으로 출자전환^{debt-for-equity swap, 채무를 주식으로 전환하는 것}*이라는 묘안을 떠올렸다. 이는 쉽게 말하면 오늘의 문제를 해결하기 위해 내일에 베팅을 거는 방식이다. 또한 모든 세일즈맨이 그렇듯, 그에게도 사람들의 마음을 사로잡을 만한 매혹적인 이야기가 필요했다. 그리고 18세기 초, 사람들이 꿈꾸던 미래는 바로 신대륙이었다. 신대륙은 용기 있는 자에게는 막대한 이익(약탈한 땅과 노예라는 무급 노동력 덕분인)을 보장해주는 땅이었다. 신대륙 발견은 유럽 역사상 가장 충격적인 사건이었고, 모든 충격적인 사건이 그렇듯 사람들의 상상력을 자극했다. 아메리카의 땅은 값은 싸면서(아메리카 원주민들로부터 강탈한 것이었으므로) 토질은 비옥했다.

넓은 강과 끝없는 지평선, 거대한 숲이 있는 아메리카는 앞으로 수 세기 동안 프랑스의 성장 동력으로 바쳐질 운명이었다. 프랑스는 사실 자신들이 얕보던 스페인이 중앙아메리카와 남아메리카의 금과 은으로 막대한 부를 쌓자 질투 어린 눈으로 지켜보았다. 프랑스 사냥꾼들이 아메리카 평원에서 모피와 가죽, 목재를 대량으로 보내왔고,

카리브해 식민지에서는 럼주와 쌀, 담배가 끊임없이 실려왔다. 이런 모습을 목격한 파리 사람들도 신대륙이 자신들에게 부를 가져다줄 거라 기대했다. 이 시점에 식민지를 통해 이득을 본 사람들은 직접 그곳에 간 개척자들뿐이었다. 그런데 만약 로가 네덜란드의 동인도회사처럼 주식 판매를 통해 수만 명의 프랑스인들을 식민지 사업에 끌어들인다면 무슨 일이 벌어질까? 그 기회를 마다할 사람이 있을까? 로의 계획은 주식을 판 돈으로 국가부채를 갚고 국민들에게 미래를 약속하며 자신의 죄를 씻겠다는 것이었다.

1717년 8월, 로는 왕으로부터 프랑스령 루이지애나에 대한 무역 독점권을 부여받은 서부회사를 인수했다. 그 당시 루이지애나는 지금 미국의 루이지애나주와는 달리 미국 면적의 거의 절반에 해당할 정도로 넓었다. 그 지역은 농작물뿐만 아니라 광물까지 수확할 수 있는 비옥한 땅으로 관개도 잘 되어 있었다. 로는 서부회사를 통해 부채를 주식으로 전환하는 계획을 실행에 옮겼다. 그는 신규 주주들에게 현금을 받는 대신, 기존의 정부 채권 보유자들에게 교환을 제안했다. 그들은 자신이 갖고 있던 프랑스 국채를 새로운 회사의 주식으로 바꿀 수 있었다.

인간 심리를 꿰뚫고 있던 로는 새 주식을 자신이 생각하는 본래 가치보다 훨씬 낮은 가격에 내놓았는데 이는 매수 직후 급등을 노린 전략이었다. 이 주식으로 이익을 본 사람들은 늘 그렇듯 동네방네 떠벌리고 다닐 것이고 그러면 국채를 갖고 있던 사람들도 투자에 뛰어들거라 예상한 것이다. 소문은 파리, 마르세유, 리옹의 카페들에 퍼져나가며 사람들의 욕망을 자극했다. 서부회사의 주가가 오르자 로는 이 주식을 일종의 화폐처럼 사용해 다른 여러 회사를 잇달아 인수했다. 그러자 그의 천재적인 사업에 베팅하기만 하면 누구나 손쉽게 부자가 될 수 있다는 소문은 더욱 일파만파로 번졌다.

주식 열풍

로는 오를레앙 공작을 설득해 제너럴 뱅크를 정부의 공식 은행으로 전환하면서 자신의 사업을 국가 차원으로 확대했다. 이 시점부터 모든 세금은 이 은행으로 납부되었고, 국가의 모든 지출도 이 은행을 통해 집행되었다.

이제 로는 국가의 중앙 금고와 전국의 세금 징수원을 자기 수중에 두게 되었다. 프랑스는 사실상 한 사람이 모든 걸 책임지는 레버리지를 활용한 경영권 인수Management Buy-Out, 경영진이 외부 자금을 조달해 자신이 일하던 회사를 인수하는 거래방식*를 겪고 있었지만 아무도 이를 알아차리지 못했다. 경영자는 단 한 사람, 바로 로였고 자금을 대는 것은 다름 아닌 프랑스 국민들이었다.

1718년 서부회사가 계속 확장해나가던 중 제너럴 뱅크는 로열 뱅크(왕립)로 바뀐다. 이는 로가 오를레앙 공작의 핵심 측근이 되었다는 걸 보여주는 상징적인 사건이다. 이제 국왕과 살인자는 한편이 되어 있었다. 로는 똑같은 수법을 계속해서 써먹었다. 식민지에 있는 유령회사들을 사 모은 뒤, 앞으로 나올 자원들을 개발할 권한을 주고 합병하는 방식이 그것이다. 이렇게 만들어진 모회사는 '미시시피 회사'라 불렸는데, 설탕부터 노예무역까지 온갖 일을 다 하면서도 정작 이름은 뭘 하는 회사인지 모를 정도로 애매했다. 1700년대 초, 유럽 식민지 개척자들은 현지 투자자들의 욕심을 등에 업고 식민지 사람들의 삶과 땅, 자원을 거리낌 없이 수탈하고 있었다. 현지 유력자들의 지원과 (네덜란드 동인도회사처럼) 사설 군대의 지원까지 받은 미시시피 회사는 거대한 괴물과 같았다. 최고의 선동꾼이었던 로는 인수자금을 마련하기 위해 주식을 실제 가치보다 훨씬 낮게 판매해 급등하게 한 다음 그 열기로 또 다른 투기꾼들을 끌어들이는 방식을 반복했다. 프랑스 전역은 투기 열풍에 들끓었다. 어머니도, 딸도, 손녀도 모두 주식 거래에 뛰어들었다. 사기만 하면 오르는데 사지 않을 도리가 없었다.

주가가 급등하자 본격적으로 주식시장 붐이 일어날 무대가 마련되었다. 그 와중에도 로는 프랑스의 국채를 주식으로 바꾸며 국가부채를 줄여나갔다. 저위험 자산을 고위험 자산으로 바꾸는 방식이었다. 그 규모는 실로 어마어마해 숨이 막힐 정도였다. 막대한 자금이 손에 들어오자, 로는 곧바로 왕실의 모든 부채를 재정비하는 다음 단계로 나아갔다. 채무 만기를 연장하고 금리를 낮추는 방식이었다.

미시시피 회사의 주가는 1719년 5월에 500리브르에서 같은 해 9월 5000리브르로 뛰어올랐다.[4] 이렇게 주가가 급등하는 상황에서 자본이득을 얻자 투자자들은 이성을 잃었다. 주가 상승만으로도 몇 배의 돈을 벌 수 있는데 그 누가 배당금 따위에 관심을 두겠는가? 좁고 구불구불한 캉캉푸아 거리(rue Quincampoix)에서는 주식 거래가 너무 치열하게 이루어져 계약서를 주고받을 책상조차 놓을 공간이 없었다. 이런 혼란 속에서, 어떤 등이 굽은 장애인은 자신의 등을 책상으로 빌려주면서 돈까지 벌었다고 한다.[5]

로의 획기적인 화폐 운영 방식은 프랑스의 금융시스템을 완전히 바꾸어놓았고, 나라는 지폐가 흘러넘치는 호황 경제로 탈바꿈했다. 프랑스 금융시스템의 중심에는 투기성이 강한 회사가 자리 잡고 있었고, 이 회사는 미래에 대한 핑크빛 전망으로 프랑스의 실제 자원을 빨아들였다. 이 모든 것은 식민지(대부분 담배나 설탕 농장 몇 개에 지나지 않았다)가 유럽의 거대한 인구를 영원히 부유하게 만들어줄 거라는 허황된 믿음에 기반한 것이었다.

한때 공적인 것이었던 세금 시스템은 사적인 것으로 바뀌었고, 반대로 사적이었던 국민들의 저축은 공적인 것이 되어버렸다. 프랑스는 완전히 주식 열풍에 휩싸였고, 전 세계가 그 모습을 지켜보았다.

초기에 주식에 뛰어든 사람들은 스스로를 선지자라 여겼고, 아직도 참여하지 못한 사람들은 소외감을 느꼈다. 이 광기를 충족시키고 더 많은 자금을 끌어들이기 위해, 로는 계속해서 주식을 발행했다. 한 차례 발행이 끝나면 곧바로 다음 발행이 이어졌는데 1719년 가을 단 3주 동안 미시시피 회사는 주당 5000리브르에 30만 주가 넘는 주식을 발행했다. 그 규모는 무려 15억 리브르에 달했다.

로는 주식을 한꺼번에 살 여력이 없는 사람들까지 끌어들이기 위해 할부 제도를 도입했다. 지금 사고 나중에 돈을 내는, 고전적인 '선구매 후지불' 전략이었다. 그러자 사람들은 없는 돈까지 끌어모아 주식에 투자했다. 소액의 계약금만 내도 주식을 살 수 있게 되자 수요는 폭발적으로 늘어나 주가는 1719년 가을에 9000리브르를 넘어섰다.[6]

형장의 이슬을 피한 지 25년 만에, 로는 프랑스 경제를 구하고 통화 시스템을 완전히 재창조한 또 하나의 기적을 이룬 듯 보였다. 이제 인류는 새로운 화폐의 시대에 들어서 있었다. 금이나 은이 아닌, 오직 국가의 신뢰만을 담보로 한 화폐가 탄생한 것이다. 게다가 국채는 미시시피 회사의 주식으로 전환되었고, 경제는 호황을 누렸다. 존 로는 사실상 프랑스의 총리나 다름없는 위치에 올랐다. 한때 살인죄로 도망쳤던 스코틀랜드인치고는 꽤 대단한 성취였다.

벌거벗은 임금님

1719년 말이 되자, 유럽 전역은 '미시시피 열풍'에 휩싸였다. 투기꾼들은 미시시피 회사의 주식을 사고팔기 위해 파리로 몰려들었고, 주가는 12월에 1만 리브르까지 치솟았다. 이로써 회사의 가치는 62억 4000만 리브르에 달했다. 경제가 전면 가동되듯 활황을 이루면서,

치솟는 주가는 자금 수요를 더욱 자극했고, 이는 곧 더 많은 주식 발행으로 이어졌다. 이 모든 과정을 가능하게 한 것은 로열 뱅크였으며, 이 은행은 말 그대로 돈을 마구 찍어내고 있었다.

1719년 말까지 새로 발행된 화폐는 10억 리브르에 달했다. 회사가 은행을 움직였고, 은행은 다시 회사를 떠받치는 구조였다(오늘날에도 이와 똑같은 현상을 부동산 붐에서 확인할 수 있다. 부동산 가격이 오르면 개발업자의 수익성이 높아지고, 은행은 이들을 더 좋은 투자처로 판단해 더 많은 돈을 대출해준다. 그 결과 부동산 가격은 다시 오르고, 결과적으로 또 다른 신용과 화폐 창출 사이클이 시작된다. 단 이 주기가 멈추기 전까지 말이다).

영국인들이 프랑스인들에게 선사할 수 있는 최고의 찬사는 모방이었다. 평소 돈 문제에 있어서 프랑스를 깔보던 영국이었지만, 1720년 1월에는 미시시피 회사의 변형판이라 할 수 있는 남해회사(South Sea Company)를 통해 대부분의 국가부채를 인수하겠다는 제안을 내놓는다. 이 제안은 찰스 스펜서, 즉 선덜랜드 백작이 받아들였는데, 그는 앞에서도 등장했지만 존 로를 고용해 에드먼드 윌슨을 살해한 장본인이자 지금은 영국의 재무부 장관이 된 인물이었다. 영국은 프랑스보다 한술 더 떴다. 런던 환전 골목은 1720년 세계 제2의 주식시장 붐인 남해 버블의 주무대가 되었다. 어마어마한 인파가 남해회사 주식뿐만 아니라 진지한 것부터 기괴한 것까지 각양각색의 버블 회사들의 주식을 사기 위해 몰려들었다.

진지한 사업으로는 보험회사 설립 허가가 있었고, 그중 일부는 오늘날까지도 존재한다. 반면에 기이한 사업으로는 '네모난 대포알을 만드는 회사' 혹은 '후일 발표 예정인 프로젝트'가 있다는 회사도 있었다(이런 일이 터무니없어 보일 수도 있지만, 21세기에 들어서는 '기업인수목적회사'인 SPAC 같은 페이퍼컴퍼니도 등장한 바 있다. SPAC은 투자 대상이 무엇인지 나중에야 알려주는, 이른바 '블라인드 투자 펀드' 형태로 운영된다. 가장 최근인 2022년까지도 월스트리트의 가장 신뢰받는 최고 수준의 투자회사들이 SPAC을 상품으로 출시했다).

다시 프랑스 이야기로 돌아가보자. 1720년 2월 주식 광풍이 절정에 이른 순간 시장은 동요하기 시작한다. 결국 어떤 가치든 그 가치를 뒷받침하는 소득이 증가해야 지속될 수 있다. 로는 '벌거벗은 임금님'이 될 순간에 직면했다. 마르세유에 돌고 있던 흑사병, 프랑스 항구들에서 시작된 인플레이션 등등 여러 가지 이유가 거론되었다. 이유를 막론하고 시장의 분위기가 급변하자 매수자는 사라지고 절박한 심정의 매도자들만 남았다. 미시시피 회사의 주가는 폭락하기 시작했고 사람들의 자산은 순식간에 휴지 조각으로 변했다. 공포에 빠진 사람들은 더 이상 종이에 쓴 약속이 아니라 실제 금을 원했다. 1720년 12월, 로는 다시 한 번 도망자 신세가 되었다. 그는 또다시 기득권층의 도움을 받아 슬그머니 혼란 속에서 빠져나갔다.

영국에서 남해 버블이 무너지자, 찰스 스펜서는 하원에 소환되어 정치인들과 조지 1세의 측근들, 심지어는 또다시 국왕의 정부(情婦)에게까지 남해회사의 주식을 뇌물로 건넨 혐의로 고발되었다. 이 부패 스캔들은 하노버 왕조를 위협할 정도로 심각했는데 국왕을 보호하려는 분위기 속에서 일부 의원들이 진실을 덮기 위해 스펜서에게 유리한 판결을 내렸다는 설이 유력하다. 격론 끝에 그는 무죄로 풀려났다. 망명 중이던 존 로는 이 모든 과정을 지켜보며, 또다시 찰스 스펜서와 자신이 돈과 연인, 그리고 비록 이번엔 살인은 없었지만, 부패와 비리로 엮여 있다는 사실을 실감해야 했다.

존 로가 남긴 진짜 유산

미시시피 회사가 파산하기는 했지만 존 로의 실험은 국가와 화폐 사이에 완전히 새로운 관계를 맺게 해주었다. 그는 현대 통화 시스템의 기초를 만들었다. 이것이 바로 로가 남긴 진짜 유산이다. 중앙은행이 정부를 대신해 화폐를 발행하고, 세금 수입을 바탕으로 국가를 운영하는 시스템은 이때 시작되었다.

로는 화폐가 꼭 금이나 은 같은 실물에 묶일 필요가 없다는 걸 보여주었다. 훗날 20세기 영국의 유명한 경제학자 존 메이너드 케인스도 금본위제를 반대했는데, 로는 그 흐름을 미리 예고한 셈이다. 로는 또한 화폐가 무역을 움직이는 동력이며, 경제가 침체될 때 돈을 풀면 경기를 되살릴 수 있다는 걸 이해하고 있었다. 이 같은 통찰은 오늘날 중앙은행이 수행하는 정책의 핵심 원칙이 되었으며, 그런 점에서 로는 양적완화의 정신적 아버지라 할 수 있다(이에 대해서는 뒤에 더 자세히 다룰 예정이다).

로는 돈의 연금술, 즉 돈이 갖고 있는 마법 같은 힘도 잘 알고 있었다. 돈은 사람들에게 동기를 부여해 노력하게 만든다. 또 뭐든 혁신하게 만들며 결국 자신의 삶을 바꾸고 나아가 세상을 변화시킨다.

로는 처음에 토지를 화폐의 기반 자산으로 사용하는 방안을 고려했는데 이는 합리적인 발상이었다. 토지가 뒷받침된다면 지폐는 안정화될 수 있기 때문이다. 하지만 그는 국가부채를 줄이는 과정에서 지나치게 무리수를 두었다. 국채를 주식으로 바꿔주는 방식은 막대한 부를 얻을 수 있다는 막연한 약속만 믿고 투자에 뛰어든 사람들의 자산을 날려버리고 말았다. 그는 국채를 통해 안정적인 수익을 얻으며 만족하던 프랑스의 부유한 시민들을 한탕만 노리는 투기꾼으로 바꿔놓았다. 만약 로가 투기 기반 지폐가 아닌 토지 기반 지폐에만 의존했다면, 그의 시스템은 성공했을지도 모른다. 앞으로 살펴보겠지만, 수 세기 후 좀 더 신중한 관리하에 중앙은행이 발행하고 정부의 보증이 뒷받침해주는 화폐는 결국 인류 역사상 가장 성공적인 통화 체제인 명목화폐 체제의 기반이 되었다.

　미시시피 회사가 파산한 직후 몇 년 동안, 프랑스의 금융은 오히려 후퇴했다. 상류층과 중산층이 저축을 대폭 줄였고, 이 때문에 18세기 동안 화폐에 대한 혁신은 철저히 외면당했다. 그 결과 프랑스는 통화 위기에 시달렸고 지속 불가능한 조세제도를 도입했다. 그리고 그 결과 1789년에 어떤 일이 일어났는지 우리는 알고 있다. 존 로는 일정 부분 프랑스혁명의 토대를 마련해준 셈이다.

　게다가 그것이 전부가 아니다. 50년 뒤 미국의 독립운동가들은 런던에서 찰스 스펜서와 그의 측근들이 저지른 부패를 영국으로부터 독립하려는 여러 이유 중 하나로 꼽았다. 왕과 내각의 각료들이 남해회사의 부정부패와 깊이 관련돼 있다는 사실은 미국의 독립운동가들에게 영국 정부가 얼마나 썩었는지를 보여주었다. 그들은 영국 정부의 부패를 로마제국의 부패와 비교하기도 했다. 그 이후 여러 해 동안 영국 정부의 부패를 증명하는 남해회사 사건을 폭로하는 팸플릿들이 출간되었다. 결국 존 로와 그의 공범 찰스 스펜서는 한 번이 아니라 두 번이나 역사상 가장 중요한 혁명의 도화선을 제공했던 셈이다.

12장 | 돈의 주교

절름발이 악마

나폴레옹이 어떤 사람에게 '비단 양말을 신은 똥덩어리'라고 했다면 그 사람은 어마어마한 악당이었음이 틀림없다. 나폴레옹이 평생 얼마나 많은 사람들과 대립했을지 상상이 가는가? 그 모든 사기꾼들, 아첨꾼들, 몰락해가는 오만한 귀족들, 권력에 목숨 거는 과격한 자코뱅 당원들까지 생각해보라. 저 표현은 모욕치고는 꽤 감상적이다. 오히려 자랑스럽게 여길 판이다. 도대체 어떤 인물이기에 이런 생생한 표현을 이끌어냈을까?

탈레랑샤를모리스 드 탈레랑 페리고르Charles-Maurice de Talleyrand-Périgord, 프랑스혁명 시기부터 나폴레옹 전쟁을 거쳐 왕정복고 시기까지 활약한 프랑스의 정치인, 일명 탈레랑*은 주교이자 정치인, 금융가, 외무장관, 혁명 선동가, 연쇄 불륜남, 속을 알 수 없는 외교관이자 살아남는 데 능한 정치인이었다.[1] 재능과 사기꾼 기질을 동시에 타고난 영민한 책략가였던 그는 다리를 절었지만 그것이 결코 걸림돌이 되지는 않았다. 그는 여러 권력자를 거치며 살아남았고, 궁정에서 요직을 차지했다.

프랑스 전역에서 단두대의 칼날이 떨어지던 시절, 탈레랑은 참수당한 국왕보다 오래 살아남으며 스스로를 급진주의자로 재창조했다.

그가 어떻게 나폴레옹의 외무장관이 되었는지는 책 한 권 분량의 이야기지만, 결국 그는 나폴레옹을 버리고 마지막 순간에 배를 갈아타며 국가의 패배 중에 개인의 승리를 움켜쥐었다. 그리고 1814년, 패전국 프랑스를 대표해 빈회의의 수석 협상가로 다시 등장했다. 대세를 알아차리는 감각이 탁월했던 탈레랑은 교회에서 의회로, 의회에서 국왕으로, 그 이후에는 자코뱅 혁명당원으로, 망명으로, 나폴레옹으로, 나폴레옹에서 다시 왕으로 갈아탔다. 이렇게 수차례 진영을 바꾸고도 목숨을 부지했다는 사실이 놀라울 따름이다. 이렇게 수없이 편을 바꾸면서도 막대한 개인 재산과 수많은 정부(情婦), 광대한 토지, 호화로운 예술품 컬렉션까지 손에 넣고, 프랑스와 유럽 역사상 가장 격변했던 혁명의 30년 동안 언제나 승자의 편에 설 수 있었던 건 교활함과 무자비함이 있었기 때문이다. 과거 그의 동료였지만 그에게 배신당한 성직자들이 그를 '절름발이 악마'고 불렀던 것도 이상한 일이 아니다.

1720년 존 로의 금융시스템이 붕괴된 이후, 프랑스에서는 화폐에 대한 혁신이 금기시되었다. 반면 프랑스의 숙적인 영국은 남해회사 사건을 겪고도 금융 혁신을 멈추지 않았다. 이 사건을 교훈 삼아 영국은 자본시장을 더욱 발전시키면서 다양한 자금 조달 수단을 마련함으로써 경제 활력을 높이는 데 성공했다. 이렇게 활성화된 영국의 자본시장은 산업혁명을 가능하게 한 결정적인 요소 중 하나였다. 새로운 기술에 자금을 댄 투자자들과 자본시장이 없었다면 산업혁명은 그토록 눈부시게 일어나지 못했을 것이다. 공장과 기계의 도입, 운하 건설, 깊은 갱도를 이용한 광산 개발, 그리고 새로운 도시 건설까지, 산업화에는 무엇보다 막대한 자본이 필요했다. 그런 시각에서 보면 산업혁명은 기술의 승리인 동시에 금융의 승리였다.

영국의 채권시장은 위험을 평가할 수 있는 기반을 마련해주었고,

보험산업은 그 위험을 완화해줬다. 다양한 금융상품으로 투자자들은 거대한 산업에 참여할 수 있게 되었고, 이렇게 모인 자본의 힘은 영국을 전혀 다른 성장 궤도로 올려놓는다. 투자 리스크만 잘 관리하면 더 많은 자본이 시장에 풀리고, 수익에 대한 기대가 커져 집안에 숨겨놓았던 돈이 자본시장으로 향한다. 관리만 잘한다면 하나의 금융상품은 또 다른 금융상품을 낳고, 자본은 점점 더 경제 깊숙이 스며들어 기업 활동 비용을 낮추고 수익률을 끌어올린다. 영국은 네덜란드식 금융시스템을 수용하면서 더욱 정교하게 다듬고 발전시켰다. 그렇게 해서 18세기의 런던은 금융의 중심지로서 17세기 암스테르담이 차지했던 위상을 이어받게 되었다. 물론 영국이 네덜란드를 상대로 한 해전에서 세 차례 승리한 것도 큰 몫을 했다.

이렇게 영국이 금융 혁신을 이루는 동안 프랑스는 후퇴의 길을 걸었다. 존 로가 퇴장한 이후 금융에 관여하는 자는 누구나 의심의 눈초리를 받았다. 새로 생긴 은행들은 은행(bank)이라는 간판을 내걸지도 못하고 대신 예금이라는 뜻의 케스(caisses)라는 용어를 사용했다. 그 정도로 은행에 대한 신용이 땅에 떨어진 상태였다. 이렇게 프랑스는 아직도 원시적인 금융시스템 안에서 허덕였다.

프랑스 왕실은 자금을 마련하기 위해 국내는 물론, 제네바의 칼뱅파 은행에서 높은 이자로 돈을 빌려야 했다. 부족한 재정은 결국 국민 세금으로 메웠다. 이런 재정 문제를 루이 14세의 재무장관 장 콜베르는 이렇게 표현했다. '세금이란 거위가 소리를 내지 않게 하면서 깃털은 최대한 많이 뽑는 기술이다.'

무역 국가가 되기 위해서는 엄청난 자금이 필요하기 때문에 금융 혁신을 하지 못하면 뒤처질 수밖에 없다. 민첩한 네덜란드가 영구채를 발행하고, 주식회사를 설립하며, 투자 리스크를 분산시킨 지 150년이 지난 시점에 유럽에서 가장 강력하고 인구가 가장 많은 프랑스는 아직도 바빌루니아 시대와 크게 다르지 않은 원시적인 조세 제도에 묶여 있었다. 프랑스 경제는 늘 불안정한 재정에 시달렸고, 자금이 부족하면 어김없이 정치도 흔들렸다. 왕실 재정이 흔들렸던 원인 중 하나는 군사 원정과 당파 싸움을 왕이 제대로 해결하지 못했기 때문이다.

유럽의 몇몇 나라들이 국가와 교회를 분리하기 시작했을 때, 프랑스에서는 여전히 왕과 성직자의 관계가 깊었다. 왕은 추기경들에게 권위를 인정받는 의식을 치렀고 추기경들은 국가의 중요한 역할을 맡았다. 귀족 가문에서는 장남이 가문의 재산을 물려받았고 차남은 보통 성직자로 키우기 위해 교회로 보냈다. 이런 사회적 분위기 속에서 성직자가 된 사람 중 한 명이 훗날 프랑스혁명의 금융 천재로 등장한다.

프랑스혁명은 왜 실패했을까

프랑스혁명은 결국 돈, 특히 세금에 대항한 혁명이었다. 프랑스는 금융시스템을 혁신하지 못했기 때문에 왕은 돈이 필요할 때마다 가난한 국민들에게 세금을 징수했다. 결국 참다 못한 국민들의 분노가 폭발했다.

이제 막 혁명의 길에 들어선 이들에게는 마르크스주의나 레닌주의, 선전선동보다 은행과 화폐경제에 대한 집중 강의가 더 도움이 될지도 모른다. 돈 없이는 쿠데타도 불가능하기 때문이다. 고결한 이상과 번드르르한 수사 뒤에 숨겨진 진실은 대부분의 혁명이 결국 '돈 문제'라는 것이다. 그리고 혁명가들은 대개 '돈을 다시 국민에게 돌려주겠다'고 약속한다. 혁명은 곧 무너질 부패한 정권의 불공정한 조세제도를 표적으로 삼는다. 가난한 시민들이 낸 세금으로 부자들의 호화로운 삶이 유지되는 구조를 정면으로 비판하는 것이다.

미국, 프랑스, 러시아 등등 어디서든 혁명을 일으킨 사람들은 늘 '평등'을 외쳤다. 대부분의 혁명은 이런 질문에서 시작된다. '누가 돈을 갖고 있는가? 우리는 왜 더 많이 갖지 못하는가? 그리고 그 돈을 어떻게 우리 손에 넣을 것인가?'

바리케이드를 넘는 격렬한 순간이 지나고 나면 혁명가들은 결국 현실적인 문제에 부딪힌다. 이후에 일어나는 모든 일을 어떻게 감당할지, 즉 돈을 어떻게 마련해야 할지 고민이기 때문이다. 하지만 권력을 잡은 새로운 집권 세력은 기존의 조세제도에 의존할 수가 없다. 바로 그 불공정한 세금을 타파하기 위해 혁명을 일으켰기 때문이다. 실제로 1789년 6월 17일, 새롭게 구성된 프랑스 국민의회가 가장 먼저 내린 조치는 기존의 모든 세금을 불법으로 선언한 것이었다. 하지만 세금 없이 국가를 어떻게 운영할 수 있겠는가?

혁명 정부가 들어선 프랑스는 돈을 빌릴 수도 없었다. '자유, 평등, 박애'를 외치기도 전에 자본은 이미 해외로 빠져나갔기 때문이다. 남은 방법은 돈을 찍어내는 것이었지만 국가의 노래는 바뀌었어도 돈의 기본 원리는 그대로였다. 너무 많이 찍어내면 물가가 오른다는 것. 게다가 모든 자원이 전쟁에 집중되는 상황에서 무리하게 돈을 찍어내면 그 결과는 바로 초인플레이션이었다. 화폐는 언제나 정부와 국민 사이의 사회적 약속이다. 국민은 정부가 화폐의 가치를 제대로 지켜줄 거라고, 필요할 땐 그 화폐를 뒷받침하는 자산으로 돌려줄 거라고 믿을 때에만 그 화폐를 신뢰한다. 하지만 우리는 종종 지폐를 사용하면서도 그 지폐를 받쳐주는 실제 자산이 있다는 사실을 망각한다. 지폐를 부의 저장 수단으로 여길 뿐 지폐에 담겨 있는 사회적 약속에 대해 진지하게 생각하는 사람은 별로 없다.

오늘날에는 지폐 한 장만으로도 충분한 신뢰가 생긴다. 종이 화폐는 모두 비슷한 과정을 거쳤다. 처음엔 사람들이 의심하다가 점점 신뢰하게 되고, 그러다 익숙해지고, 나중에는 습관처럼 당연하게 받아들인다. 프랑스혁명가들도 존 로가 만든 지폐의 마법이 자신들에게도 필요하다는 걸 알았다.

하지만 먼 대륙을 기반으로 한 투기성 회사의 허황된 약속만으로는 안 된다는 것도 잘 알고 있었다. 그래서 사람들에게는 화폐의 가치를 뒷받침해주는 실제 자산이 필요했다. 바로 이 지점에서 '절름발이 악마'가 등장한다.

고상한 수완가

탈레랑은 귀족 가문에서 장남으로 태어나 배울 만큼 배웠음에도 왼쪽 다리에 장애가 있어서 군인이 될 수 없었다. 그는 마지못해 부모님의 뜻에 따라 성직자가 되었다. 그러나 탈레랑은 주교가 되기 위한 야망을 키워나갔다. 그는 죽어가는 아버지를 설득해 루이 16세에게 자신을 오툉(Autun) 지역의 주교로 임명해 달라고 요청했다. 하지만 그의 어머니는 아들의 승진을 막아달라며 교회에 간청했다. 믿었던 어머니에게 발등을 찍혔다고나 할까? 그러나 결국 왕은 탈레랑을 주교로 임명하면서 그의 어머니에게 '아직은 개과천선할 시간이 있다'며 안심시켰다. 루이 16세는 사람 보는 눈이 뛰어난 왕은 아니었던 것이다.

혁명의 해인 1789년, 탈레랑은 주교뿐 아니라 성직자 총대표가 되는 데도 성공했다. 이 직책에 오른 후 그는 교회의 자산과 활동을 면밀히 조사했고, 철저한 회계 감각을 바탕으로 교회의 재정 상태를 파악했다. 이로써 탈레랑은 프랑스 가톨릭교회의 순자산 규모를 계산해낸 인물이 되었다. 그가 파악한 회계 자료는 적절한 시기, 적절한 사람에게 들어간다면 엄청난 영향력을 발휘할 수 있는 귀중한 정보였다.

탈레랑을 '돈의 주교'라 부르기도 한다. 그가 교회를 대표해 재정 문제를 다루면서 재무총감인 샤를 알렉상드르 드 칼론과 긴밀히 협력했기 때문이다. 칼론은 탈레랑에게 은행업, 금융, 재정정책, 부채관리에 대해 많은 것을 가르쳤다. 또 그는 고급 요리를 활용해 사람들을 설득하는 기술도 알려주었다. 칼론의 수석 요리사 올리비에는 소스 전문가, 파티시에 등으로 구성된 팀을 이끌며, 재정정책을 논하는 회의 자리에 호화로운 만찬을 준비했다. 탈레랑은 일류 요리사들이 준비한 최고급 요리가 권력자들의 마음을 움직이는 데 얼마나 효과적인지를 일찍이 깨달았다. 왕이든 외교관이든 금융가든, 맛있는 요리 앞에서는 귀가 열리기 마련이다. 요즘 기업인들 중에는 이 방법을 쓰지 않는 사람이 없다. 후에 나폴레옹의 외무장관이 된 탈레랑은 이렇게 말하기도 했다. "외교관보다 요리사가 더 필요하다."

호화로운 만찬들 사이사이, 돈의 주교 탈레랑은 프랑스 경제의 내부 구조에 대한 정교한 지식도 쌓아갔다. 당시에는 '생산의 자유, 무역의 자유'라는 새로운 경제사상이 급부상했는데, 이는 뱅상 드 구르네와 프랑수아 케네 같은 사상가들의 경제 이론에서 나온 것이었다. 이 경제사상은 정치적 자유와 과학 연구의 자유를 강조했던 더 큰 철학 운동의 한 갈래로 훗날 '계몽주의'라 부르게 된다. 경제학과 자유는 혁명의 동지였기 때문에 보수적인 교회와는 당연히 적대적인 관계였다.

그렇다면 이 기득권층 주교가 어떻게 그런 혁명적인 사상가들과 어울릴 수 있었을까? 비밀은 바로 프리메이슨 모임이었다. 자신에게 득이 된다고 판단하면 절대 기회를 놓치지 않았던 그는 주교이자 미식가일 뿐 아니라 프리메이슨의 핵심 멤버였다. 그 당시 프리메이슨 모임은 새로운 시대를 꿈꾸는 혁신적인 생각들이 넘치는 곳이었다. 프랑스의 미래에 대해 진보적인 생각을 가진 콩도르세, 로데레르, 튀르고 같은 뛰어난 경제학자들도 '트랑트'라는 모임에서 활동했다. 탈레랑은 이들과 함께 어울리면서 경제에 대한 식견을 넓히고, 유력한 인맥까지 쌓은 것이다.

위대한 생존자

1789년 5월, 바스티유 습격 두 달 전, 탈레랑은 주교 자격으로 의회에 입성했다. 그는 교회 밖에서 새 삶을 꿈꿨고, 혁명이 그 기회를 주었다. 1789년 10월, 프랑스가 혼란에 빠지고 의회가 갈라진 가운데, 자신감 넘치는 탈레랑은 자신이 믿을 만한 일꾼이라 주장하며 스스로를 재무장관 후보로 내세웠다. 그는 왕과 주교, 귀족들이 권력을 잃어가고 있다는 걸 감지했다. 빨리 거처를 정해야 했다. 하지만 어느 쪽으로 정해야 할까? 한 번의 실수로 모든 것을 잃을 수도 있었다.

그는 프랑스가 국가부채를 청산하려면 화폐 개혁이 필요하다는 것도 알고 있었다. 서른다섯 살의 탈레랑 주교는 명민한 계획을 내놓는다. 그 내용은 아주 단순했는데 바로 프랑스 내 모든 교회의 재산을 강제로 몰수하는 것이었다. 동료 주교들은 전혀 예상하지 못했고 막상 일이 벌어진 후에야 그가 등에 칼을 꽂았다는 사실을 깨달았다. 교회를 제외하면, 누가 이 계획을 싫어했겠는가? 왕은 책임에서 벗어났고 귀족들은 재정적 압박이 완화됐으며 국민들은 열광했다. 좋은 와인과 카망베르 치즈로 살이 오른 추기경들이 그들의 눈에는 악당으로 보였기 때문이다. 탈레랑의 계획은 2세기 전 헨리 8세의 방식을 따라 한 것이었다. 그는 강제로 몰수한 교회 재산을 팔아 그 수익으로 국가부채를 갚으려 했다. 그러면 금리는 떨어질 것이고, 새로운 자금을 조달해서 국가 채권을 다시 발행할 수 있을 거라 생각했다.

탈레랑은 교회를 정면으로 비판하면서도 지역 사회에서 여전히 존경받던 개별 성직자들은 건드리지 않았다. 그는 성직자들이 주일 헌금만으로도 연간 8000만에서 8500만 리브르^{현재 가치로 환산하면 약 3조 원 정도이다}* 정도면 먹고사는 데 큰 문제가 없다고 계산했다. 그래서 본당 신부들에게는 매년 1200리브르^{현재 가치로 환산하면 한화로 약 4700만원 정도이다}*의 급여와 숙소를 국가가 지원하고, 대신 교회 재산은 나라 재정적자를 메우는 데 쓰자고 제안했다. 잘난 척하며 권위만 내세우던 주교들만 빼면 모두가 만족할 만한 정책이었다.

1789년 11월, 탈레랑은 '국유 재산은 국민에게 되돌려줘야 한다는 제안'을 국민의회에 상정했다. 이 제안은 혁명 초기의 주요 지도자 중 한 명이자 뛰어난 연설가였던 친구 미라보 백작의 재청을 받았다. 그의 지지 덕분에 국민의회는 교회의 토지를 국유화하기로 결의했고 이후 일들은 일사천리로 진행되었다.

혁명 정부의 화폐 발행기

프랑스혁명에 자금을 조달한 수단은 아시냐(assignat)라는 혁명 화폐였다. 지금까지 나온 이야기에서 확인했듯이 역사의 전환점에는 언제나 중요한 금융 혁신이 있었다. 돈의 역할과 역사적 사건은 떼려야 뗄 수 없는 불가분의 관계다. 1789년 12월까지 국유화한 교회의 토지를 담보로 혁명 정부는 4억 리브르 규모의 새로운 화폐 아시냐를 발행했다. 아시냐를 가진 사람은 나중에 교회 토지를 살 수 있는 권리를 얻었다. 그러자 투자자들은 금과 은으로 아시냐를 사기 시작했다. 숨겨져 있던 귀금속 시장이 풀리면서 프랑스의 자본시장이 열렸다.

프랑스에는 교회 땅이 많았다. 당연히 전국에 걸쳐 있는 이 땅을 모두 팔려면 시간이 걸릴 수밖에 없었다. 하지만 혁명 정부에게는 시간이 없었다. 그들에게는 당장 자금이 필요했다. 그 때문에 혁명 정부는 아시냐 한 장에 5%의 이자를 지급했다. 토지 매매가 완료될 때까지 기다리는 동안에도 돈을 벌 수 있게 된 것이다. 금과 은도 이자 지급이 되지 않았는데 아시냐를 사면 투자금의 5% 수익이 보장되었다. 아시냐는 정부가 발행한 일종의 '국채'로, 몰수한 교회 재산을 담보로 했다. 탈레랑이 이끄는 재무부는 이것을 이용해 국가부채를 관리했다. 아시냐는 고액권만 있어서 일상생활에서 쓰이지는 않았다. 또 투자자에게 소유권이 완전히 이전되면 처음 받은 아시냐는 태워버리기로 했다. 이렇게 교회 땅의 상당 부분이 민간에게 넘어갔고 이들은 자연스럽게 혁명을 지지하는 세력이 되었다. 탈레랑은 이런 방식으로 자신과 혁명 세력을 동시에 지지해줄 세력을 구축했다. 그는 대중을 다루는 데 능숙했다. 이로써 중산층 농민들이 그동안 도시 시민과 지식인 중심이었던 혁명의 지지 세력으로 합류했다. 두 세력의 결합은 정말 탁월한 전략이었다.

초기의 혁명가들은 부르주아 저항 세력이었다. 그들은 교회의 토지 매각 대금을 오직 국가부채를 줄이는 데만 써야 한다고 주장했다. 초기만 살펴보면 프랑스혁명은 중산층의 개혁 운동으로 보일 수 있다. 이들은 화폐 개혁에 대해서도 신중한 태도를 보였다. 이 부르주아 혁명가들, 즉 자코뱅파는 지금까지 이 책에서 살펴본 상인 계층으로 정치적으로 세력화하기를 원했지만 근본적인 화폐의 질서가 뒤바뀌는 걸 원하지는 않았다. 그러므로 초기 프랑스혁명은 서민들의 반란이라기보다는 권력층 내부의 권력 다툼, 일종의 궁정쿠데타에 가까웠다. 지금까지 일어난 혁명은 진짜 혁명이라고 말하기 어렵다는 말이다.

그러나 혁명이 내전의 소용돌이에 휘말리고 유럽의 군주국들로부터 침공 위협이 커지자 혁명 세력도 돈에 대한 태도를 바꾸었다. 이제 그들은 군인들에게 급여를 지급할 방법을 찾아야 했다. 바로 이때부터 아시냐는 채무 증서가 아닌 실질적인 화폐의 기능을 수행하기 시작한다. 세수가 없었던 프랑스혁명 정부는 극심한 재정난에 시달렸다. 당연히 적자는 눈덩이처럼 불어났다. 더 많은 아시냐를 찍어내는 것이 해결책처럼 보였다. 이 화폐가 교회의 토지를 기반하고 있다고 믿는 대중들을 교묘하게 속인 것이다.

탈레랑은 아시냐를 일반 화폐로 사용하는 걸 반대했지만, 혁명은 이제 급진주의자들의 손에 넘어갔다. 이들은 왕의 빚을 갚는 데에는 관심이 없었고 오히려 이념 전쟁을 위한 자금 조달에 집중했다. 로베스피에르 같은 인물은 금리에는 신경도 쓰지 않았다. 그 결과, 탈레랑의 계획은 어긋나버렸다. 이제 혁명의 지도자들은 국가부채 관리보다는 새로운 지폐를 찍어내는 데 집중했다. 처음에는 혁명 자금을 마련하기 위해 만들었던 아시냐는 결국 혁명 지도자들이 단두대에 오르지 않기 위해 무작정 찍어내는 종잇조각으로 변해버렸다. 인쇄기는 쉴 새 없이 돌아갔다.

돈과 공포정치

전쟁은 결코 경제에 좋지 않다. 1792년 말, 혁명 중인 프랑스는 초인플레이션의 소용돌이에 휘말리기 직전이었다. 혁명이 고조되어 위험할 정도로 과격해지고 있다는 것을 감지한 탈레랑은 1793년 1월 국왕이 단두대에 오르기 직전, 런던으로 몰래 빠져나갔다. 나라가 치열한 내전에 빠져들면서 인플레이션은 월 12%에 이르렀고 1795년에는 월 80%까지 치솟았다.[2]

자코뱅 정부는 인플레이션을 막기 위해 물가와 임금을 통제하려

했다. 언뜻 보면 말이 되는 얘기다. 하지만 비용이 치솟는 상황에서 농부가 제값도 못 받는데 왜 물건을 팔겠는가? 그렇게 하면 농부는 손해를 볼 수밖에 없다. 당연히 그는 자기 기준에서 '정당한 가격'을 받을 수 있는 암시장을 선택한다. 그 결과 대부분의 물자는 정부나 통제 시장에서 빠르게 사라졌고 암시장이 번성했다. 인플레이션을 잡으려고 도입한 가격상한제는 오히려 식량 부족을 초래했고 인플레이션을 더욱 끌어올렸다. 굶주림만큼 혁명을 무너뜨리는 것도 없다.

이렇게 경제의 흐름을 예측하지 못한 혁명 정부는 1793년 9월 고기, 버터, 소금에 절인 생선, 맥주, 사과주, 석탄, 목재, 양초, 기름, 소금, 비누 등 39가지 생필품에 가격상한제를 도입했다. 이 제품들의 가격은 1790년 가격에서 3분의 1 이상을 넘을 수 없었고 임금은 1790년 수준에 50%까지만 인상할 수 있었다. 하지만 이런 조치는 곧 거센 반발에 부딪혔다. 물가가 폭등하는 상황에서 정해진 가격은 사람들의 생계를 감당하기엔 턱없이 부족했기 때문이다. 돈 문제는 다시 나라를 갈라놓았고, 치솟는 인플레이션은 프랑스를 공포정치의 소용돌이로 몰아넣고 있었다. 가격상한제 때문에 농민들은 손해를 피하려 농작물과 가축을 숨겼다. 이렇게 공급이 줄어들자 물가는 더 오르기만 했다. 투기꾼들이 사재기를 하는 바람에 식량 부족 사태가 이어졌다.

정부는 사재기를 고발하면 포상하는 정책을 폈고 혐의가 드러난 사람들은 단두대에 올렸다. 로베스피에르의 공포정치가 시작된 것이다. 그러나 정작 단두대를 움직인 건 정치라기보다는 가치 없는 화폐와 식량난, 그리고 서로를 고발하는 분위기였다. 브르타뉴와 방데에서 시작된 반란이 진압되는 동안 수천 명이 공개 처형을 당했다. 로베스피에르가 1794년 7월에 처형되자 공포정치도 끝났지만 군인들에게 월급을 주고 밀고자들에게는 포상금을 주기 위해 지폐 인쇄기는 여전히 쉴 새 없이 돌아갔다. 1794년 말까지 발행된 아시냐 지폐는 60억 리브르에 달했고 1795년 7월에는 135억, 12월에는 235억, 그리고 1796년 2월에는 무려 400억 리브르까지 늘어났다.

일이 이렇게 된 맥락을 살펴보면, 탈레랑이 이런 계획을 내놓았던 1789년 당시 프랑스의 국내총생산(GDP)은 약 65억 리브르로 추정되었다. 그런데 혁명 정부는 그 몇 배에 해당하는 지폐를 마구 찍어내고 있었다. 또 실제로 유통된 지폐의 양은 공식 통계보다 훨씬 많았는데 이는 위조지폐가 대량으로 유통되었기 때문이다. 심지어 교도소에서조차 교도관들이 인쇄 장비를 밀반입해 죄수들에게 지폐 위조 작업을 시켰다고 한다.[3]

수년 후 바이마르 독일에서 그랬듯, 이제 프랑스에서 지폐는 아무 의미가 없었다. 돈이 죽으면 사회의 안정성과 신뢰감이 붕괴된다. 돈의 속성 중 하나는 복잡한 세상을 단순하게 정리해주는 것이다. 돈이 제대로 기능할 때 사람들은 가격을 신뢰한다. 물건의 가격에는 가치, 희소성, 상대적 중요성 등에 대한 정보가 담겨 있다. 또 가격은 심리적인 기준점 역할도 한다. 이렇게 돈은 복잡한 정보를 숫자의 조합으로 압축해서 전달해주는 도구다. 이렇게 중요한 돈이라는 버팀목이 무너지면 어떻게 될까? 그 사회는 방향을 잃게 된다. 프랑스의 적국인 영국은 이 사실을 잘 알고 있었다. 프랑스혁명의 사상적 여파를 두려워했던 영국의 지배층은 그 혁명을 무너뜨릴 수 있다면 어떤 수단이든 쓸 준비가 되어 있었다. 그것이 '돈'이라고 마다할 이유가 있었을까?

1793년, 스코틀랜드 출신의 작가이자 공학자였던 윌리엄 플레이페어(William playfair, 참으로 아름다운 이름의 소유자인데, 참고로 그는 세계 최초로 경제 데이터를 선 그래프, 막대 그래프, 원 그래프 등으로 시각화한 인물이기도 하다)는 영국에서 대규모 위조지폐 작전을 벌이자는 아이디어를 냈다. 그는 당시 영국의 내무장관인 헨리 던다스에게 이 계획을 제출했고, 총리였던 윌리엄 피트^{William Pitt, 영국 최초의 부자父子 총리 중 아들인 소小피트이다}*의 묵인 아래 프랑스 지폐를 위조하기 시작했다(다음 장에서 살펴보겠지만, 영국이 외국 화폐에 이런 비열한 수단을 쓴 것은 이번이 처음이 아니다. 영국은 1776년부터 1780년 사이에도, 미국독립혁명 세력이 사용하던 콘티넨털 화폐를 대량 위조해 미국에 유통시켰다).

플레이페어는 던다스에게 보낸 편지에 이렇게 썼다. '혁명에 맞서 싸우는 방법은 두 가지인데 첫 번째는 무력으로 맞서는 것이고, 두 번째는 화폐를 공격하는 것이다. 사람의 피를 보는 것보다는 아시냐를 못 쓰게 만드는 게 낫다.'[4]

탈레랑의 업적

탈레랑은 런던에서 프랑스 화폐가 무너지는 과정을 지켜보았다. 하지만 그곳에 오래 머물지는 않았다. 영국의 분위기가 프랑스에 적대적이었기 때문에 그는 영국 측의 권유로 1794년 미국 땅을 밟았다. 미국 혁명가 알렉산더 해밀턴의 처형인 안젤리카 처치가 써준 소개장 덕분이었다. 이후 해밀턴과 탈레랑은 절친이 되었고 해밀턴은 탈레랑처럼 통화 개혁을 통해 정치적 입지를 다지는 데 성공한다. 탈레랑은 미국독립혁명의 지도자들과 교류하면서 훗날 정치적 귀환에 큰 도움을 받는다. 그는 1797년, 나폴레옹 보나파르트가 권력을 잡기 직전 프랑스로 금의환향하면서 이후 또다시 권력의 정점에 선다.

놀랍게도 이런 모든 일들을 겪는 동안에도 그는 여전히 주교 신분이었다. 그러나 수많은 연애와 혼외 자식들로 인해 결국 1802년 교황 비오 7세에 의해 면직당한다. 성직자 신분에서 벗어난 탈레랑은 이번에는 나폴레옹 정부의 외무장관이 된다.

이후 그는 적절한 시기에 다시 나폴레옹을 버리고 왕당파로 돌아서며 다시 한번 편을 갈아탔다. 1789년 프랑스혁명부터 1830년대에 이르기까지의 격동의 시기 동안 절름발이 악마라 불린 탈레랑은 루이 16세, 혁명 정부들, 나폴레옹, 그리고 복권된 부르봉 왕가의 루이 18세와 루이 필리프까지 수많은 정권에서 요직을 맡으며 살아남았다. 생애 말년에 탈레랑은 1830년부터 1834년까지 영국 주재 프랑스 대사로 일했으며 프랑스와 유럽의 적대국들 사이에 위치한 완충 지대인 벨기에를 신생 독립 국가로 세우는 데 중요한 역할을 했다.

그가 만든 지폐인 아시냐는 과도한 발행으로 결국 휴지 조각이 되긴 했지만 프랑스혁명을 위한 재정적 발판을 제공했다. 만약 그가 교회 땅을 몰수해서 매각하지 않았다면 자코뱅파가 대중의 지지를 얻기는 힘들었을 것이다. 탈레랑의 계획은 이전 시대의 존 로가 그랬던 것처럼 금과 은이라는 제약에서 프랑스 경제를 해방시키는 것이었다. 만약 후대 혁명가들이 아시냐의 가치를 훼손하지 않았다면 이 지폐는 혁명 자금을 조달했을 뿐 아니라 권력 간의 자산 이전을 가능하게 한 '기적 같은 수단'으로 기록되었을 것이다.

지난 수십 년 동안 중앙 및 동유럽의 여러 나라에서 혁명이나 대규모 체제 전환이 일어났다. 이들은 모두 탈레랑과 같은 딜레마에 직면했다. 권력이 다른 집단으로 넘어갈 때 어떻게 국민의 돈을 지킬 것인가? 1990년대 구공산권 유럽에서는 사회주의에서 시장경제로 전환하기 위해 신뢰할 수 있는 화폐를 만드는 것이 중요한 과제였다. 중앙은행은 새로 만든 화폐의 가치를 안정시키기 위해 국제통화기금(IMF)으로부터 달러나 다른 신뢰도 높은 외화를 빌렸다. 이렇게 대출받은 외화는 새로 만든 자국 화폐가 안착되는 데 큰 도움을 주었다. 실제로 이 나라들은 오랫동안 독일 마르크[Mark, 유로화 사용 이전 독일의 화폐 단위]*나 미국 달러를 병행해서 사용했다. 이렇게 미국을 비롯한 동맹국들이 통화 시스템을 떠받치는 국제금융 구조가 갖춰진 상황에서도 체제를 전환한 나라들 중 상당수는 초인플레이션을 겪었다.

다시 한번 탈레랑이 화폐 개혁을 하던 시기를 생각해보자. 그에겐 외부 지원 세력이 없었고 설상가상으로 유럽의 옛 왕정 국가들이 프랑스를 무너뜨리기 위해 음모를 꾸미고 있었다. 이런 배경을 감안하면, '돈의 주교' 탈레랑의 초기 업적을 결코 과소평가해서는 안 된다. 그리고 이 점을 제대로 이해한 인물 중 하나가 바로 혁명기의 미국판 탈레랑이라 할 수 있는 알렉산더 해밀턴이었다. 미국의 혁명가들 역시 '거대한 경제 규모에 비해 턱없이 부족한 자금'이 고민이었다. 하지만 알렉산더 해밀턴이 새로운 통화 시스템을 설계하면서 이 문제는 전환점을 맞게 된다. 그가 만들어낸 것은 바로, 훗날 세계를 바꾸게 될 미국 달러였다.

13장 | 돈과 미국 공화국

미국 건국의 아버지, 해밀턴의 최후

탈레랑은 수많은 책략과 권모술수를 부렸음에도 평온하게 자신의 침대에서 생을 마감했다. 그러나 그의 미국인 영웅이자 뛰어난 혁명가이자 금융 천재였던 알렉산더 해밀턴에게는 그런 안락함이 허락되지 않았다.[1] 좌파는 탈레랑을 혁명의 배신자라 여겼고 우파는 신을 저버린 인물이라 비난했다. 그만큼 그에게는 도덕적 신념이나 철학이 없었다. 그러나 그는 여러 정권을 넘나들며 요직을 차지했고 프랑스가 혼란에 빠졌을 때 나라를 안정시키는 데 중요한 역할을 했다. 그런 관점에서 보면 그에게 사람 보는 안목은 있었다고 봐야 할 것이다. 위대한 인물들을 가까이서 지켜본 탈레랑은 해밀턴에 대해 이렇게 말했다. "나폴레옹, 찰스 제임스 폭스^{영국 휘그당의 정치인}*, 그리고 알렉산더 해밀턴, 이 세 사람은 우리 시대의 가장 위대한 인물이다. 그리고 이 셋 중에 한 사람만 선택해야 한다면 나는 주저 없이 해밀턴을 꼽을 것이다."[2]

혁명가 하면 우리는 대담무쌍한 반란자 같은 낭만적인 이미지를 떠올린다. 하지만 격동의 시기가 지나면 혁명에는 회계사나 금융인 같은 전문가가 필요하다. 탈레랑은 바로 그런 인물이었다. 미국 건국의 아버지 중 한 명인 알렉산더 해밀턴 역시 마찬가지였다. 그는 조지 워싱턴을 도와 미국 건국에 핵심적인 역할을 했다. 탈레랑의 전기 작가 더프 쿠퍼에 따르면 탈레랑과 해밀턴은 둘 다 '로베스피에르든 제퍼슨이든 감상적인 헛소리는 다 집어치우라'고 했다고 한다.[3] 1794년부터 1796년까지 탈레랑이 미국에서 망명생활을 하는 동안 이 두 전문가는 친구가 되었다. 또 새로운 미국 공화국의 금융 구조를 설계하고 달러를 만드는 과정에서 해밀턴은 프랑스 공화국이 저지른 실수들로부터 큰 교훈을 얻었다.

1804년 어느 선선한 7월 아침, 허드슨강이 내려다보이는 뉴저지주 위호켄에서 해밀턴은 부통령 애런 버와 결투를 벌였다. 법률 용어를 빌리자면 두 사람 사이에는 감정의 전과가 있었지만(두 사람은 서로를 견딜 수 없을 정도로 싫어했다) 한때 재무장관이었고 현직 부통령인 두 사람이 서로 총을 겨누게 된 사연은 쉽게 이해하기 어렵다. 결국 해밀턴이 일부러 조준을 잘못하는 바람에(우리의 착각일지도 모르지만) 버는 자신보다 뛰어난 경쟁자를 향한 복수에 성공한다. 달러의 아버지이자 미국을 연방 공화국으로 만드는 데 가장 큰 역할을 한 건국의 아버지, 알렉산더 해밀턴은 목에 총을 맞고 며칠 뒤 숨을 거둔다.

이후 나폴레옹 치하의 프랑스를 방문한 버는 당시 막강한 권력자였던 외무장관 탈레랑에게 면담을 요청했다. 그러나 탈레랑은 비서를 통해 이렇게 냉랭한 말을 전했다. "버 대령을 기꺼이 만나겠다고 말해주시오. 다만 내 서재에는 누구나 볼 수 있는 자리에 늘 알렉산더 해밀턴의 초상화가 걸려 있다는 것도 함께 전달해주시오."[4]

결국 두 사람의 만남은 성사되지 못했다.

달러의 탄생

해밀턴이 살해당하기 12년 전, 그리고 탈레랑이 발행한 아시냐의 가치가 폭락하던 시기인 1792년 4월 2일, 미국의 혁명가들은 주화법 Coinage Act, 미국 달러와 센트를 공식 통화 단위로 채택한 법*을 통과시켰다. 이 법은 달러를 미국의 공식 화폐로 지정하고 당시 널리 쓰이던 스페인 달러에 그 가치를 연동시켰다. 재무장관이었던 해밀턴은 혼란을 수습하기 위해 달러를 신뢰받는 실물 화폐와 연동시켰다. 통화에는 흔들리지 않는 기준점이 필요했기 때문이다. 미국인들도 아시냐 사태와 비슷한 걸 경험했다. 콘티넨털은 미국 혁명가들이 전쟁 자금을 위해 만든 지폐였다. 제국주의 영국을 상대로 이길 가능성이 낮았기 때문에 해외에서 자금을 빌릴 수 없었던 혁명가들은 결국 자국의 지지자들에게 돈을 빌릴 수밖에 없었다. 그러나 프랑스가 아시냐를 남발했던 것처럼, 미국도 독립전쟁이 길어지면서 콘티넨털을 너무 많이 찍어냈다. 그렇지 않고서는 군인들의 월급과 군수품 비용을 충당할 수 없었던 것이다. 그러자 당연히 콘티넨털의 가치는 급락했고 이 시기에 '콘티넨털만큼 쓸모없다(not worth a Continental)'는 관용구가 생겨났다. 결국 미국 독립의 재정 비용은 미국의 저축자들이 떠안았으며 이들은 콘티넨털의 붕괴로 큰 피해를 입었다. 게다가 런던에서 대량으로 위조지폐가 유통되면서 상황은 더욱 악화되었다.

1792년, 독립을 쟁취했지만 국가로서 아직 걸음마 단계였던 미국은 불안정했다. 게다가 계속 영국이 침략할지 모른다는 공포에 시달리자 해밀턴은 화폐 실험의 시기는 끝났다는 사실을 깨달았다. 이제 통합과 확신의 시기였다. 초대 재무장관인 그는 화폐 주조법을 통해 미국 금융시스템을 안정적인 화폐와 연동시켰고 이로써 화폐의 역사와 함께 미국의 역사가 바뀌게 된다. 실제로 21세기의 관점에서 보면 달러 없는 미국을 상상하는 것은 불가능하다. 달러를 만든 이 남자는 만약 살해당하지 않았다면 대통령이 되었을지도 모른다.

카리브해 네비스 섬에서 극빈자로 태어난 이 남자는 어떻게 미국에서 가장 높은 자리에 오르게 된 걸까? 스코틀랜드 출신의 상인이던 아버지에게 11살에 버림받고 이후 프랑스어를 쓰는 위그노 출신 어머니마저 세상을 떠나 졸지에 고아가 된 해밀턴. 그는 재능을 알아봐준 지역 사람들과 친구들의 도움으로 뉴욕의 대학에 진학하게 된다. 대부분 부유한 집안 출신이었던 정치인들과 달리 해밀턴은 흙수저로 태어났지만 뛰어난 지성과 용기로 워싱턴 장군과 함께 싸우게 되었고 요크타운 전투에서 중요한 역할을 한 덕분에 권력의 정점에 오를 수 있었다.

혁명보다 힘든 건 분열

아일랜드에는 '모든 아일랜드 혁명 운동의 첫 번째 안건은 분열이다'라는 말이 있다. 미국 건국의 아버지들 역시 분열과 질투, 원한이라는 약점을 안고 있었다. 토머스 제퍼슨과 알렉산더 해밀턴은 신생 독립국 미국을 어떻게 만들어갈지 의견이 전혀 달랐기 때문에 자주 충돌했다.

근대주의자이자 연방주의자이며 도시적인 사상가였던 해밀턴은 미국이 산업, 금융, 상업 분야에서 유럽과 경쟁하는 자본주의 국가로 발전하길 원했다. 그에 비해 반(反)연방주의자이자 공화주의자였던 제퍼슨은 제임스 매디슨, 새뮤얼 애덤스 같은 다른 미국의 위인들과 함께 금융과 상업에 대해 다소 목가적이고 원시적인 관점을 갖고 있었다. 이들은 돈, 시장, 무역에 물들지 않은 농경 사회를 미국의 이상으로 여겼다. 제퍼슨이 시골풍의 컨트리 음악이라면, 해밀턴은 힙합에 가까웠다. 제퍼슨은 세상을 마치 집에서 만든 애플파이 같은,

소박하고 전통적인 시각으로 바라봤는데 민족주의 성향의 혁명 지도자들 중에서는 이와 비슷한 사람들이 많았다.

　반면 해밀턴은 세계 경제에 적극적으로 참여하는 강력한 미국 연방국가를 구상했다. 그는 중앙정부가 자체 화폐로 세금을 걷으며 안팎의 위협으로부터 나라를 지키는 군대가 있는 힘 있는 나라를 꿈꿨다. 오늘날 공화당의 일부 사고방식이 어디서 시작됐는지는 어렵지 않게 알 수 있다. '작은 정부'와 세금 인하를 주장하며 각 주의 현안에 대한 연방정부의 간섭을 최소화하자고 주장하는 공화당원들을 생각해보라. 그 사고의 뿌리는 제퍼슨이다.

　당시 이런 분열은 이 신설 공화국이 영국을 몰아낸 뒤 어찌해야 좋을지 궁리하는 과정에서 나타났다. 대개 어떤 혁명이든 목표를 이루고 나면 단결은 깨지기 마련이고, 외부의 적이 사라지면 혁명 세력 간의 연합도 무너지기 시작한다. 초기 미국의 경우에는 공화주의자와 연방주의자 간의 분열로 나타났다.

5분의 3명

미국의 독립전쟁이 끝나자마자, 혁명 세력 내에서는 연방주의자와 반(反)연방주의자 간의 분열이 곧바로 나타났다.

　영국을 물리친 뒤 열세 개의 반란 주들은 어떻게 그 폐허 위에서 새로운 나라를 만들 수 있었을까? 그들의 화폐인 콘티넨털은 휴지 조각이나 다름없었다. 프랑스혁명가들처럼 그들도 전쟁 자금을 마련하려고 지폐를 마구 찍어냈다. 독립은 했지만 많은 주들이 이제 막 얻은 권력과 자치권이 연방정부에 넘어갈까 봐 두려워했다. 하지만 연방정부에 권력을 이양하지 않으면 미국을 외부의 적으로부터 방어할 능력도, 이 나라의 막대한 자원을 활용할 힘도 가질 수 없었다.

바로 이때부터 군인이었던 해밀턴은 작가이자 사상가, 그리고 연설가로 거듭났다.

국가의 헌법은 미국이 지향하는 가치를 하나로 모아 보여줄 수 있는 수단이었고, 일종의 신념 체계를 세우는 일이었다. 하지만 헌법이라는 건 큰 목표에 대해서는 쉽게 말할 수 있어도 그 세부 내용을 구체적으로 정하는 일은 생각보다 쉬운 일이 아니다. 1787년 5월, 필라델피아에서는 헌법 제정 회의가 열렸고, 조지 워싱턴과 벤저민 프랭클린 같은 거물들이 참석한 가운데 여러 가지 헌법안이 제시되고 토론이 이어졌다. 각각의 주들은 연방정부가 권력을 장악할까 우려했고 연방정부 지지자들은 중앙정부에 충분한 권한이 부여되지 않을까 봐 걱정했다. 두 세력 간의 입장 차이는 점점 더 뚜렷해졌다.

결국 '코네티컷 타협안'이라는 합의 덕분에 어느 정도 문제가 해결됐는데, 외국인이 보기에는 좀 이상할 수 있지만 주의 크기와 상관없이 모든 주는 똑같이 두 명의 상원 의원을 선출할 수 있게 되었다. 반면 하원 의원 수는 각 주의 인구 규모를 반영해서 결정했다. 그렇다면 1787년 당시, 건국의 아버지들은 인구 규모를 어떻게 계산했을까?

당연하게도 사람 수를 세는 방식이라고 생각하겠지만 실상은 전혀 달랐다. 이것은 미국 역사상 가장 부끄러운 장면 중 하나로, 흑인 노예는 한 사람이 아닌 '5분의 3명'으로 계산했고, 아메리카 원주민들은 재산이 아니라는 이유로 아예 인구에 포함시키지도 않았다. 아예 하원 의원 선거의 투표권을 박탈한 것이다. 이 '5분의 3명' 규칙 덕분에 노예를 많이 소유한 주들은 하원 의원 수를 크게 늘릴 수 있었다. 즉 노예를 탄압하던 사람들이 바로 그 노예들을 이용해 자신들의 '민주적 정당성'을 확보한 것이다.

필라델피아에서 헌법이 서명되었지만 실제로 효력을 가지려면

13개 주 중 최소 9개 주에서 승인을 받아야 했다. 이때 해밀턴이 활약에 나섰다. 그는 제임스 매디슨, 그리고 (비중은 좀 적지만) 변호사 존 제이와 함께 사람들의 마음을 움직이기 위한 여론전을 펼쳤다.

그가 고른 마케팅 방법은 신문을 통한 여론전이었다. 1787년 10월 27일, 해밀턴은 헌법을 지지하는 첫 번째 신문 기고문을 발표했다. 이는 훗날 『연방주의자 논고(The Federalist Papers)』로 알려지는데 단행본으로도 출판되었고 총 85편의 글이 실려 있다. 이 중 51편은 해밀턴, 29편은 매디슨, 5편은 제이가 기고한 것이었다.

당시에는 정치 팸플릿의 시대였고, 그만큼 신문과 인쇄물의 영향력이 막강했다. 해밀턴의 논리는 결국 여론을 설득하는 데 성공했다.

사실 해밀턴은 그 일을 너무나 훌륭하게 해내서, 1788년 7월 뉴욕시민들은 '페더럴십 해밀턴(Federal Ship Hamilton)'이라는 거대한 퍼레이드용 배를 끌고 도시를 행진했다. 심지어 뉴욕시의 이름을 '해밀토니아'로 바꾸자는 제안까지 나올 정도로 인기가 많았다.[5]

그는 헌법에 대한 지지를 얻는 것뿐 아니라 미국인들이 매일 자신이 새로운 연방공화국에 살고 있다는 것을 상기할 수 있기를 바랐다. 그 상징물은 바로 새로운 화폐, 미국 달러였다. 헌법을 매일 생각하는 사람은 없지만 국가를 떠올리게 하는 것 중에 화폐만 한 것도 없었기 때문이다. 하지만 우선 그는 약간 더 강경한 방법으로 반대 세력을 잠재워야 했다.

위스키 반란

청교도들이 세운 나라라고는 하지만, 미국인들은 술을 꽤 좋아한다. 그리고 혁명 후 나라의 화합이 처음으로 시험대에 오른 것도 바로 술 문제 때문이었다. 혁명기 당시 미국의 시골에서는 소규모 증류식 위스키 양조장이 수두룩했다. 주민들은 각자 위스키를 직접 만들어 마셨고, 그 품질이나 순도는 제각각이었다.

이 양조장들은 명목상 합법이었지만 실제로는 밀주를 만들어 팔고 있었다. 이곳에서 만든 술들은 농촌 지역과 인근 도시들에까지 퍼져 나갔다. 1791년, 재무장관 해밀턴은 정부 재정이 부족해지자 다른 재무장관들이 그랬듯 믿을 만한 세수원, 즉 위스키에 세금을 매기기로 했다.[6]

재무장관이 술에 세금을 매기는 건 너무나 당연한 결정이었다. 하지만 시골 주민들은 용납하지 않았다. 펜실베이니아 서부의 위스키 반란자들은 민병대를 조직하고 무장까지 한 뒤 세금을 걷으러 온 지방 관리들을 공격했다. 이것은 갓 세워진 연방정부에 대한 직접적인 위협이었다.

애국자였던 사람들이 갑자기 무장을 하고 반란을 일으키자 조지 워싱턴은 사태의 심각성을 깨달았다. 그는 이 나라가 곤경에 처했다는 걸 잘 알고 있었다.

'멀리 떨어진 영국 왕에게 세금을 내지 않겠다'는 명목으로 독립전쟁을 치렀는데, 이제 와서 멀리 있는 중앙 연방정부에게 세금을 내라고 하니 모순적인 상황이 아닐 수 없었다.

하지만 프랑스혁명 때와 마찬가지로 바리케이드의 흥분이 지나고 나자 정부의 관심은 선동적인 구호에서 텅 빈 국고로 옮겨갔다. 세수 없이 정부를 운영하는 건 불가능했다.

세금을 거부하며 들고일어난 오만한 민병대들을 마주한 연방정부는 조롱거리로 전락할 위기에 처했다. 워싱턴은 망설였다. 노골적인 반란과 세금 납부에 대한 반대 여론이 확산되자 새롭게 탄생한 연방정부는 자국민에게조차 신뢰를 잃기 시작했다. 과연 누가 먼저 백기를 들 것인가?

해밀턴은 워싱턴에게 이 반란자들을 강하게 진압하라고 촉구했다. 워싱턴은 마지못해 이에 응했다. 워싱턴은 군대의 보급을 책임진 해밀턴과 함께 1794년 신생 미국군을 이끌고 펜실베이니아로 진격했다. 상대는 다름 아닌 자국민들이었다. 반란은 빠르게 진압되었고, 주동자들은 체포되어 감옥에 갇혔다.

워싱턴은 나중에 그들 대다수를 사면해주었지만 연방군이 신속하게 민병대를 진압하자 모두들 누가 대장인지 깨닫게 되었다. 연방정부는 주 정부의 권한에 강경한 태도를 보였고, 결국 승리했다. 최초의 시험대, 즉 최초의 민중 반란에서 연방정부는 물러서지 않았다. 훗날 금주법까지 시행하는 미국이라는 나라는, 아이러니하게도 위스키 때문에 일어난 반란을 진압하면서 건설되었다.

이렇게 공권력의 힘을 보여준 건 해밀턴의 계획이었다. 그는 연방정부를 세우는 일이 처음부터 완성돼 있는 것이나 아니라 서서히 만들어나가야 하는 일이라는 걸 이해하고 있었다.

먼저 지역의 반발은 공권력을 통해 잠재우고, 그다음 연방 화폐를 통해 나라를 하나로 묶는 것이 수순이었다.

군사력이라는 거친 힘을 보여준 후 연방정부는 이제 더 섬세하고 인상적인 힘, 바로 돈의 힘을 드러내게 된다. 만약 전쟁이 해밀턴의 칼날이라면 돈은 치유제 역할을 한 것이다.

달러의 유래

건국의 아버지들 중 가장 뛰어난 경제통이었던 해밀턴은 인권과 행복 추구에 대한 이야기도 중요하지만, 미국을 단결시키려면 구체적인 수단이 필요하다고 생각했다. 모든 주를 결속시키는 강력한 도구가 없으면 공화국과 각 주들은 하나로 뭉치기 힘들었기 때문이다. 이

때 활용할 수 있는 도구가 바로 '돈'이었다. 연방공화국이 제대로 인정받으려면, 바로 새로운 화폐가 있어야 했다.

역사를 통틀어, 알렉산드로스 대왕 시절까지 거슬러 올라가보면, 화폐는 단순한 교환수단이 아닌 국가와 권력의 상징물이었다. 알렉산드로스 대왕이 정복한 거대한 제국 안에서 사람들은 동전에 새겨진 그의 얼굴을 보고 누가 주인인지를 확인했다. 오늘날에도 돈은 국가를 상징한다. 영국 파운드(파운드 스털링)가 그렇고, 더 큰 초국가적 정치 프로젝트인 유로화도 마찬가지이다.

미국 공화국의 건국자들에게 화폐는 새로운 나라를 상징했다. 돈은 매일 사용하는 물건이기 때문에 세금 제도 같은 시스템을 하나로 묶어주고 그 덕분에 나라의 기반이 더욱 탄탄해진다.

미국처럼 광대한 나라에서 화폐는 헌법보다 훨씬 더 일상적이면서도 강력한 방식으로 국가에 대한 충성심을 불러일으켰다. 헌법이 교리였다면 화폐는 성체였다. 프랑스의 위대한 사상가이자 미국 초기 사회의 통찰자였던 알렉시스 드 토크빌이 몇 년 뒤 지적했듯, 돈은 새로운 공화국의 종교와도 같은 존재였다.[7]

새로운 화폐가 신뢰를 얻어야 한다는 점을 이해했던 해밀턴은 미국 달러를 당시 세계적 기준으로 통용되던 스페인 달러에 연동시켰다. 여기서 중요한 점은 영국 식민지 시절 오늘날 미국 동북부 지역이라 불리는 곳에서는 늘 동전 부족에 시달렸다는 사실이다. 당시 지역 상거래는 주로 식료품상, 술집 주인 등등의 상인들이 외상 거래를 해주고 몇 달에 한 번씩 이 외상 장부를 정산하면서 수수료를 받는 식으로 운영되었다.

식민지 시절, 이들 주에서는 주로 런던에서 만든 동전을 사용했는데 그것도 운이 좋아야 손에 넣을 수 있었다. 이 동전들은 오직 무역을 통해서만 식민지로 들어왔다. 식민지에 동전이 넉넉하게 풀리려면 본국과의 무역에서 꾸준히 흑자를 내야 했지만 그것은 애초에 불가능한 일이었다. 식민지 정책의 목적 자체가 자원을 수탈하는 데 있었기 때문이다. 영국은 미국에서 값싼 물건을 사들이면서 값비싼 물건을 식민지에 팔았기 때문에 항상 동전은 미국에서 영국으로 빠져나갔고 그 결과 식민지에는 돈이 늘 부족했다.

17세기 후반이 되자 영국은 한 걸음 더 나아가 금과 은의 해외 반출을 금지했고 이후 미국 내 화폐 부족 사태는 더욱 악화되었다. 하지만 바로 이 지점에서 스페인이 등장한다. 지난 200년 동안, 아메리카 대륙에서 유통되는 동전의 대부분은 스페인령 아메리카에서 생산되었다. 또한 전 세계를 통틀어 은의 대부분도 이곳에서 채굴되기 시작했다. 스페인이 멕시코와 페루에 있는 은 광산을 활용해 이곳을 거대한 주화 생산지로 만든 것이다. 특히 페루의 포토시 광산에서는 어마어마한 은이 나와서 스페인 사람들은 이곳을 '돈의 산'이라고 불렀다.[8]

이곳에서는 1556년과 1783년 사이 거의 5만 톤에 가까운 순은이 생산되었다. 이 은으로 만든 동전은 처음에 레알^{스페인어로 로열royal, 즉 왕실이라는 뜻}*이라고 불렸는데 전 세계에서 널리 유통되었다(오늘날 브라질을 비롯한 여러 아랍 국가들에서는 여전히 화폐를 리얄^{riyal} 또는 헤알^{real}이라고 부르는데 이는 스페인어에서 파생되었다). 18세기가 되자 스페인 은화는 아메리카 대륙에서 널리 유통되었으며 실버 달러라 불렸다. 이 이름은 독일에서 유래했는데 원래 유럽에서 은이 가장 많이 생산되는 지역인 요아힘스탈(Joachimsthal)에서 비롯되었다. 이 지역에서는 16세기부터 18세기 사이에 수백만 개의 동전이 생산되었는데 이 동전의 이름이 탈러(thaler)였다. 탈러가 달러로 바뀐 것이다.

18세기 동안 훗날 미국이 될 북부 지역의 주들은 서인도 제도와의 무역에서 흑자를 냈다. 이들은 밀, 돼지고기, 통 제조용 나무판, 송진

등을 수출했고 그 결과 스페인 은화(실버 달러)가 이 지역에 널리 유통되었다. 새로 세워진 미국 정부는 미국 달러의 가치를 스페인 은화와 동일하게 설정했다. 해밀턴의 주도로 새로운 조폐국이 설립되었고, 당시 미국에는 자체적인 은이나 금이 없었기 때문에, 유통 중이던 스페인 은화를 녹여 다시 미국 주화로 찍어냈다. 화폐를 주조하는 과정에서 해밀턴은 스페인 은화에 은 함량이 약 24그램이라는 기이한 현상을 발견했다. 그 이후로 모든 미국 은화는 이와 똑같은 함량을 기준으로 제작되었다.[9]

미국인들은 실용성을 추구하여 모든 스페인 은화를 미국 은화로 다 다시 만들지는 않았다. 1850년까지도 스페인 은화는 그대로 유통되었는데 그것은 사람들이 미국 은화와 동일한 가치가 있다는 걸 알고 있었기 때문이다. 미국에서 이 은화는 남북전쟁 이후까지도 표준화폐로서 역할을 해냈다.

국가부채의 중앙집권화

콘티넨털 화폐 때문에 초인플레이션을 직접 겪었던 해밀턴은 신생 국가 입장에서는 지폐가 위험하다는 사실을 감지하고 있었다. 새 공화국의 시민들이 새로운 화폐를 신뢰하려면 그 가치가 확실해야 했다. 이를 위해 미국은 무역에 의존할 수밖에 없었고 생존 여부도 무역에 달려 있다는 사실을 인정해야 했다. 미국에는 금과 은이 생산되지 않기 때문에 화폐가 제대로 기능하려면 그 가치를 스스로 벌어들여야 한다는 걸 깨달은 것이다. 화폐 발행을 엄격하게 제한하자 미국인들은 새로운 금융시스템을 개발하기 시작했고 그 중심에는 해밀턴이 있었다. 해밀턴 이전까지만 해도 각 주는 제각각 자신들의 방식으로 금융을 운영했으며 자체적으로 부채를 발행하고 이미 파산한 콘티넨털을 유통시키면서 은행과 금융에 대한 신용을 무너뜨리고 있었다.

해밀턴은 열세 개 주가 힘을 합쳐 연방정부 중심으로 더욱 강력한 경제체제를 구축하려고 했다. 하지만 각 주의 사정은 달랐다. 부채가 많은 주와 적은 주 사이에는 그 많은 빚을 누가, 언제, 얼마나 나눠서 갚을지에 대한 의견이 크게 갈렸다.

이러한 의견 충돌 뒤에는 또 다른 중요한 문제가 있었다. 바로 어떤 형태의 세금을 국민에게 부과할 것인가 하는 문제였다. 이들은 원래 세금에 대한 반발로 영국과 맞서 싸웠던 사람들이었다. 이들의 구호는 '대표권representation, 자신들이 뽑은 대표가 의회에서 발언하고 의사결정에 참여할 권리*이 없다면 세금도 없다'였다. 이제 대표권이 생겼으니 전쟁 중 쌓인 부채를 갚기 위해 어떤 방식으로 세금을 걷을지 정해야 했다.

해밀턴은 당시 영국과 네덜란드의 방식에서 큰 영향을 받았으며, 국가부채를 안정적으로 조달하는 것이 어떤 나라든 경제의 핵심이라고 믿었다. 만약 국가부채를 잘 관리해서 채무불이행(디폴트)에 대한 우려가 없다면 그 자체가 국가재정의 초석이라고 본 것이다. 해밀턴은 당시 남아 있는 국가부채가 정확히 7500만 달러이며, 그에 따른 연간 이자 지급액이 460만 달러라고 계산했다.[10]

미국 채권시장에 신뢰를 불어넣기 위해 해밀턴은 두 가지 대담한 조치를 취했다. 첫째, 그는 열세 개 주의 부채를 통합해 연방정부의 부채로 전환하기로 한다. 둘째, 연방정부의 부채를 전액 상환할 필요는 없었지만 그는 그러기로 했다. 사실상 이는 전쟁 이후에 전액 상환을 기대하지 않았던 채권자들에게 주는 일종의 선물과도 같았다. 모든 부채를 연방 부채로 통합함으로써, 해밀턴은 국제금융 시장에서 주정부의 채권과 연방정부의 채권이 경쟁하지 않도록 조정했다. 이렇게 함으로써 각 주정부보다 연방정부가 우위에 있다는 걸 상징적으로 보여준 것이다. 이런 조치들은 미국의 정치적, 경제적 발전을 위해 꼭 필요했던 중앙집권화를 더욱 빠르게 추진시켰다. 달러화를 확립하고, 중앙집권화된 채권시장과 세금 시스템을 만든 해밀턴은 이제 중앙은행 설립에 나섰다. 이 은행은 영국 중앙은행처럼 민간 소유 형태로 운영될 예정이었으며 초기 자본금 1000만 달러 중 80%가 민간 투자자들에게 돌아가도록 설계되었다.

해밀턴은 국가부채를 관리하기 위해 감채기금(sinking fund)도 만들었다. 표면적으로 이 기금의 목적은 국가부채를 장기적으로 상환하기 위해 자금을 따로 적립하는 것이었지만 그 이상의 역할을 수행했다. 해밀턴은 미국에서는 금이나 은이 나오지 않기 때문에 성장률을 높이려면 어느 정도 해외 차관이 필요하다고 판단했다. 미국 정부가 비상 자금을 따로 마련해두자, 국내외의 투자자들은 미국 정부의 채권이 안전하다고 느꼈다. 정부 채권이 잘 팔리지 않을 때는 미국 은행과 감채기금이 채권을 사주었기 때문이다.[11]

감채기금은 시장이 흔들릴 때 안정시키는 든든한 안전장치였다. 해밀턴은 이 기금을 바탕으로 미국 은행이 금융위기 때 마지막으로 돈을 빌려줄 수 있게 조치해두었다(금융위기란 현금 유동성이 부족하다는 것인데 이는 화폐의 역사에서 여러 번 반복된 매우 위험한 상황이다).

돈과 미국인의 DNA

독립전쟁의 혼란과 그에 이은 초인플레이션, 그리고 새로운 공화국의 탄생 과정에서 겪은 고통에도 불구하고 그 후 수십 년 동안 미국의 경제성장은 실로 놀라웠다. 1인당 소득은 40년도 안 되어 영국을 뛰어넘었다. 생각해보면 놀라운 일이다. 이때의 영국은 오늘날의 영국과는 차원이 다르다. 산업혁명과 제국주의 시대를 이끌던 시대의 영국이었다. 미국의 경제적 운명을 확신했던 해밀턴은 탈레랑에게 "아주 먼 훗날이 될지도 모르지만, 과거에 존재했던 거대한 시장들이 아메리카 대륙에 형성될 것이다"고 예언했다.[12]

그가 그 꿈을 실현해줄 금융시스템을 만들었다고 해도 과언이 아니다. 알렉산더 해밀턴이 재무부에서 5년 동안 기초를 닦아놓지 않았더라면 미국 경제가 그토록 눈부시게 발전하기는 어려웠을 것이다. 미국 경제가 아예 발전하지 못했을 거란 얘기가 아니다. 그렇게 빠른 시일 내에 발전하지 못했을 거란 얘기다. 해밀턴이 재무부에 들어갔을 당시 미국은 파산 상태였다. 그러나 그가 떠날 즈음에는 국가 부채가 정리되었고, 재정은 안정되었으며, 저축하는 이들에게는 안전을, 차입자들에게는 투자를 위한 자금을 제공해줄 수 있는 강력한 신통화 체제가 갖춰져 있었다.[13]

미국은 또한 제대로 된 증권 시장을 갖추었고, 새로운 국가의 신용을 믿은 외국인들에게 국채를 판매할 수 있게 되었다. 그 결과 유입된 자본은 국가의 확장을 위한 재원으로 활용되었다. 미국인들은 돈과 이익에 대한 애착을 드러내며 기업을 설립하고 위험을 감수하는 놀라운 능력을 보여주었다. 이 때문에 미국 경제에는 활력이 돌았다. 이를 지켜본 유럽인들은 신세계로 떠나 도전하고 싶다는 유혹을 느꼈다. 해밀턴이 만든 감채기금이 미국 채권에 대한 신용도를 높여주자 자본뿐 아니라 좋은 인재도 미국으로 유입되었다. 19세기 초 유럽이 이념전쟁에 휘말려 있는 동안 미국은 견고한 은행 시스템과 사실상의 중앙은행을 중심으로 외부와는 거리를 둔 채 조용히 경제발전에 집중했다.

인정사정 봐주지 않는 자본주의 공화국이었던 1800년대의 미국은 스테로이드라도 맞은 것처럼 강력하게 성장했다. 알렉시스 드 토크빌은 1831년에 이렇게 말했다.

"미국인의 국민성을 깊이 파고들면, 그들이 세상 모든 것의 가치를 오직 한 가지 질문에 대한 답, 즉 '얼마나 많은 돈을 벌어다 줄 것인가'에서만 찾았다는 것을 알 수 있다."[14]

돈은 신분 상승을 가능하게 만든다. 이 시절에도 그렇고 지금도 그렇다. 유럽에서는 이런 사고방식이 사회체제를 위협했다. 신분제, 계급제, 군주제라는 견고한 틀을 무너뜨리는 위험한 발상이었던 것이다. 그러나 미국에서는 전혀 달랐다. 돈만 있으면 출신을 뛰어넘어 새로운 사람으로 태어날 수 있었다. 유럽인들에게 미국은 자수성가한 사람들의 나라였다. 아일랜드를 떠나 미국으로 간 수많은 사람들에게도 '돈이 곧 기회'라는 말은 매력적이었을 것이다. 한때 가난한 이민자였던 해밀턴 역시 이 점을 누구보다 잘 알고 있었다.

하지만 해밀턴이 이들을 완전히 이해했던 것은 아니었다. 미국인들은 돈에 대해서는 개방적이고 적극적이면서도 노예를 소유한 나라에 걸맞지 않게도 유난히 청교도적인 도덕관을 갖고 있었다. 알렉산더 해밀턴은 곧 그 사실을 몸소 깨닫게 된다.

미국 역사상 최초의 섹스 스캔들

많은 유능한 정치인들이 그렇듯, 대통령이 될 수도 있었던 해밀턴 역시 추종자만큼이나 정적들도 많았다. 조지 워싱턴의 확실한 후계자로 여겨졌던 이 금융 천재는 연방주의 동료인 존 애덤스에게 밀려 주도권을 잃었다. 애덤스는 1796년 대선에서 해밀턴에게 부통령 후보로 출마하라는 제안을 의도적으로 하지 않았다. 물론 해밀턴은 반대편에 있던 토머스 제퍼슨에게도 미움을 받았다. 제퍼슨은 농업 중심적이고 상업에 덜 집착하는 신생 정당인 민주공화당의 지도자였다. 정치권에서 이 정도의 갈등은 흔한 일이다.

하지만 재무부에서 흠잡을 데 없는 경력을 쌓은 해밀턴은 1797년, 마침내 정적들이 원하던 먹잇감을 내주고야 말았다. 대중의 분노를 산 것이다. 그는 미국 역사상 최초로 공개적인 섹스 스캔들의 주인공이 되었다. 마리아 레이놀즈라는 유부녀와 바람을 피우고 있었던 그는 전형적인 음모극의 극본대로 그녀의 남편으로부터 협박받아 돈을 뜯기는 중이었다. 결국 해밀턴은 바지 지퍼를 제대로 관리하지 못한 대가로 권력을 향한 야망을 스스로 무너뜨리고 말았다.

18세기 미 공화국의 성에 대한 사고방식은 그 당시 프랑스 공화국의 그것과는 사뭇 달랐다. 그 차이는 오늘날까지 이어지고 있다. 해밀턴의 친구 탈레랑은 자신의 바람기를 마치 파리식 훈장처럼 자랑스럽게 드러내고 다녔다. 그는 권력 있는 프랑스 남자들이 흔히들 그랬던 것처럼 불륜 사건들로 오히려 덕을 봤던 것이다. 1804년 늘 독설로 유명했던 해밀턴은 뉴욕 주지사 선거운동 기간 중 자신의 수많은 정적 중 한 명인 부통령 애런 버를 맹렬히 비난하는 팸플릿을 연이어 발표했다.

이에 분노한 버는 해밀턴이 자신의 명예를 훼손했다며 이를 해결할 방법은 결투밖에 없다고 주장했다. 대부분의 사람들은 두 사람이 형식적인 결투만 치를 거라 예상했지만 버의 생각은 달랐다. 그는 정말로 해밀턴을 죽일 작정이었던 것이다. 결국 1804년 7월 7일, 미국의 부통령은 전직 재무장관을 살해했다.

미국에서나 가능한 일이었다.

| 4부 |
현대 화폐
Modern Money

마취제, 엑스레이, 현미경 기술이 발전했고
전구와 전화기도 발명되었다.
그리고 이 모든 혁신에는 자금이 필요했다.
과학에 대한 열기가 거대한 투자를 이끌어낸 것이다.

14장 | 돈, 진화경제의 에너지원

십진법의 도입

요제프 로트의 소설 『엉터리 저울추(Weights and Measures)』는 현재의 폴란드와 우크라이나 사이에 끼어 있던 오스트리아제국의 갈리치아에서 시작한다. 폴란드인, 유대인, 우크라이나인, 루테니아인, 극소수 오스트리아 관료들 몇몇의 고향이었던 갈리치아는 1918년까지 200년 넘게 빈의 지배를 받았다. 오스트리아제국과 러시아제국의 완충지로 설계된 갈리치아의 국경지대에는 행상들, 징병 기피자들, 밀수업자 등 각양각색의 사람들이 몰려들었다. 그런 곳에서 국가 공무원, 특히 현지 상인들의 상도덕을 감시하는 임무를 맡은 사람이 환영받을 리 만무했다. 소설의 주인공 아이벤쉬츠는 오스트리아가 나라 전체에서 화폐와 도량형(度量衡)을 통일하려고 새로 도입한 십진법을 현장에 정착시키는 일을 맡았다. 로트의 묘사에 따르면 아이벤쉬츠의 임무는 무장 경찰의 지원을 받아 새로 도입된 십진법을 악용하거나 어기는 상인들을 단속하고 처벌하는 것이었다. 하지만 오랫동안 서로 거래가 있었던 지역 주민들에게 십진법의 도입은 번거로운 일일 뿐이었다. 그들에게는 관료들의 영업 방해일 따름이었다.

옛날에는 정해진 도량형이 있었다. 하지만 이제는 저울만이 기준이 되었다. 옷감의 치수는 팔을 이용해 쟀다. 주먹을 쥔 손에서 팔꿈치까지의 길이가 정확히 한 엘엘, 중세부터 근세까지 유럽 여러 나라에서 사용된 길이 단위, 45~115cm사이였다.* 이라는 것은 삼척동자도 다 아는 사실이다……(중략)……하지만 이 지역에서는 저울이나 자를 아예 쓰지 않는 사람들도 많았다. 그들은 손으로 무게를 가늠하고 눈대중으로 길이를 재곤 했다.[1]

19세기는 돈과 도량형도 과학과 마찬가지로 추측과 평판에 의존하던 방식에서 정확성과 객관성의 방향으로 넘어가는 과도기였다. 결국 오스트리아제국이 채택한 십진법이 원동력을 얻게 된 것은 상당 부분 해밀턴의 혁명기 미국 덕분이었다.

미국 달러는 세계 최초의 완전한 십진법 화폐로 1792년 해밀턴이 주도한 주화법을 통해 공식화되었다. 새로운 공화국, 미국의 시민들은 제국주의 영국과 단절하고 싶었고, 그 흔적도 지우고 싶었다. 크라운영국의 옛 화폐로 5실링짜리 동전*, 파딩구 페니의 4분의 1에 해당하던 영국의 옛 화폐*, 소버린 1파운드짜리 금화* 같은 화폐 명칭은 너무나 영국풍이었기에 미국은 100센트cent는 라틴어로 100을 의미한다* 로 나눠지는 달러로 새로운 십진법 화폐를 도입했다.[2]

다임은 10분의 1이라는 뜻의 옛 프랑스어인데 북아메리카의 광대한 프랑스어 권역에서 쓰였던 말이다. 십진법의 도입은 그 자체로 혁명적인 선언이었다. 유럽의 구정권들도 그렇게 받아들였다. 그들은 십진법이 아무리 논리적이라 해도 순순히 받아들일 생각이 없었다. 적어도 처음에는 그랬다. 자신들의 화폐제도가 아무리 복잡하더라도 가발을 쓴 왕당파 군주들은 바꿀 생각조차 하지 않았다.

나폴레옹 전쟁은 사상 다툼이었다. 한쪽에는 근대를 대표하는 공화주의가, 다른 한쪽에는 과거를 대표하는 군주제가 버티고 있었다.

격변의 18세기 및 19세기 초, 화폐단위에 대한 논쟁은 보수파와 급진파 사이의 정치적, 사회적, 지적 균열을 반영했다. 보수당의 본질은 이 용어를 만든 당사자인 아일랜드인 에드먼트 버크가 주장한 것처럼 '보존하는 것'이다. 보수주의자들에게 전통은 소중한 것이며 진보란 작은 성과를 축적해나가는 과정이다. 진보주의자들은 효과적인 것을 보존하고, 유산에 경의를 표하며 발전해나가야 한다고 믿는다. 난해한 화폐단위를 보존하려 하자 군주제는 물론 세습 귀족제, 국교회 같은 기타 보수적인 신념들이 세트로 딸려왔다. 보수주의자들은 본질적으로 과거지향적이며 다가올 미래를 포용하기보다 과거에서 정당성을 찾는다. 하지만 혁신이 주도하는 과학의 세계에서 전통은 해를 끼치는 경우가 많다. 19세기에 급진주의자들이 새로움과 가능성을 부르짖는 동안 보수주의자들은 익숙한 방식에만 집착했다. 화폐를 둘러싼 논쟁도 이와 마찬가지였다.

혁명기의 미국이 화폐에 십진법을 도입했다면 혁명기의 프랑스는 그것을 광적으로 받아들였다. 프랑스는 모든 것을 십진법으로 통일했고 이 논리적이고 이해하기 쉬운 체계를 나폴레옹의 혁명군을 통해 이탈리아에서 독일에 이르기까지 유럽 전역으로 전파했다. 프랑스인들에게 십진법의 도입은 민주주의와 자유의 표현이었으며 군주제의 불편한 유산을 타파하는 상징적인 행위였다. 그들은 십진법 혁명을 화폐와 도량형에만 국한하지 않았다.

프랑스혁명력에서는 일주일이 7일에서 10일로 바뀌었고 이를 데카드(decade)라 불렀다. 하루는 열 시간이었고, 한 시간은 100분, 1분은 100초였다. 1년은 여전히 열두 달이었지만 10월에 시작되었다. 달력에 종교 축일이나 로마 황제들, 신에 대한 언급은 모조리 삭제되었고 연중 그 시기의 계절이나 날씨를 반영한 이름들로 대체되었다. 예를 들어 8월(August)은 로마 황제인 아우구스투스를 기리던 이름이었지만 프랑스에서는 '뜨거운 달'이라는 뜻의 테르미도르(Thermidor)라 불렀다. 이처럼 프랑스는 국가 전반적인 체계를 십진법으로 바꾸면서 이를 10년 넘게 지속했다. 일부 실험적인 부분은 폐기되었지만, 십진법을 기반으로 한 화폐, 저울이나 측정 단위 등의 도량형은 지금까지도 남아 있다.

십진법 체계는 계산이 간편하고 편리하다는 점에서 과학자들과 혁명가들 모두에게 매력적이었다. 10과 100을 단위로 삼는 미터법의 미학은 표준화와 비교가 쉽다는 점이었다. 이런 체계를 사용하게 되면서 사람들은 경험주의에 기반한 사고를 하게 된다.

또한 정확한 측정을 가능하게 해주면서 결국 생산성까지 올라갔기 때문에 기계공, 기술자, 상인들 역시 미터법에 큰 매력을 느꼈다. 시간이 흐르면서 미터법을 채택하는 나라는 하나둘 늘어갔다.

19세기에 과학과 탐구가 급속히 발전하면서 미터법은 모두가 이해할 수 있는 국제적 공용어처럼 자리 잡았다. 영국은 군주제 국가답게 완강히 저항했지만 다른 대부분의 나라들은 혁명기 미국 및 프랑스처럼 화폐나 측정 단위를 수용하게 된다. 프랑스는 전쟁에서 졌고 미국은 바다 너머 고립되어 있었지만 이 두 나라의 혁명은 19세기 지성인들의 마음을 사로잡는다. 또한 십진법은 사람들의 거래방식뿐 아니라 사고방식에도 큰 영향을 미친다.

십진법과 대중심리의 변화

18세기의 상업혁명은 19세기 산업혁명으로 이어졌다. 이는 과학적 발견의 시대가 이룩한 산물이었다. 이 변화 속에서 돈은 단순히 경제 확장의 매개체일 뿐 아니라 인간의 심리와 행동 방식에도 중요한 역할을 했다. 돈을 어떻게 관리하느냐는 일상생활에서 점점 더 중요한 문제가 되었다. 산업의 성장과 함께 임금을 기반으로 한 노동이 확산되면서 더 많은 사람들이 돈을 쓰게 되었다. 사람들의 일상 속에서 이제 모든 것이 돈과 연결되었다. 예를 들어 공장 노동자는 하루 8시간 일해서 버는 돈이 월세 5일치에 해당되거나 눈여겨보던 외투의 가격과 맞아떨어진다는 사실을 계산할 수 있게 된다.

화폐의 십진법 도입은 더 많은 사람들이 숫자에 익숙해지도록 만들었고 숫자에 익숙한 사람일수록 측정에 기반한 과학적 발견을 더 쉽게 받아들이는 경향이 있었다.

이는 과거 '0'의 개념을 도입했을 때와 유사한 현상이었는데 이번에는 그 규모가 훨씬 광범위했다. 주머니에 동전이 있는 사람이라면 모두 10과 100으로 손쉽게 나누고 곱할 수 있게 되었다. 현대인의 관점에서는 너무나 당연한 일이라고 생각하지만 그 당시 사람들에게는 엄청난 변화였다. 인간이 쓰지 않던 뇌 부위를 이때부터 쓰게 되었다는 얘기다.

십진법 도입 이전에 보통 사람들은 파딩이나 기니^{guinea, 과거 영국에서 사용되던 화폐단위, 상류층에서 썼던 돈}* 같은 단위를 가지고 계산했으며 여러 종류의 동전들 간의 차이를 깊이 이해하기보다는 수량만으로 계산했다. 그러나 십진법 도입 이후 상황은 완전히 달라졌다. 이 변화는 19세기 과학의 비약적인 발전과 함께 진행되었고 이러한 발전들은 모두 귀납적 추론과 실증적 데이터에 기반했다. 이러한 사회적 분위기에서 자연 속 다양한 관계를 관찰하고 데이터를 수집하던 한 사람이 있었으니, 그가 바로 찰스 다윈(Charles Darwin)이었다. 그의 발견은 세상을 뒤흔든다.

강한 자가 아니라 적응한 자가 살아남는다

1848년 여름, 찰스 다윈은 미국 매사추세츠주 보스턴 항구에서 아일랜드 이민자들 사이에 발진티푸스가 발병했다는 소식을 들었다. 현재진행 중인 이 인간적 비극 때문에 다윈은 나날이 손실이 불어나고 있던 주식시장을 잊을 수 있었다. 빅토리아 시대를 뒤바꾼 혁신적인 기술인 철도회사의 주식들은 그 당시 광적인 투기의 대상이었고 다윈의 손실은 점점 더 커지고 있었다.

생명이 지구상에서 어떻게 발생하고 발전했는지를 설명한 진화론과 진화론의 진리인 자연도태설을 연구한 만큼 다윈은 철도사업에 뛰어든 회사라고 다 성공하는 건 아니라는 사실을 알아야 했다. 사실 철도 주식의 열풍 속에서 설립된 회사들 대부분은 보기 좋게 망했다. 1720년 남해회사 사태로 재산을 잃었던 선배 아이작 뉴턴과 마찬가지로 다윈도 재정적으로 큰 타격을 받았다. 그 역시 딱 떨어지는 물리학 법칙을 너저분한 돈의 세계에 적용하는 우를 범했다. 그는 우리가 사는 세계를 재해석한 천재였을지 몰라도 돈이 어떻게 작동하는지, 돈이 보통 사람들의 심리에 어떤 영향을 미치는지에 관해서는 알지 못했다. 로마인들이 가르쳐주었듯, 돈은 변덕스러워서 내 손 안에 쥐고 있는 것 같다가도 어느새 손가락 사이로 빠져나가 버린다.

다윈이 꼭 투기 때문에 돈에 관심을 가진 것만은 아니었다. 10년 전 그에게 자연선택 개념을 선사한 것이 경제학이었고 거기서부터 모든 것이 시작되었기 때문이다.[3] 그가 지구상에 존재하는 생명에 대한 이론을 떠올린 것은 생물학 논문이 아니라 경제학 서적을 읽고 나서였다. 그는 일기에 이렇게 썼다.

> 1838년 10월, 본격적인 탐구를 시작한 지 15개월쯤 되었을 때 우연히 『맬서스의 인구론』을 읽게 되었다.

나는 오랫동안 식물과 동물의 습성을 관찰하면서 어디에서나 '생존 경쟁'이 벌어지고 있다는 걸 이해하게 되었다. 그 덕분인지 그 책을 읽는 순간 이러한 상황에서 유리한 변이는 보존되고 불리한 변이는 제거될 것이라는 생각이 떠올랐다. 그 결과, 새로운 종이 탄생할 거라는 결론에 이르렀다. 이렇게 해서 마침내 나의 이론을 세울 수 있게 되었다.

경제학자이자 성공회 목사였던 토머스 맬서스가 지은 저 책의 전체 제목은 『인구론: 사회의 발전에 미치는 영향에 대한 고찰』이다. 1838년, 다윈은 자신이 자연 세계에서 관찰한 현상들을 뒷받침해줄 이론을 간절히 찾고 있었다. 그 유명한 항해 기간 동안 찰스 다윈은 1831년부터 약 5년간 비글호를 타고 세계를 탐험하며 다양한 지역의 동식물을 관찰했고, 그때 남긴 방대한 기록과 표본이 훗날 진화론과 『종의 기원』의 밑바탕이 되었다* 그는 어떤 동물과 식물이 번성하고 어떤 동물과 식물이 멸종했는지를 자세히 기록했다. 그는 갈라파고스 섬에서는 번성했던 동물이 다른 데서는 멸종되었다는 사실에 주목했다. 또 꽃과 식물들이 빛과 영양분을 차지하기 위해 어떻게 경쟁하는지를 관찰했다.

그리고 생존한 종들이 환경에 적응하는 듯한 모습을 연구하며 이런 끊임없는 투쟁을 '종의 전쟁'이라 불렀다. 다윈은 변화한 환경에서 어려움을 겪는 식물이 있는 반면 오히려 번성하는 식물이 있다는 걸 발견했고 똑같은 원리를 인간에게도 적용할 수 있을 거라 생각했다. 그런 그에게 데이터는 있었지만 이론적 틀은 없었다. 그런 와중에 맬서스의 책을 읽고 비로소 그 틀을 갖춘 것이다.

『인구론』을 완전히 이해한 뒤 다윈은 마침내 자신만의 이론을 세우게 되었고, 1840년대 내내 자신이 수집한 방대한 자료들을 생명에 대한 새로운 이론에 적용하기 시작했다. 그 이론의 핵심은 맬서스가 말한 자연적 억제 positive checks, 기근, 질병, 전쟁, 자연재해 등 인구 과잉을 막기 위해 나타나는 자연적인 장치들*였고, 다윈은 이를 발전시켜 '자연선택'이라는 이름을 붙였다.

맬서스는 산업이 확장되고 소득이 늘어나면 인구수가 늘어날 거라고 봤다. 그런데 이는 필연적으로 토지당 생산량의 부족으로 이어질 수밖에 없다. 세상은 결국 '맬서스 함정'에 빠지게 되어 있었다. 그 순간이 오기 전 농부들은 단일 작물 또는 제한적 종류의 작물 재배에 의존하며 점점 늘어나는 인구에게 주식을 제공하게 되는데, 이렇게 되면 점점 더 많은 사람들이 몇 안 되는 작물에 의존하게 되어 생존 가능성이 취약해진다(바로 이 현상이 1840년대 아일랜드 대기근 때 일어난다).

맬서스의 이론에 따르면 인구 증가는 필연적으로 식량 부족, 흉작, 전염병 같은 사태를 불러일으킨다. 이는 증가하는 인구가 지구의 자원에 압박을 가하기 때문이다. 적응력이 떨어지는 개체는 결국 소멸하고 이는 인구 붕괴로 이어진다.

다윈이 가장 주목한 점은 토지 생산량이 한계에 직면했을 때 인간이 행동을 수정한다는 내용이었다. 이것이 바로 아까 말한 '자연적 억제' 중 하나다. 다윈은 바로 이 행동 수정이 자신의 생명론과 연관된다고 생각했다. 이런 억제 행위를 통해 환경에 적응하는 종은 살아남을 것이고 적응하지 못하는 종은 멸종할 거라는 것이다.

예를 들어 아일랜드 대기근 이후 결혼율이 급락하고 이민이 끊이지 않았는데 이웃이 굶어 죽는 것을 목격한 사람들의 행동 패턴이 바뀌었기 때문이다. 아일랜드 인구는 1841년 800만 명에서 1941년 400만 명 이하로 떨어졌다. 행동 수정이 생존의 열쇠였다. 1850년대에 약 99만 명의 아일랜드 사람들이 미국으로 이주했는데, 이는 그 시기 미국으로 이주한 전체 이민자의 83%에 해당한다. 우리 조상들은 환경에 잘 적응한 것이다. 가장 강한 자가 살아남은 것이 아니라 가장 잘 적응한 자가 살아남는다. 1848년, 트라우마에 시달리는 아일랜드 난민들의 사례는 맬서스의 이론이 생물학에도 적용될 수 있다는 강력한 증거였다.

인간도 경제도 끊임없이 변화한다

다윈은 '자연적 억제'가 자연도태 과정에 해당하는 사회학적 과정이라고 결론지었다. 어떤 면에서 맬서스는 최초의 진화경제학자였다. 그는 인류와 지구 사이의 관계를 지배하는 일종의 자연선택이 존재한다고 주장했다. 그리고 이 관계는 결코 고정된 것이 아니었다. 그의 주장은 식량 문제에 국한되지 않는다. 그는 대도시에서는 전염병이 훨씬 더 자주 발생해서 많은 사람들이 몰살당할 거라 예측했다. 그리고 이와 동시에 인간들은 사회적 거리두기, 격리 같은 행동을 하게 될 거라는 것이었다.

그러나 그는 인간이 창의력을 발휘하여 농업 생산력을 끌어올리고 의학과 과학 기술이 비약적으로 발전할 거라는 사실은 예측하지 못했다. 그는 인간을 너무 과소평가한 것이다. 그럼에도 오늘날 급격한 기후 변화는 자연이 여전히 인간의 삶을 좌우하고 있다는 걸 잘 말해준다. 세상은 여전히 진화의 소용돌이 속에 있다. 영국과 미국에서 경제가 성장하면서 훗날 경제학이 될 학문도 점점 주목받았다. 18세기 후반 애덤 스미스를 시작으로 지식인들은 경제를 하나의 학과로 여겼다. 산업혁명 이전까지 경제라는 개념은 추상적인 아이디어에 불과했지만, 실증주의 사회의 도래와 함께 산업화, 임금, 이윤 등이 등장하면서 지식인들과 과학자들은 '경제'라는 시스템을 탐구하기 시작했다. 사람들은 경제가 어떻게 작동하는지, 혁신은 어떻게 시작되는지 그리고 이 시스템 안에서 돈이 어떤 역할을 하는지에 대해 질문하기 시작했다.

빅토리아 시대의 경제학은 빅토리아 시대 생물학에 가장 큰 돌파구를 열어주었다. 그것이 바로 자연선택 이론이다. 진화론이 빅토리아 시대 사람들의 사고방식에 끼친 영향은 아무리 강조해도 지나치지 않다. 그전까지 믿었던 모든 가치가 뒤집혔기 때문이다. 진화론은 종교뿐 아니라 사회의 위계질서까지 흔들어놓았다. 자연이 끊임없이 변화하는 것이라면, 사회가 정체되어 있을 수는 없는 노릇이었다. 확신이 의심으로 바뀌면서 사회 곳곳에서 반발과 혼란이 일어났고 이런 현상은 빅토리아 시대의 예술과 문학에 그대로 반영되었다. 전통과 미신 등 기존의 관념은 균열되기 시작했고 그 대신 과학기술이 급속도로 발전했다. 생물학에 대한 관심은 세균설로 이어졌고, 이는 의학을 근본적으로 바꿔놓았다. 마취제, 엑스레이, 현미경 기술이 발전했고 전구와 전화기도 발명되었다. 그리고 이 모든 혁신에는 자금이 필요했다. 과학에 대한 열기가 거대한 투자를 이끌어낸 것이다.

경제학은 다윈에게 이론의 틀을 제공했고, 다윈의 이론은 다시 경제를 이해하는 새로운 방식을 제시했다. 흔히 현대 경제학의 아버지라 불리는 앨프리드 마셜은 이렇게 말했다. "경제학자의 메카는 경제생물학이다."[4]

경제도 복잡하게 얽힌 상호작용의 시스템이기 때문이다. 그리고 이 불안정성의 근원은 그 중심에 있는 인간이 예측 불가능한 존재이기 때문이다. 인도에서 발생한 한 정치적 사건은 이러한 복잡성을 잘 보여주며 끊임없이 변화하는 경제의 흐름을 예측하는 것이 얼마나 어려운지를 말해준다.

의도치 않은 결과의 법칙

다윈이 『종의 기원』의 최종 교정을 보던 중 식민지에서 전해진 충격적인 소식이 다시 웨스트민스터를 뒤흔들었다. 이번에는 아일랜드가 아니라 인도에서 온 소식이었다. 1857년, 영국이 점령 중이던 인도에서 민중항쟁이 일어났다. 영국 교과서들은 지금도 이 사건을 '반란'이라고 부르고 자유를 부르짖었던 인도인들을 배신자라 정의한다. 인도 전역에서 민중항쟁이 일어나자 영국은 식민지를 잃을지도 모른다는 두려움에 휩싸였다. 인도는 이미 약탈자들의 천국이 되어 있었고 포기하기엔 너무나 값진 땅이었다. 영국이 도착했을 당시 인도의 국내총생산(GDP)은 전 세계 소득의 약 30%에 달했지만 영국이 떠날 무렵에는 그 비중이 3% 미만으로 떨어져 있었다.

1857년 민중항쟁 이후 영국은 전략을 바꾸어 인도 내 일부 사람들에게 뇌물을 먹여 식민 지배가 인도에 이롭다고 믿게 만들었다. 영국은 계속해서 약탈과 수탈을 이어가면서 '회유를 통한 자치 말살 정책'을 공식적으로 실행했다. 영국은 인도인의 세금으로 철도를 놓고 도서관 몇 개를 세우며, '우리는 인도에 문명을 전하고 있다'고 홍보했다(실제로 인도는 영국보다 4000년이나 앞선 문명을 가진 나라임에도). 그렇게 보여주기식 사업을 하면서 봄베이라는 항구도시를 세운 다음 그곳을 통해 인도의 국부를 빼돌렸다.

영국은 거대한 도시 델리의 행정을 맡으면서 식민 지배의 효율성을 홍보할 수 있을 거라 기대했다. 1857년 민중항쟁이 일어난 지 몇 년 후에 그 기회가 찾아왔다. 영국 고등법무관 사무소는 올드 델리의 인구 밀집 지역에 코브라가 들끓는다는 신고를 받았다. 코브라에 물리면 질식으로 사망하기까지 약 30분밖에 걸리지 않기 때문에 도시 전체가 공포에 빠졌다. 이때야말로 영국의 통치가 인도인들에게 얼마나 유리한 것인지를 보여줄 기회였다. 영국은 뱀 퇴치를 위해 나섰다.

영국 정부의 인도 사무국은 코브라를 없애기 위해 현지 주민들을 어떻게 참여시킬지 고심했다. 그들은 고민 끝에 올드 델리의 특정 지점에 죽은 코브라를 가져오면 보상금을 주겠다고 발표했다. 그러면 돈에 자극받은 주민들이 앞장서서 뱀을 잡아올 것이고 결국 코브라를 퇴치할 수 있을 거라 기대한 것이다.

처음에는 델리의 용감무쌍한 뱀 조련사들이 나섰다. 수많은 코브라 사체가 수거 지점에 쌓이기 시작했고 코브라 개체수는 급감했다. 주민들은 보상금을 받았고 영국 당국은 흡족해했다. 하지만 몇 달도 안 되어 이상한 보고서가 올라오기 시작했다. 코브라의 사체 수가 줄어들기는커녕 더 늘어나고 있다는 내용이었다. 도대체 어떻게 된 일일까?

이 현상은 의도치 않은 결과의 법칙Law of Unintended Consequences, 복잡한 사회나 경제시스템에 개입할 때 반드시 예측하지 못한 결과가 발생할 수 있다는 것을 경고하는 법칙*이 작용한 것이었다. 코브라 한 마리에 값을 매기자 위험한 동물이 가치 있는 상품으로 바뀌어버렸다. 돈이면 안 되는 일이 없다! 올드 델리의 주민들은 야생 코브라를 잡는 대신 코브라를 사육하기 시작했던 것이다. 길들인 코브라는 야생 코브라보다 죽이기 쉬웠으므로 수완 좋은 현지인들은 이를 통해 수익 체계를 만들어냈다.

영국 정부의 탁상행정으로 도시의 골칫거리가 수익사업으로 둔갑했다. 당국은 당황했다. 이제 거리에는 야생 코브라가 예전보다 줄어들었지만 급증한 코브라 사체 포상금 때문에 국고에서 미친 듯이 돈이 빠져나가고 있었기 때문이다.

마침내 영국 정부는 상황을 파악하고 급성장한 사업체인 신생 코브라 농장들을 급습했다. 감쪽같이 속았다는 사실에 격분한 영국 정부는 포상금 제도를 중단했다. 그러자 인도의 뱀 장사꾼들은 키우던 뱀들을 도시 곳곳에 풀어버렸다. 아무 가치도 없는데 뭐 하러 키우겠는가? 결국 도시는 이전보다 더 심한 코브라 떼로 다시 뒤덮이게 되었다.

다양성, 부로 통하는 길

코브라 이야기는 돈이 경제를 움직인다는 사실을 잘 보여준다. 경제는 거대하고 예측 불가능하다. 무슨 일이 일어날지 정확히 아는 사람은 없다. 시중에는 어떤 상품이 나왔다가 금방 사라지기도 하고 뛰어난 상품이 외면받거나 별로 좋지 않은 상품이 유행하기도 한다. 왜 그런지는 아무도 모른다. 경제에 유입되는 자금이 많아질수록 재화와 용역으로 바뀌는 아이디어는 많아진다. 모든 아이디어가 자신만만하게 첫걸음을 내딛지만 살아남는 것은 얼마 되지 않는다. 기대와 불안 속에서 신제품을 출시해본 사람은 잘 알 것이다. 어떤 제품이 세상을 바꾸는 경우는 정말 드물다. 아무리 잘 세운 마케팅 계획도 막상 시장에서 부딪히면 거의 살아남지 못한다. 방금 살펴본 델리의 코브라 사육사들처럼 시장은 종잡을 수 없다.

유전적 진화는 서서히 일어나지만 돈을 매개로 이루어지는 경제적 진화는 놀라울 만큼 빠르다. 돈이 많을수록 더 많은 제품이 나오고 에너지가 커지며 진화 속도도 빨라진다. 자연 세계에서 생태계의 다양성이 건강함을 나타내듯 경제도 마찬가지다. 사람, 자본, 네트워크, 상호작용이 다양할수록 더 많은 아이디어와 제품, 서비스가 탄생한다.

건강한 경제는 활기차다. 활기는 넘칠수록 좋다. 경제는 진화하는 동안 이런저런 역경에 처하는데 다양성이 가장 뛰어난 지역이 성공한다. 왜냐하면 그런 지역은 한 가지에만 의존하지 않기 때문이다.

자연 세계에서 단일재배는 매우 위험하다. 다윈이 아일랜드 사람들을 떠올리며 했던 생각을 떠올려보라. 그들은 단 하나의 작물, 감자에 의존했고 이는 큰 위험을 초래했다. 진화경제학에서도 모노컬처는 마찬가지이다. 이것은 가난으로 가는 지름길이다. 산유국을 제외하면 다양성은 부로 통하는 길이다. 다양성은 더 많은 선택권, 더 많은 조합, 더 새로운 상업적 교류의 가능성을 열어준다.

구텐베르크가 인쇄기를 발명할 수 있었던 것도 15세기 마인츠의 활발한 경제와 상업의 다양성 덕분이었다. 그는 금세공사라는 배경에서 비롯된 인쇄 기술과 마인츠에서 수 세기 동안 사용되어 온 포도 압착 기술을 결합했다. 바로 이런 기술의 결합이 혁신의 핵심 열쇠였다.

신제품은 대개 주변 혹은 바로 코앞에 있는 것에서 탄생한다. 이를 조합해내는 사람이 바로 기업가들이며 이들은 돈을 통해 그런 조합을 만들어낸다. 돈이 많을수록 위험도 감수할 수 있고 다양성도 커지며 경제는 더 빠르게 진화한다. 신제품은 구제품을 대체하며 어떤 것이 어떤 결과를 낳을지는 아무도 모른다. 델리의 코브라 사례처럼 어떤 계획이 예상하던 대로 흘러가기도 하지만 전혀 다른 사건이나 모순적인 결과로 이어지는 일도 부지기수다. 그 누구도 혁신의 파급효과를 정확히 예측하기는 힘들다.[5]

인쇄기가 발명되자 교육과 산업, 금융, 종교 등 삶의 여러 영역에서 예상치 못한 거대한 변화들이 일어났고 결국 종교개혁으로 이어졌다. 다윈 시대의 세계 경제는 새로운 아이디어와 발견, 신제품으로 떠들썩했다. 단순히 '성장'하는 것이 아니라 진화하고 있었던 것이다. 살아남은 제품은 변화에 적응한 것이었고 어떤 제품이 살아남을지를 결정짓는 거룩한 설계자 따위는 존재하지 않는다. 경제는 설계자 없는 설계이기 때문이다.

다윈까지 휘말렸던 철도 주식 투기 열풍은 이 시기에 일어난 수많은 투기 중 하나였다. 석유와 전기의 발견은 어떤 자원이 경쟁에서 승리할 것인가에 대한 뜨거운 투기 열풍을 일으켰다. 돈은 이 새로운 세상의 연료이자 결정권자였다. 어떤 제품이나 회사가 돈을 번다면 살아남을 것이고 벌지 못한다면 도태될 것이다. 결국 이익이라는 형태의 돈은 새로운 제품이 성공작인지 아닌지를 세상에 알려주는 진화경제의 언어였던 셈이다.

아직 20세기 정치경제학자 조지프 슘페터의 용어가 나오기는 전이었지만 19세기에도 이미 슘페터의 '창조적 파괴'는 일어나고 있었고 케인스가 말한 '동물적 감정'에 의해 경제가 돌아갔다. 경제는 고정되거나 기계처럼 움직이는 것이 아니라 살아 있고 끊임없이 진화하는 유기체이기 때문이다.

화이트칼라의 등장

19세기 중반쯤 돈은 세상을 더 작게 만들고 있었다. 새로운 소비재가 원자재 수요를 늘렸고 이 원자재들은 유럽과 미국의 항구에 도착해 수없이 다양한 제품을 생산하는 공장들로 이동했다. 이 공장들에서 나오는 이윤은 노동자들의 수입이 되었고 공장들은 육체노동자뿐 아니라 사무직 노동자, 변호사, 회계사, 관리자 등 새로운 중산층, 즉 훗날 '화이트칼라'로 불리게 될 인력도 고용해야 했다.

이들이 받은 급여를 예치하기 위해 설립된 은행은 다시 기업가에게 투자했고 이로써 끊임없이 대박을 노리는 상업 투자자 계층도 생겨났다.

이 시기에는 금융이 혁신적으로 발전하면서 오늘날의 글로벌 은행 산업이 형성되기 시작했다. 돈이 필요한 곳이면 어디든 금융자본이 흘러 들어갔다. 이 금융시스템은 기업가들과 소비에 목마른 부르주아 계층에게 자금과 신용을 공급했다. 그들이 원하는 수많은 상품 중 하나가 자전거였다. 자전거는 전 세계에 획기적인 변화를 일으킨 발명품이었고 그 영향은 아프리카에서 가장 뚜렷하게 그리고 비극적으로 나타났다.

15장 | 피 묻은 돈

어둠의 심연

"자네는 암살자인가, 윌라드?"

"저는 군인입니다."

"둘 다 아니야. 자네는 식료품 가게에서 외상값 받아오라고 보낸 심부름꾼일 뿐이야."

모욕으로 치자면, 이건 정말 치명적이다. 악당 커츠 대령(말론 브란도)이 윌라드 대위(마틴 신)에게 던지는 대사다. 대머리 커츠가 머리에 비누를 칠하며 젊은 윌라드를 심리적으로 압박하는 이 장면만으로도 오스카상을 받을 만했다. 전 세계 영화 팬들 중 모르는 이가 없을 프랜시스 포드 코폴라의 〈지옥의 묵시록(Apocalypse Now)〉은 베트남 전쟁 동안 젊은 암살자 윌라드가 메콩강을 따라 커츠를 찾아 나서는 이야기이다.

커츠는 정글 한가운데에서 은둔 중이다. 그의 요새는 잘린 머리들이 말뚝에 꽂혀 있는 소름 끼치는 울타리로 둘러싸여 있다. 이 영화의 줄거리는 벨기에령 콩고에서 벌어진 실제 사건을 바탕으로 한 한

폴란드 작가의 기록에서 비롯되었다. 그 작가는 요제프 테오도르 콘라드 코제니오프스키, 즉 조지프 콘래드로 알려져 있다. 1899년 발표한 그의 중편소설 『어둠의 심연(Heart of Darkenss)』은 벨기에의 국왕 레오폴드가 주장한 자유무역 지대의 잔혹한 현실을 폭로했다. 이 지역은 중앙아프리카의 광대한 콩고강을 가로지르는 곳으로 이상고 뼈가 발굴된 바로 그 무역로다.

1890년 32세의 폴란드인 콘래드는 철도 침목을 콩고로 운송하는 배에서 일하고 있었다. 아프리카에서 오랜 경험을 쌓은 로저 케이스먼트는 철도 측량사, 지도 제작자, 인력 모집원으로 일했던 인물로 이 젊은 작가를 잘 챙겨주었다. 그는 매일 밤 콘래드에게 콩고강 상류에서 벌어지고 있는 인권유린에 대해 이야기해주었다. 케이스먼트가 콘래드를 만나기 2년 전인 1888년, 그는 기욤 반 케르크호번이라는 벨기에 장교를 만났는데 이 인물은 막사 주변에 말뚝에 꽂힌 잘린 머리들을 장식처럼 내걸 정도로 잔혹한 성격의 소유자였다. 이는 콘래드의 소설 속 주인공 커츠와 코폴라 영화에 등장하는 동명의 커츠 대령이 사용하는 수법과 정확히 일치한다. 케이스먼트는 나중에 반 케르크호번에 대한 보고서를 작성하게 되는데, 이것은 조용히 묵살되고 말았다. 콩고에서 벌어진 인권유린에 대한 비판적인 글을 권력층이 달가워하지 않았기 때문이다. 그만큼 식민지에서 벌어들이는 돈이 어마어마했다는 뜻이기도 하다.

파란만장한 삶을 살지 않았더라면(마흔 살까지는 그런 삶을 살 거라고 짐작조차 할 수 없었다), 더블린 출신의 로저 케이스먼트는 우리 동네 공동묘지, 우리 조부모님이 잠들어 계신 곳 근처에 묻혔을 것이다. 그의 형은 실제로 그곳에 묻혀 있으며, 무슨 기이한 운명의 장난인지 케이스먼트 본인은 공기압 고무타이어를 발명한 존 보이드 던롭이 안장된 곳에서 겨우 몇 구역 떨어진 곳에 묻혀 있다. 던롭의 발명품은 세계 경제를 완전히 바꿔놓았으며 돈과 고무와 콩고의 비극적인 이야기에 굉장히 중요하다. 던롭의 발명품이 없었더라면 애초에 케이스먼트가 콩고에 갈 일도 없었기 때문이다.

1880년, 북아일랜드의 다운주, 다운패트릭에서 수완 좋은 현지 수의사였던 던롭은 다섯 살짜리 아들이 울퉁불퉁한 자갈길 때문에 자전거 타기가 너무 힘들다며 불평하는 소리를 들었다. 이때 던롭은 고무 타이어에 공기를 주입해서 바퀴에 맞게 끼우면 자전거의 승차감이 좋아질 거라는 기발한 아이디어를 떠올렸다.

1526년, 스페인 정복자들이 원주민 포로들과 함께 카디스 항구로 가져오면서 고무는 처음으로 유럽에 소개되었다. 스페인 교회 내의 소수지만 목소리가 컸던 반노예제 인사들은, 카디스 궁정에 이 인디언들Indians, 콜럼버스가 아메리카 대륙에 도착했을 때 그곳을 인도로 착각해 부른 이름. 아메리카 원주민이 맞는 표현이지만 원문에서 일부러 이 용어를 사용했다* 의 지성과 세련됨을 보여주기 위해 그들에게 울라말리츠틀리Ullamaliztli, 축구의 전신*라는 자신들의 공놀이를 시연해달라고 요청했다.

양 팀은 엉덩이, 가슴, 허벅지만 써서 경기장 양 끝에 있는 아치형 골대에 공을 넣어야 했다. 스페인 사람들의 마음을 사로잡은 것은 선수들의 몸놀림보다 공 자체였다. 지금까지 본 적 없던 물질로 만들어진 공의 움직임이 굉장히 생소했는데 이렇게 공이 통통 튀는 모습은 스페인어로 묘사하고 싶어도 단어 자체가 없었다.[1] 유럽인들은 어떻게 하면 던질 수 있을 정도로 무거우면서 동시에 깃털처럼 가볍게 통통 튀어 오를 수 있는 건지 도무지 알 수가 없었다. 아마존 정글에 있는 나무에서 채취한 그 물질은 구부릴 수도 있고 쭉쭉 늘릴 수도 있었다. 유럽 화학자들은 19세기에 와서야 고무는 가열하면 늘어난다는(부츠로 만들 수도 있었는데 나오자마자 큰 인기를 끌었다) 것을 알아냈지만 원산지인 아마존 사람들은 수 세기 전부터 이미 고무를 용도에 맞게 활용하고 있었다. 아마존의 뒤를 이을, 전 세계에서 아마존과 기후가 비슷한 다른 지역이 딱 한 군데 있었는데 그곳이 바로 서아프리카 콩고강 주변 생태계였다.

던롭은 공기압 타이어 특허권을 다국적 기업에 팔았는데 그 후 그 기업이 그의 이름을 따 던롭 산업이라고 사명을 짓는 바람에 그는 고무 타이어로 유명해지게 되었다. 공기압 타이어는 세상을 바꿔놓았다. 덕분에 바퀴가 훨씬 부드럽게 굴러갔고 자전거 승차감이 훨씬 편안해졌다. 1880년대 시작된 자전거 열풍은 1890년대에는 전 세계로 확산되었다. 던롭이 바퀴를 재발명한 셈이었다.

그의 발명품은 아프리카의 역사뿐만 아니라 전 세계 금융 및 경제 흐름까지 다시 쓰게 만들었다. 여러모로 식물학은 오랫동안 제국주의의 주요 도구 중 하나였다. 차, 설탕, 커피 같은 소비재로 쓰인 식물들은 17~18세기 상업의 시대에 세계 무역을 이끌면서 유럽 상인들을 부자로 만들어주었다.

19세기가 되자 소비자의 기호가 여전히 상업에 중요하긴 했지만, 식물의 약용 및 산업적 특성이 이제는 세계화를 움직이는 동력이 되었다. 용감하고 온순한 과학자처럼 묘사되던 식물학자는 실제로는 제국주의의 앞잡이인 경우가 더 많았고, 겉보기에 평화로워 보이던 식물원들조차 식민주의의 연구소 역할을 했다.

산업혁명 시기의 열화학 기술의 발전은 식물학의 경제적 위치를 더욱 높여주었다. 예를 들어 고무에 황을 첨가해 단단하게 만드는 가황 공정은 세계 경제에서 고무의 역할을 획기적으로 바꿔놓았다. 이로써 고무를 전선용 절연 및 방수 튜브로 쓸 수 있게 되었기 때문이다. 그 결과 고무와 고무 생산지는 세계 산업 생산에서 핵심적인 위치를 차지하게 되었고, 19세기 후반에 이르러 천연고무는 수많은 새로운 산업 및 소비재 생산에 필수적인 원료가 되었다. 이렇게 서구의 소비자, 노동자, 제조업자, 금융가들은 거대한 식민 프로젝트에 깊숙이 얽히게 되었다.

자전거 열풍

던롭의 발명 이후 유럽과 미국의 중산층은 열광적으로 자전거를 타기 시작했다. 자전거는 말보다 저렴했고, 시간표대로 운영되는 기차에 비해 자유로운 이동이 가능했다. 자전거만 있으면 어디든 가고 싶은 곳에 갈 수 있었다. 영국의 교구 기록에 따르면 1890년대 자전거 열풍과 함께 마을 간 혼인 사례가 크게 증가했다. 만날 일이 없었던 사람들이 자전거 덕분에 만나게 되었고, 그 결과 유전적 다양성도 함께 늘어났다. 케임브리지에서는 1897년 5월 21일, 대학이사회에서 여학생에게 정식 학위를 줄 것인지에 대한 투표에 들어가자 분노한 남학생 무리가 '대학은 남자만'이라고 쓰인 홍보물을 들고 자전거 탄 여성 마네킹을 갈기갈기 찢으며 난동을 부렸다. 남학생들은 그 마네킹을 부서뜨리고 머리를 뜯어낸 다음 남은 부분을 자전거와 함께 여성 전용 뉴넘 칼리지 케임브리지의 31개 칼리지 중 하나* 정문에 여 보란 듯 걸어놓았다.

'자전거 타는 여성'은 이 발명품이 몰고 온 사회적 충격을 상징했다. 보수주의자들에게 자전거는 금기를 깨는 기계, 즉 여성들이 독립을 주장할 수 있는 수단이었다.

1896년 여성참정권 운동의 지도자였던 에멀린의 딸, 크리스타벨 팽크허스트는 열세 살에 아버지에게 자전거를 사달라고 졸랐다. 그녀와 여동생 실비아는 사회주의 주간지 〈더 클라리온〉의 지사가 있는 맨체스터에서 클라리온 자전거 동호회에 가입했다. 1900년쯤에는 영국 전역에 70개의 클라리온 자전거 동호회가 있었고 이들 모두 여성의 가입을 허용했다. 여성들은 이 동호회를 통해 마을과 도시를 누비며 여성 참정권 운동의 메시지를 전국 곳곳에 퍼뜨렸다.

그러자 고지식한 보수 진영은 '자전거를 타면 처녀막이 터진다', '자전거를 탔을 때 표정이 미모에 악영향을 미친다', '여성이 바지를 입고 자전거를 타는 건 추잡하다'는 여론을 퍼뜨렸다. 그럼에도 불구하고 자전거 시장은 폭발적으로 성장했다.

1890년 미국에서는 27개의 공장에서 연간 4만 대의 자전거를 생산했다. 1896년이 되자 공장은 250개로 늘어 매년 1200만 대를 대량 생산했다. 미국 최대 규모의 자전거 제조사인 포프는 1890년대 중반 자전거를 1분에 한 대씩 생산할 정도였다. 세계 자전거 생산의 중심지였던 영국에는 700개의 공장이 있었다. 자전거 열풍에 힘입어 투자자들이 몰려들며 자본이 따라왔고 생산량이 증가하자 점차 가격은 떨어졌다. 미국에서는 1890년부터 1896년 사이 자전거 가격이 약 150달러에서 80달러로 거의 절반 수준으로 내려갔다. 던롭과 같은 성공을 노리며 1890년대 미국 특허청에 출원된 특허의 3분의 1이 자전거와 관련된 것이었다.[2]

식민지 사업의 공범들

19세기 후반에 등장한 중산층은 여유 자금으로 자전거를 살 뿐만 아니라 이전에는 부유층의 전유물이었던 저축도 하기 시작했다. 대부분의 중산층 예금자들은 보수적인 성향이어서 단지 돈을 '안전하게' 보관한다는 생각으로 은행에 예치했고 연간 이자를 받으면서도 그 수익이 어디서 나오는지는 크게 따지지 않았다.

은행은 이렇게 모은 돈으로 수익을 창출하기 위해 고위험 투자처에 대출을 해주었다. 그렇다면 이 시기에 가장 돈 벌기 좋은 곳이 어디였을까? 바로 식민지였다. 저축이 있는 곳에는 항상 그 돈을 끌어들이려는 금융상품이 있게 마련이다. 빅토리아 말기는 제국주의 시대였고, 이때 금융상품들은 전 세계에 뻗어 있는 식민지에 세워진 회사에 투자하는 형태였다.

상장회사는 선호되는 투자수단이었는데, 새로운 산업이나 다양한 지역에 투자할 수 있는 기회를 제공했기 때문이다. 이 시기에 소비재가 폭발적으로 증가하면서 전 세계적으로 원자재 수요량이 급격하게 늘었고 이 때문에 지구 전체가 더욱 밀접하게 연결되었다. 이때가 바로 1차 세계화 시대였다. 던롭의 발명품으로 촉발된 새로운 글로벌 공급망은 맨체스터의 여성참정권 운동가를 코번트리의 자전거 제조업체, 셰필드의 철강업체, 벨기에령 콩고의 고무 납품업자들과 연결해주었다.

이 거대한 연결망의 중심에는 중산층 예금자들을 이 거대한 사업에 연결시켜 주는 상장회사가 있었다. 그들이 저축한 돈은 겉보기에는 평화로워 보이는 자전거 산업에 자금을 댔지만, 이는 식민지 약탈과 그에 따른 무시무시한 사건들 위에 세워졌다. 고무가 콩고를 맨체스터 거리와 연결시켰고 금융은 콩고를 런던 금융가와 이어주었다.

유럽의 자본은 이윤을 좇아 전 세계를 찾아 헤맸다. 1855년에서 1900년 사이, 유럽의 해외투자는 46억 달러에서 138억 달러로 세 배나 늘었다. 1870년 해외투자는 유럽 총수익의 7%를 차지했지만 1914년 그 수치는 20%까지 치솟았다. 영국은 1900년까지 다가올 40년 동안 연간 GDP의 평균 4%를 전 세계의 착취적 사업에 투자하며 세계의 큰손으로 등극한다.³

영국 국민의 총 저축액의 약 3분의 1이 머나먼 타국에 있는 기업과 사업에 자금을 조달했다. 이 말은 영국의 상류층과 중산층 대부분이 식민지 사업의 재정적 공범이 되어 이익을 챙겼다는 뜻이다. 전문 투자자들은 식민지 사업이 꺼림칙했지만 눈 딱 감고 이익만 생각했다. 다른 사업에 투자하는 것보다 훨씬 수익률이 높았기 때문이다. 반면에 은행에 저축만 한 일반 사람들은 자신의 돈이 식민지 사업에 들어가고 있다는 사실도 잘 몰랐을 것이다. 대영제국은 돈 버는 기계였다.

물론 영국만 그런 것은 아니었다. 19세기 벨기에도 식민지가 필요했다. 벨기에 국왕 레오폴드 2세는 1884~1885년 아프리카에 대한 베를린 회의에서 자기 사촌들이었던 유럽의 다른 군주들에게 자신의 콩고 영유권은 인도주의적인 것이며 노예무역 근절도 포함된다고 설득했다. 그 결과 1889년 11월 주요 열강들이 브뤼셀에서 반노예무역 회의를 열게 되었다.[4]

영국, 프랑스, 독일 정부는 아프리카의 나머지 지역을 자기들끼리 나눠 가지느라 바쁜 와중에 충돌을 피하기 위해 레오폴드의 콩고 영유권 주장을 묵인했다. 유럽의 완충국인 벨기에는 아프리카에서도 프랑스, 영국의 식민지와 독일의 새로운 식민지 사이에서 일종의 완충국 역할을 하게 된다. 어떻게 보면 이 점이 콩고가 레오폴드 2세의 사유재산이 된 경위이기도 하다.

콩고에 파견한 대리인들이 콩고 강기슭에 고무 덩굴이 무성하게 자라고 있다고 알리자 레오폴드 2세는 던롭의 발명이 가져다줄 대박을 단번에 간파했다. 하지만 돈을 벌려면 우선 자금이 필요했다. 벨기에의 국내 자본시장은 빅토리아 시대 벤처 자본의 중심지이자 상업적 야심이 어마어마했던 런던에 비해 제약이 많았다. 인도를 약탈하면서 큰 이득을 본 영국 금융가들은 벨기에 투자자들보다 훨씬 대담했다. 그들은 이미 더 넓은 시각으로 이득을 본 경험이 있었기에 큰 그림을 볼 줄 알았던 것이다.

레오폴드는 자금 문제를 해결하기 위해 영국에 눈을 돌렸다. 그는 오스텐드의 한 경마장에서 만난 영국인 존 토머스 노스 대령을 설득해 콩고 마링가-로포리 분지의 고무를 체계적으로 채취할 새로운 회사에 4만 파운드를 투자하라고 설득했다. 그 결과 1892년 8월 6일, 세계에서 가장 수익성이 높은 회사 중 하나가 될 '앵글로-벨기에 인도 고무 및 탐사 회사(ABIR)'가 설립되었다.

로마인들이 처음으로 고안해냈고 피렌체 상인들이 복원했으며 네덜란드 및 영국 금융가들이 세부 사항을 수정한 ABIR의 기업 구조는 자금을 한 관할 구역에서 다른 곳으로 옮기는 데 완벽한 수단이었다. 빅토리아 시대 이런 공개 회사들은 투자자를 법적으로 보호했고 주식을 쉽게 사고팔 수 있게 해줬다. 이런 회사들 덕분에 19세기 식민지 사업은 소수의 이익과 대규모 착취를 가능하게 만들었다.

피와 똥, 죽음이 난무하는 지옥 같은 환경에서 현지 주민 수십만 명을 잔인하게 노예로 부린 한 회사가 한순간의 금융 마법으로 깨끗한 재무제표와 정돈된 주식 문서로 변신했다. 문서에는 투자자들의 부가 얼마나 늘어났는지를 보여주는 수치만 씌어 있을 뿐이었다. 이런 주식회사의 시스템 덕분에 투자자들은 단지 주식이 오르는 것에만 신경 쓸 뿐 그 돈의 출처에 대해서는 눈을 감았다.

ABIR는 콩고 자유국이라 불리던 방대한 영토의 일부 지역에서 고무 무역의 면허권을 팔았다. 이 면허권을 구매하면 마링가-로포리 분지 내 숲에서 생산되는 모든 자원을 30년 동안 독점적으로 착취할 권리를 얻었다. 벨기에 정부는 이들이 원주민들을 통제할 수 있도록 총기, 탄약, 군인들을 제공했다. 이 땅에는 세계에서 두 번째로 넓은 고무나무 숲(아마존 다음으로)이 있었는데 1892년부터 1906년까지 14년 동안 이곳에서 고무가 채취되었다.[5]

한 손에는 주식 문서를 다른 한 손에는 기관총을 든 채 벨기에인들은 사병의 보호를 받으면서 식민지 땅에서 다국적 사업을 시작했다.

이 사업은 과거 영국과 네덜란드의 동인도 회사가 식민지에서 엄청난 이득을 남겼던 방식을 그대로 따라 했다.

고무 채취에는 많은 시간과 강도 높은 노동이 필요했지만 다이아몬드나 광물 같은 천연자원과 달리 자본 투자가 거의 없었고 노동자에게 특별한 훈련이 필요한 것도 아니었다. 그런데 순이익은 컸다. 만약 레오폴드가 식민지 원주민들의 노동력을 착취하면서 세금까지 내게 만든다면 막대한 부를 쌓게 되는 구조였다.

죽음의 수용소

맨체스터에 있는 공장들과 자전거로 가득 찬 전 세계 대도시와는 멀리 떨어진 곳에서 로저 케이스먼트는 콩고 자유국이 고무 농장, 투기꾼 그리고 농장 관리인으로 가득 차는 모습을 지켜보았다. 콩고 주민들은 이때부터 끔찍한 고통에 시달리게 된다. 고무 회사들은 무장한 사병들을 동원해 이 땅을 대량 학살터로 바꾸어버렸다. 1885년부터 1908년 사이 콩고 인구의 절반, 즉 500만 명에서 1000만 명 정도가 사망한 것으로 추정된다.

고무 가격은 1894년부터 1905년 사이 두 배로 올랐는데 그중 상당량이 벨기에령 콩고산이었다. 고무 가격이 오를 때마다 원주민들의 고통도 함께 늘었다. 이제는 공기압 바퀴(자전거, 자동차 등)가 세상을 지배하는 시대가 되면서 콩고산 고무에 대한 수요는 꾸준히 증가해 1895년에 77톤이었던 것이 1898년에는 452톤, 1903년에는 1048톤에 이르렀다. ABIR의 수익은 천문학적이었다.[6]

강제노동수용소에 감금된 현지 주민들은 할당량을 채우기 위해 밤낮으로 피땀을 흘려가며 일했다. 할당량을 채우지 못하면 채찍질을 당하거나 고무 수지로 지지는 고문을 당하고 심한 경우에는 총살당하는 경우도 있었다.

ABIR 직원들 옆에는 벨기에산 소총으로 무장한 25명에서 80명의 군인들이 있었다. 이 민병대는 공공 치안대라는 이름으로 불렸지만 실제로는 무서운 살인 부대였다. 1903년 한 전초기지에서 탄약 1만 7600정, 화약총용 장약, 종이화약 2만 9255개, 소총 33정, 화약총 126정을 수입했는데 이 모든 것은 전쟁용이 아니라 부상도 하지 않은 민간인을 대상으로 한 것이었다.[7]

인건비가 전혀 들지 않았으므로 벨기에의 주요경비는 이런 군수품이었는데 이는 차마 말로 옮기기 힘든 비용 절감 전략으로 이어졌다. 이 민병대의 대부분은 술에 취해 폭력을 일삼던 현지인들로 채워졌다. 비용 절감이 최대 과제였던 회사 측은 탄약 사용량이 지나치게 많다며 관리를 철저히 하라는 지시를 내린다. 브뤼셀에 있는 본사에서는 현지 민병대원들이 총알을 빼돌려서 되팔고 있을지도 모른다고 의심하기까지 했다. 이들은 예산 낭비를 막기 위해 총알을 쓸 때마다 그 총알이 위험한 현지인을 죽이는 데 쓰였다는 증거를 제출하라고 명령했다. 증거는 사망한 자의 손이었다.

이런 아이디어를 내놓는 관료가 어떤 인간이었을지 한번 생각해보라. 잘린 손들은 부패를 막기 위해 훈제 처리되었고, 직원들은 사용한 총알 수만큼 잘린 손의 숫자가 일치하는지 일일이 검사했다.

리버풀에 본사가 있는 운송회사의 프랑스계 영국인 직원, E. D. 모렐은 앤트워프의 부두에서 콩고발 화물이 하역되는 모습을 지켜보고 있었다. 레오폴드 2세는 콩고가 활기찬 무역의 중심지라고 말했다. 벨기에는 콩고의 고무와 상아를 수입하고 콩고에는 벨기에산 최고급 제품을 공급하고 있다고 홍보했던 것이다. 그러나 콩고로 가는 유일한 화물은 탄약과 총기뿐이었다. 모렐은 레오폴드 2세가 거짓말을 하고 있다고 의심했다. 그리고 이렇게 생각하는 사람은 그뿐만이 아니었다.

제국주의 영국이 제국주의 벨기에를 폭로한 이유

1890년대 내내 로저 케이스먼트는 영국 통상부를 위해 아프리카 현지에서 정보를 수집했다. 1898년 그는 영국 영사라는 새로운 직책을 맡아 콩고에서 급증하고 있는 잔학 행위들을 정부에 보고하고 있었다. 1903년 4월, 부유하고 영향력 있는 영국 고무 회사 재벌들 중에서 많은 적을 만들게 된 그는 파리에서 또 다른 심란한 소식을 들었다. 영국에서 훈장을 가장 많이 받은 군인, 헥터 맥도널드 소령이 동성애자이며 실론의 젊은 청년들과 관계를 가졌다는 사실이 폭로된 다음 날 권총 자살했다는 소식이었다. 불면의 밤을 보낸 끝에 케이스먼트는 일기장에 이렇게 썼다. "한숨도 자지 못했다. 헥터 맥도널드의 죽음은 너무 슬프다."[8] 케이스먼트는 자신이 동성애자라는 사실이 알려지면 큰일 난다는 걸 잘 알고 있었다.

1903년 5월 영국 하원에서 토론회를 거친 후 케이스먼트는 외무부의 지시를 받고 정보를 수집하기 위해 콩고 내륙으로 들어갔다. 이날 이후 그의 인생은 완전히 뒤바뀌게 된다. 아프리카에서 일한 경력만 20년 가까이 된 그는 서른아홉 살이 되던 해 6월, 역사적인 여정을 시작했다. 그와 1880년대에 콩고를 함께 여행했던 친구 허버트 워드는 그가 세상에 알려지기 전에 이렇게 썼다. '지금 이 순간, 로저 케이스먼트보다 더 선하고 정직하며 고결한 사람은 없다.'[9] 하지만 훗날 세상의 평가는 바뀌게 된다.

케이스먼트는 실상을 파악하기 위해 관용차가 아니라 직접 자기 차를 몰고 상류 지역으로 향했다. 고무 농장 지대로 깊이 들어갈수록 불길한 의심은 점차 확신이 되어갔다. 그는 거의 모든 마을에서 신체

절단과 거세와 그 밖의 온갖 야만적 행위의 흔적을 목격했다. 온 주민이 눈 뜨고 보기 힘들 정도로 처참했으며 겁에 질린 생존자들 일부가 자신들이 당한 일들을 케이스먼트에게 자세히 털어놓았다. 레오폴드 2세가 숨기고 싶어 했던 진실이 점점 세상에 드러나고 있었다. 당시 직장을 그만두고 각종 기사와 소책자를 통해 콩고의 실태를 폭로하던 모렐은 이렇게 썼다.

'이 보고서는 유럽 왕실 절반과 혈연으로 얽힌 한 현 군주에게 지울 수 없는 오욕을 안기고⋯⋯ 우리 세대가 목격한 가장 거대한 사기와 악행의 가면을 완전히, 그리고 영원히 벗겨낼 것이다.'[10]

모렐의 글은 교회 지도자들, 노예제 폐지 운동가들, 선교사들, 그리고 개혁 성향의 자유당 정치인들 사이에서 주목받았다. 케이스먼트가 들고 온 증거와 영향력이 더해지면서 두 사람은 거스를 수 없는 변화를 몰고 왔다.

케이스먼트는 1903년 12월 말 런던에서 모렐을 처음 만났다. 던 레어리(Dún Laoghaire, 오늘날 케이스먼트의 동상이 자랑스럽게 서 있다)를 거쳐 아일랜드로 이동한 두 사람은 뉴캐슬에 있는 고요한 슬리브 도나드 호텔로 향했다. 뉴캐슬은 몬 산맥의 기슭에 있는 빅토리아 시대 해변 도시로 던롭이 공기압 고무 타이어를 발명한 곳이기도 하다. 아서 코난 도일은 두 사람의 만남을 '근대사의 가장 극적인 장면'이라고 평가하기도 했다.[11] 두 남자는 사재를 털어 콩고개혁협회를 설립했다. 케이스먼트의 말에 따르면, '영국 국민의 인류애에 호소하는 특별한 기구를 설립한 이유는⋯⋯ 콩고에서 일어난 사태가 유례없을 만큼 극악무도했기 때문이다.'[12]

케이스먼트 그리고 탁월한 능력의 소유자인 모렐은 증거 수집 기계처럼 끔찍한 학대 행위를 하나하나 기록하면서 콩고가 국제적인 범죄 현장임을 만천하에 드러냈다.

아이러니하게도 지난 300년간 세상 어떤 나라보다 더 식민지를 착취해서 막대한 이익을 올렸던 제국주의 국가인 영국이, 제국주의 벨기에에 반대하는 운동을 펼친 것이다. 투쟁의 선두에는 콩고개혁협회가 있었고 케이스먼트는 모렐의 총괄 고문 역할을 맡았다. 케이스먼트의 폭로 내용은 전 세계에 널리 보도되었고 레오폴드 2세는 국제적 지탄을 받게 되었다.

세계 제국주의의 선두주자였던 영국이 벨기에를 비판한 이유는 사도 바오로가 회심한 것처럼 인도주의나 도덕성에 갑자기 눈을 떴기 때문은 아니었다. 세기가 바뀔 무렵 고무 산업은 여전히 세계 경제에서 중요한 위치를 차지했고 이제 업계는 고무 채취가 아니라 고무 재배 사업 즉 플랜테이션으로 이동 중이었다.

고무 채취에는 막대한 인력이 필요했고 열대지방에 도사리는 위험을 감수해야 했는데 고무나무 숲에 접근하는 것 자체가 쉽지 않았다. 하지만 플랜테이션은 훨씬 더 간단하고 깔끔한 사업이었다. 열대기후, 평평한 지형, 그리고 일할 의사가 있는 노동자만 있으면 그만이었다. 이런 이상적인 조건을 갖춘 곳이 동남아시아 특히 영국령 말라야*Malaya, 1957년 말레이반도 아홉 개의 토후국과 페낭·믈라카 두 직할 식민지가 통합하여 영국에서 독립한 연방국가. 1963년 말레이시아에 편입되었다*였다는 것은 그리 놀랍지 않을 것이다.

콩고의 고무 산업이 문을 닫게 되면 고무 공급처를 다른 곳에서 찾아야 했고 말라야는 그에 딱 맞는 후보지였다. 게다가 1899년부터 1902년까지 이어진 보어전쟁과 남아프리카에서 영국군이 자행한 잔혹행위 때문에 런던의 이미지는 크게 훼손된 상태였다. 자신의 잘못을 감추기 위해 다른 큰 사건을 부각시키는 것은 가장 고전적인 홍보 전략이었고 케이스먼트의 콩고 보고서는 바로 그 목적에 딱 들어맞았다.

인권운동가에서 반역자로

케이스먼트는 공로를 인정받아 기사 작위를 받았고 동족인 아일랜드 국민들이 그를 알게 된 것은 바로 이때부터였다. 그러나 항상 아일랜드의 민족주의에 동조했던 그는 1911년부터 반영국적인 글을 썼고 1913년에는 외교관직을 그만두고 본격적으로 독립운동에 뛰어들었다. 1916년 케이스먼트는 아일랜드 독립운동에 쓸 무기를 구하기 위해 베를린에 있었다. 소량의 무기를 실은 잠수함을 타고 아일랜드로 돌아오던 그는 1916년 부활절 봉기 일주일 전 케리 지역에 상륙했다. 그러나 가슴 주머니에 있던 베를린 지하철 티켓이 검문에 걸려 경찰에 체포되었다. 케이스먼트는 국가 반역죄로 기소되어 삼엄한 경비 속에 런던으로 호송되었다.

그 당시 세계에서 가장 유명한 논객이었던 조지 버나드 쇼는 케이스먼트의 변론서를 써주겠다고 했고 아서 코난 도일은 열렬한 지지를 표명했다. 그는 버나드 쇼의 제안을 거절하고 직접 변론서를 썼다. 이 재판은 흥행 돌풍을 일으켰다. 케이스먼트는 콩고에서 벨기에의 인권유린을 폭로한 인물이자 막 시작된 반식민 투쟁의 상징이었다. 이렇게 세계적으로 주목받는 그가 피고석에 앉게 된 것이다. 이 재판에서 케이스먼트는 사형을 선고받는다. 그러나 그는 영국 내각에 딜레마를 안겼다. 그를 처형하면 순교자가 될 것이고 살려두면 수감한 뒤 아일랜드 반군과 협상할 때 카드로 쓸 수 있었기 때문이다. 영국 내각은 국내외로부터 감형 압박을 받았다. 1916년 초여름 이 사건을 두고 내각 차원에서 무려 다섯 번이나 논의가 이루어진다.

내각이 계속해서 결정을 미루고 있는 사이, 케이스먼트의 일기장 내용이 공개되면서 상황은 급변하기 시작했다. 그의 일기장은 우연히 주영 미국 대사, 고위 성직자들, 신문 편집자들, 그리고 아일랜드계 미국인 실세들의 수중에 굴러 들어갔는데 충격적이게도 그가 젊은 남성들과 성관계를 가졌다는 내용이 들어 있었다. 물론 이 내용이 날조된 거라는 주장은 지금까지 꾸준히 사라지지 않고 있다. 그러나 진실이 뭐든 간에 이 '검은 일기장'은 케이스먼트의 운명을 결정지었다.

　동성애를 혐오하고 보수적 관념이 강했던 언론은 이를 빌미 삼아 케이스먼트를 몰아세웠다. 반역죄만으로도 괘씸한데 동성애자라니 영국 중산층은 도저히 그를 봐줄 수가 없었다. 전쟁 중 한 혁명가의 사형을 철회한다는 것만도 부담스러운데 아일랜드 출신의 동성애자인 반역자의 사형을 철회하는 일은 제아무리 진보적인 인사라 해도 감당하기 힘들었다. 결국 1916년 8월 3일, 케이스먼트는 펜튼빌 교도소에서 교수형에 처해졌다.

식민주의는 자본주의의 절정

1차 세계화 시대에 거대한 부를 축적한 사람들이 세상을 지배하던 시기에 로저 케이스먼트는 돈의 논리보다 더 본질적인 인간의 권리에 대해 목소리를 낸 인도주의 운동가였다.

　인도 청년 자와할랄 네루는 더블린에서 의학을 공부하던 사촌을 보러 왔다가 우연히 아일랜드 민족주의 운동에 대해 알게 된다. 네루는 케이스먼트의 재판을 추적하다가 그가 남긴 메시지에 큰 감명을 받는다. 그는 케이스먼트가 남긴 법정 진술을 보면서 '식민지 국민이 어떤 감정을 가져야 하는지를 정확하게 짚어주었다'고 회고한 바 있다.[13] 이제 식민주의는 정점에 도달했고 이후 몇 십 년 동안 강력한 저항에 부딪힌다. 케이스먼트의 글로벌 비전에 큰 영감을 받은 네루는 인도의 독립을 이끌었고 1947년 초대 수상이 된다.

　레닌은 식민주의를 자본주의의 절정이라 보았다.[14] 부의 균형추가 제국주의 국가 쪽으로 치우쳐 있었기 때문이다. 어떤 나라가 정복하고 정복당하느냐에 따라 돈의 흐름이 결정되는 100년이 끊임없이 이어졌다. 또한 이 시기는 금융, 주식시장, 국제 자본의 혁신으로 전 세계가 하나의 통화 시스템으로 통합되는 때였다. 이 세계화 시기는 유럽의 제국주의 국가들이 1914년 서로를 공격하면서 막을 내린다. 뛰어난 금융을 자랑하던 네덜란드가 무역을 확장하면서 시작된 이 시대는 20세기 초 탐욕스러운 식민주의를 통해 정점에 이르렀다가 케이스먼트 같은 운동가들과 민족 해방 투쟁에 직면하면서 서서히 무너지기 시작했다.

그 후 수년 동안, 세상의 흐름은 다양한 사상으로 이어진다. 공산주의, 사회주의, 마르크스주의, 페이비언주의혁명적인 변화보다 점진적인 개혁을 통해 사회주의를 실현하려는 사상* 그리고 이 책에서 중점적으로 다루는 반식민주의가 그것이다. 모든 시대나 이념은 이미 자기 안에 파멸의 씨앗을 내포하고 있다. 19세기 말의 극단적인 자본주의는 부유한 유럽 출신 백인들에게는 엄청난 성공을 가져다주었지만, 식민 지배를 당하면서 하루하루 공포에 시달렸던 사람들에게는 전혀 다른 지옥을 선사했다.

로저 케이스먼트는 마르크스주의자라기보다 자유주의자에 가까웠다. 공정무역을 지지하는 그는 고무 자원을 채취하는 사람들(이들이 콩고인이든 페루의 원주민이든)도 인도적 대우를 받아야 한다고 주장했다. 그는 수탈 자본주의와 극단적 착취에 반대했다. 당시 아일랜드와 영국의 풀뿌리 개혁 운동에 참여했던 케이스먼트는 더 공정하고 정의로운 사회를 만들기 위해 힘썼다.

그가 앞장섰던 반식민주의 운동은 20세기의 가장 중요한 정치세력 중 하나가 되었으며 돈 때문에 벌어진 잔혹한 만행이 주 대상이었다. 당시에는 명확하게 드러나지 않았지만 케이스먼트의 재판은 역사에 남을 중요한 장면이었다.

아일랜드가 독립을 쟁취한 해인 1922년, 발명가 존 던롭은 더블린의 딘스그레인지 공동묘지에 묻혔다. 만약 던롭이 고무 타이어를 발명하지 않았다면 콩고의 비극이 생기지도 않았을 것이고 케이스먼트가 세계적인 혁명가가 되지 않았을지도 모른다. 만약 그랬다면 그는 교수형을 당하는 대신 평화롭게 생을 마치고 던롭의 묘지에서 몇 걸음 떨어진 곳에 있는 자신의 가족 묘지에 묻혀 있을지도 모른다.

16장 ｜ 노란 벽돌길

〈오즈의 마법사〉에 숨은 뜻

〈오즈의 마법사〉는 미국인들이 가장 많이 본 영화 중 하나다. 그런데 크리스마스 특선의 단골 메뉴였던 이 영화는 사실 전부 돈에 관한 이야기이다. 좀 더 구체적으로 말하면 19세기 말 디플레이션에 빠진 미국을 금본위제에서 벗어나게 하려는 대중 운동을 은유적으로 담고 있다.

대부분의 미국인들은 〈오즈의 마법사〉를 순수한 어린이 동화로 생각하지만 사실 이 영화는 매우 정치적인 우화로 계급투쟁과 문화 전쟁을 상징한다. 즉 금융 엘리트와 노동자, 돈 많은 동부 해안 지역과 농촌 지역인 남부와 서부의 갈등, 또 기존 정당과 1890년대에 발생한 반대 정치세력인 인민당 사이의 갈등이 묘사돼 있다. 영화에 등장하는 사악한 마법사 오즈는 엘리트 은행가의 화신이자 온스의 기호인 'oz'에서 알 수 있듯 금을 상징한다. 노란 벽돌길은 금괴로 만들어진 길, 즉 금본위제 자체를 상징한다. 도로시는 캔자스 출신 농부의 딸로 지리적으로 미국의 정중앙이자 미국의 평범한 서민층을 가리킨다. 또 허수아비는 농산물 가격 하락으로 혹사당하는 중서부 농부를, 양철 나무꾼은 임금이 하락한 산업 노동자를 나타낸다. 이들의 고통은 금본위제에 따른 디플레이션에서 비롯되었다. 겁쟁이 사자는 1895년 대선에서 민주당과 인민당의 연합 후보였던 윌리엄 제닝스 브라이언을 상징한다.

도로시와 그녀의 친구들, 즉 일하는 미국인들은 에메랄드 시티에 들어가기 전 초록색 안경을 쓰라는 명령을 받는다. 이는 에메랄드 시티를 운영하는 금융인들이 이들에게 돈을 기준으로 세상을 바라보라고 강요한다는 뜻이다. 마법사를 만족시키기 위해 그들은 서쪽으로 가서 그의 적인 사악한 서쪽 마녀를 물리쳐야 한다. 여기서 '서쪽'은 미국 중서부, 즉 농업의 중심지이자 인민주의 운동의 발원지를 뜻한다.

각 단계마다 도로시는 에메랄드 시티의 규칙과 금본위제를 지지하는 부유한 미국인들의 이익을 지키려는 마법사에게 이용당한다. 결국 도로시는 마법사의 요청으로 서쪽 마녀를 죽이고 친구들과 함께 마법사가 소원을 들어준다고 했던 에메랄드 시티에 당당하게 입성한다. 하지만 그들이 마법사의 가면을 벗기는 순간, 그에게 속았다는 사실을 깨닫게 된다. 금본위제 역시 이와 마찬가지다. 영화에서는 도로시의 구두가 빨간색이지만 원작 소설에서는 은색이다. 캔자스로 돌아가기 위해 도로시는 은색 구두의 뒤꿈치를 맞부딪히기만 하면 된다(이는 은본위제를 상징한다). 문제를 해결하는 열쇠는 이미 그녀가 갖고 있다는 뜻이다.

이렇게 〈오즈의 마법사〉에는 도로시가 상징하는 평범한 미국인들에게는 좀 더 광범위한 은본위제가 필요하다는 정치적 메시지가 들어 있다. 실제로 19세기 마지막 미국 대선에서는 금과 은, 무엇으로 화폐를 보장할 것인가가 큰 쟁점이었다.[1]

금으로 된 십자가

19세기 말 일어난 과학 및 의학의 획기적인 발전, 다양한 분야의 기술 발전, 경험주의와 합리주의의 발달 등을 생각해보면 금융이라는 분야에도 큰 변화가 있었을 거라 생각할 것이다. 18세기의 화폐 실험, 프랑스혁명과 미국독립혁명에 자금을 조달한 지폐의 영향력을 생각해보면 19세기에는 더 큰 화폐 혁명이 일어났을 거라 예측하는 게 당연하다. 하지만 그런 일은 일어나지 않았다. 그 대신 약 1850년부터 1914년까지 금본위제 시대가 이어지면서 정부는 시장에 최대한 개입하지 않고 보수적으로 화폐를 관리했다.

정치권과 금융 기득권층은 혁명 시기에 지폐를 남발했던 사건이 엄청난 사회불안을 야기했기 때문에 이를 극도로 경계했다. 그러다 보니 금본위제가 그런 위험을 막아줄 최후의 보루라 여겼다. 전 세계적으로 한정된 금 보유량을 바탕으로 모든 화폐 가치를 뒷받침하는 이 체제는 세계 경제와 통화 정책의 핵심 축이 되었다. 화폐 가치를 금에 연동하는 체제에서는 금이 항상 부족하듯, 화폐도 늘 부족할 수밖에 없다. 이런 시스템은 이미 돈을 많이 가진 사람들에게 유리하다. 그렇다면 성장하는 경제에 적절한 화폐의 양이란 과연 어느 정도일까?

시중에 돈이 너무 많다고 주장하는 사람들은 대개 돈이 많은 사람들이다. 그와 반대로 현금이 부족하다고 말하는 사람들은 돈이 없는 사람들일 확률이 높다. 새로운 세기로 접어들던 그 당시의 상황과 미국 내에 화폐를 금에 연동할지 은에 연동할지를 두고 대립했던 두 세력을 이해하려면 미국 화폐의 역사와 남북전쟁 이후 미국이 내린 중대한 결정을 살펴볼 필요가 있다.

1873년 미국은 달러를 금에 연동시켰다. 미국의 금본위제는 1848년 캘리포니아 금광 발견으로 큰 전환점을 맞게 된다. 이때 이후 미국은 금본위제를 계획할 수 있게 된 것이다. 하지만 수백만 명의 이민자를 받아들이는 나라가 금본위제를 고수한다면 인구가 급증할수록 1인당 발행 가능한 통화량이 감소할 것이 뻔했다. 미국에는 해밀턴이 만든 은화 달러가 여전히 유통되고 있었다. 캘리포니아에서 금광이 발견되기 전까지는 기존의 은본위제를 통해 금융 질서가 유지되었으며, 은은 금보다 저렴했기 때문에 미국 정부는 더 많은 화폐를 발행하면서 경기 부양 정책을 쉽게 펼칠 수 있었다.

하지만 골드 러시 이후 금의 가치가 은에 비해 상대적으로 떨어지자 금본위제에 대한 태도가 바뀐다. 게다가 미국의 자본가들은 금에 익숙해진 국제 투자자들이 미국의 은본위제를 2류 제도라 생각할까 봐 우려했다. 오늘날의 세계 초강대국 미국조차 19세기 후반에는 독자적인 통화 시스템이 아닌 금본위제에 의존하려고 했다는 사실을 생각해보라. 이는 그 당시 워싱턴이 세계 경제 질서 속에서 자국의 위치를 어떻게 인식하고 있었는지를 잘 보여준다. 금의 공급량은 고정되어 있다. 경제가 성장해서 생산량이 증가해도 금 공급량은 일정하기 때문에 시중에 나오는 상품의 가격은 하락할 수밖에 없다. 따라서 금본위제는 필연적으로 디플레이션을 유발한다.

가격 하락은 얼핏 보면 좋은 일처럼 보인다. 물가가 내리면 우리의 생활이 나아질 거라 생각하는 게 당연하기 때문이다. 그런데 중요한 건 내 월급도 함께 떨어진다는 사실이다. 그렇다면 디플레이션이 오면 누가 가장 이득일까? 물론 이미 금을 보유하고 있는 사람들일 것이다. 즉 금융업 종사자들, 돈을 거래하거나 원자재에 투기하는 사람들, 다시 말하면 통장에 저축액이 많은 사람들이 가장 유리해진다. 그렇다면 19세기 후반에 저축액이 많았던 사람은 누구였을까? 언제나 그렇지만 일부 특권층, 즉 부자들이었다.

또 한 가지, 이러한 불평등을 더욱 강화하는 메커니즘이 있다. 1인당 통화 공급량이 감소하면 상품 가격과 임금은 하락하지만 자산 가격은 다른 방향으로 움직인다. 화폐가 금에 연동되어 있어 공급이 부족해지면 건설이나 설비 등 투자가 필요한 곳에서는 자금을 어떻게 융통해야 할까? 정답은 바로 '신용'이다. 은행 시스템은 신용대출을 위한 조정을 진행한다. 그러면 신용대출 시장이 급격히 팽창하면서 자산 가격을 끌어올리는데, 이런 경우 경제가 신용 사이클 안에 갇힌다.

물가와 임금은 정체 상태인데 자산 가격만 급격히 오르면 어떻게 될까? 일부 투기 계층은 막대한 부를 얻게 되고 임금 노동자들과의 생활수준은 더욱더 벌어지게 된다. 2008년 이후 대부분의 서구 경제에서도 이와 비슷한 메커니즘이 발생했다. 중앙은행이 시중은행에 매우 저렴한 신용대출을 공급했고, 이들이 다시 '신용도가 높은' 고객들, 즉 이미 부동산 같은 자산에 투자하고 있던 부유층에게 대출을 해주었다. 그 결과 자산 가격은 임금보다 훨씬 빠르게 상승했다.

남북전쟁 이후 성장하던 미국 경제는 유럽의 자본을 끌어당기는 자석과도 같았다. 하지만 은본위제와 금본위제에 대한 논란이 과열되자 유럽인들은 의구심을 품었다. 만약 미국이 달러를 많이 찍어내서 재정적 어려움을 해소하려고 한다면 달러의 가치가 떨어질 게 뻔했기 때문이다. 미국이 금본위제를 끝까지 유지할 수 있을지는 알 수 없는 일이었다. 이런 정치적 상황 때문에 미국은 아무리 빠르게 성장하고 있어도 '위험한 나라'로 보였다. 이렇게 어려운 상황 속에서 미국은 유럽인들에게 미국 국채를 팔기 위해 더 높은 금리를 제시해야 했다. 비싼 차입 비용은 결국 세계와의 무역에서 큰 흑자를 내야 한다는 압박으로 이어졌는데, 19세기 후반 당시 무역 상대는 사실상 유럽이었다.

그런데 예상치 못한 자연현상 덕분에 미국은 이 위기를 모면한다.

1870년대 후반, 유럽에서는 이상 기후가 발생하면서 흉작이 이어진다. 1879년 5월 프랑스에 눈이 내렸고 이와 비슷한 악천후가 중부 유럽을 비롯해서 러시아까지 휩쓴다. 유럽에서 가장 빠르게 성장 중이던 무역의 중심지인 오데사 항구가 유럽에 보낼 러시아산 밀로 가득 차지 않은 것은 10년 만에 처음 있는 일이었다. 밀이 부족해지자 유럽에서는 밀 값이 급등한 반면 대서양 건너편 미국에서는 전 세계를 먹여 살릴 수 있을 정도로 대풍작이 들었다. 밀이 비싸게 유럽으로 팔릴 때 금은 반대로 미국으로 흘러 들어왔다. 이듬해 펜실베이니아에서 석유가 발견되면서 미국의 금 보유량은 더욱 늘어났다.

미국의 석유와 밀이 유럽으로 수출되면서 미국은 부담 없이 금본위제를 유지할 수 있게 되었다. 그 당시 미국은 매주 수천 명의 유럽 이민자들을 받아들이고 있었으며 처음에는 아일랜드인, 그다음은 이탈리아인과 유대인 순이었다. 미국에겐 풍년과 운이 따랐고 그 결과 금이 계속 유입되었다. 하지만 그와 동시에 흉작에 떠밀린 유럽 이민자들도 함께 미국으로 몰려들었다. 시간이 지날수록 미국에는 더 많은 사람들이 도착했고 이 때문에 1인당 금 보유량은 점점 악화되었다. 게다가 경제는 성장하고 있었지만 그 혜택이 모든 사람들에게 돌아가지는 않았다.

이런 상황은 노동자들이 불만을 표출할 방법이 없다면 꽤 오래 지속될 수 있다. 하지만 민주주의에는 이런 딜레마를 해결할 수 있는 장치, 즉 투표제도가 있다. 세기말이 되자 선별적 형태의 민주주의(여성과 특정 소수 계층에게는 투표권을 주지 않았으므로)가 미국에 자리 잡았고 부유층에게만 유리한 통화 시스템은 정치의 주요 이슈로 급부상한다. 가난한 사람들에게도 투표권은 있었기 때문이다. 1880년대와 1890년대 미국인들에게는 금본위제가 화두였다. 가난한 계층은 화폐 유통량을 늘릴 수 있도록 은본위제로 돌아가기를 바랐다. 그와 반대로 부유층은 자신들의 지위를 공고히 하기 위해 금본위제가 유지되길 원했다.

1896년 민주당의 대선 슬로건은 '금 대신 은!'이었다. 민주당 대선 후보였던 윌리엄 제닝스 브라이언(《오즈의 마법사》에서 겁쟁이 사자)은 시카고에서 열린 민주당 전당대회에서 은행가, 자본가, 금본위제 지지자들을 겨냥해 이렇게 말했다.

"노동자의 이마에 가시관을 씌우지 마라. 인류를 금으로 된 십자가에 못 박지 마라!"

부유했던 남부가 가난해진 이유

1830년대, 루이지애나 은행은 10달러짜리 지폐를 발행했다. 이 지역에서는 프랑스어를 쓰는 사람이 더 많았기 때문에 10달러짜리 지폐를 프랑스어로 디스(dix, 10이라는 뜻이다)라고 불렸다. 하지만 영어를 쓰는 사람들은 'x'를 프랑스식('x' 사운드가 거의 없는 '디스(decee)')로 발음하지 못했기 때문에 'x'를 강하게 발음하면서 딕스(dix)라고 발음했다.

부유한 항구도시 뉴올리언스가 있는 루이지애나는 남부에서 가장 신뢰받는 화폐를 발행하던 부유한 주였다. 루이지애나 은행의 화폐인 딕스는 인접한 남부연합 주에서도 널리 사용되었다. '딕스(dix)'의 영향력은 골드러시 기간 동안 급격히 커졌다. 캘리포니아에서 채굴된 금이 처음으로 들어오는 항구가 뉴올리언스였기 때문이다. 지금으로선 이해하기 어렵지만, 당시에는 캘리포니아산 금을 배에 실어 남미 최남단 혼곶^{Cape Horn, 남아메리카 대륙의 최남단에 있는 곶}*을 돌아 뉴올리언스로 운반하는 것이 더 저렴했다. 뉴올리언스에 금이 많아질수록 지폐 발행도 늘었다. 그렇게 시간이 흐르면서 남부연합은 '딕시랜드

(Dixieland)'라 불리게 되었다.

남북전쟁의 유산은 이후 미국 정치의 중심에 남았다. 전쟁을 치르기 위해 북군과 남군 모두 자금이 필요했고 양측 모두 자국 내에서 빌린 돈을 바탕으로 지폐를 발행했다. 예를 들어 투자자들이 북부연합 정부의 차용증(IOU)에 투자하면 그 돈이 재무부로 들어가고, 이들은 오직 '승리하겠다는 약속'만을 담보로 지폐를 찍어내는 방식이었다.

자금을 계속 끌어들이기 위해 북부연합 정부는 채권에 투자한 대출자들에게는 이자를 금화로 지급하겠다고 약속했다. 그 반면에 군인들에게는 지폐로 급여를 지급했는데 이 지폐는 나중에 그린백(greenbacks)이라 불리게 되었다. 남부연합 정부는 전쟁을 시작할 당시 실질 자산이 4000만 달러도 채 되지 않았던 것으로 추정된다. 그렇게 빈약한 자원으로 어떻게 장기전을 치를 수 있었을까?

남부연합 정부는 절박한 자본가라면 누구나 할 법한 일을 했다. 전쟁에서 이기면 모두 상환하겠다고 약속한 것이다. 부유한 지주들, 노예 소유주들, 목화 농장주들, 평범한 중산층이 전쟁 자금을 빌려주었다. 남부연합 정부는 보유하고 있던 소량의 금속 화폐로 총과 탄약을 구입했고 다양한 형태의 대출을 활용했다. 이 대출들 중 상당수는 앞으로 수확할 목화를 담보로 한 것이었다. 이들은 군인들에게 급여를 지급하기 위해서는 남부연합 자체의 지폐를 발행했다.

이렇게 남부의 모든 자원이 전쟁에 투입되면서 물가는 폭등했다. 상황이 얼마나 나빴는지 감을 잡을 수 있도록 설명하자면, 1860년 북부연합에서 100달러였던 제품이 1865년 146달러까지 오른 반면, 1860년 남부연합에서는 똑같은 제품이 100달러였다가 1865년 9211달러까지 치솟았다.[2]

전쟁이 끝난 뒤, 남부연합 정부가 사라졌기 때문에 남부의 채권자들에게 돈을 갚을 주체가 없어졌다. 북부연합 정부는 남부연합이 발행한 차용증의 상환을 거부했다. 그러자 남부는 파산 상태가 되었다. 이로써 전쟁 전까지만 해도 토지, 농업, 노예를 바탕으로 미국에서 가장 부유했던 남부의 주들은 가장 가난한 지역으로 전락하고 만다. 남부의 사회 기반 시설은 파괴되었고, 재건을 위한 자본도 없었으며, 마셜 플랜 2차 세계대전 이후 유럽의 경제부흥을 위해 미국이 제공한 원조 계획* 같은 외부 지원도 없었다.

파산한 남부가 워싱턴과 공화당 그리고 기업 엘리트들의 유착관계에 분노한 건 당연한 일이었다. 남부의 부유층은 남부연합 정부를 위해 갖고 있던 금을 모두 바쳤지만 이제는 가난에 허덕이는 신세가 되었다. 한편 목화가 생계 수단이던 남부의 농민들도 농산물 가격 하락에 울상이 되었다. 이렇듯 남부는 분노로 들끓었다. 그리고 이들의 뒤를 이어 가장 큰 대가를 치른 사람들은 가난한 흑인 해방 노예들이었다. 형식적으로는 자유를 얻었지만 이들은 1880년대부터 점차 도입된 인종차별적인 짐 크로 법 Jim Crow laws, 19세기 후반부터 20세기 중반까지 미국 남부에서 흑인과 백인을 법적으로 분리하고 차별하기 위해 만든 인종차별법*의 지배를 받게 된다. 전쟁에서 패하고 노예제가 폐지된 후 가난해진 남부의 백인들이 오히려 흑인들에게 더 큰 폭력을 쏟아냈을지도 모른다.

반면 월스트리트는 호황을 맞이했다. 광대하고 불안정하고 폭력적인 이 나라에 온갖 종류의 투기 기회를 제공했다. 이민자들은 가뜩이나 성공 지향적인 사회를 한층 더 광적으로 만들었다. 막대한 재산을 쌓았다가 잃기도 했던 이 시대는 코넬리어스 밴더빌트와 제이 굴드 같은 대부호들이 활약했던 도금시대 Gilded Age, 마크 트웨인의 소설 제목에서 유래한 말로, 겉으론 화려해 보이지만 실제로는 빈부격차와 부패가 만연했던 1865~1890년경 미국 산업화 초기 시기를 뜻한다*로 알려진다.

경제학자이자 사회학자인 소스타인 베블런은 1899년 베스트셀러 『유한계급론』를 통해 이 신흥 부유층의 과도한 소비에 대해 이야기했다. 그는 월스트리트가 사치에 빠져 있을 때 농촌 지역은 고통받고 있다는 것을 이 책에서 고발했다.

미국 중서부에서는 철도와 금본위제 때문에 농민들이 큰 타격을 입었다. 철도 붐 덕분에 교통이 편리해지자 수백만 에이커의 땅이 농지로 바뀌었고, 그 결과 옥수수와 밀의 공급이 늘어나면서 가격이 하락했다. 농기계와 토지 구입을 위해 대출을 받았던 농민들은 점점 더 많은 빚에 시달리게 되었다. 금본위제로 운영되는 달러로 빚을 졌는데 금의 가치는 계속 올랐고 농산물 가격은 계속 떨어졌기 때문이다. 농민들의 재정 상태는 파탄 났지만 철도 재벌들의 부는 하늘 높이 치솟았다.

1870년 캔자스의 농민들은 옥수수 한 부셸$^{약 25.4kg}$*에 43센트를 받았다. 그러나 20년 뒤에는 10센트를 받았는데 이는 생산원가에도 못 미치는 수준이었다.[3] 농민들은 대량 구매자들을 상대로 협상력을 높이기 위해 협동조합 형태의 농민연맹을 조직한다. 이들은 도서관을 열거나 농협 개혁에 대한 소책자를 배포하면서 활동 영역을 넓혀간다. 미국 중서부 전역에서 농민연맹은 점점 더 많은 회원을 모았다. 이 조직의 강령은 세 가지였다.

첫째 철도회사의 권한 축소 둘째 빚에 시달리는 농민들을 위한 연방정부의 대출 지원 셋째 통화 개혁이었다. 여기서 통화 개혁이란 해밀턴 시대의 은화를 금화와 함께 다시 도입해 화폐 공급을 늘리고 빚을 진 사람들에게 상환의 기회를 주라는 것이었다. 이들은 여성의 참정권 같은 진보적인 의제도 함께 주장했다.

공화당이든 민주당이든 정치인들은 그럴듯한 말만 늘어놓았을 뿐 실제로 농민들의 고통을 덜어주는 데는 별 도움이 되지 않았다. 하지만 중서부의 밀, 옥수수 농장주들과 남부의 목화 농장주들이 하나로 뭉치자 새로운 정치세력이 등장한다. 동북부에서는 도시의 부유층이 투기로 부를 쌓았고 남부와 중서부의 농민 계층은 금본위제라는 족쇄에 갇혀 있었다. 이런 상황에서 미국 민주주의는 변화의 기로에 서 있었다.

인민주의 등장

금본위제는 모든 주요 통화를 금에 연동시킨 국제적인 시스템으로 한 지역에서 위기가 발생하면 다른 지역도 순식간에 영향받을 수 있었다. 1892년 멀리 아르헨티나에서 채무불이행 사태가 시작되었고 영국 최대 은행 중 하나인 베어링스의 긴급구제로 막을 내린 전 세계 금융위기는 미국 경제에 심각한 영향을 미쳤다.

파급 경로는 금본위제였다. 아르헨티나 투자로 수천만 파운드의 손실을 본 베어링스 은행을 구제하기 위해 영국 중앙은행은 금이 필요했다. 이들이 금을 끌어모으기 위해 금리를 인상하자 전 세계의 금이 영국으로 쏠리기 시작했다. 그 결과 미국에서는 신용경색이 발생하여 기업들이 도산하고 실업률이 20%까지 치솟는다. 그러자 미국 달러를 금이라는 족쇄에서 해방시키자고 주장하는 인민당이 제3의 정치세력으로 떠오른다. 화폐에 대한 신뢰를 유지하는 데 혈안이 되어 있던 민주당 출신 대통령 그로버 클리블랜드는 은행가들의 조언에 따라 공공사업을 벌이는 대신 금을 사들여 실업 사태를 해결하려고 한다. 그렇게 해서 미국이 신용을 지키는 나라이며 금본위제가 흔들리지 않는다는 걸 세계에 보여주려고 한 것이다. 하지만 평범한 농민들은 이런 대응을 보고 대통령이 노동자들의 이익보다는 소수 금융 엘리트들의 이익을 우선시한다고 확신하게 된다.[4]

정부가 농촌에서 무슨 일이 일어나는지를 외면하자 결국 농촌 사람들이 워싱턴으로 찾아갈 수밖에 없었다. 인민당 정치인 제임스 콕시는 '콕시의 군대'라 불리는 시위대를 조직해서 워싱턴으로 행진했고 이 시위는 '부츠를 신은 청원'이라 불렸다. 전국 각지에서 실직자들이 이 시위에 자발적으로 참여했다.

1894년 미국 역사상 최초로 일어난 이 대규모 시위의 요구사항은 두 가지였다. 첫째, 실직자들을 고용해서 공공 인프라 구축에 투입하라는 것. 둘째, 금본위제를 은본위제로 바꾸라는 것이었다.

이 정책은 40년 뒤 프랭클린 D. 루스벨트 대통령이 실제로 실행하게 되지만 1894년 당시에 공화당과 대부분의 민주당 의원들은 급진적인 주장이라 여겼다. 하지만 인민당이 점점 더 많은 지지를 얻자 금본위제를 중심으로 뭉친 민주당의 결속은 흔들리기 시작했다. 민주당은 대세를 감지했고 그 기회를 놓치고 싶지 않았다. 인민당의 기세를 꺾을 수 없다면 아예 그들과 연합하기로 결심한 것이다.[5]

1896년 민주당 전당대회에서는 대혼란이 벌어졌다. 민주당원들은 자신들의 현직 대통령을 버리고 상대적으로 인지도가 낮은 후보였던 윌리엄 제닝스 브라이언을 대통령 후보로 선출했다. 더 나아가 금본위제를 폐기하고 금과 은을 함께 기반으로 하는 새로운 달러 체제를 지지하는 정책까지 채택했다.

제닝스 브라이언과 그의 지지자들은 달러를 은으로 바꿀 수 있게 해달라고 요구했는데 은 16온스를 금 1온스의 가치로 환산하자고 했다. 이는 당시 시장 환율인 약 31대 1보다 훨씬 낮은 비율이었다. 이런 조치는 단 하룻밤 사이에 통화량을 두 배로 늘리는 효과를 낼 수 있었다. 반대파 사람들은 이 계획이 극심한 인플레이션을 유발할 거라고 맹비난했다. 핵심 정책을 민주당에 빼앗기자 인민당원들은 딜레마에 빠졌다. 급진파의 표를 나눠가질 것인가 아니면 민주당과 연합해 백악관에 입성할 것인가?

인민당원들은 연합을 택했고 금권정치에 맞서 전쟁을 선언했다.

농민 지원, 여성 참정권, 노동자를 위한 소득세 인하, 철도 재벌 규제, 그리고 공공 인프라 건설을 위한 적자 재정 확보 같은 인민당의 정책들은 금본위제가 풀려야 실현 가능해지기 때문이었다. 인민당과 손잡은 제닝스 브라이언은 뛰어난 연설로 열기를 모았지만 결국 공화당 후보 윌리엄 맥킨리에 패했다. 금본위제에 맞선 미국 대중의 혁명은 일단 그렇게 막을 내렸다.

금본위제의 종말

1896년 여름 인민당과 민주당 연합이 대선에서 패배하기 몇 달 전, 워싱턴에서 수 천 킬로미터 떨어진 곳에서 극빈자에 가까웠던 캐나다 원주민 여성 샤우 틀라가 살고 있었다. 그녀는 독감으로 첫 번째 남편과 아이를 잃은 후 두 번째 남편인 조지 카맥과 함께 살고 있었다. 이 여성은 이후 한 세대 동안 미국의 화폐 정책을 바꿔놓게 된다. 이 부부는 알래스카 유콘강 지류에서 연어를 잡으며 근근이 살고 있었다. 그러면서도 언젠가는 금을 발견하길 바랐다.

그러던 어느 8월 아침, 샤우 틀라는 물속에서 반짝이는 무언가를 발견한다. 다음 해 봄, 클론다이크에서 처음으로 금이 발견되었다는 소식이 캘리포니아까지 퍼졌고 그해가 끝나기 전에 무려 10만 명의 사람들이 대박을 꿈꾸며 이 외딴 지역으로 몰려들었다. 콜로라도와 남아프리카에서 광대한 금맥이 발견된 데다 클론다이크 금맥까지 더해져 그 후 10년 동안 세계 금 보유량은 두 배 가까이 늘었다.

민주당은 금본위제를 버리지 않고도 통화 완화 효과를 얻었다. 새로 발견된 금맥 덕분에 세계적으로 경직돼 있던 통화 시스템이 느슨해졌기 때문이다. 1897년부터 1914년 사이 달러 발행이 늘자 미국의 물가는 50% 가까이 상승했다.

결국 캐나다 원주민 여성 샤우 틀라(케이트 카맥으로 더 알려져 있는)의 금 탐사 활동 덕분에 디플레이션은 종식되었다. 그녀는 1920년 대 유행했던 스페인 독감으로 생을 마감했다.

금본위제냐 은본위제냐에 대한 논쟁은 여전히 미국 경제와 통화 정책의 주요 이슈였다. 금본위제는 주로 공화당을 지지하는 금융 및 기업 엘리트들의 입장이었고 은본위제로 통화량을 늘리자는 주장은 민주당을 지지하는 노동자 계층의 입장이었다.

금본위제는 그 후로도 10년 정도 지속되었지만 1차 세계대전으로 일시 중단되었다가 대공황 때 유명을 달리했다. 전쟁에는 막대한 자금이 필요했기 때문에 금본위제를 고수했다가는 안보가 위협받을 수 있었기 때문이다.

전쟁이 끝난 뒤인 1920년대에 각국의 중앙은행들은 금본위제로 돌아가려고 여러 시도를 했다. 하지만 세계의 정치적, 인구학적, 경제적 현실은 이미 달라져 있었고, 통화 정책 역시 그에 맞게 혁신해야 했다. 존 메이너드 케인스는 금본위제를 '야만의 유물'이라며 깎아내린 바 있다. 금본위제는 1929년 대공황 이후 신용경색을 초래하며 대혼란을 일으켰고 결국 1936년 루스벨트 대통령이 폐지하면서 역사에서 퇴장했다.

1896년 떠들썩했던 민주당 전당대회에 모인 인파 속에는 수많은 작업을 거쳤던 신문기자 L. 프랭크 바움도 있었다. 그 역시 수많은 미국인들처럼 인민당의 급진적인 주장에 매료되었다. 사업 실패와 여러 차례의 신용경색을 직접 겪었던 바움은 금본위제와 은본위제를 함께 사용하는 복본위제 신봉자였다. 그러나 대선에서 패배하자 그는 자신의 생각을 반영한 우화를 쓰기 시작했고 그 작품이 바로 『오즈의 마법사』였다.

1937년, 루스벨트가 금본위제를 폐지하고 1년이 지났을 때 디즈니의 첫 장편 애니메이션 〈백설공주와 일곱 난쟁이〉가 흥행에 성공했다. 동화나 어린이 이야기도 영화로 성공할 수 있다는 걸 증명한 셈이었다. 대공황기의 미국에는 현실을 잊게 해줄 판타지가 필요했고 MGM 스튜디오는 바움의 동화 판권을 사들였다. 그렇게 해서 이 작품은 드디어 영화로 탄생한다. 테크니컬러^{미국의 테크니컬러사가 흔히 우리가 알고 있는 적색, 녹색, 청색이라는 3색 테크니컬러 기법을 개발한 뒤 컬러영화가 발전하기 시작했다*}로 촬영된 첫 영화였던 이 작품은 미국 역사상 가장 흥행에 성공한 작품 중 하나가 되었다(미국인이 아닌 나에게는 미키 마우스와 애플파이 그리고 영화 〈스카페이스〉와 함께 이 작품이 미국 문화를 상징하는 대표작이다).

그 후 수십 년 동안 수많은 미국 가정이 매년 크리스마스마다 이 영화를 보며 주디 갈랜드^{<오즈의 마법사> 속 도로시 역을 맡은 배우*}와 함께 '오버 더 레인보(Over the Rainbow)'를 따라 불렀다. 그런데 이 노래가 금본위제와 통화 정책에 대한 은유라는 걸 알고 있는 사람이 과연 몇이나 될까? 생각해보면 정말 기막힐 노릇이다.

17장 | 자본과 아이디어가 흘러넘치는 시대

도시의 중심, 증권거래소

1913년 10월, 제임스 조이스는 트리에스테의 산조반니 광장에서 주세페 베르디 동상 제막식을 지켜보았다. 이 광장은 활기 넘치는 증권거래소에서 불과 몇 블록 떨어진 곳에 있었다.[1]

오페라 애호가이자 뛰어난 테너이기도 했던 조이스는 전날 저녁 이 작곡가의 탄생 100주년을 기념하는 오페라 〈아이다〉의 야외 공연을 관람했다. 이 작품은 원래 수에즈 운하 개통을 기념하려고 이스마일 파샤가 의뢰한 작품이었다. 이집트 시대(피라미드, 신전, 스핑크스, 파라오)를 배경으로 한 이 오페라는 1871년 카이로에서 초연되어 큰 찬사를 받았다.

1858년 다윈이 철도 주식 폭락으로 큰돈을 날린 지 몇 년 후 오스만제국의 술탄은 이스마일 파샤를 총독으로 임명한다. 그는 고대 국가인 이집트를 근대 사회로 혁신시키기 위해 인프라 사업을 계획했고 자금을 조달하기 위해 자본시장에 눈을 돌렸다. 그의 대표적인 업적은 1863년에 시작한 수에즈 운하 건설이었다. 대륙을 가로지르는 거대한 수로를 뚫어 지중해와 홍해를 연결하고, 더 나아가 유럽과 아시아를 잇겠다는 이 대담한 계획은 인도, 중국, 인도네시아로 가는 항해 시간을 대폭 단축시켰다.

수에즈 운하는 공학적 성과이기도 했지만 금융의 산물이기도 했다. 특히 주식시장을 통해 대규모 프로젝트에 자금을 조달하는 방식이 아니었다면 이런 대규모 계획은 실현 불가능했을 것이다. 수천 명의 투자자에게 주식을 발행하면 한 기업이 떠안는 위험이 분산되는 동시에 새로운 투자자층이 사업에 참여하게 되고, 이는 또 다른 프로젝트로 이어진다. 세상을 바꾼 건 기술뿐만이 아니었다. 금융의 힘이 그에 못지않게 강했다.

수에즈 운하는 프랑스에 등록된 회사가 전액 민간 자본으로 조달한 것으로, 그 금융 구조는 본질적으로 스왑(swap) 거래였다. 이 회사는 주식을 팔아 자금을 모았고 그중 일부를 이집트 정부에 넘기는 대신 운하 운영권과 수익 권리를 받았다. 이집트는 회사 지분의 44%를 보유했고 나머지 56%는 프랑스 회사가 보유했다. 이 사업의 위험과 재정 부담은 회사가 떠안았으며 선박들에게 운하 통행료를 받아 투자금을 회수했다. 운하는 명목상 이집트 소유였지만 회사는 프랑스 회사법의 적용을 받았고 본사는 파리에 있었다. 수에즈 운하 주식은 유럽 전역의 투자자들에게 큰 관심을 끌었다. 조이스에게 제2의 고향이었던 트리에스테는 수에즈 운하 자금 조달의 중심지 중 하나였다. 1858년, 트리에스테 출신의 자수성가한 사업가 파스콸레 레볼텔라는 부유한 트리에스테 시민들의 자금을 이 프로젝트에 투자하기 위해 파리로 향했다. 그 공로를 인정받아 레볼텔라는 수에즈 운하 국제회사의 부회장으로 임명되었고 1861년에는 현장을 방문하기 위해 이집트로 긴 여정을 떠났다. 그는 이후에도 이 프로젝트를 꾸준히 지원했고 1864년에는 「오스트리아의 세계 무역 공동 참여」라는 제목의 논문을 발표하여 트리에스테가 유럽과 세계를 잇는 경제 네트워크에서 중심적인 역할을 한다고 설명했다. 레볼텔라는 활기찬 신흥 도시 건설에 뛰어들었던 열정적인 상인의 대표적인 인물이다. 그는 정육점 주인의 아들로 태어나 오스트리아 사회에서 차근차근 입지를 다졌고 결국 1867년에는 남작 작위까지 받았다.

트리에스테는 오스트리아-헝가리제국의 유일한 항구도시이자, 유럽에서 가장 빠르게 성장하고 가장 국제적이며 가장 활력이 넘치는 상업 중심지 중 하나였다^{현재는 이탈리아 북동부에 있는 도시이다}*. 19세기 말 유럽에서 '돈의 도시'를 하나 꼽자면 바로 트리에스테였다. 당시 유럽 곳곳에서 엄청난 금융 혁신이 벌어지고 있던 것을 감안하면 이는 결코 가벼운 평가가 아니다.

1880년부터 1910년까지 30년 동안 전 세계 증권거래소의 절반이 새로 생겨났다. 도시들은 앞다투어 증권거래소를 세웠는데 건물들은 주로 신고전주의 양식이었다. 원주 기둥과 삼각형 모양의 박공, 웅장한 계단이 어우러져 마치 현대판 금융의 신전처럼 보였다. 조이스가 살던 트리에스테의 증권거래소 건물은 1804년에 지어졌지만 실제로 자율 운영되는 증권거래소로 제도화된 것은 1894년이었다. 이 건물은 도리스식 기둥으로 장식되어 있었고 돈의 신인 메르쿠리우스 조각상이 꼭대기에 자리 잡고 있었다.

새로운 지역들이 종종 증권거래소를 중심으로 조성되었고 그곳에는 넓은 대로와 광장이 들어섰다. 이들 지역에는 도시에서 가장 값비싼 부동산이 몰렸다. 또 거래소 안에서는 증권중개인이라는 새로운 직업을 가진 사람들이 상인 계층을 상대로 주식과 채권을 사고팔았다. 전 세계적으로 철도, 댐, 다리, 운하 같은 인프라 사업들은 신흥 중산층이 가장 선호하는 투자 대상이 되었다. 투자를 유치하려는 입장에서는 주식과 채권시장이 사업의 판도를 바꾸는 존재였다. 개인이나 한 회사가 감당할 수 없었던 규모의 사업도 많은 투자자들에게 분산시켜 리스크를 나눠 질 수 있었기 때문이다. 이 시기에 새로운 유형의 잡지, 즉 경제 전문지가 등장한다. 전 세계 금융시장에서는 방대한 양의 뉴스, 데이터, 분석 자료가 쏟아져 나오고 있었다. 1840년대에 창간된 〈이코노미스트〉는 주식과 채권 가격 목록을 실었는데 작은 글씨로 무려 50쪽에 이를 정도였다.[2]

사람들이 주가가 어떻게 움직이는지 이해하려 애쓰고 복잡한 수학 기호 속에서 숫자의 의미를 해석하면서 금융은 점점 숫자 이상의 해석과 통찰이 필요한 분야가 되어갔다. 그야말로 금융 열풍이 불었던 것이다. 『자본론』을 통해 자본주의를 거세게 비판했던 카를 마르크스조차도 오랫동안 경제신문인 〈뉴욕 데일리 트리뷴〉에서 일하며 생계를 이어갔다.[3]

인종의 용광로, 트리에스테

수에즈 운하의 개통은 세계의 상업 및 해양 지도를 새롭게 그렸고 지역 질서를 뒤흔드는 변화를 일으켰다. 예를 들어 유럽에서 인도로 가는 항로는 약 8000킬로미터, 날짜로는 열흘 정도가 단축되었다. 수에즈 운하는 유럽의 전통적인 항해 경로를 근본적으로 바꾸어놓았다. 아드리아해는 새로운 대서양이 되었고 유럽에서 아시아 및 그 너머로 향하는 화물과 사람들의 주요 통로가 되었다. 이로써 트리에스테가 확실한 승자가 되었다. 아드리아해 해안의 굽이진 곳에 자리 잡은 이 도시는 유럽에서 가장 역동적인 항구도시 중 하나로 떠올랐다. 운하가 개통된 이후 트리에스테 항구에서 처리한 화물량은 1870년 96만 103톤에서 1890년 215만 8524톤으로, 그리고 1913년에는 500만 톤 이상으로 급증했다. 트리에스테는 미텔유로파^{Mitteleuropa, 독일어로 중부유럽이라는 뜻}*의 세계로 통하는 창이 되었다. 활기차고 다채로운 이 도시는 자본의 산물이었다. 한때는 인근의 화려한 도시 베네치아에 가려진 변방의 작은 지방 도시였지만 이제는 상업의 중심지로 떠오른 것이다. 오스트리아의 유명한 남부 철도(Südbahn)는 트리에스테를 빈과 제국의 내륙 지역과 연결해주었다.

가톨릭을 국교로 삼던 오스트리아 군주정은 민족주의가 다민족 국가에 위협이 된다는 것을 인식하고 18세기에 이미 '종교적 관용에 대한 칙령'과 '관용칙령'을 통과시켰다. 이로써 그리스정교회 신자나 유대교도도 자유롭게 교류하고 무역할 수 있게 되었고 이주민들은 트리에스테에서 성공을 꿈꿨다. 이러한 관용 정책 덕분에 19세기 말 트리에스테는 이탈리아인, 오스트리아인, 슬로베니아인, 체코인, 크로아티아인, 폴란드인, 아르메니아인, 세르비아인 등등이 뒤섞여 사는 진짜 인종의 용광로가 되었다. 20세기 초가 되자 트리에스테에는 대규모 가톨릭, 유대교, 그리스정교, 세르비아정교 공동체는 물론 루터교, 감리교, 스위스 및 발데스파 개신교, 성공회, 아르메니아 메키타리스트의 수도회까지 들어섰다. 트리에스테의 방언인 '트리에스티노(Triestino)'에도 아르메니아어, 영어, 스페인어, 시칠리아어, 터키어, 몰타어, 독일어, 헝가리어, 크로아티아어, 이디시어, 체코어, 그리스어 등등 여러 언어가 골고루 흡수되었다.[4] 마르크스는 트리에스테가 베네치아와는 달리 성공할 수 있었던 이유를 다양성과 개방성이라 분석했다.

> 그렇다면 어떻게 베네치아가 아니라 트리에스테가 해양의 중심지가 되었을까? 베네치아는 과거의 영광에 기대 사는 도시였던 반면, 트리에스테는 미국처럼 아예 과거가 없다는 점이 오히려 장점이었다. 이탈리아, 독일, 영국, 프랑스, 그리스, 아르메니아, 유대인 출신의 다양한 상인 겸 모험가들이 모여 만든 트리에스테는 물의 도시 베네치아처럼 전통에 얽매이는 도시가 아니었다.[5]

이렇게 전 세계의 다양성이 섞이는 코스모폴리탄적 도시가 탄생한 배경에는 자본이 있었고 그 중심에는 항구도시를 움직이는 상인 세력이 있었다. 이들은 마치 중세 시대의 상인 다티니 같았다. 상업 도시에는 단순히 상인이나 중개인만 모이는 것이 아니다. 상업이 번성하면 예술가, 작가, 사상가들도 함께 모여든다. 제임스 조이스가 1905년, 우중충한 더블린을 떠나 트리에스테에 도착한 것도 이 때문이었다. 조이스는 트리에스테에 머무는 동안 여러 직업을 전전했는데 그중 하나가 레볼텔라 상업학교에서 영어와 비즈니스 편지 쓰기를 가르치는 일이었다. 이 학교는 파스콸레 레볼텔라가 세운 곳으로, 조이스는 이를 농담 삼아 '리볼버 대학'이라 불렀다.조이스는 이 학교의 이름인 Revoltella를 일부러 총을 뜻하는 revolver로 바꿔 부르며 유머와 냉소를 표현했다*

1913년 가을 베르디의 오페라를 관람하던 당시, 조이스는 자신의 책을 출판하기 위해 애쓰고 있었다. 그는 『젊은 예술가의 초상』과 『더블린 사람들』을 출간해줄 출판사를 찾고 있었고 최고의 걸작 『율리시스』의 뼈대도 잡아가고 있던 중이었다. 망명 중인 아일랜드인 조이스에게도 행운이 찾아오고 있었다. 그는 트리에스테의 권위 있는 미네르바 도서관에서 『햄릿』에 관한 유료 강연을 의뢰받았다. 이 도서관은 시와 의학과 상업 등 여러 영역을 관장하는 지혜의 여신, 미네르바의 이름을 딴 곳이었다. 예술과 상업은 어울리지 않는다고 누가 말했던가?

12월 15일, 에즈라 파운드Ezra Pound, 미국의 시인, 문예 비평가로 20세기 초반 모더니즘 시 활동의 중심 인물*로부터 한 통의 편지가 도착했다. 재능 발굴의 귀재였던 파운드는 조이스에게 요즘 귀가 간질간질하지 않았느냐고 묻는다. 그는 아일랜드 출신의 대문호 W. B. 예이츠와 조이스에 대해 이야기를 나눴다는 소식을 이 편지를 통해 전해주었다.

예이츠와 파운드는 미국의 문학잡지 〈에고이스트〉를 설득해 조이스의 작품을 실어주게 했고 원고료도 받게 해주었다. 유럽 문화가 가장 활발하던 시기에 문단에서 철저히 외면받았던 조이스에게는 오랜 침묵을 깨는 전환점이었다. 그는 급히 『젊은 예술가의 초상』과 『더블린 사람들』의 초반부를 수정해 파운드에게 기차로 보냈고 몇 달 안에 두 책 모두 출간되었다. 이렇게 해서 제임스 조이스라는 이름이 문학계에 본격적으로 등장했다. 이후 그는 자신의 대표작을 집필하기 시작했다. 더블린을 배경으로 하지만 다문화적이고 상업적인 트리에스테의 분위기가 배어든 작품이었다. 주인공 역시 이 용광로 같은 도시에서 바로 튀어나온 것 같은 인물이었다.

창조적 파괴의 돌풍

대다수 유럽인들과 마찬가지로 조이스도 1913년을 기분 좋게 마무리하며 다가올 새해를 고대하고 있었다. 20세기가 시작된 이후 유럽의 산업 생산량은 두 배로 늘어났고 호황을 누리던 상황이었기 때문이다. 자본시장은 풍부했고 수많은 투자들이 활발하게 이루어졌다. 점점 더 많은 사람들이 상업이라는 위대한 모험에 뛰어들었고 국가 간 무역에 자금을 조달하는 금융 네트워크도 그 어느 때보다 다양한 나라의 시민들을 서로 연결해주었다. 이제 더 좋은 일만 일어날 것처럼 보였다. 한편 유럽의 작가, 예술가, 사상가들은 모더니즘이라는 새로운 흐름을 받아들이며 기존의 전통과 규칙을 깨뜨리고 있었다. 과거의 작품을 흉내 내는 데서 벗어나 사물을 바라보는 방식, 예술을 만드는 방식, 세상에 대해 생각하는 방식 자체를 새롭게 바꾸려 했다. 엄격했던 19세기 도덕주의의 무거운 분위기가 가고 이제 활력이 넘치는 시대가 도래했다. 금기는 사라졌다. 유럽 전역에서 사상가들과 예술가들은 새로운 것을 만들고, 상상하고, 실험했다. 수학에서는 아인슈타인이 상대성 이론을 다듬고 있었고, 미술에서는 피카소가 입체파를 세상에 선보였다. 꿈의 해석자 프로이트는 라이벌 융을 견제하면서 정신분석이라는 전혀 새로운 분야의 최고 권위자로 떠올랐다. 미래는 우리를 향해 손짓하고 있었다.

오스트리아의 수도 빈은 이 움직임의 중심축이었다. 자신감 넘치고 부유했으며 빠르게 팽창하던 빈은 야망을 품은 이민자들을 끌어들이며 활기에 가득 차 있었다. 프로이트, 에곤 실레, 구스타프 클림트, 루트비히 비트겐슈타인이 살던 이 도시는 문화와 지성의 진원지였다. 정치면 정치, 사회면 사회, 금융이면 금융, 그 어떤 분야에서든 중요한 일은 빈에서 일어났다. 활력이 넘치는 도시에서는 늘 상업과 예술이 나란히 짝을 지어 꽃을 피운다. 중세 피렌체에는 상업 금융과 르네상스 미술이 있었고 17세기 암스테르담에서는 네덜란드 상인의 황금기와 거장들의 예술이 함께했다. 예술과 상업의 혁신은 슘페터가 말한 '질풍처럼 밀려오는 창조적 파괴'의 대표적인 사례다. 새로운 예술 형식이 낡은 양식을 대체하고 새로운 상품이 기존의 제품을 밀어내듯이, 이런 변화가 세상을 변화시킨다. 이 모든 과정의 동력은 끊임없이 질문을 던지는 인간의 탐구심이다.

20세기 초, 과학의 비약적인 발전과 자본에 대한 접근성 확대, 대규모 이주, 전기 같은 새로운 기술이 결합되면서 일종의 창조적 전율이 일어났다. 그것은 엄청난 에너지를 만들어냈고 이는 당시 아인슈타인이 탐구하고 있던 핵에너지에 비견될 만큼 강력한 힘이었다. 탱크에서 트랜지스터까지 온갖 제품들이 쏟아져 나왔다. 이 시기에 티백, 인스턴트 커피, 에어컨, 콘플레이크, 브래지어, 진공청소기, 컬러 사진 등등이 발명되었고 상용화되었다. 창조적 파괴의 돌풍이 휘몰아치며 경제는 급성장했다. 하나의 혁신이 또 다른 혁신을 불러오고, 그 혁신이 또 다른 혁신을 불러오는 식이었다. 하인리히 헤르츠가 발견한 전자기파는 레이더, 라디오 방송, 나아가 텔레비전의 등장을 가능하게 했다. 농업 분야에서는 최초의 트랙터와 합성비료가 등장해 생산량을 끌어올렸다. 내연기관, 전기모터, 현대식 에스컬레이터도 이 시기에 공개되었다. 라이트 형제는 세계 최초의 상업용 비행기 특허를 획득했고, 항공의 시대가 막 열리기 시작했다. 이러한 상업적 에너지의 분출을 완벽하게 보여주는 지표는 바로 특허다. 독일에서 한 해 동안 새로 등록된 특허 수는 1900년 8784건에서 1913년 1만 3520건으로 약 50% 증가했다. 독일, 프랑스, 영국을 합친 연간 특허 등록 수는 1905년 3만 4893건에서 1913년 4만 6086건으로 약 3분의 1이 증가했다. 유럽 경제는 놀라운 속도로 진화하고 있었다. 미국에서는 변화의 속도가 더 빨랐다. 미국의 연간 특허 출원 건수는 1900년 3만 9673건에서 1913년 6만 8117건으로 급증했다.[6]

1차 세계대전이 발발하기 전 트리에스테에는 돈과 아이디어가 넘쳐났다. 40년간 이어진 경제 확장으로 조성된 낙관적인 분위기 덕분에 투자자들은 자신감을 갖게 되었고 이는 혁신의 동력이 되었다. 예술의 모더니즘과 상업의 모더니즘이 동시에 진행되고 있었다. 이 두 가지 충동 즉 예술적 열망과 기업가 정신을 동시에 실현시킬 인물로 제임스 조이스보다 더 적합한 인물이 있을까? 그리고 그것을 현실화할 수 있는 예술 중 영화만큼 잘 맞는 것도 없었다.

기업인 예술가의 초상

1905년, 제임스 조이스가 트리에스테에 처음 도착한 해에 이 도시에 최초의 영화관이 문을 열었다. 1909년이 되자 영화관은 스물한 개로 늘었고 이 항구도시는 오스트리아-헝가리제국의 주요 영화 배급의 중심지가 되었다. 어떤 도시나 지역에 새로운 기술 중심지가 생기면 이와 함께 등장하는 것이 투기성 금융이다. 이것은 그때나 지금이나 똑같은 현상이다. 그해 트리에스테를 방문했던 조이스의 여동생 에바는 더블린처럼 더 큰 도시에는 영화관이 하나도 없는데 트리에스테에는 어떻게 이렇게 많은 영화관이 있는지 의아하다고 말했다고 한다.[7] 영화광이었던 조이스는 동생의 이 말을 듣고 사업 아이디어를 떠올렸다. 아일랜드에 영화관을 열면 크게 성공할 거라는 확신이 들었던 것이다. 그는 투자자가 필요했고 다행히 트리에스테는 자금을 모으기에는 안성맞춤인 도시였다. 젊은 사업가 조이스는 곧 부쿠레슈티에서 '볼타'라는 영화관으로 성공을 거둔 투자자 그룹을 찾아냈다. 그는 투자자들을 설득하기 위해 결정적인 멘트를 날린다. "더블린은 유럽에서 가장 큰 도시입니다. 그럼에도 불구하고 아직 영화관이 없습니다. 코크와 벨파스트에도 영화관이 없지요." 주요 도시 인구만 거의 백만 명에 달하는 아일랜드는 선견지명을 가진 사업가들에게는 아직 개척되지 않은 새로운 시장이라는 것이 그의 논리였다.

돈을 모으기보다 쓰는 데 능했던 사람치고는, 조이스가 체결한 계약은 꽤나 노련한 사업가의 면모를 보여준다. 그는 자신은 한 푼도 투자하지 않고도 지분과 수익의 10%를 받기로 파트너들을 설득해냈다. 이렇게 해서 제임스 조이스는 본격적으로 사업에 뛰어들었다. 악수를 나누고 계약을 마친 조이스는 곧장 움직였다.[8] 젊은 사업가가 만든 예술가의 초상이 탄생하는 순간이었다.조이스의 작품 『젊은 예술가의 초상』을 빗댄 표현이다*.

그런데 왜 사람들은 아직도 예술가와 사업가는 양립할 수 없다고 생각하는 걸까? 역사를 살펴보면 예술과 상업은 늘 불가분의 관계였는데도 말이다. 제임스 조이스가 『율리시스』로 세상에 새로운 형태의 소설을 선보인 지 백 년이 넘었지만, 여전히 많은 사람들은 가난하지만 창의적인 예술가와 돈밖에 모르는 사업가라는 전형적인 관념에서 벗어나지 못한다. 하지만 『율리시스』를 쓴 그 사람은 아일랜드에 최초의 영화관을 설립한 사람과 동일 인물이다.

조이스는 아일랜드에서 영사기 값을 흥정하면서도 연인이었던 노라에게 외설적인 편지를 쓰기도 했다. 또 메리 스트리트를 거닐며 『율리시스』의 줄거리와 주인공들을 머릿속으로 구상하고 있었다. 그는 일이 잘 풀릴 거라 기대하며 열정적으로 사업에 뛰어들었다. 건물주와 임대 조건을 협상하고 인테리어와 디자인을 논의했으며, 배급사와는 상영작을 고르고 신문 광고와 홍보도 직접 챙겼다. 기자들에게 좋은 리뷰를 부탁하고 좌석 배치부터 조명, 영사기 조작까지 하나하나 배워나갔다. 낮에는 저렴하게, 저녁 상영은 더 비싸게 받는 요금 체계도 공부했다. 항상 돈에 쪼들리긴 했지만 이때만큼은 자금 관리에도 능숙했다. 홍보에도 소질을 보여 개장 첫날을 큰 행사로 만들었고 1909년 12월 20일 볼타 영화관은 사람들로 북적였다.

더블린에서는 누군가 새로운 사업을 시작하면 특히 그가 외지에서 성공해서 돌아온 사람이라면 절반쯤은 그가 실패하기를 바란다. 가만히 그곳에 남아 있던 사람들의 무기력함이 더 도드라져 보여서일까? 볼타 영화관에 대한 〈이브닝 텔레그래프〉의 호평을 읽고 조이스의 고향 친구들 역시 절반은 쓴 술잔을 들이켜며 아픈 마음을 달랬을 것이다.

> 놀라울 만큼 훌륭하다… 감탄스러울 정도의 시설… 수많은 관객… 아낌없이 투자한 흔적이 보인다…. 특히 성공적인… 수준 높은 현악 오케스트라… 조이스 씨는 끊임없이 노력한 인물로 충분히 축하 인사를 받을 만하다….[9]

1910년 1월, 볼타라는 브랜드를 성공적으로 론칭한 후 그는 매니저에게 운영을 맡긴 채 다시 트리에스테로 돌아갔다. 조이스가 예술가이면서 동시에 사업가였다는 사실은 전혀 놀랄 일이 아니다. 예술가와 사업가는 생각보다 닮은 점이 많다. 둘 다 새로운 것을 만들고 세상에 내놓는다. 하지만 많은 예술가들이 이런 점을 잘 인식하지 못한다. 돈은 더럽고 가난은 고귀하다는 편견, 예술가는 감성적이고 자유로운 반면 사업가는 계산적이며 재미없는 존재라는 고정관념에 사로잡혀 있기 때문이다.

사실 다른 사람들이 생각하지 못한 것에서도 가능성을 발견한다는 면에서 둘은 공통점이 많다. 또한 세상에 없던 것을 만들어낸다는 점에서도 닮았다. 이들은 책상머리에서 아이디어만 떠올리지 않는다. 실제로 자기 이름을 걸고 세상 앞에 나서는 사람들이다. 이들은 성공과 실패의 위험을 감수하며 무대 위에 몸을 던지는 실전형 창조자들이다.

예술가든 사업가든, 창조적인 사람은 자기 생각이 뚜렷하고, 그 생각을 세상에 알리기 위해 대중의 비웃음을 감수할 만큼 용감하다. 성공은 언제나 먼저 시도한 사람에게만 주어지기 때문에 이들의 삶은 본질적으로 불안정하다. 예술가도, 사업가도 실패하면 그 충격은 혹독하고 설사 성공하더라도 또 다른 일로 좌절한다. 그럼에도 이들은 자기표현을 포기하지 않는다. 독립적이고 때로는 비합리적이며, 까다로운 본성이 내면에 깊이 새겨져 있기 때문이다. 이들은 상사에게 통제받거나, 고정된 월급이라는 틀에 갇히면 숨이 막혀온다.

거시경제학적 관점에서 보면 예술가와 사업가는 둘 다 수요가 없던 곳에서 수요를 만들어낸다. 이들이 내놓는 새로운 제품이나 아이디어는 그 자체로 수요를 창출하며 이것이 바로 모든 경제발전의 핵심이다. 비평가와 달리 예술가와 사업가는 본질적으로 낙관주의자다. 그들은 미래를 믿어야만 한다. 이성은 때로 비관적일지라도 낙관이라는 의지로 그것을 이겨내는 것이다.[10] 이렇듯 예술가와 사업가는 상극인 것 같지만 사실 같은 종류의 사람들이다. 이들은 돈을 움직이게 만들고, 경제와 문화를 이끌며, 새로운 아이디어와 부, 기회를 만들어낸다. 아일랜드 출신의 젊은 기업가이자 디지털 결제 처리 업체인 스트라이프(Stripe)의 공동 창업자인 존 콜리슨은 2022년 소셜미디어에 이렇게 썼다.

> 어른이 되면서 깨달은 게 있다. 바로 내 주변에 있는 모든 것들이 원래부터 있었던 게 아니라는 사실이다. 그 모든 것들 뒤에는 누군가의 열정과 노동이 있다. 요즘 들어 더 뼈저리게 느끼는 건 그 모든 것을 만들어내는 데 얼마나 많은 끈기가 필요했을까 하는 점이다. 저 호텔, 저 공원, 저 철도……. 세상은 누군가의 열정이 만들어낸 거대한 박물관이다.[11]

열정적인 사람들이 열정적인 일을 해낸다. 이렇게 남들과 다른 사고를 하는 사람들(주로 체제에 반대하는 경우가 많다)이 보상받는다면 그 사회는 앞으로 계속 발전할 것이다.[12]

이념에서 자유로울수록 경제는 성장한다

상업이든 문화든 혁신적인 아이디어를 잘 받아들이고 장려하는 곳에서 더 발전하게 되어 있다. 지금까지 살펴본 세계사 속 사례들만 봐도 그렇다. 피렌체에서 마인츠, 암스테르담, 트리에스테까지 생각의 자유를 폭넓게 허용한 도시일수록 혁신의 힘이 강하게 작용했다.

이와 반대로 개인의 자기계발이나 자율성을 비웃는 봉건적, 독선적, 이념적인 사회는 대개 경직되고 활력이 없다. 여전히 일당제 국가이기는 하지만 오늘날의 중국조차 마오쩌둥 시대의 중국보다 더 개방적이고 관용적으로 바뀌었다. 중국만 봐도 극단적인 사고방식에서 벗어나자 경제도 함께 성장했다. 이 패턴은 역사적으로 여러 번 반복되어 나타났다. 이념에서 자유로워질수록 경제는 성장한다.

중요한 것은 혁신가의 숫자가 아니라 그들을 대하는 사회의 태도다.[13] 대중이 이들을 응원하고 지지해주면, 사회는 더욱 앞으로 나아간다. 결국 대중심리가 결정적으로 작용한다.[14]

자유민주주의 사회는 비록 완벽하진 않지만 창조적인 문화를 장려한다. 이런 사회에서는 귀족 가문에서 태어나지 않아도 머리와 실력만 있으면 성공할 수 있다. 다양한 출신, 다양한 언어를 받아들이기 때문에 끊임없이 변화하면서 발전해나간다. 에너지가 넘치기 때문에 늘 시끄럽고 논쟁도 많지만 그만큼 활력도 넘친다. 일반적으로 창의력, 관용, 상업은 톱니바퀴처럼 함께 돌아간다.

제임스 조이스가 『율리시스』를 쓸 때 머물던 도시 트리에스테도 그랬다. 유럽 한가운데서 말과 생각이 다른 여러 민족이 섞여 살던 이 도시 안에서 조이스는 진짜 살아 있는 인간의 힘을 느꼈다.

『율리시스』의 주인공 레오폴드 블룸은 조이스가 살던 트리에스테에서는 어쩌면 자연스럽게 어울렸을 법한 인물이지만 조이스는 그를 더블린이라는 도시로 데려가 완벽한 이방인으로 창조해냈다. 블룸은 유대인으로 태어났지만 종교가 여러 번 바뀌었다. 그는 한번은 개신교도로, 또 한번은 가톨릭 신자로, 그리고 그냥 분위기에 휩쓸려 세 번이나 세례를 받은 전형적인 비주류 인간 유형이다.

조이스는 블룸이라는 인물을 통해 거리와 술집, 가게와 공원, 장례식장과 환락가, 그리고 마차꾼의 쉼터까지 도시의 구석구석을 묘사하며 다양성을 예찬한다. 블룸이 더블린을 거닐며 마주치는 사람들은 부자와 빈자, 도시 출신과 시골 출신, 젊은이와 노인, 허풍쟁이와 현자, 민족주의자와 친영파, 매춘부와 경찰, 신자와 죄인, 보헤미안과 중산층, 예술가와 사업가까지 그야말로 온갖 부류가 뒤섞여 있다.

주이스는 이런 사람들이 뒤엉켜 살아가는 현대 도시를 그려낸다. 이들은 서로 부딪히고 갈등하면서도 의외의 공통점을 찾아간다. 바로 이 점이 도시의 진짜 얼굴이다. 그런데 조이스가 작품 출간을 앞두고 더 나은 미래를 꿈꾸던 그때, 그 누구도 유럽에 닥칠 비극을 예견하지는 못했다. 이제 곧 유럽은 암흑에 빠질 것이고 관용은 편협으로, 평화는 전쟁으로, 낙관주의는 절망으로 바뀐다. 몇 십 년에 걸쳐 위대한 예술과 부를 꽃피운 자유분방하고 약간은 혼란스러운 사회 분위기는 순식간에 사라지고 만다.

  1913년, 조이스가 트리에스테에서 베르디의 음악을 듣고 있던 해에 빈에서는 스물 세 살의 화가 한 명이 시립미술아카데미의 입학을 거부당한 후, 관광객에게 수채화를 팔며 하숙집에서 근근이 생계를 이어가고 있었다. 그와 같은 시기, 빈에서 불과 11킬로미터 떨어진 쇤부른 궁전 거리의 한 건물 꼭대기 층에서는, '스타브로스 파파도풀로스'라는 가명을 쓴 조지아 출신의 혁명가가 '마르크스주의와 민족 문제'라는 글을 쓰고 있었다.[15] 두 사람의 이름은 바로 아돌프 히틀러와 요제프 스탈린. 이 두 인물은 조이스가 살던 트리에스테의 개방적이고 관용적이며 여러 인종이 모여 사는 상업 사회를 철저히 혐오했다. 결국 이들은 예술에서든 사업에서든, 사람들의 자유로운 표현을 짓밟고 반대 의견을 말살하며 유럽을 파멸의 길로 이끌었다. 두 독재자는 인류가 만들어낸 최고의 도구인 '돈'을 파괴적인 목적을 이루는 데 이용했다.

18장 | 절망의 구렁텅이

경제대국 독일은 왜 몰락했을까?

1922년, 아인슈타인은 노벨 물리학상을 수상하며 핵 시대의 서막을 열었고 BBC는 최초의 라디오 방송을 시작하며 매스컴의 시작을 알렸다. 무솔리니는 로마로 행진해 파시즘의 등장을 알렸고 제임스 조이스는 1920년대의 두 번째 해의 두 번째 날인, 2월 2일에 그의 모더니즘 걸작 『율리시스』를 출간했다. 이처럼 중요했던 그해 9월 전 세계적 유행성 전염병이 잦아들자, 한 젊은 기자가 프랑스의 도시 스트라스부르를 떠나 라인강을 건너 독일 접경 도시 켈에 도착했다. 파리를 본거지로 활동하던 그 기자는 〈토론토 스타〉에 기사를 쓰고 있었다. 이 기자의 이름은 바로 어니스트 헤밍웨이. 그는 특유의 건조하고 간결한 문체로 돈의 가치가 무너진 사회의 참상을 캐나다 독자들에게 생생히 전달했다.

헤밍웨이가 라인강을 건너 스트라스부르에 도착했을 때 프랑스에서는 아무도 마르크화를 환전해주지 않았다. 마르크화의 가치가 폭락했기 때문에 아무도 받으려 하지 않았던 것이다. 결국 그는 다시 독일 쪽으로 건너가 10프랑, 즉 캐나다 돈으로 1달러도 안 되는 돈을 환전했는데 무려 670마르크를 받았다. 그에 따르면 '와이프와 내가 하루 종일 펑펑 썼지만 그래도 돈이 남았다'고 회고했다.[1] 그는 노년의 독일 신사가 길거리 과일 가판대에서 겨우 12마르크짜리 사과 하나조차 사지 못하는 광경을 목격했다고 전했다. 12마르크는 젊은 헤밍웨이에게도 푼돈이었다.

> 그 노신사는 아마도 평생 모은 돈을 독일의 전쟁 국채에 투자했을 것이다. 그런 그는 이제 12마르크짜리 사과 하나도 살 수 없다. 그는 바로 그런 부류였다. 마르크와 크로네|Krone, 덴마크·노르웨이·스웨덴·아이슬란드 등에서 사용되는 화폐단위*의 가치는 계속 폭락하는데 본인의 수입은 제자리걸음이어서 실제 생활수준이 계속 떨어지는 사람들 말이다.

헤밍웨이는 1922년 당시 대다수 독일인들의 딜레마를 이렇게 표현했다. '그들은 월급이나 연금에 의존해 살아가며 평생 모은 돈을 국채에 투자한 사람들이었다.' 그들의 삶은 초인플레이션으로 무너지고 있었다. 물론 마르크화가 아닌 외화를 손에 넣을 수만 있다면 그들도 왕처럼 살 수 있었다. 외국인에게는 독일의 모든 것이 너무나 저렴했기 때문이다. 프랑스인들은 독일의 값싼 공산품을 사는 것이 자국 경제를 해칠 수 있다는 이유로 철저히 금지했다. 하지만 먹고 마시는 것은 얼마든지 허용되었고 오히려 많이 소비할수록 좋다고 생각했다. 그들은 그렇게 먹고 마시며, 패전국 독일에 굴욕감을 안겨주는 즐거움을 누렸던 것이다.

헤밍웨이는 켈에서 가장 좋은 호텔의 5코스 식사가 150마르크, 즉 캐나다 돈으로 고작 15센트밖에 되지 않았다고 적었다. 프랑스 아이들은 몰래 국경을 넘어 케이크를 배 터지게 먹었다. 그는 기사에서 이렇게 묘사했다. "환율이라는 기적 덕분에 스트라스부르의 아이들이 독일 제과점으로 몰려가 먹다 먹다 탈이 날 정도로 케이크를 퍼먹는 추한 광경이 벌어지고 있다."[2]

헤밍웨이는 한 사회가 자국의 화폐를 붕괴시키는 모습을 목격하고 있었다. 국가와 시민 사이의 가장 근본적인 신뢰의 끈이 사라지는 장면이었다. 화폐는 국가가 가진 가장 강력한 수단 중 하나이며 이는 국가와 시민 간의 계약의 일부다. 국민이 법을 지키면 국가가 국민을 지키겠다는 약속. 국민이 돈을 저축하면 국가는 그것을 지켜주겠다는 약속. 화폐가 무너지면 이 약속은 사라지고 결국 국가는 무너진다.

경제는 기발한 아이디어만 있다고 되는 것이 아니다. 흔들리지 않는 체계와 안정성이 필요하다. 경제성장을 만들어내는 상업 사회는 자유로우면서도 동시에 보호받아야 한다. 쉽게 말해 화폐의 가치가 떨어지지 않는다는 믿음이 굳건해야 사람들은 저축을 하고 대출을 받을 것이다. 이것은 사회계약의 핵심 요소다. 돈은 인간에게 자유를 주는 도구다. 독재자들이 돈을 통제하려 드는 것도 바로 이 때문이다. 돈에 개입하는 것은 경제를 움직이는 자유를 침해하는 것과 똑같다. 번영하는 나라를 만들기 위해서는 무엇보다 화폐 관리를 잘해야 한다. 돈을 너무 많이 찍어내면 인플레이션이 발생하고 저축이 사라져 사회가 휘청거린다. 반대로 돈을 너무 적게 풀면 새로운 사업을 위한 자금이 부족해지고 디플레이션이 발생한다. 이런 사회에서는 새로운 기술을 선도하는 기업이 자금 부족으로 탄생조차 하지 못한다.

인플레이션과 디플레이션 사이에서 미세하게 균형을 잡는 것이 자유주의 사회의 책무다. 바이마르 공화국은 출범 초기에 사실상 그 책무를 저버렸다. 스스로 포기했다기보다는 그렇게 할 수밖에 없는 상황에 내몰렸다고 표현하는 게 더 적당할 것이다. 역사상 가장 파괴적인 통화 붕괴가 벌어지던 그때, 헤밍웨이는 현장에서 그 이야기를 전히고 있었다. 유럽에서 가장 잘나가던 경제대국의 노신사는 어쩌다가 사과 하나 살 돈조차 없었던 걸까? 도대체 독일은 어쩌다 이렇게까지 몰락한 걸까?

세계의 권력이 미국으로 넘어가는 순간

1914년, 독일제국은 '크리스마스 전에 집에 돌아올 것'이라는 근거 없는 낙관 속에서 1차 세계대전의 전쟁 자금을 자국민에게 빌려 조달하기로 결정했다. 프로이센 군대는 1866년에는 오스트리아를, 1870년에는 프랑스를 물리친 바 있었기에 1914년이라고 다를 이유가 없다고 생각했던 것이다. 승리를 확신한 독일은 높은 금리를 제시하며 국민들의 저축을 국채로 바꿔 전쟁 자금을 조달했다. 모두가 당연히 상환받을 거라 믿었다. 평범한 독일인의 입장에서 정부에 돈을 빌려주는 일은 단지 애국심의 발로일 뿐 아니라 가장 현명한 재테크 수단이기도 했다. 전쟁 막바지까지도 독일 국민들은 자신들이 이길 거라고 믿었고 전쟁에서 승리하면 식민지의 자산과 금을 빼앗아 그 빚을 갚을 수 있을 거라 기대했다. 하지만 현실은 그렇게 흘러가지 않았다.

전쟁이 끝난 뒤 새로운 국가인 바이마르 공화국이 탄생했지만 시작부터 막대한 전쟁 부채를 떠안아야 했다. 그러나 문제는 그뿐만이 아니었다. 1919년 베르사유 회담에서 독일을 용서하려는 분위기는 거의 없었다. 영국과 프랑스는 '옛 독일'이 저지른 죄의 대가를 '새 독일'이 치러야 한다고 주장했다. 특히 프랑스는 강경했다. 네덜란드만 한 규모의 자국 북동부 산업 지대가 전쟁으로 폐허가 됐기 때문에 독일이 이를 배상해야 한다고 단호하게 주장했다. 미국 역시 독일에 배상을 요구했다. 그래야만 다른 연합국들에게 빌려준 자금을 회수할 수 있었기 때문이다. 전쟁은 전 세계 금융 구조를 완전히 바꿔놓았다. 1914년 영국은 전 세계의 은행 역할을 하며 약 200억 달러의 자산을 주무르고 있었다. 런던은 국제 자본의 약 3분의 2가 거래되는 세계 금융의 중심지였다.[3] 금본위제 시대 동안 전례 없는 세계무역과 투자의 호황이 이어지면서 주요 국가들은 서로에게 막대한 부채를 지고 있었다. 프랑스 역시 90억 달러에 달하는 해외자산을 보유하고 있었는데 그중 무려 50억 달러가 러시아제국에 묶여 있었다.[4]

공산주의 국가인 소련이 러시아제국 시절의 부채 상황을 일방적으로 거부하는 바람에 프랑스가 유독 큰 손해를 입었다. 다른 유럽 열강들은 전쟁 자금을 마련하기 위해 자산을 헐값에 매각했고 전쟁 막바지까지 강 건너 불구경만 하던 한 강대국, 즉 미국으로부터 막대한 자금을 빌렸다. 미국은 이 전쟁에서 세계 최대의 채권국으로 부상했다. 전쟁이 계속되는 동안 미국은 수십 억 달러를 빌려줬을 뿐 아니라 유럽의 자산을 헐값에 대거 사들였다. 이렇게 해서 세계의 화폐 권력은 런던에서 뉴욕으로 넘어간다. 이 사건을 기점으로 향후 100년 동안 세계 금융은 미국이 장악하게 된다. 전쟁이 끝날 무렵 유럽 연합국들이 미국에 진 빚은 120억 달러에 달했는데 그중 영국의 빚이 50억 달러, 프랑스의 빚이 40억 달러였다.[5] 영국도 여러 나라에 돈을 빌려줬는데 규모가 110억 달러였고 그중 프랑스가 30억 달러, 러시아는 25억 달러였다. 그러나 러시아에 빌려준 돈은 다시는 돌려받지 못했다.[6]

전 세계가 채무관계로 뒤얽혀 있었다. 20세기 초 최대 대부국이 된 미국은 100년 전 알렉산더 해밀턴의 예언대로 자신이 금융 패권 국가가 된 것을 자각했고 이 절호의 기회를 놓치지 않았다. 이때부터 세계 금융의 최강자는 영국이 아니라 미국으로 바뀌었다. 그리고 흔히 그렇듯, 한때 갑이었던 누군가가 을의 위치에 놓이게 되면 그 상실감은 다른 방식으로 분출된다. 실제로 자존심이 꺾인 영국은 자신이 빌려준 돈을 수단과 방법 가리지 않고 받아내려 애썼고 그 화살은 이제 막 탄생한 바이마르 공화국으로 향한다. 패전국 독일은 사면초가에 처했다.

유럽의 세일 코너, 독일

1918년 영국 총선 유세 기간 중, 총리 로이드 조지는 "씨가 튀어나올 때까지 독일을 레몬처럼 쥐어짜겠다"고 공언했다. 웨일스 출신인 로이드 조지는 말 그대로 그렇게 실천했다. 1914년만 해도 1마르크는 미국 돈 25센트였다. 그런데 1920년이 되면 그 가치는 1.5센트까지 떨어진다. 전쟁에서 패한 후 정치적, 사회적 혼란이 이어졌음에도 불구하고 대부분의 사람들은 마르크화의 붕괴가 이제 바닥을 찍었다고 생각했다. 패전 후 격동기가 지나면 독일 경제도 제자리를 찾을 거라고 예견했던 것이다. 그도 그럴 것이 전쟁 전 독일은 유럽에서 가장 부유하고 혁신적인 경제대국으로 문학, 과학, 철학 분야에서 세계를 선도하는 나라였기 때문이다. 1920년대 독일이 배출한 노벨상 수상자의 수가 미국과 영국을 합친 것보다 많을 정도였다.[7] 전쟁 전 독일은 성실함과 규율, 질서를 상징하는 나라였기 때문에 대부분의 사람들이 독일이 재기에 성공하지 못할 거라는 생각은 전혀 하지 않았다. 독일 사회 전체가 빈곤해질 거라고 생각하는 사람도 존재하지 않았다.

하지만 독일의 상황은 정치, 사회, 금융 면에서 근본적으로 달라져 있었다. 첫째, 독일은 국민들 대부분이 막판까지도 이기고 있다고 생각했던 전쟁에서 패했다. 승전국인 프랑스와 벨기에가 국토의 일부를 점령당했던 반면 독일 땅에는 외국 군대가 한 발짝도 침투하지 못했기 때문이다. 이 때문에 독일인들은 더욱더 패배를 인정하기 힘들었다. 이렇게 믿기 힘든 현실 덕분에 '등에 칼을 맞았다'는 음모론이 득세하기 시작했다. 민족주의로 뭉친 독일군이 패배한 것이 아니라 사회주의자, 자유주의자, 자본가 및 유대인 같은 내부의 적들이 배신했기 때문에 전쟁에서 패했다는 주장이었다. 1920년, 독일은 전쟁 당시 발행했던 국채 외에도 막대한 배상금을 떠안고 있었다. 그 규모는 전쟁 전 독일 국내총생산(GDP)의 100%에 달했으며, 이마저도 원래 GDP의 300%였다가 재협상된 금액이었다. 최종 합의안에 따르면 독일은 매년 자국 GDP의 5%를 외국 열강들에 넘겨야 했다. 이런 극심한 압박 속에서 독일 경제는 무너지기 시작했다. 실제로 배상금을 지불한다는 것은 국가 경제 안에서 생산된 실물 자원을 외부로 내보내야 한다는 뜻이다. 하지만 이 과정에서 독일은 그 대가를 금이나 외환의 형태로 돌려받지 못했다.

예를 들어 독일에서 생산된 물품들은 프랑스로 이전되었고 그에 대한 청구서는 독일이 갚아야 할 배상금에서 차감되었다. 즉, 원래 독일 매장에 있어야 할 상품들이 이제는 프랑스 상점에 진열된 것이었다. 이렇게 독일 상점의 진열대가 텅 비기 시작하면 물가는 오르기 마련인데 국가가 이에 대응해 돈을 찍어내느냐 마느냐에 따라 선택지는 두 가지밖에 없었다. 줄을 서서 기다리든가 인플레이션이 터지든가. 여기에 또 다른 문제가 있었다. 생산물이 국내 시장에서 빠져나가면 소비세나 부가가치세 같은 간접세 수입이 줄어들어 세수가 줄어든다. 이렇게 배상금은 정부 재정에도 큰 악영향을 미쳤다. 비어가는 진열대와 악화되는 국가재정 상태는 예상치 못한 패배 이후 독일 사회를 더욱 불안하게 만든다.

독일 정부는 금으로 배상금을 지급해야 했고 그 과정에서 마르크화를 팔아야 했기 때문에 화폐 가치는 지속적으로 하락 압력을 받았다.

사면초가에 몰린 정부는 세금을 올릴 여력조차 없었고 결국 독일 중앙은행에서 돈을 빌려 자국 생산자들에게 물품 대금을 지급했다. 하지만 이 물품들은 독일 내에서 판매되지 않을 것들이었다.

그 결과 독일 상점에는 상품이 부족해졌고 정부는 프랑스가 대금을 치르지도 않을 물품에 대해 독일 제조업자들에게 보조금을 지급하고 있었기 때문에 국가부채는 눈덩이처럼 불어났다. 여기에 경상수지 적자와 계속되는 화폐 가치 하락이 겹치며 수입품 가격이 급등했고 이는 결국 인플레이션을 더욱 부추겼다.

이런 상황만 해도 충분히 시한폭탄 같았는데 국내 정치 상황은 이를 한층 더 악화시켰다. 바이마르 정부는 자유주의적 중도 노선을 지키려 애썼지만 양쪽 극단의 세력들에게 끊임없이 공격받았다. 한쪽에는 소련의 영향을 받은 공산주의자들이 있었는데 이들은 정부가 연합국의 이익을 위해 독일 노동자들을 배신하고 있다고 믿었다. 또 다른 한쪽에는 구체제의 민족주의자들이 있었는데 이들은 정부가 연합국의 하수인 노릇을 하며 독일 민족을 팔아넘기고 있다고 주장했다. 양극단 세력은 허약한 바이마르 정부에 거액의 지출을 요구했다. 한쪽에서는 노동자 교육을, 다른 한쪽에서는 제대 군인들을 위한 전쟁 연금을 요구한 것이다.

사회민주주의 DNA를 반영하기 위해 자유주의 성향의 바이마르 정부는 사회개혁에도 나섰고 보건과 공공주택 분야에 지출을 확대했다. 이 모든 것은 국가재정에 큰 부담이 되었다. 늘 재정난에 시달리던 정부는 국제사회에 대한 배상 의무를 저버릴 수도 없었고 자국민들에게 약속한 공약도 철회할 수 없었다. 결국 정부는 공약을 지키기 위해 점점 더 많은 돈을 찍어내기 시작했고 동시에 연합국에 금으로 배상할 몫만은 따로 떼어 보존하려 애썼다. 벼랑 끝에 몰린 바이마르 공화국은 그 모든 균형을 간신히 유지해 나가고 있었다.

환율이 급등락할 때마다 사람들의 불안감은 커졌다. 평상시 같으면 중앙은행이 이런 불안을 잠재우기 위해 개입했을 것이다. 예를 들어 자국의 화폐 가치가 떨어지면 금을 팔아 자국 화폐를 사들이고 반대로 자국 화폐 가치가 급등하면 시중에 자금을 풀고 금을 사들이는 것이다. 이런 방식을 전문용어로 공개시장조작(open market operations)이라고 부른다. 쉽게 말하면 흥분한 외환 시장에 이성(냉정함)을 주입하는 일이라 표현할 수 있다. 하지만 독일은 그렇게 할 수 없었다. 보유한 금은 연합국에 지불해야 할 배상금용으로 반드시 따로 보관해야 했기 때문이다. 결국 독일에는 소문과 억측에 따라 자금이 들락날락했고 악재가 터질 때마다 환율은 심하게 요동쳤다. 대부분의 경우, 통화 가치는 추락하는 쪽이었다.

1922년 6월 점잖은 기업가이자 유대인 출신 외무장관이었던 발터 라테나우가 우익 세력에 의해 암살당하자 이 상황은 악화일로로 치달았다. 이 사건은 독일 사회에 극심한 공황과 불안을 불러일으켰다. 라테나우는 베를린은 물론 파리와 런던에서도 존경받는 인사였다. 이런 상황에서 누가 독일을 위해 협상에 나서려 할까? 독일은 내부적으로도 국가가 해결하기 어려운 딜레마에 직면해 있었다. 무장한 민병대들이 거리를 장악한 상황에서, 정부가 우익 극단 세력들을 강하게 탄압하면 내전이 일어날 수도 있었기 때문이다. 그 사이 마르크화의 가치는 급격히 추락했다. 뚜렷한 대안도 없는 상황에서 공산주의자들은 혁명을 외치며 압박해왔고, 정부는 노동자 계층을 달래기 위해 계속해서 돈을 찍어내며 임금을 지급할 수밖에 없었다. 믿기 어렵겠지만 단 1년 사이인 1922년에 마르크화는 달러 대비 190마르크에서 7600마르크까지 떨어졌고 물가는 40배나 폭등했다. 투기꾼들은 이 상황을 기회 삼아 큰돈을 벌었고 독일 국민들은 생활을 감당할 수 없을 정도로 비싼 물가에 시달렸지만 외국인들에게 독일은 '유럽의 세일 코너'가 되어 있었다.

화폐의 가치가 땅에 떨어졌을 때 생기는 일

1923년 초, 독일은 프랑스에 전화선용 전신주 10만 개를 보내기로 했지만 결국 그 약속을 다 지키지는 못했다. 굴욕적이게도 그 전신주들은 독일 노동자들이 자국 도시에서 파내고 있던 것들이었다. 프랑스는 이 일을 계기로 독일이 현물 배상 약속을 어겼다며 1918년부터 준비하던 계획을 실행에 옮겼다. 바로 프랑스와 벨기에 군대를 루르 지방에 보내 독일의 산업 중심지를 장악했던 것이다. 독일이 현물 배상을 제대로 하지 않는다면 프랑스와 벨기에가 직접 모든 것을 챙기겠다는 의도였다. 이 사건으로 공황이 발생했고 마르크화의 가치는 더더욱 떨어졌다. 1923년 1월 11일, 프랑스와 벨기에가 전신주를 회수하러 진입했던 크리스마스 무렵 달러당 2만 7000마르크였던 환율은 달러당 5만 마르크로 급등했다. 루르 지역에서는 독일 노동자들이 점령에 맞서 총파업에 돌입했고, 전쟁 중 그 어떤 제조업체보다 포탄을 많이 생산했던 철강업체 크루프 같은 독일의 대기업들은 대규모 시민 불복종 운동을 지지했다.[8]

점령에 저항한 것은 노동자들뿐만이 아니었다. 일부 전직 군인들이 조직한 비밀 단체들도 있었는데 이들은 철도를 파괴하고 점령군들을 살해하는 등의 무장 활동을 벌였다. 프랑스는 즉각 보복에 나섰다. 2월 13일 요세피네 말라케르트라는 젊은 독일 여성이 프랑스 해군들에게 집단 성폭행을 당하는 사건이 벌어졌고 이후 봄 내내 독일 여성을 타깃으로 한 성폭행 사건이 잇따라 발생했다. 이런 사건들로 연합군의 잔혹성이 만천하에 드러났다. 독일은 자국민에 대한 프랑스의 인권유린에 대해 국제사회(사실상 미국)에 호소했다. 그렇게 해

서 미국이 프랑스를 압박해 점령지에서 물러나기를 바랐던 것이다.[9]

프랑스가 철군 압박을 받기 전까지 버텨낸다면 절실히 필요하던 국민적 승리를 거둘 수 있으리라 판단한 바이마르 정부는 시간을 벌기 시작했다. 정부는 파업 중인 루르 노동자들과 연대하기 위해 이들의 임금을 계속 지급했고 이를 위해 돈을 찍어냈다. 그러나 중앙은행이 돈을 더 많이 찍을수록 인플레이션은 더욱 심해졌다. 독일은 인플레이션을 감내하는 국민들의 인내심과 프랑스 점령을 지지하는 연합국의 압력 사이에서 옴짝달싹하지 못하게 되었고 결국 사태는 양쪽에게 파괴적인 치킨 게임으로 치달았다. 독일은 초인플레이션으로 자국의 경제가 무너지기 전에 미국(그리고 영국)이 프랑스를 압박해 철군시키기를 기대하며 도박에 나섰다. 독일의 운명은 누가 먼저 꼬리를 내리느냐에 달려 있었다.[10]

1923년 8월 62만 마르크에 달했던 1달러의 가치는 11월 6300억 마르크까지 치솟았다. 그러나 이때까지 그 어느 쪽도 포기하지 않았다. 프랑스 입장에서는 점령을 통해 독일로부터 현물 배상을 받아야만 했지만 점령 이후 10개월 동안 받은 석탄과 코크스의 양이 점령 이전 10일 동안 받은 양보다도 적었다. 바이마르 공화국은 프랑스에 굴복하지 않겠다는 의지를 보여주기 위해 점령군에 맞선 소극적 저항을 계속 지원했고 그 대가로 독일은 극심한 인플레이션을 겪으며 자국 통화의 가치를 스스로 무너뜨렸다.

그 격동의 여름, 하루가 다르게 물가가 치솟는 가운데 독일인들은 프리츠 랑의 영화 〈마부제 박사〉를 보기 위해 극장으로 몰려들었다. 돈과 예금이 순식간에 증발하자 사람들은 갖고 있는 현금을 빨리 써버리려고 했다. 바, 클럽, 식당, 극장마다 인파로 가득 찼다. 베를린의 밤 문화는 돈이 인쇄되자마자 손에서 손으로 넘어가며 더욱 활기를 띠었다. 돈을 쥐고 있으면 전부 잃는 시대였다. 돈을 쓰면 적어도 재미있는 시간이라도 보낼 수 있었다. 이런 혼란 속에서 환율 차익을 이용해 돈을 버는 투기 세력이 등장했다. 이들은 대부분의 국민들이 가난해질 때 부를 쌓았다. 한 베를린 신문은 이렇게 전했다. '신흥 부자들의 사치, 주식시장의 투기 광풍, 클럽과 쾌락 중독, 밀수와 위조. 이 모든 것이 지금 우리 시대의 자화상이다.'[11]

랑의 대작 영화는 총 네 시간 반짜리 2부작 서사극으로 초인플레이션 속으로 추락하던 독일 사회의 광기를 생생하게 담아냈다. 영화의 주인공 마부제 박사는 사람들의 정신과 지갑을 조종하는 악랄한 최면술사로 주가를 자유자재로 움직이며 증시를 조작하는 초자연적인 악당이다. 바이마르 시대의 평범한 사람들에게 주식과 환율의 움직임은 도무지 이해할 수 없는 세계였다. 그런 세상을 뒤에서 조종하는 마부제라는 인물은 충격과 혼란에 빠진 대중의 심리를 정조준했다. '설마 내 돈이 그냥 사라질 리는 없잖아?' 많은 이들이 이렇게 생각했지만 실제로 돈은 사라졌다. 그런 한편, 부유한 투기꾼들은 계속해서 이익을 챙겼다. 화폐 가치가 떨어질수록 그들은 더 많은 돈을 벌었고 평범한 가정은 점점 더 빈곤해졌다.

이렇게 누군가는 돈을 벌고 있던 반면, 대다수 사람들은 모든 것을 잃고 있었다. 이때 등장한 인물이 바로 '라프케(Raffke)', 탐욕스러운 투기꾼 혹은 졸부, 속물을 뜻하는 이들은 경멸과 동시에 매혹의 대상이 되었다. 저런 자들은 어떻게 환율 시장을 요리하는 걸까? 왜 늘 보통 사람들보다 한발 앞서서 모든 걸 지배하는 걸까? 라프케는 도처에 있었다. 여론 따위는 아랑곳하지 않고 뻔뻔하게 활개 쳤으며, 독일 최초의 대중 잡지 〈베를리너 일루스트리르테 차이퉁〉에도 자주 등장했다. 이 잡지는 1920년대 주간 발행 부수가 180만 부나 됐다. 카를 뢰슬러가 작곡한 당대 카바레 노래인 '세상은 온통 뒤죽박죽'에는 이런 가사가 나온다. '라프케는 샴페인도, 랍스터도, 여자도 마음껏

누리지. 심지어 욕실에 걸 그림도 주문한다네. 보티첼리가 코냑인지 치즈인지도 모르면서 말이지.'[12]

물가가 급등하고 투기꾼들이 막대한 돈을 벌어들이던 세상에서 평범한 시민들은 혼란에 빠졌다. 하지만 실제로 투기는 마부제 같은 인물이 배후에서 조종한 것이 아니라 초인플레이션 속에서 살아남기 위한 인간의 처절한 대응 방식일 따름이다. 환율 차익과 관련한 투기에 뛰어든 독일인은 일부 특권층뿐 아니라 100만 명에 달했던 것으로 추정된다.

초인플레이션은 사회적 계약을 무너뜨렸지만 그 충격은 계층마다 달랐다. 성실히 일하고 세금 꼬박꼬박 잘 내고 정부를 신뢰하던 수백만 명의 중산층은 평생 모은 예금액이 사라지는 걸 경험했다. 교사, 공무원, 경찰, 의사, 변호사, 학자, 언론인 등은 국가를 전적으로 신뢰해서 전시 국채를 샀지만 철저히 배신당하고 만다. 이렇게 존경받던 중산층과 하위 중산층은 당연히 바이마르 공화국이 자신들을 버렸다고 느꼈다. 반면, 토지나 건물 같은 실물 자산의 소유주인 지주, 농민, 기업가들은 인플레이션 때문에 자산 가치가 올랐기 때문에 큰 피해를 입지 않았다. 최하층 노동자들의 경우에도 크게 손해 본 게 없었다. 이들은 날릴 예금도 없었고 공산주의에 대한 두려움 때문에 어느 정도 임금을 올려주어 생활에 지장이 없었던 것이다(임금은 물가에 연동되어 있었기 때문에 인플레이션이 심해질수록 노동자들의 임금도 더 많이 올랐다. 그 결과 임금 인상이 인플레이션을 부추겼고 인플레이션은 다시 임금 인상을 부추겼다). 혼란 속에서도 피해가 가장 적었던 건 최상층과 최하층이었고 사회의 중심축인 중산층이 가장 피해를 입었던 것이다. 그런데 이렇게 피해를 본 사람들은 본능적으로 누군가를 탓하게 된다. 그리고 이런 대중심리는 언제나 강력한 정치적 동력으로 작동한다.

한 남자가 바로 이런 대중심리를 이용하기 위해 준비 중이었다. 1923년 11월, 초인플레이션이 절정에 달했을 무렵 아돌프 히틀러는 뮌헨 맥주홀 폭동을 일으켰다가 실패했다. 코미디에 가까운 반란이었지만 바이마르 정부에 대한 대중의 반감 덕분에 히틀러는 영웅적인 아버지상으로 급부상했다. 이때 그는 화폐의 가치가 땅에 떨어졌을 때 어떤 기회가 생기는지를 체감한다. 이때 얻은 깨달음은 그의 정치 인생에 깊이 새겨졌다.

두 포로수용소 이야기

1943년 8월의 어느 저녁, 한때는 뛰어난 초상화가이자 바이마르 베를린 나이트클럽의 경영자이기도 했던 살로몬 '살리' 스몰리아노프는 작센하우젠 강제수용소라는 지옥에 떨어져 있었다. 수년 전 오데사 출신의 난민이었던 스몰리아노프는 나이트클럽을 이용해 돈세탁을 하다가 자신의 천직이 위조라는 것을 알게 되었다. 화가로서의 손재주와 사소한 것 하나도 놓치지 않는 섬세한 성격 덕분에 그는 위조 게임에서 아낌없는 보상을 받았다. 1920년대 그는 50파운드짜리 영국 위조지폐를 유통시켜 암스테르담에서 체포된 전력이 있었다. 짧은 형기를 마친 그는 한동안 모습을 감췄다가 1930년대 중반 베를린으로 돌아왔다. 마침 위조 사업이 호황을 누리던 시기였다.

나치 정권의 만행이 본격적으로 드러나면서 수천 명이 독일을 탈출하려고 발버둥쳤다. 1938년 11월, 유대인을 겨냥한 폭력 사태인 '수정의 밤' 사건 이후 그 탈출 행렬은 더 거세졌다. 탈출이 절박했던 유대인들은 그에게 큰돈을 지불했고 자신도 유대인이었던 살로몬은 위조 여권과 출국 비자를 둘러싼 암시장의 중심에 서게 되었다. 새로운 반유대주의 규제가 나올 때마다 합법적으로 일할 기회가 줄어들자 그는 자신의 위조 기술을 더욱 갈고닦았다. 위조 문서는 미적으로 완벽한 복제품이어야 했다. 화폐 인쇄와 마찬가지로 문서 위조 역시 합법적인 발행 주체와 수완 좋은 위조범 사이의 치열한 두뇌 싸움이었다. 공식 고안자는 위조를 막기 위해 문서 내에 여러 보안 장치를 숨겨놓는다. 그러니 진정한 위조 전문가가 되기 위해서는 손재주만으로는 부족했다. 정밀한 예술 감각은 기본이고 복잡한 디자인을 완벽하게 복제하기 위해서는 공학, 판화, 금속세공, 주형법, 팬터그래피(정밀 복제 기술)까지 통달해야 했다. 뛰어난 위조범은 절반은 레오나르도 다 빈치, 절반은 구텐베르크가 되어야 했다. 즉 화가이자 인쇄공이 되어야 한다는 말이다. 결국 스몰리아노프는 다시 법망에 걸려들어 마우트하우젠 강제노동수용소에서 암석을 캐면서 4년을 보냈다. 그곳에서 그는 나치 간수들의 초상화를 완벽하게(그리고 실물보다 낫게) 그려주면서 살아남았다. 유대인이자 전과자였던 살로몬의 생존 확률은 크지 않았지만 1943년 그는 기이한 방식으로 목숨을 건진다. 오스트리아 수용소에서 베를린 근처 작센하우젠으로 이송된 것이다. 그에게 주어진 임무는 단 하나, 바로 영국 중앙은행을 무너뜨리는 것이었다.

 6월의 북독일 평야에선 밤 10시가 넘어서야 해가 저문다. 서쪽으로 기울어가는 해를 바라보며 우리의 위조범 스몰리아노프는 손끝으로 린넨과 천이 섞인 종이를 더듬고 있었다. 그는 이 종이가 5파운드 지폐에 쓰인 재질인지 알아내기 위해 필사적으로 매달렸다. 살아남기 위한 처절한 행동이었다. 그는 이 지옥 같은 작센하우젠 너머 어딘가에 다른 세상이 있을 거라 생각했을지도 모른다.

 그곳으로부터 남쪽으로 800여 킬로미터 떨어진 독일의 또 다른 포로수용소 스탈라크 VII-A. 이곳에서는 리처드 래드퍼드라는 또 다른 인물이 스몰리아노프가 바라보던 것과 똑같은 해를 지켜보고 있었다. 그는 담배 개수를 세며 적십자 구호품이 도착하길 기다렸다. 자신이 캐나다 연대에서 싸운 것을 다행으로 여겼다. 연합국 중에서도 캐나다 적십자는 가장 인심이 후했다. 래드퍼드는 온타리오주의 건강한 주부들이 정성껏 스팸, 케이크, 잼을 빽빽이 채워넣는 모습을 상상했다. 그 주부들은 자신들의 노력이 포로들에게 얼마나 큰 힘이 되는지는 절대 모를 것이다. 래드퍼드와 스몰리아노프의 공통점은 바로 돈이었다. 래드퍼드는 돈을 만들려고 노력 중이었고, 스몰리아노프는 그것을 파괴하려고 노력 중이었다는 점이 다를 뿐이었다.

포로수용소 안의 기이한 경제 현상

케임브리지 출신의 젊은 경제학자, 리처드 래드퍼드는 1941년 리비아에서 포로로 잡혀 전쟁이 끝날 때까지 수용소에서 지냈다. 그는 포로수용소에서 특이한 현상을 목격했다. 극한의 상황 속에 몰린 포로들이 공통 화폐를 만들어내 사용하고 있었던 것이다. 적십자는 수용소에서 나오는 기본 식사 외의 추가 식량을 배급했다. 담배는 필수였고 잼과 버터, 차와 당밀, 꿀, 고기, 소금에 절인 소고기, 연어, 스팸, 초콜릿, 소금, 후추, 비누, 해시브라운, 우유분말, 야채통조림 등도 배급되었다.

    실제 돈은 없었는데 어느 순간부터인가 포로들은 담배를 교환수단이자 재산의 형태로 사용하고 있었다. 담배의 가격이 포로 경제시스템의 기준 가격이 되었고 유통되는 담배가 많아질수록 담배의 가치는 떨어지고, 그만큼 다른 물품의 가격은 올라갔다. 영국인, 캐나다인, 유고슬라비아인, 폴란드인, 프랑스인, 러시아인 등 다양한 국적의 포로들은 본능적으로 돈이라는 공통 언어를 이해했다. 군사 계급이라는 공식 서열과는 별개로 하나의 시장경제가 자연스럽게 형성되었다. 누가 일부러 조종하지 않았는데도 스스로 굴러간 것이다. 때로는 이등병이 3성 장군보다 더 큰 영향력을 갖기도 했다. 돈이 지위를 부여한 것이다. 돈은 국적이나 계급보다 더 강력한 영향력을 발휘했다. 소련 공산주의자, 인도 시크교도, 영국 상류층, 프랑스 농부 등등 전혀 다른 문화적 배경을 가진 사람들이 돈이라는 매개체로 연결되었다. 또 돈은 포로들 개개인에게 미약하지만 통제력을 갖게 해주었다. 처참한 상황 속에서도 조금이나마 스스로 자율성을 행사하는 루트를 열어준 것이다.

전쟁이 끝난 뒤 석방된 래드퍼드는 포로수용소 안에서 형성된 경제 현상에 대해 흥미로운 보고서를 써냈다. 그는 이를 통해 화폐경제가 어떻게 자연스럽게 발생하는지, 통화가 어떤 식으로 작동하는지, 거래시스템이 진화하고 복잡해지면 어떤 일이 일어나는지를 자세히 묘사한다. 그는 포로들이 배급품을 서로 거래하며 자연스럽게 생겨난 '사회 조직'에 깊은 관심을 가졌다. 자신의 경험에 대해 그는 이렇게 썼다.

> "이 경제활동의 핵심은, 그것이 보편적으로 그리고 자발적으로 발생했다는 점이다. 의식적으로 모방한 게 아니라 그때그때 필요와 상황에 대한 즉각적인 반응으로 생겨난 것이었다."[13]

포로수용소 경제도 실제 경제와 마찬가지로 호황과 불황, 디플레이션과 인플레이션이 반복되는 경기와 신용 사이클을 똑같이 겪었다. 적십자는 포로수용소의 중앙은행 역할을 했고, 매달 25~50갑의 담배를 배급하며 '화폐 공급'을 조절했다. 그 화폐의 가치는 그 시점에 경제가 얼마나 많은 돈을 필요로 하느냐, 즉 수요에 따라 결정되었고 이는 실제 세계와 마찬가지로 인간 본성에 따라 나타나는 현상이었다. 예를 들어 사람들이 낙관적이 되어 소비하려는 의지가 강할 때는 돈에 대한 수요도 활발해지고 시중에 풀린 돈은 더 많은 거래를 만들어낸다. 그와 반대로 사람들이 미래를 걱정하게 되면 지출을 미루고 돈을 쌓아두려고 한다. 기회가 올 때를 기다리며 지갑을 닫는 것이다.

극한의 상황 속에서 누가 시키지도 않았는데 서로 다른 언어와 문화, 종교와 도덕을 가진 수천 명의 사람들이 돈이라는 보편적 규칙을 만들어내고 그것을 지켰다. 포로수용소에서 벌어진 일은 모든 인간 사회에 똑같이 적용할 수 있다. 즉 세상을 조직하려면 돈이 필요하다는 얘기다. 바로 이 점이 히틀러가 역사상 최대 규모의 위조 작전을 명령한 이유이자 유대인 위조범 스몰리아노프가 작센하우젠 수용소에서 저무는 해를 바라보게 된 경위이다.

히틀러의 위조지폐

수감번호 93594번, 스몰리아노프는 이미 소문이 자자한 인물이었다.[14] 무슨 운명의 장난이었는지 그를 체포했던 한스 크뤼거라는 친위대 장교가 히틀러의 위조 작전을 총지휘하게 되면서 이번에는 그의 목숨을 구하게 된다. 나치당원인 크뤼거는 유대인 스몰리아노프가 이 일에 적임자임을 잘 알고 있었다. 그는 스몰리아노프가 마우트하우젠에서 중노동하고 있다는 걸 알아냈고 작센하우젠으로 데려왔다. 스몰리아노프는 이제 제3제국의 강제수용소에서 각각 선별된 142명의 유대인 전문가들로 구성된 팀의 리더가 되었다. 이들은 중부 유럽 곳곳에서 모인 사람들로 과거 인쇄공, 염색공, 순수 예술가, 기술자, 조각사, 금속세공사, 수학자, 사진가 등으로 일했던 전문가들이었다. 이제 그들은 영국 중앙은행을 무너뜨리는 임무를 맡은 최정예 위조 팀이 되었다.

18번과 19번 구역 수용동에 마련된 인쇄소는 수용소의 다른 구역과 철저히 분리되었고 위조팀은 일반 수용자들과 그 어떤 접촉도 금지되었다. 스몰리아노프와 나머지 팀원의 목숨은 영국 지폐가 어떤 재질로 만들어졌는지를 밝혀내는 데 달려 있었다. 1920년대 초 독일에서 초인플레이션이 한창일 때는 지폐를 찍어내기만 하면 되었기에 종이 질에는 별로 신경 쓰지 않았다. 그 당시 마르크화의 가치는 어차피 계속 떨어지기만 했기 때문에 종이 질을 따질 여유조차 없었던 것이다. 하지만 영국 중앙은행은 달랐다. 거의 한 세기 동안 세계의 기축통화였던 파운드화는 아무 종이에나 인쇄되지 않았다.

초기에 이들은 파운드화가 영국의 식민지인 말라야에서만 자라는 갈대의 종류로 만든 섬유질 재질의 종이가 사용된 것 같다고 추정했다. 실제로 영국 지폐는 뭔가 촉감이 달랐다. 진짜 영국 지폐를 갈기갈기 찢어보면서 끈질기게 시험을 거듭한 끝에 위조팀은 마침내 낡은 옷감을 갈아서 만든 펄프지가 재질이라는 사실을 알아낸다.

이 비밀을 파악한 후 이들은 본격적인 작업에 착수한다. 처음에는 비밀 작업실에서 5파운드짜리 지폐만 소량 제작한다. 그리고 나서 테스트 작업을 해야 했는데 가장 적절한 장소는 다름 아닌 영국 중앙은행이었다.

한 독일인 기업가가 스위스 취리히의 한 은행에 나타나 암시장에서 받은 영국 지폐 몇 장이 진짜인지 확인해달라고 요청했다. 스위스 은행 직원들은 확대경과 고성능 램프를 동원해 확인 작업을 시작했다. 정밀검사 끝에 스위스 은행 직원들은 그 지폐가 진폐라고 분명하게 판정한다. 그러자 그 기업가는 더 확실하게 하고 싶다며 영국 중앙은행에 전보를 보내 지폐의 일련번호와 발행일자까지 확인해달라고 요청했다. 결국 영국 중앙은행까지 해당 지폐가 진폐라고 확인해주었다. 이 소식을 듣고 크뤼거를 비롯하여 그의 상관인 친위대장 하인리히 힘러는 환호했다. 그 순간부터 위조팀의 인쇄기는 쉴 틈 없이 돌아가기 시작했다. 이제 영국에 위조지폐를 대량 유통시키려던 히틀러의 계획이 실현되기까지 겨우 몇 달밖에 남지 않았다. 강제수용소의 위조범들은 총 1억 3461만 810파운드를 찍어냈는데 이는 당시 유통 중이었던 파운드화의 40%에 해당하는 액수였다. 머리말에서 대략 설명했듯 원래 계획은 영국 전역에 이 위조지폐를 투하하는 것이었다. 그러나 1943년 전세가 악화되자 독일은 더 이상 폭격기를 동원할 수 없게 되었다.

그래도 나치 친위대는 단념하지 않고 다른 계획을 세웠다. 이 시기 독일은 외환 보유고가 바닥나 국제무역에 어려움을 겪고 있었다. 공식 환율로는 1파운드에 40마르크였지만 암시장에서는 훨씬 낮게 거래되었고, 마르크는 국제무역 결제에서는 아예 받아주지도 않았다. 그러나 파운드는 세계의 기축통화였기 때문에 그 위상이 전혀 달랐다. 나치 친위대는 위조한 파운드화로 꼭 필요한 전쟁물자를 살 수 있었고 그 과정에서 자신들의 주머니도 채울 수 있었다.

작센하우젠 수용소에서 제작된 정교한 위조지폐는 나치를 위해 돈세탁을 해주던 중개인들의 네트워크를 통해 세계 통화 공급망에 스며들었다. 나치 정권 말기에는 여권, 비자, 새로운 신분증을 사고파는 암시장이 형성됐고 도난품 거래 시장도 번성했다. 오늘날의 다양한 암호화폐와 마찬가지로 이 위조지폐도 암시장에서 유통되었다. 특히 이 위조지폐는 유럽을 탈출해 아르헨티나로 향하던 나치 잔당들에게 위조 신분증을 발급해주도록 관리들을 매수하는 데도 사용되었다.

나치가 파운드화를 대량 사용하고 있다는 보고가 영국 중앙은행에 접수되자 의혹이 커지기 시작했다. 예컨대, 1943년 무솔리니를 억류하고 있던 세력을 매수하거나 이들과 거래하는 과정에서 위조된 파운드화가 '몸값' 명목으로 사용되었다는 정황도 있었다. 전쟁이 끝난 뒤, 영국 중앙은행은 이 위조지폐의 수거 및 폐기를 감독했지만, '스레드니들가의 노부인(영국 중앙은행의 별칭)'은 이 위조지폐의 정교함을 크게 우려한 나머지 기존 5파운드짜리 지폐를 전면 폐기하고 완전히 새로운 디자인을 도입하기에 이른다. 만약 1943년에 히틀러의 위조지폐가 정말 하늘에서 쏟아졌다면 과연 어떤 일이 벌어졌을까?

| 5부 |

인간의 손을 떠난 돈
Money Unbound

금융위기가 반복되는 이유는 뭘까?
그 이유는 간단하다.
책임자들에게 실제로는 통제권이 없기 때문이다.

19장 | 누가 돈을 통제하는가?

화폐 뱅크런

1992년 12월, 북아일랜드의 한 슈퍼마켓 주차장에서 시작된 중고차들의 행렬이 아일랜드 공화국 남쪽 국경까지 길게 이어졌다. 도요타 코롤라, 포드 에스코트, 피아트 미라피오리 같은 중간 소득 국가에서 흔히 볼 수 있는 차량들이었다. 국경 북쪽에서 감시탑을 순찰하던 영국 군인들은 무슨 일인지 몰라 어리둥절해하고 있었다. 반면 국경 남쪽에 있던 아일랜드 경찰들(가르다이)은 어떤 상황인지 아주 잘 알고 있었다. 그 행렬에 동료들이 섞여 있었기 때문이다. 때는 크리스마스였고 아일랜드 공화국보다 북아일랜드가 술값이 더 쌌다. 그런데 아일랜드 사람들은 술을 좋아했고 12월은 파티의 계절이었다. 그러니 무슨 설명이 더 필요하겠는가. 행렬은 평소보다 훨씬 길게 이어졌다. 주류 차익거래는 원래 국경 인접 지역 주민들이 활용하던 방법이었다. 운전 거리가 짧아 기름값이 얼마 안 드니 번거로움을 무릅쓸 만했다. 그해에는 아일랜드인 수천 명이 아일랜드 화폐인 펀트를 쓰지 못해 안달이었다. 곧 펀트의 가치가 떨어질 거라는 소문이 돌자 '화폐 뱅크런'이 일어난 것이다. 사람들이 펀트로 맥주를 사는 것은 환율 위험을 피하기 위한 헤지$^{\text{hedge, 위험 회피 수단}}$*였다. 펀트의 가치가 더 떨어지기 전에 저렴한 영국 맥주를 사두려는 심리인 것이다. 이렇게 자국민이 자국의 화폐를 빨리 처분하려는 것은 그 나라 통화에 대한 신뢰도가 바닥에 떨어졌다는 걸 알려주는 가장 확실한 증거다.

통화 붕괴는 단계적으로 진행된다. 처음에는 내부 정보를 어느 정도 파악한 은행가, 투자자, 투기꾼들이 불안해하기 시작한다. 그리고 교사, 간호사, 경찰관, 배관공 같은 평범한 사람들이 값싼 술이라도 사두려고 나설 때쯤이면 이미 게임은 끝난 것이다. 1992년 아일랜드에서는 인류가 만든 새로운 유형의 화폐, 즉 정부의 약속 말고는 아무것도 담보되는 것이 없는 화폐의 뱅크런이 일어나고 있었다.

전 세계는 이제 이런 유형의 화폐를 쓰고 있었다. 경제학자들은 이를 명목화폐(fiat money의 fiat는 라틴어로 '그렇게 되게 하라'라는 뜻이다)라 부르고 평범한 사람들은 모두 이걸 그냥 '돈'이라고 부른다. 앞서도 여러 번 설명했지만 명목화폐는 국가의 권위만으로 법적인 효력을 갖는다. 이것이 금 같은 실물 자산과 연동되는 화폐와 구분되는 점이다. 이것은 마치 한 국가 안에서만 법적 권한을 인정받는 경찰력과 비슷하다. 예를 들어 캐나다 경찰은 캐나다 안에서만 활동할 수 있다. 만약 캐나다 경찰이 미국에서 누군가를 체포하려 한다면 어떤 일을 당하게 될지 한 번 알아보시길.

국가가 발행한 법정화폐(legal tender) 또는 법정통화(legal currency)는 해당 국가에 대한 신뢰도, 그 국가의 세수와 법률이 뒷받침해준다. 사실 법정화폐는 그 자체가 국가의 일부라고 할 수 있을 정도로 국가기관과 제도와 밀접하게 연결되어 있다. 누구나 자신이 소속된 국가의 법정화폐를 거부하고 살 수는 없다. 그 화폐는 그 나라에 거주하는 하나의 조건이기 때문이다. 사회계약의 일환으로 국가는 자국 화폐의 가치를 지키겠다고 약속한다. 그 약속은 국내적으로는 물가(인플레이션)를 관리하는 방식으로, 대외적으로는 환율을 안정시키는 방식으로 이행된다. 국가기관과 제도가 강력하고 탄탄할수록 그 나라 화폐의 신뢰도 높아진다. 사람들이 어떤 화폐를 신뢰하는 것은 대개 그 국가를 신뢰하기 때문이다. 물론 국가를 믿지 않는 극좌 및 극우 급진주의자들도 있지만 대체로 소셜미디어에서 뭐라고 떠들어대든, 막상 상황이 급해지면 대부분의 시민들은 자신의 국가 시스템을 믿는다. 이 말이 믿기지 않는다면 만약 집에 강도가 들었을 때 당신은 누구를 부를지 생각해보라. 사설 자경단인가, 국가의 경찰인가? 자, 이제 전 세계가 어떻게 금본위제를 버리고 오늘날 우리 모두가 사용하는 명목화폐를 사용하게 되었는지, 그 이야기를 간단히 살펴보자.

인플레이션이 필연적인 이유

길고 긴 돈의 역사에서 오늘날 전 세계가 사용하고 있는 명목화폐가 등장하기까지 참으로 오랜 시간이 걸렸다. 앞서 여러 장에 걸쳐 우리는 실물 자산에 기반한 다양한 화폐제도에 대해 살펴보았다. 수천 년 전 수메르인들은 셰켈의 가치를 곡물 한 줌으로 결정했고, 모두가 그것을 인정했다. 리디아인들은 금을 사용했는데 이는 금의 화려함과 희소성 때문이었다. 그리스인들은 금보다 은을 선호했고 로마인들은 금과 은을 다 사용했다. 단테가 살았던 피렌체에서는 전설적인 금화 플로린을 만들었는데 위조범 마에스트로 아다모는 플로린을 위조한 죄로 『신곡: 지옥편』에서 지옥에 떨어지기도 한다.

동아시아에서는 중국이 지폐(주로 금속과 비단 같은 실물이 담보하는)를 도입했는데 고액일 때는 지폐가 주화보다 쓰기 쉬웠기 때문이다. 이제 '빨리 감기'해서 몇 백 년 후 유럽으로 가보면 존 로가 토지를 담보로 한 화폐를 고안해내는데 이는 만성적인 금 부족에 시달리던 프랑스를 귀금속의 횡포에서 벗어나게 해준 혁신적인 방법이었다. 결국 존 로의 화폐는 과도한 출자전환에 기반한 것이었기에 실패로 돌아갔고 이는 결국 프랑스의 금융시스템을 무너뜨려 프랑스혁명의 원인을 제공한다. 프랑스혁명에 자금을 조달했던 아시냐와 미국독립혁명에 쓰인 콘티넨털 같은 재앙적인 화폐 실험들 이후, 19세기 내내 정부의 신용만을 기반으로 한 화폐는 좀처럼 사람들의 신뢰를 얻지 못했다.

정치혁명가가 훌륭한 은행가가 되는 경우는 드물다. 19세기는 과학이 눈부시게 발전한 시대였음에도 화폐제도는 발전하지 못했다. 혁신이 패하고 전통이 승리한 셈이었다. 다윈과 파스퇴르의 세기였던 이 시대는 2000년 전과 다를 바 없이 여전히 금의 시대에 머물러 있었다. 19세기 말이 되자 미국 대선에서는 화폐를 금에 연동할 것인지 아니면 은에 연동할 것인지가 큰 정치적 이슈가 되었다. 전쟁이 끝난 뒤 지폐를 활용한 여러 실험은 전쟁 배상금과 부채 부담에 짓눌려 실패로 끝났다. 1920년대 중반 유럽이 초인플레이션을 겪게 되자 세상은 다시 금본위제로 돌아갈 수밖에 없었다.

그러나 그 여파로 세계 경제는 대공황을 겪게 되었고 지폐를 쉽게 발행할 수 없는 금본위제의 한계가 드러나면서 다시 무너지게 된다. 결국 금본위제는 1930년대 중반 루스벨트에 의해 전면 폐기되었다.

2차 세계대전 기간 동안 미국은 세계 경제의 주도권을 장악했다. 1946년 미국 달러가 세계 질서의 중심이 되자 미국은 다시 한번 달러를 금에 연동하기로 한다. 준(準)금본위제라 할 수 있는 체제 내에서 달러를 세계 금융시스템의 기축통화로 만들겠다는 계획이었다. 이 체제는 금으로 인한 제약을 미국 정부가 감수하는 한 잘 작동했다. 하지만 1970년대 초 베트남전쟁으로 미국의 재정적자는 한계에 다다랐다. 준(準)금본위제를 고수하는 것은 전쟁 자금을 조달하는 데 큰 걸림돌이 되었다. 미국은 결국 사이공이냐, 금이냐 하는 선택의 기로에 놓이게 된다. 결국 군비 증강을 열망했던 닉슨 대통령은 금본위제를 포기하는데, 이로써 미국은 40년 만에 다시 한번 금본위제를 끝내게 된다.

이때부터 달러를 발행하고 그 가치를 유지하는 책임은 연준이 맡게 된다. 미국은 고정 환율 대신 변동 환율을, 금속의 가치 대신 더 유연한 시스템을 선택했다. 이제 화폐의 가치는 한정된 금속이 아니라 경제 상황에 맞춰 적시에 대응하고 조절하는 인간의 판단에 맡겨졌다. 미국이 이 같은 방향을 정하자 전 세계가 그 뒤를 따랐다. 1970년대 중반이 되자 대부분의 나라들이 미국처럼 명목화폐 체제를 받아들였다.

명목화폐는 리디아인이 인류 최초로 주화를 찍어낸 이래 가장 중요한 혁신이라 할 수 있다. 이제 모든 정부는 물론 시민들은 귀금속의 속박에서 벗어나게 되었다.

이 책은 돈이 인간의 삶을 어떻게 변화시켰는지에 초점을 맞추고 있다. 그 관점에서 살펴보면 명목화폐의 시대가 인류 역사상 가장 활발했던 세계 경제의 확장기와 맞물려 있다는 것은 너무나 당연한 사실이다. 사람들에게 돈이 생기면 경제는 역동적으로 움직이고 기적이 벌어진다. 경제가 성장하는 상황에서 화폐 공급을 금처럼 고정된 자산에 묶어두면 자동적으로 디플레이션 효과가 발생한다.

뭐가 됐든 공급을 고정하게 되면 이미 그것을 가진 사람에게는 이익이지만 그렇지 않은 사람에게는 불리하게 작용한다. 화폐도 마찬가지이다. 사람들의 소득이 증가하면 화폐에 대한 수요도 함께 늘어나고 이때 공급이 원활하게 따라가지 않으면 화폐의 가치가 올라가게 된다. 이것은 화폐를 제외한 다른 모든 것의 가치가 상대적으로 내려간다는 것과 같은 뜻이다. 쉽게 말해 같은 액수의 돈을 벌기 위헤 더 많은 노력을 해야 한다는 말이다. 더 많은 시간, 더 많은 재능을 소비해야 같은 액수의 돈을 벌 수 있다. 이를 현실 세계의 언어로 번역하면 '임금 삭감을 받아들인다'는 말과 같다. 이렇게 임금이 하락하면 물가도 그에 따라 하락한다. 이런 상황이 지속되면 사람들은 내일 더 싸게 원하는 물건을 살 수 있지 않을까 하는 마음에 소비를 미루게 된다.

대개의 경우 좋은 아이디어를 받아들이는 일보다 나쁜 아이디어를 버리는 일이 더 어려울 때가 많다. 금본위제와 준(準)금본위제는 너무 오랫동안 미련 때문에 버리지 못한 나쁜 아이디어 중 하나였다.

명목화폐 체제에서는 보통 완만한 수준의 인플레이션 목표를 설정한다. 약간의 인플레이션은 디플레이션보다 훨씬 덜 위험하기 때문이다. 금처럼 고정된 실물 자산에 기반한 화폐 체제에서 구조적으로 생기는 현상이 디플레이션이라면 명목화폐 체제에서 구조적으로 생기는 현상은 바로 인플레이션이다.

이 체제에서는 경제가 성장하고 돈에 대한 수요가 늘어날 때마다 화폐 공급량이 늘어나기 때문에 이에 따른 인플레이션이 필연적으로 발생한다. 세계 각 정부들은 오랜 경험을 통해 침체된 디플레이션 경제를 다시 살리는 것이 과열된 인플레이션 경제를 진정시키는 것보다 훨씬 어렵다는 것을 체득하게 되었다. 적당한 수준의 인플레이션은 빚을 덜어주는 작용을 한다. 마치 고해성사가 죄를 조금씩 씻어주는 것처럼 인플레이션은 빚을 조금씩 가볍게 만들어준다. 돈을 빌린 사람 입장에서는 인플레이션 덕분에 빚 갚기가 수월해지니 어떻게 보면 좀 더 너그럽고 유연한 방식이라고 할 수 있다. 반면, 금에 묶인 통화 체제에서 생기는 디플레이션은 채무자에게 무자비한 처벌을 내린다. 일말의 관용도 없는, 마치 '최후 심판의 날' 같은 방식이라 볼 수 있다.

두 마리 말을 타는 기수

유연한 통화는 경제의 건강 상태를 보여주는 지표다. 만약 화폐 가치가 떨어진다면 그 나라 경제에 근본적인 문제가 생겼거나 생길 것으로 예상된다는 신호다. 화폐에 대한 신뢰가 흔들리고 국가가 부여한 화폐의 가치와 시민들이 실제로 믿는 가치 사이에 차이가 벌어지면 대개의 경우 국내 자본이 해외로 빠져나가는 현상이 나타난다. 이때 화폐는 거짓말 탐지기처럼 작동한다. 앞서 살펴본 것처럼 중앙은행이 돈을 찍어낼 수 있는 최대치에는 한계가 없다. 마찬가지로 최소치에도 한계는 없다. 중앙은행의 역할은 이 둘 사이의 균형을 맞추는 것이다. 물론 몇 가지 제약 조건이 있긴 하지만 핵심은 인플레이션을 안정적이고 낮은 수준으로 유지하겠다는 약속이다. 중앙은행이 시중에 돌고 있는 화폐의 양을 줄이고 싶다면 금리를 올려 대출을 줄이고 저축을 늘리도록 유도한다. 이렇게 하면 자연스럽게 통화량이 조절된다.

1992년 나는 사람들이 자국 화폐에 대한 믿음을 잃으면 어떤 일이 벌어지는지 내부에서 목격했다. 그 당시 중앙은행에서 일했던 경험은 그 이후로 화폐, 통화 정책, 통화 경제학에 대한 나의 가치관에 깊은 영향을 주었다. 그 위기를 통해 내가 배운 첫 번째 교훈은 돈에 관한 한 국민들은 중앙은행장보다 훨씬 똑똑하다는 것이다. 국민을 오래 속일 수는 없다.

1990년대 초반, 유럽 법정화폐의 대부분은 독일 마르크화에 연동되어 있었다. 전후 서독이 법정화폐를 어떻게 관리해야 하는지 잘 보여주었기 때문이다. 즉, 화폐의 가치는 그대로 유지하면서도 경제가 잘 돌아갈 만큼 유동성을 공급했던 것이다. 1920년대 초인플레이션을 겪은 후 새로 탄생한 독일연방공화국^{2차 세계대전 종전 후 일반적으로 서독이라고 불리던 곳}*은 중앙은행과 국민 사이의 신뢰를 다시는 깨뜨리지 않겠다고 다짐했다.

전후 서독인들은 화폐가 안정돼야 사회가 안정된다는 걸 당연하게 생각했다. 그 결과 서독은 유럽에서 가장 물가가 안정적인 나라가 되었다. 1982년 프랑화 투매 사건[1981년 미테랑 대통령 당선 이후 진보 정책을 대규모로 실행하자 국제 투자자들이 프랑화를 대량으로 투매한 사건]* 이후, '이길 수 없다면 차라리 같은 편이 되는 게 낫다'는 가치관에 따라 대부분의 서유럽 국가들은 자국의 화폐를 마르크화에 연동시켰다. 이렇게 자국의 환율을 마르크화에 고정시키면 독일보다 더 빠른 속도로 화폐를 발행할 수 없게 된다. 독일보다 더 빨리 화폐를 찍어내면 통화량이 늘어나면서 화폐 가치가 떨어지기 때문이다. 이렇게 되면 중앙은행은 금리를 인상할 수밖에 없다. 그래야 외국 자본을 끌어들여 화폐 가치와 고정 환율을 유지할 수 있게 된다. 서유럽 국가들이 마르크화에 자국 환율을 연동한 건 바로 이 때문이다. 핵심 목표는 '낮은 금리'였다. 그리고 이 전략은 독일의 금리가 상대적으로 낮게 유지될 거라는(물가상승률이 낮게 유지되는) 믿음에서 출발했다.

그런데 1989년 11월 11일 베를린 장벽이 무너진 것이다. 아무도 예상하지 못한 일이었다. 이 역사적인 사건 이후 독일은 대규모 차입을 하게 되고 이 때문에 금리는 상승했다. 게다가 독일 중앙은행은 동독의 화폐인 오스트마르크를 도이치마르크와 1:1로 교환하기로 한 정치적 결정이 초래할 인플레이션을 막기 위해 금리를 추가로 인상했다. 그런데 유럽의 모든 화폐가 도이치마르크에 연동되어 있었기 때문에, 독일의 금리가 오르면서 다른 나라들의 금리도 동반 상승했고 이는 서유럽 전역에 금융위기를 촉발했다.

당시 영국은 1980년대 후반 주택시장 붕괴의 후폭풍에 시달리고 있었다. 영국의 재무 구조는 너무 취약해서 높은 금리를 감당할 수 없었다. 1992년 9월 16일, 파운드화는 평가절하되며 독일 중심의 환율 체제에서 이탈했는데, 이 사건이 바로 '검은 수요일'이다. 더 이상 마르크화와 연동할 필요가 없어지면서 파운드화의 가치는 하락했고 이와 함께 금리도 인하할 수 있었다.

화폐 가치 하락은 명목화폐(법정화폐) 시스템이 불안정성에 대응하는 방식이다. 이를 금본위제와 비교해보자. 금본위제에서는 화폐 가치가 떨어질 수 없기 때문에 주택시장 붕괴 같은 충격이 있을 때 오로지 실업, 채무불이행, 파산 말고는 해결책이 별로 없다. 하지만 명목화폐 시스템은 훨씬 더 유연하다. 이 점 때문에 경기침체의 충격도 훨씬 덜하고 짧게 끝난다. 1990년대 초 영국에 필요했던 것은 바로 이러한 유연성이었다. 하지만 영국의 조치는 작은 나라 아일랜드를 매우 곤란한 처지에 몰아넣었다. 돈 문제에 있어서 소국은 규칙을 만드는 쪽이 아니라 따르는 쪽이기 때문에 정책을 세울 때 이웃 대국의 행보를 고려할 수밖에 없다. 보통 대국들은 자신들이 내린 일방적인 결정이 주변 국가의 국민들에게 얼마나 많은 불면의 밤을 안겨주는지 전혀 인식하지 못한다.

소국의 통화 정책은 매우 까다롭다. 자금의 유입과 유출을 조절하고 국내 금리와 환율을 관리하면서도 동시에 물가를 안정적으로 유지해야 하기 때문이다. 아일랜드는 역사적으로 영국과 경제적으로 깊게 얽혀 있었고 정치적으로는 유럽 대륙과 유대감을 강화하기 위해 애썼다. 비유하자면 마치 두 마리 말을 동시에 타고 있는 기수와 같았다. 한쪽은 영국이라는 말, 다른 한쪽은 독일이라는 말이었다. 두 말이 같은 방향으로 달릴 때는 그럭저럭 균형을 유지할 수 있었지만 방향이 엇갈리기 시작하면 기수의 하반신은 극심한 고통에 빠질 수밖에 없었다. 아일랜드 펀트화도 영국 파운드화처럼 평가절하될 거라는 소문이 퍼지자 아일랜드 당국이 아무리 호소해도 자금은 빠져나가기 시작했다.

아일랜드 중앙은행은 불가피한 상황을 받아들이기보다 아무도 원하지 않는 펀트화를 매입하는 데 외환 보유고 전액을 쏟아부으며 맞서기로 했다. 중앙은행은 자본 유출을 막기 위해 금리를 무려 101%까지 인상했다. 그러나 이런 수준의 금리는 경기침체를 불러올 수밖에 없었고 그로 인해 평가절하 가능성은 오히려 더욱 높아졌다. 그러자 일반 시민들은 무슨 일이 벌어지고 있는지 눈치챘고, 너도나도 당국보다 한발 앞서 자동차를 몰고 국경을 넘어가 크리스마스 때 마실 값싼 기네스를 사들였던 것이다! 결국 한 달 뒤인 1993년 1월, 아일랜드는 펀트의 가치를 스스로 낮췄다.

이 환율 위기에서 내가 얻은 첫 번째 교훈은 시민들은 중앙은행장이 생각하는 것보다 훨씬 똑똑하다는 것이다. 그리고 두 번째 교훈은 돈은 국경을 초월한다는 점이다. 모든 나라는 자국의 화폐가 주권을 갖길 원하지만 돈의 속성은 그렇지가 못하다. 돈은 절대 고정적이지 않으며 어디든 흘러간다.

아일랜드의 경우를 보자. 헌법상으로는 섬이라는 국경이 존재하지만 돈은 그런 경계를 무시한다. 돈은 어디든 흘러가고 스며든다. 이것은 돈의 근본적인 특징 중 하나지만 정작 돈을 관리하는 사람들조차 이를 제대로 인식하지 못하는 경우가 많다.

또한 이 환율 위기는 내 마음속에 조그만 의심의 씨앗 하나를 남겼다. 이렇게 환율 위기 앞에서 우왕좌왕하는 중앙은행 사람들(내 상사들)이 정말 문제를 제대로 파악하고 있는 걸까? 그렇지 않다면 그들은 다른 중요한 문제들도 잘못 판단하고 있는 건 아닐까?

화폐의 사제들

위에서 언급한 환율 위기 후 20년도 채 되지 않아 서구 세계 대부분과 마찬가지로 아일랜드 역시 처참한 금융위기를 겪었다. 그때 그 패거리가 그대로 국가의 돈을 책임지고 있었다. 불과 16년 사이에 이들은 두 번의 대규모 금융위기를 지켜보기만 했다. 이것은 이 패거리가 '돈이란 무엇이며 어떻게 작동하는가'를 제대로 이해하지 못하고 있다는 방증이다. 물론 아일랜드 중앙은행만의 문제는 아니다. 그들 역시 '돈의 진리를 안다'고 믿는 전 세계 경제 엘리트들의 일원이었기 때문이다.

그런데 정말 이들 모두가 돈에 대해 결정적인 착각에 빠져 있던 건 아닐까? 젊은 경제학자로서 처음에는 중앙은행에서, 이후에는 투자은행에서 근무했던 나 역시 새로운 형태의 돈의 시대가 열리고 있다는 사실을 제대로 인식하지 못했다. 이제 돈은 단순히 '정부가 찍어내는 종이'가 아니라, 현대판 브라만 계급인 기술관료들이 설계하고 관리하는 시대로 접어들었다. 계급 기반의 중세 봉건 시대에 브라만 계급은 지혜로운 해석자로 법을 정하는 현자들이었다. 중앙은행에 화폐 발행이라는 막강한 권한이 주어지면 그 기관을 운영하는 자들 역시 막강한 권력을 쥐게 된다. 중앙은행은 이를테면 화폐의 성소로 그 안에서 브라만 계급은 돈을 만들어내는 의식을 집행하는 사제처럼 행동한다.

중앙은행은 정부의 인가를 받고 운영된다. 이들이 화폐를 발행하고 정부가 '이 돈으로 세금을 걷는다'고 표방하면 이 돈에는 정당성이 부여된다. 세금을 납부한다는 게 핵심인데 이 속성이 없다면 당신 지갑 속 지폐는 그저 종잇조각에 불과할 것이다.

투표로 선출되거나 낙선되는 정치인들과 달리 기술관료들은 유권자에 대한 책임이 없다. 유럽중앙은행(European Central Bank)을 예로 들어보자. 유럽중앙은행은 전적으로 독립적이면서 철저히 정치적인 기관이다. 돈이 경제를 움직이고 경제가 정치의 흐름을 결정하는 만큼 돈은 그 자체가 정치적인 것이다.

오늘날 세계 금융시스템은 중앙은행들의 전문성에 기대고 있다. 중앙은행의 고위 관료들은 언론과 금융시장을 상대로 자신의 의도를 감춘 채 일종의 지적 밀당을 벌인다. 이 때문에 이들의 발언은 마치 수수께끼처럼 미래를 예언하던 고대 그리스의 델포이 신전 같다는 핀잔을 듣는다. 또 이들은 경제를 평가할 때 도덕적 판단까지 좌우한다. 예를 들어 '어떤 나라의 재정이 방만하다, 인플레이션이 심각하다'라고 평가하면 그 나라 경제의 평판과 신뢰도는 떨어진다.

자유로운 자본이동이라는 복음이 전파되면서 전 세계는 서로 얽힌 하나의 경제시스템으로 변모했다. 자본이 여러 대륙을 자유롭게 이동하는 구조이기 때문에 한 지역에서 어떤 사건이 벌어져도 전 세계에 큰 파장을 미칠 수 있게 되었다. 전 세계가 명목화폐를 도입하지 않았다면 지금과 같은 세계화 현상은 상상할 수 없었을 것이다. 명목화폐의 시대는 놀라운 번영을 이끌어냈다. 이 시대는 선진국과 신흥국 사이의 불평등이 완화되고 기술 혁신이 이루어지는 시기와 놀랍게 맞물려 있다. 이를테면 중국 경제도 글로벌 자금이 투입되지 않았다면 이처럼 빠른 시간 안에 급성장하지 못했을 것이다. 전 세계 70억 인구가 아직도 금본위제에 묶여 있다고 상상해보면 이해할 수 있을 것이다.

1970년대 이후, 세계 문해율은 여성의 경우 61%에서 83%로, 남성은 77%에서 90%로 눈에 띄게 상승했다. 저소득국가 기준으로 보면, 학교에 다니지 않는 여아의 비율은 준금본위제의 마지막 해인 1971년에 72%였던 것이 2016년에는 23%로 떨어졌고 남아의 경우에는 56%에서 18%로 떨어졌다.[1] 교육 수준이 높아지자 여성은 스스로 출산을 조절할 수 있게 되었다. 금본위제가 폐지된 이후 저소득 국가에서 여성 1인당 평균 자녀 수는 5명에서 2.4명으로 줄었다. 이렇듯 명목화폐 체제하에서 높은 경제성장률과 자녀 수 감수는 1인당 소득의 급증으로 이어졌다. 1970년대에는 전 세계 인구의 40%가 세계은행이 정한 빈곤선 이하에서 살았지만 오늘날 그 비율은 10%로 줄어들었다. 평균 기대수명은 50대 후반에서 70대 초반으로 늘어났고 유아 사망률도 급격히 감소했다. 금속 기반의 화폐 체제에서 명목화폐 체제로 바뀌면서 수억 명의 삶이 극적으로 달라졌다. 물론 모든 변화가 명목화폐 때문만은 아닐 것이다. 기술, 의학, 위생, 교육과 공공정책의 확대 등 다양한 요인이 있다. 그러나 이 모든 변화와 발전은 명목화폐 체제 안에서 이루어졌다. 인류는 이미 이 화폐 체제 안에서 50년 넘게 살아왔고 그동안 세상은 점점 나아지고 있다. 이것이 바로 '진보'라는 것이다.

화폐의 혁신은 바로 금융의 혁신이다

명목화폐는 인류 역사상 가장 자유롭고 경이로운 기술 중 하나로 그 어느 때보다 더 많은 사람이 돈에 접근할 수 있게 해주었고 경제가 도약할 수 있는 기반을 마련해주었다. 그러나 동시에 명목화폐는 하나의 거대한 환상이기도 하다. 국가에 대한 신뢰가 기반이라는 점은 강점이자 최대 약점이기도 하다. 이 체제의 중심에는 중앙은행가들이 있다. 앞에서도 말했지만 이들은 언론과 싱크탱크, 정책 포럼 등을 활용해 자신들의 화폐 철학을 다른 이들에게 설파하는 브라만 계급과도 같다. 그들은 자신들이 돈을 통제한다고 주장하지만 정말 그럴까?

쿠심과 수메르인들의 시대부터 인류에겐 두 가지 형태의 화폐가 존재했다. 첫 번째는 곡물 같은 '실물화폐'이고 두 번째는 계약 형태의 화폐인데 우리는 이를 금융이라 부른다. 금융 거래에서는 '내가 당신에게 빚을 졌고, 당신도 나에게 빚을 졌다'는 식으로 금액을 판에 적어두고, 정해진 날짜에 그 계약을 청산한 다음 다시 시작한다. 실물화폐가 필요할 때는 빚을 청산할 때뿐이었다. 리디아인들이 금화를 도입한 것은 일상적 거래를 하기 위한 것도 있지만 이런 금융 거래를 청산하기 위한 목적도 있었다. 일상적 거래에는 소액의 금화를 사용했고 금융 거래에는 고액의 금화를 사용했다. 또한 이들은 상거래 계약에 대한 법률을 만들어 규칙에 따라 약속이 운영되도록 했고 채권 채무 행위도 일정한 법에 따라 이루어지도록 복잡한 망을 만들었다.

지금까지 우리는 수천 년에 걸친 돈의 역사를 관찰하면서 화폐에는 두 가지 형태가 있다는 걸 확인했다. 하나는 금이나 국가의 보증 같은 실체에 기반한 '화폐'이고, 또 다른 하나는 상업은행이 만들어내고 상업법에 의해 운영되는 '금융'이다. 이는 단골집에 외상을 하는 것과 비슷하다. 당신은 단골 술집에서 기분 좋게 술을 마시고 계산은 나중에 한꺼번에 하기로 했다. 은행의 신용 상품도 방식은 이와 똑같다. 다만 규모가 더 클 뿐이다. 화폐 혁신은 주로 신용, 더 넓은 범위로 말하면 금융 분야에서 일어난 혁신이었다. 피렌체의 상인 은행가들은 복식부기라는 회계 기법을 통해 이 체계를 정교하게 다듬고 확장시켰으며 이후 네덜란드의 상업 도시 암스테르담에서는 상업 대출이 급격히 늘어난다. 이 시기부터는 금속 기반의 화폐가 아니라 금융이 무역 경제를 움직이는 주된 동력이 된다.

오늘날 우리 주머니 속 현금은 통화 공급량의 약 10%에 불과하다. 나머지 대다수는 주택담보대출 같은 다양한 형태의 금융이 차지하고 있다. 현대 돈의 역사에서 금융의 역할은 매우 중요한 의미가 있다. 우리가 차를 사기 위해 대출을 신청하면 은행은 없던 돈을 갑자기 만들어내서 돈을 입금해준다. 어제까지만 해도 없었던 돈이 오늘

나에게 생겨난 것이다. 이 돈은 중앙은행이 아니라 상업은행이 만들어낸 것이다. 이렇게 만들어진 돈, 즉 신용은 계약에 의해 운영되는 금융의 윤활유와 같은 역할을 한다.

중앙은행은 그것을 통제하고 싶어 하지만 금융은 자기만의 흐름으로 경제와 사회를 움직인다. 그 에너지가 너무 강력해서 때로는 균형이 무너지기도 한다. 그것이 호황을 의미할 때도 불황을 의미할 때도 있다. 중앙은행은 금융 실책이 자신들의 책임이라는 것을 알고 있기 때문에 각 대출기관이 일정한 예금을 중앙은행에 예치하도록 의무화하는 장치를 마련해놓는다. 그러나 금융은 제멋대로 움직이는 속성이 있기 때문에 쉽게 통제되지 않는다. 어쩌면 우리가 당연하게 생각하는 '중앙은행이 상업은행을 통제한다'는 경제학의 전통적 관념은 거꾸로 된 것은 아닐까?

투입이냐 견인이냐?

명목화폐 체제에 대해 말할 때 경제학자들은 일반적으로 중앙은행이 돈을 찍어내고, 그것을 상업은행에 넘기면, 상업은행이 그 돈으로 신용을 확대해 경제에 자금을 공급한다고 설명해왔다. 이 해석은 중앙은행이 통화량을 결정하는 시스템의 중심이라는 전제가 깔려 있다. 누군가가 모든 것을 통제하고 있다는 점에서 안심이 되는 이야기이기도 하다. 경제학자들이 대학에서 배우는 것이 바로 이런 이야기이다. 이것을 '투입설'이라 부르자. 투입설에서는 적정한 통화량을 전지전능하신 대제사장들 즉 경제학자들이 복잡한 경제 모델을 통해 결정한다. 그러면 중앙은행에서 상업은행으로, 그리고 다시 경제 전반으로 '밀어 넣는' 방식으로 돈이 공급된다. 언론에서 미 연준에 관한 기사를 읽을 때 우리는 그 기구가 통화의 방향타를 쥐고 있다는 사실에 안심하게 된다.

하지만 중앙은행과 대형 상업은행 양쪽에서 전부 일해본 나조차도 실제 시스템이 그렇게 작동한다고는 확신할 수 없다. 교과서에서는 그렇게 설명하지만 현실은 전혀 다르게 돌아간다. 중앙은행이 상황을 통제하지 못할 뿐 아니라 무슨 일이 벌어지고 있는지도 제대로 파악하지 못했던 여러 금융위기를 직접 목격한 후, 나는 돈의 작동방식이 교과서와는 정반대라고 믿게 되었다. 이 다른 이야기를 '견인설'이라고 부르자. 이 가설에서는 중앙은행이 경제에 돈을 투입하는 것이 아니라 경제와 돈에 대한 수요에 의해 견인당한다. 중앙은행이 견인당하면 상업은행은 그 수요를 충족시키는 역할을 수행한다.

상업은행은 중앙은행의 인가를 받아 운영하는 가맹점과 같다. 이들은 수요에 따라 돈을 만들어낸다. 우리가 한참 전 중세 피렌체에서 마주했던 화폐 혁신 제도인 복식부기는 은행이 어떻게 돈을 창출하는지를 이해하는 데 핵심적인 개념이다. 모든 자산에는 그에 상응하는 부채가 존재하기 때문이다.

집을 사고 싶으면 우리는 주택담보대출을 받으러 은행에 간다. 은행은 그 돈을 만들어내기 위해 누구의 허락도 받지 않는다. 은행 내부의 신용심사위원회가 당신이 상환 능력이 있다고 판단하면 그 즉시 새로운 돈을 만들어낸다. 이 돈은 당신에게 대출해주는 것이고 집을 파는 사람에게 지급된다. 은행의 대차대조표에는 부채가 생기는데 그것이 바로 당신 명의로 새로 만들어진 예금이다. 이 예금은 곧 집주인에게 이체된다. 그리고 그와 동시에 새로 생겨난 자산도 있다. 바로 당신에게 제공된 대출이다. 이 대출은 집 문서(등기)를 담보로 하며 당신은 여기에 이자를 지불한다. 이처럼 마치 연금술 같은 과정을 거친 뒤에도 세상에는 여전히 집 한 채뿐이다. 이제 그 집은 당신 소유가 되었고 집을 판 사람은 당신이 받은 대출로 새롭게 만들어진 예금을 소유하게 된다. 이것이 은행 레버리지의 마법이다. 당신은 집을 갖게 되고 판매자는 현금을 받으며 은행은 새로운 자산(당신에게 제공한 대출)과 새로운 부채(판매자가 보유하게 된 예금)를 동시에 손에 넣는다.

은행은 이런 과정을 수없이 반복할 수 있다. 실제로 은행의 수익성은 자산에서 나오는 수입에 기반하기 때문에 이윤을 극대화하려는 은행 입장에서는 계속해서 대출을 늘리려는 속성이 있다. 게다가 최고경영자의 보너스가 은행 주가에 연동되어 있다면 설령 그것이 무모한 일일지라도 경영진은 가능한 한 많이 대출을 하려는 유인에서 벗어나지 못한다. 그래서 혹자는 "은행을 털기 가장 쉬운 방법은 그 은행을 운영하는 것이다"라고 말하기도 한다. 은행은 외부 요인이 아니라 내부 부패로 무너지는 경우가 많기 때문이다.

한편 시중에 유통되는 돈, 즉 통화는 중앙은행이 만들어낸다. 이는 우리가 물건을 사고팔 때 쓰는 실물 형태의 지폐나 동전 혹은 상업은행이 서로 결제를 위해 사용하는 전자 형태로도 존재한다. 그렇다면 이런 전자화폐는 어떻게 만들어질까? 달러가 세계 기축통화이기 때문에 여기서는 미 연준을 중앙은행의 예로 들지만 명목화폐 체제는 전 세계 어디에서나 동일한 방식으로 작동한다.

미국 정부가 돈을 빌릴 때는 국채라고 불리는 차용증을 발행하는데 이는 주로 상업은행과 금융시장에 팔린다. 중앙은행도 공개시장에서 이 국채를 매입할 수 있다. 중앙은행이 국채를 매입하면, 그 대가로 상업은행이 중앙은행에 개설한 계좌에 준비금을 새로 넣어둔다. 이것이 바로 '중앙은행 준비금'이며, 이는 실제 화폐가 아닌 전자화폐 형태로 되어 있다. 이러한 전자화폐 형태의 지급준비금은 중앙은행만 생성할 수 있고, 상업은행만 보유할 수 있으며 이는 상업은행들 간 거래를 정산할 때 사용된다.°은행들끼리 하는 거래 정산은 실제 현금이 교환되는 것이 아니라 중앙은행에 있는 이 전자화폐를 이용한다*. 또한 이 지급준비금은 상업은행의 대출 및 차입에 제약을 주는 요소로 작용할 수 있다. 예를 들어 미 연준에 보유하고 있는 지급준비금 액수가 많은 상업은행은 대출과 차입을 더 많이 실행할 수 있다.

상업은행은 이 지급준비금을 중앙은행을 통해 현금자동지급기에 채울 수 있는 실제 지폐로 바꿀 수도 있다. 또 그와 동시에 상업은행은 비상사태에 대비해 일정량의 지급준비금을 항상 보유하고 있어야 한다. 하지만 진짜 비상사태가 생겼을 때, 지급준비금이 충분한 경우는 거의 없다(앞으로 더 살펴볼 문제다). 명목화폐 체제에서 정부는 국채를 처음 발행하는 주체이고 중앙은행은 돈을 찍어내는 기관이다. 이 둘은 모두 공공기관이기 때문에 중앙은행이 국채를 매입한다는 건 정부의 왼손이 오른손에게 돈을 빌려주는 것과 같은 구조이며 상업은행은 이 거래의 중개자이다. 하지만 상업은행은 공공기관이 아니다. 중앙은행은 이러한 상업은행들을 감독하려고 노력하며 그 수단으로 국채 형태의 담보를 제공하도록 의무화한다.

연준 또한 상업은행들에 자본금의 일부를 국채로 보유하라고 요구한다. 이러한 규정들은 국채에 대한 수요를 만들어낸다. 국채 없이는 상업은행이나 기타 금융기관들이 돈의 게임에 참여할 수 없다. 일단 미국 국채가 연준이 인정하는 최고의 담보 자산이 되고 나면 그 가치는 단순히 미국 정부에 돈을 빌려준다는 의미 그 이상의 가치가 있다. 미국 국채는 금융시스템에 참여하기 위해 꼭 필요한 일종의 '입장권' 역할을 하는 것이다.

유로달러의 비밀

이 시스템은 내부적으로 폐쇄적인 구조다. 정부가 국채를 발행하면 상업은행과 중앙은행이 그것을 사들이고, 그 대가로 정부는 자금을 확보하며 금융시스템은 담보 자산을 얻게 된다. 그러고 나면 상업은행 시스템은 새로운 돈을 만들어내는 허가를 얻게 된다. 바로 이 점 때문에 미국의 금융시스템에서 가장 중요한 건 미국 국채의 가격 더 간단히 말하면 국채 수익률인 것이다. 가장 중요한 국채는 10년 만기 국채와 30년 만기 국채다. 10년 만기 국채는 다양한 금융 자산의 가격을 책정할 때 기준점으로 사용되며 30년 만기 국채는 미국 주택담보대출(모기지)의 기준 금리로 활용된다. 이 두 종류의 국채 '수익률(금리)'은 단기금리에 위험프리미엄이 더해진 값이기 때문에 일반적인 단기금리보다 더 높다.

단기금리는 중앙은행이 정하며 전체 시스템의 기준이 된다. 수많은 경제기자들과 애널리스트들은 바로 이 중앙은행에 있는 '돈의 사제들'이 내뱉는 말들에 주의를 기울이며 장기 국채 금리가 어떻게 될지를 예측한다. 그리고 이 예측을 바탕으로 시장에서는 투기가 이루어진다. 이렇게 따져보면 딱히 안심되는 상황은 아니지 않은가? 앞에서도 말했다시피 전통적인 경제학에서 말하는 이론, 즉 중앙은행이 경제에 필요한 통화량을 정하고 이를 상업은행에 공급해 그들이 시중에 돈을 퍼뜨린다는 식의 설명은 실제 시스템을 거꾸로 이해한 것이다. 교과서에서 보면 이 이론은 그럴듯해 보이지만 현실을 반영하지는 못한다. 실제 상황에서는 상업은행들이 중앙은행을 좌지우지한다.

또 한 가지 돈이 만들어지는 방식이 존재하는데, 연준은 일반인이 이 사실을 아는 걸 원하지 않는다. 그만큼 이 방식은 세상에서 가장 값진 비밀 중 하나다. 돈을 만들어내는 대형 상업은행들은 비장의 무기를 하나 더 갖고 있는데, 그것은 바로 유로달러 시장이다. 유로달러란 미국이 아닌 해외에서 만들어지는 달러를 말한다. 이름에 '유로'가 들어가 있지만, 유로화와는 아무 관련이 없다. 유로달러는 2차 세계대전 이후에 생겨났는데 그 당시 마셜 플랜으로 유럽에 달러가 대량으로 풀리면서 시작되었다.

이 달러들은 미국 당국의 규제를 받지 않는 은행들 즉 외국 은행이나 미국 은행의 해외 지점에 예치되었다. 이 은행들은 달러를 대출해 주고 이자를 벌어야 했기 때문에 점점 '유로달러 대출' 상품을 만들어내기 시작했다. 유로달러 시장은 일종의 '평행 자본시장'처럼 작동하게 되었고 은행들이 더 많은 대출을 실행하면서 예금이 늘어나고 그 예금이 다시 더 많은 대출로 이어지는 식으로 계속 성장했다. 런던과 기타 여러 역외 금융지대금융 규제나 세금 제도를 피하기 위해 해외에 설립된 느슨한 규제의 금융 허브 지역들*에서 자본시장이 기하급수적으로 커지면서 유로달러 시장 역시 함께 팽창했다. 중요한 점은 이 유로달러들은 겉으로는 달러처럼 거래되지만 해외에서 만들어졌기 때문에 연준의 규제를 받지 않는다는 점이다.

미국 밖에 영업점이 있는 대형 미국 은행들의 로비로 인해 연준은 사실상 이들 국제 은행들이 더 많은 유로달러를 만들어내는 것을 묵인했다. 오늘날 유로달러는 국제금융 시장에서 지배적인 통화가 되었다. 현재 전 세계적으로 약 12조 8천억 규모의 유로달러가 유통되고 있다. 반면 미국 본토의 통화 공급량은 20조 달러를 살짝 넘는 수준에 지나지 않는다. 즉, 미국에서 유통되는 달러의 64%에 해당하는 달러가 해외에서 추가로 유통되고 있는데도 연준은 이에 대해 통제권이 없는 셈이다.[2]

교과서에서 설명하는 명목화폐 체계와는 달리 중앙은행은 상업은행이 만들어내는 신용의 양을 실제로 제한하지 않는다. 중앙은행은 통화량에 영향을 주기 위해 은행들에 조건을 걸거나 더 많은 담보를 요구하거나 금리를 조정해 가격을 간접적으로 조절하려 하거나

심지어 언론에 나와 은행들을 훈계하거나 세계 경제에 대한 의견을 내놓기도 한다. 하지만 과연 그들이 금융의 역할을 통제할 수 있을까? 어림도 없다!

중앙은행은 돈의 가격, 즉 금리를 조절할 수는 있지만 돈의 양이나 그것이 어디에서 만들어지고 어디에 쓰이는지까지는 통제할 수 없다. 이들의 역할은 기껏해야 통화량을 안내하는 정도일 뿐이며 금리가 경제에 영향을 미치는 데는 시간차가 발행할 수 있다. 바로 이 시간차 동안 문제가 발생할 수 있고 그 책임을 떠안는 것은 결국 중앙은행가들이다. 유로달러의 비밀, 즉 12조 달러의 비밀은 돈의 사제들이 대중에게 감추고 싶은 진실을 말해준다.

우리는 중앙은행이 돈을 경제 안으로 '밀어 넣는' 주체라고 알고 있지만 실제로 이들은 금융시장과 은행이 만들어내는 신용 상품에 끌려다니는 존재다. 공식적으로는 '밀어 넣는다'고 말하지만 비공식적으로는 '끌려다니는' 현실. 바꿔 말하면 실제로는 능력도 없으면서 있는 척하는 태도. 이 모순적 상황은 오히려 중앙은행가들의 권위를 무너뜨리고 변명만 늘어놓는 존재로 전락시킨다.

금융위기가 반복되는 이유는 뭘까? 그 이유는 간단하다. 책임자들에게 실제로는 통제권이 없기 때문이다. 교과서에 나오는 이론처럼 혹은 종교적인 교리처럼 포장된 중앙은행의 권위 뒤에는 가장 위험한 물질인 '돈'을 다루는 평범한 인간들의 심리가 있을 뿐이다. 주택담보대출을 알아볼 때는 신용 사이클에 의해 금리가 결정된다는 점을 명심하라. 그리고 이 신용 사이클은 합리적인 경제학 이론이 아니라 '군중의 광기'에 더 크게 좌우된다는 사실을 알아야 한다.

20장 | 돈의 심리학

베어스턴스 파산 사태

2008년 성 패트릭의 날 나는 뉴욕 미드타운 한가운데 위치한 폭스 뉴스 TV스튜디오에 들어섰다. 온통 녹색으로 장식된 뉴욕은 아일랜드 분위기[*]3월 17일은 아일랜드의 수호성인 성 패트릭을 기념하는 날로 모두가 녹색 옷을 입고 축제를 즐긴다가 물씬 풍겼다. 5번가 퍼레이드에서는 정말로 뉴욕 경찰청(NYPD) 합창단원들이 '골웨이 베이(Galway Bay)'를 부르고 있는 것만 같았다[*]더 포그스(The Pogues)의 '뉴욕 동화(Fairytale of New York)'라는 노래 가사를 저자가 그대로 인용했다. 뉴욕 경찰청 합창단은 실제로 존재하지 않으며 뮤직비디오 중 이 가사가 나오는 부분에서 전현직 뉴욕 경찰청으로 구성된 NYPD 소사이어티 파이프스 앤 드럼스라는 밴드가 등장한다..

그날 오후, 세상이 발칵 뒤집혔다. 월스트리트에서 가장 오래되고 가장 큰 은행 중 하나였던 베어스턴스가 파산한 것이다. 다들 그 이야기만 했다. 그 와중에 나는 막 출간한 책에 대해 이야기하러 그 자리에 있었다. 방송 몇 초 전, 진행자인 리즈 클레이먼이 불타듯 새빨간 머리를 흔들며 이렇게 말했다.

"저기요! 선생님은 은행과 돈에 대해 아는 게 좀 있으시겠네요. 여기 보니까 은행 출신 경제학자라고 돼 있네요. 오늘 아일랜드 얘기는 접어두고 베어스턴스 얘기나 하시죠."

그 말과 함께 온에어 불이 켜지고 내 뒤에 있는 스크린에는 멍한 표정의 베어스턴스 직원들이 건물에서 나오는 장면이 흐르고 있었다. 클레이먼의 첫 번째 질문은 이랬다.

"자, 데이비드 맥윌리엄스 선생님, 어쩌다 우리가 이런 상황까지 온 걸까요?"

"글쎄요. 아일랜드도 그랬지만, 모든 일의 시작과 끝은 결국 주택입니다. 아일랜드 경제는 미국 경제의 축소판이죠. 지금 우리는 미국에 있으니 미국 이야기부터 해보죠. 우리는 지금 자산 가격 폭락을 겪고 있습니다. 절반은 경제 문제이고 절반은 인간 본성 때문입니다. 아주 위험한 폭탄주 같은 거죠. 만약 연준이 금리를 너무 오랫동안 낮게 유지하면 사람들은 집 같은 자산을 담보로 더 많은 돈을 빌리게 됩니다. 자산 가치가 높을수록 은행에서는 더 많이 빌려주겠죠. 어떤 자산이든 가격을 조작하는 가장 쉬운 방법은 레버리지, 다시 말해서 돈을 빌려 부풀리는 겁니다. 이건 닭이 먼저냐 달걀이 먼저냐 하는 딜레마예요. 레버리지가 늘어나서 자산 가격이 오르는 걸까요, 아니면 자산 가격이 오르기 때문에 레버리지가 늘어나는 걸까요? 레버리지는 가격을 부풀리고 왜곡하면서 결국 위로, 혹은 밖으로 밀어냅니다. 가격이 위로 올라간다는 건 알겠는데 밖으로 밀어낸다는 건 무슨 말일까요? 이 말은 그 소식이 사람들 사이에 퍼져나간다는 뜻입니다.

예를 들어 미국의 콘도미니엄 미국에서는 분양 아파트를 콘도미니엄이라고 부른다. 이후 줄여서 콘도라고 통일* 가격이 오르면 더 많은 사람들이 오르는 시장에 뛰어들고 싶어 하는 거죠. 예상대로 미국인들은 더 많은 빚을 냈습니다. 부동산에 대한 수요가 늘어나니까 자연스럽게 공급도 증가했죠. 콘도 시장에서 큰 수익이 나니까 건설업자들은 원래 상업용 오피스를 지으려던 부지도 콘도 건설용으로 바꿉니다. 돈을 벌어야 하니까요. 그러면 어떻게 될까요? 시중에 더 많은 콘도가 공급됩니다. 콘도 브로슈어에는 치아가 가지런하고 모발이 풍성한 젊은 남녀 싱글들이 요가 매트를 들고 등장합니다. 이런 식의 부동산 포르노는 더 많은 사람들을 유혹하죠. 이렇게 하다 보면 곧 신축 콘도들의 품질이나 입지 조건은 점점 나빠집니다. 해변 바로 앞 1열 콘도는 이미 다 지어졌기 때문에 그다음은 2열, 3열, 4열, 5열 이렇게 점점 더 안쪽에 건물을 세워야 하니까요.

자, 이제 은행은 양쪽 모두에게 자금을 대고 있습니다. 건설업자(개발자)에게도, 구매자나 투기자에게도 대출을 해주죠. 대출이 늘어날수록 은행의 수익은 끝없이 올라갑니다. 그러면 은행의 신용등급도 올라가고 자금은 더 싸게 조달할 수 있게 되죠. 자신감을 얻은 은행은 다른 은행과 금융사에 차용증을 발행하고 그걸 매입한 다른 은행과 금융사들은 또 현금을 제공하죠. 이 돈은 다시 추가 대출 자금으로 쓰입니다. 그런데 계속 이런 식으로 하다 보면 대출을 받는 사람들의 유형도 달라지기 시작합니다. 언제까지 신용도 높은 고객들만 있는 건 아니니까요. 하지만 이에 굴하지 않고 은행들은 예전 같았으면 대출 대상에서 제외했을 정도로 소득이 불안정한 사람들에게도 대출을 해줍니다. '우리가 안 빌려주면 다른 은행이 빌려줄 텐데, 해줘야지 뭐'라는 분위기인 거죠. 이렇게 재정적으로 불안정한 대출자들을 바로 '서브프라임 대출자'라고 부릅니다. 원래 은행은 이런 사람들에게는 평생 대출을 안 해줍니다. 하지만 호황기에는 이런 사람들도 은행의 고객이 된 거죠."

돈과 군중심리

대개의 사람들은 사실관계를 연결해서 판단하지 못한다. 어떤 자산의 수치가 높아지고 있을 때 만약 내가 그 자산을 갖고 있다면 그 수치가 나를 부자를 만들어준다고만 생각하는 것이다. 또 그와 반대로 내가 그 자산을 갖고 있지 않다면 나는 부자가 될 기회를 놓치고 있다는 느낌을 받는다. 이것이 바로 경제학자들이 흔히 간과하는 부분이다. 그 당시 미국의 집값은 계속 오르고 있었고 모두들 오직 그것만 바라보고 있었다. 가격 상승은 사람들을 흥분시키고 또 불안하게 만든다. 그 결과 사람들은 집단적으로 비이성적인 심리 상태에 빠져든다.

10장에 나왔던 네덜란드 튤립 파동 그리고 지금도 반복되는 각종 금융위기에서도 알 수 있듯 경제학자들은 돈에 대해 이해한다고 하지만 실제로 무슨 일이 일어날지 예측하지 못한다. 이는 전통적인 경제학이 돈의 심리학을 오해하고 있기 때문이다. 돈이 얼마나 사람의 감각과 인식을 왜곡시키는지, 그 환각적인 특성을 경제학은 제대로 이해하지 못한다. 대학에서 경제학을 공부하면, 가격이란 수요와 공급이 일치하는 지점이라고 배운다. 하지만 이는 경제학자들이 자신들이 만든 개념이 그럴듯해 보이도록 만든 설정일 뿐이다. 현실 세계에서 조금만 생각해보면 이런 말들은 세상 물정 모르는 사람들만이 하는 착각이라는 걸 알 수 있다.

우리가 매일 경험하고 살아가는 경제는 하나의 모델이 있는 게 아니라 즉흥적이고 종잡을 수 없어서 적응해나가야 하는 복잡한 시스템이다. 현실 세계에서 가격은 사람들에게 동기를 부여하고, 마음을 움직이며, 욕망에 불을 지른다. 이렇게 이성이 아니라 본능이 앞서면 사람들은 신중한 결정을 내리지 못한다. 튤립 파동에서도 비슷한 심리적 역학이 발생했지만 현시대에는 훨씬 더 많은 신용과 신용 창출의 기회가 있기 때문에 호황은 훨씬 더 거품처럼 부풀어오르고 불황도 훨씬 더 극적으로 벌어진다. 게다가 튤립 파동 때는 없었던 레버리지(차입금)가 존재하기 때문에 훨씬 더 많은 사람들이 투기적 상승장에 참여할 수 있고 경기침체가 오면 더 많은 재무제표(가계·기업의 재정 상태)가 파탄 날 수 있다. 그리고 그 여파로 뒤따라오는 경기침체는 훨씬 더 오래 지속될 수 있다.

보통 투자자에는 두 가지 유형이 있다. 바로 모멘텀 투자자와 가치 투자자다. 가치 투자자는 금융 수업에서 흔히 다루는 유형으로 숫자와 재무 비율을 분석하고 객관적인 기준에 따라 적정가치를 판단하며 정해진 규칙에 따라 투자하는 사람이다. 그들은 수익, 주당순이익(EPS), 배당금, 평균과의 편차, 그리고 다른 주식이나 자산에 비해 얼마나 저평가됐는지 등등을 살핀다. 또한 리스크에 대비해 투자 대상을 평가하고 계산에 기반해 신중한 결정을 내리는 유형이다. 이런 사람들은 경영대학원 교과서에서는 꽤 자주 등장하지만 현실에서는 극히 소수에 불과하다.

대부분의 사람들은 모멘텀 투자자다. 기회를 놓치고 싶지 않은 우리는 친구 따라 강남에 간다. 뭔가가 오르고 있으면 모두가 그 흐름에 올라타려고 한다. 가격이 오를수록 점점 더 그 흐름에 빨려 들어가고 낙관주의가 사람들을 감염시킨다. 서류상으로는 이 흐름에 올라탄 모든 사람들이 부자가 되어가는 것처럼 보인다. 그러면 은행은 레버리지를 확대하고 자산 가격 상승은 재무제표의 한쪽 면(자산 측면)을 왜곡할 뿐만 아니라 다른 쪽(부채 또는 자기자본 쪽)에도 이상한 영향을 미치기 시작한다.

은행이 돈을 빌려줄 때는 일정한 비율에 근거하여 대출을 실행한다. 즉, 대출 금액은 일정한 담보 가치를 기반으로 정해진다. 이런 방식의 대출을 '마진 파이낸싱'margin financing, 영미권에서 주식이나 부동산을 담보로 레버리지를 일으켜 투자하는 방식*이라고 부른다. 가격이 오르고 있을 때는 이 방식이 가장 유리한 대출 방법이다. 예를 들어 콘도 가격이 90만 달러인데 은행이 그 콘도를 담보로 100만 달러를 빌려준다고 상상해보자. 이 경우 차입자는 10만 달러의 투자금은 본인이 마련해야 한다. 그런데 만약 콘도 가격이 10% 올라서 100만 달러가 되면, 이 자산 하나만으로도 대출 전액을 충분히 커버할 수 있게 된다. 은행 입장에서는 대출에 대한 위험이 사실상 사라지는 셈이다.

서류상 자산이 불어난 것을 보고 기분이 좋아진 차입자는, 다시 은행에 찾아가 새 콘도를 한 채 더 사겠다며 또 대출을 신청한다. 이번엔 해안가 신축 단지인데 치아가 가지런하고 머리카락이 풍성한, 요가 매트를 든 싱글 모델이 광고하던 바로 그 콘도다. 은행은 신용조회를 해보고 최근 콘도 시세가 오른 덕분에 이 차입자가 충분한 자기자본을 갖고 있다고 판단하고 또다시 대출을 해준다.

흥분 단계

이런 낙관적인 분위기 속에서 모든 콘도 소유주는 다른 사람들을 설득해서 이 게임에 뛰어들게 만드는 선교사로 변모한다. 금전적인 이득 때문이 아니라 주변 사람들에게 자신의 행운을 나누고 싶기 때문이다. 이 단계가 되면 쉽게 돈을 쓰지 않던 사람들조차 유혹에 넘어가 자신의 재정 상태를 '회개하는' 순간을 맞이한다. 이런 상승 흐름은 개인뿐 아니라 정부와 기업의 재정에도 긍정적인 영향을 준다. 세 주체 모두가 함께 좋아지는 국면, 그것이 바로 우리가 흔히 말하는 경제 호황이다. 사람들은 서류상 자산이 늘어난 걸 보고 스스로 부자가 된 것처럼 느끼기 때문에 소비를 늘린다. 신용카드 한도는 더욱더 높아진다. 이렇게 지출이 늘면 부가가치세와 간접세 수입이 늘어나 정부의 세수가 확대되고 재정적자가 줄어 향후 예산에서 세금 감면의 여지가 생긴다.

게다가 건설업계가 활황을 맞아 세금을 납부하면 또 다른 세수원이 생긴다. 건설업은 노동집약적인 산업이기 때문에 실업률도 떨어진다. 건설업뿐 아니라 부동산 개발, 금융, 광고 등 건설과 연결된 산업 전반에 일자리가 생기기 때문이다. 이 모든 것은 최초에 신용대출이 늘어났기 때문에 가능했다. 또 국가의 재정적자가 줄어들어 세금이 인하되면 사람들의 가처분소득이 늘어나 또 다른 재정 투입 효과가 발생한다. 그리고 그동안 물가는 계속 치솟는다. 기업의 재무 상태도 호전된다. 매출이 활기를 띠면서 수익이 증가하고 물가는 (미국의 경우처럼 중국산 저가 상품 덕분에) 크게 오르지 않아 금리도 낮게 유지된다. 이렇게 되면 기업들은 '재무 기술'을 적극 활용해 부채를 통한 인수합병 등을 추진한다. 성장하는 시장에서 더 많은 점유율을 확보하고 싶기 때문이다.

저금리는 실패의 대가가 크지 않다는 뜻이므로 기업들은 금리가 높았다면 애초에 시도하지도 않았을 스타트업에까지 투자한다. 저금리가 너무 오랫동안 유지되면 취약한 기업이나 부실한 아이디어에까지 자금이 흘러들어간다. 사실 이런 기업들은 전체적인 유동성 붐 덕분에 간신히 버티고 있을 뿐이다. 이렇게 낮은 금리 덕분에 겨우 연명하던 부실기업, 즉 '좀비 기업'들은 금리가 오르면 와르르 무너진다. 또 새로운 회사들 즉 수익은 내지 못한 채 투자자들의 돈만 빠르게 소진하는 '유령 기업'들도 마찬가지다. 금리가 다시 오르면 좀비 기업들과 유령 기업들은 가장 먼저 무너진다. 이처럼 흥분된 분위기 속에서 맞이한 2000년대, 경제신문들은 부동산으로 부를 쌓은 개발업자들을 거의 구세주처럼 떠받들었다. 과도한 레버리지를 일으킨 은행들은 각종 상을 휩쓸었고 그 은행의 CEO들은 다보스 포럼에 등장해 기후변화에 대한 견해를 밝히곤 했다.

사람들은 들떠 있었고 그 어떤 것도 이런 분위기를 망칠 수는 없었다.

정부는 수년 만에 처음으로 재정흑자를 내고 있었고, 사람들은 수요일 저녁조차 식당 예약이 어렵다며 투덜거렸다. 〈뉴욕포스트〉는 유명 셰프와 부동산 재벌의 딸이 마사스빈야드*^{매사추세츠주에 속한 작은 섬으로 오바마 대통령의 별장이 있는 유명한 휴양지}에서 결혼식을 올렸다는 소식을 전했다.

신용 주도형 경기 상승기에는 세 가지 유형의 차입자가 있다. 첫 번째 유형은 헤지 차입자이다.[1] 이 유형은 월별 이자뿐 아니라 원금에 대한 연간 상환액을 감당할 수 있을 정도로 소득이 충분하다. 두 번째 유형은 투기적 차입자이다. 이 유형은 이자만 감당할 수 있기 때문에 원금 상환을 계속 미룬다. 이들은 나중에 자산을 더 높은 가격에 팔 수 있을 거라 기대하며 그때서야 원금을 상환하려 한다. 세 번째 유형은 폰지 차입자이다. 이 유형은 자신의 수입으로는 이자도 원금도 갚을 수 없기 때문에 계속 가격이 오르기만을 바란다. 이들은 자신이 구매한 콘도를 다음 사람에게 되파는 것이 목적이다. 하지만 터무니없이 높아진 가격은 아무런 의미가 없다. 이때 이 건축물은 집단적 망상으로만 유지된다. 이런 시점이 되면 시장엔 '새로운 패러다임'이니, '이제는 평가 방식이 달라졌다'느니, '돈의 개념이 바뀌었다'는 식의 그럴듯한 이야기들이 떠돈다. 하지만 이때가 바로 가장 위험한 순간이다. 아이러니하게도 바로 이때, 대부분의 초보 투자자들이 무리하게 시장에 뛰어든다.

경기침체

눈치 빠른 투자자들은 '일찍 팔아서 손해 본 사람은 없다'는 말을 알고 있기에, 시세차익을 실현한 후 빠져나간다. 뚜렷한 매도 신호는 거의 없고 있다고 해도 대개는 나중에야 그 의미를 깨닫게 된다. 이런 노련한 투자자들은 꼭지 근처에서 빠져나오고 그들이 판 자산은 이제 막 시장에 들어온 사람들의 몫이 된다. 시장은 이제 피라미드의 맨 아래층, 풋내기 투자자들에게 의존하게 된다. 눈치 빠른 투자자들이 자리를 뜬 뒤 몇몇 투자자들도 매도를 결심한다. 낙관의 분위기가 시작된 이후 처음으로, 자산 가격이 흔들리기 시작한다.

쉽게 돈을 벌었던 사람들은 가격 하락이 일시적인 조정일 뿐이라고 치부한다. 오히려 진성 신자들은 이번 하락이 '저가 매수의 기회'라며 추가 매수에 나선다. 이렇게 이미 시장에 깊이 발을 담근 사람들이 더 적극적으로 매수에 나서면서 가격이 반등하는 것처럼 보일 수도 있다. 하지만 뭔가 달라졌다. 그 분위기, 그 느낌이 달라진 것이다. 이 같은 마지막 상승장을 '불 트랩(bull trap)'이라고 부른다. 겉으로는 새로운 상승장이 시작된 것 같지만 사실상 마법은 이미 풀렸다는 뜻이다. 불과 일주일 전만 해도 끝없이 몰리던 매수자들은 이제 어디에도 보이지 않는다. 이제 정반대의 소문이 돌기 시작한다. 매수자는 사라지고 매도인만 잔뜩 늘면서 가격은 하락세로 접어든다. 시장에는 공포감이 퍼진다. 사람들은 앞다투어 콘도를 팔려고 하지만, 이미 시장은 매물로 넘쳐나고 있다. 경제학에서는 이런 상황을 '집합의 역설(paradox of aggregation)'이라고 부른다. 개개인에게는 이로운 선택이 모두가 함께하면 해가 될 수 있다는 뜻이다.

이런 상황에서 은행들은 자신들의 재무제표를 들여다보다가 대출의 담보로 삼았던 자산 가치가 하락하고 있다는 사실을 깨닫는다. 그러면 은행들은 차입자들에게 연락해 담보 비율을 맞추기 위해 현금을 더 납입하라고 통보한다. 한 은행이 콘도 소유자 한 명에게 이런 통보를 하는 거라면 아무 문제가 되지 않는다. 하지만 모든 은행이 동시에 모든 고객에게 현금을 마련하라고 통보하는 순간 '집합의 역설'이 작동하기 시작한다. 현금 마련을 위해 모두가 콘도를 매도하려고 한다면 누가 사려고 하겠는가. 이미 시장에는 매물로 나온 콘도가 넘쳐나고 있다. 남아 있는 매수자들이 있다 해도 그들은 가격이 계속 떨어지는 걸 보며 더 헐값에 살 수 있을 거라는 기대에 매수를 미룬다.

축구 경기를 떠올려보자. 경기가 흥미진진해지자 어떤 사람이 경기를 더 잘 보려고 자리에서 일어선다. 만약 더 이상 일어서는 사람이 없다면 그는 충분히 효과를 볼 수 있다. 하지만 그의 모습을 보자 다른 사람들도 우르르 다 일어서면 아무도 경기를 제대로 볼 수 없게 된다. 이와 똑같은 논리로 나 혼자 콘도를 매물로 내놓으면 좋은 가격에 팔 수 있지만 모두가 동시에 콘도를 내놓으면 가격은 떨어지고 모두가 좋은 가격에 팔 수 없게 된다. 공포가 시장을 뒤덮고 가격은 끝없이 추락한다. 그제야 군중은 자신들의 판단이 잘못됐다는 걸 깨닫는다. 이제 시장은 침체에 빠진다. 은행들도 자신들의 재무제표가 무너지고 있는 시장에 탯줄처럼 연결되어 있다는 사실을 비로소 깨닫는다. 이제 많은 차입자들이 부채를 갚지 못해 집 열쇠를 반납하면서 상황은 더욱 악화된다. 가장 먼저 손을 드는 건 폰지 차입자다. 애초에 그의 입지는 가장 불안정했다. 가격이 떨어지기 시작하는 순간 '내일 더 큰 바보에게 팔겠다'는 그의 전략은 무너진다. 그는 소득도, 자산도 없기에 결국 손을 털고 떠난다. 그리고 그 뒤를 변호사와 채권 추심인들이 뒤쫓는다.

가격이 계속 하락하자 이자만 겨우 내던 투기성 차입자도 침몰하기 시작한다. 이들의 수입도 경제 상황에 달려 있었기에 콘도 열풍이 꺼지면서 신용도 무너진다. 결국 은행은 돈을 회수하기 위해 대출을 갚으라는 압박을 시작한다. 이것이 바로 신용경색이다. 지금 당장 손에 쥔 현금이 미래에 받을 수 있을지 모를 돈보다 훨씬 더 소중해지는 순간이다. 이 단계에 이르면 사람들은 비로소 깨닫기 시작한다. 우리가 은행에 맡겨두었다고 믿는 돈은 사실 우리가 은행에 빌려준 돈이며, 그 대가로 이자를 받는다는 사실을 말이다. 은행은 이 돈을 바탕으로 더 많은 대출을 만들어낸다. 그렇게 대출된 돈들이 제때 상환되기만 하면 아무런 문제가 없다. 돈은 나가고 들어오기를 반복한다. 하지만 대출이 제때 상환되지 않는다면? 사람들이 채무불이행을 선언한다면? 종국에는 은행이 연쇄적인 부실 대출에 직면하게 되면 무슨 일이 벌어질까?

은행들은 마구잡이로 대출을 해줬고 신규 대출이 발생할 때마다 예금으로 대차대조표의 균형을 맞춰야 했다. 보유한 예금이 많을수록 은행의 대출 가능 금액도 커졌다. 하지만 대출을 계속 해주다 보니 예금이 바닥났고 결국 다른 데서 자금을 조달해야 했다. 이 광란의 시기에 예치금이 고갈되자 은행들은 다른 은행들에서 돈을 빌렸다. 때로는 아주 단기적으로 빌리기도 했고, 매년 갱신하거나 재조달해야 하는 약속어음(IOU)을 발행하기도 했다. 그런데 신용경색이 닥치면 은행들은 자산(대출로 나간 돈)과 부채(돌려줘야 하는 예금과 단기 차입금) 사이에 큰 불일치를 겪게 된다. 이렇게 신용경색이 발생하면 은행들은 예금 금리를 올린다. 예금이 빠져나가지 않도록 붙잡아두기 위해서다. 예금이 대거 빠져나가면 은행은 큰 위기에 처하게 되는데 은행은 단기 자금을 빌려 장기 대출을 해주는 구조이기 때문이다. 예를 들어 콘도 구입을 위한 대출은 보통 30년 만기의 주택담보대출이어서 은행은 그 돈을 30년 동안 회수할 수 없다. 반면 예금자들은 언제든지 돈을 인출할 권리가 있다. 그래서 은행업의 기본 원칙은 대출이 정상적으로 상환되어 예금자들이 불안해하지 않도록 하는 것이다.

돈, 은행, 금융의 기초는 '신뢰'인 것이다. 은행을 신뢰할 수 있다면 내 예금 계좌가 안전한지 걱정할 필요가 없다. 당연히 은행에 내 돈이 잘 보관되어 있을 거라고 믿는다. 하지만 사람들이 은행의 지급

능력을 의심하기 시작하면 상황은 달라진다. 그럴 때 나타나는 초기 신호 중 하나가 바로 은행의 주가 하락이다. 주가가 떨어지기 시작하면 투자자들은 '이 은행에 뭔가 문제가 있는 게 아닐까' 하고 의심하기 시작한다. 이는 은행 내부에 뭔가 문제가 생겼고 경영진은 그것을 감추려 하고 있을지도 모른다는 신호일 수 있다. 그 '무언가'란 바로 파산이다. 부실채권이 늘어나고 차입자들이 무너지는 시장의 압력에 짓눌리면 은행들의 주가는 하락하기 시작한다. 투자자들은 앞다퉈 은행 주식을 팔려고 나서지만 사려는 사람은 없다. 결국 주가는 폭락한다. 불안해진 예금자들은 돈을 인출하기 시작한다. 보통은 대형 기업 고객부터 서서히 시작되지만 일단 불이 붙으면 걷잡을 수 없이 번져나간다. 그래서 '뱅크 런(bank run)'이라는 표현에는 '달아난다'는 의미가 담겨 있다. 천천히 산책하거나 느긋하게 걷는 게 아니라 갑작스럽고 빠르게 벌어지는 일이기 때문이다. 자산 가격이 루머와 소문으로 급등하듯 뱅크 런도 소문에 휩쓸려 벌어진다.

이런 상황에서 은행은 보통 다른 은행들로부터 단기 자금을 빌리는 '은행 간 대출 시장'에 손을 뻗지만 곧 파산할지도 모르는 곳에 돈을 빌려줄 은행은 없다. 이것이 바로 2008년 베어스턴스가 맞이했던 상황이다. 그 당시 베어스턴스가 정확히 어떤 증권이나 파생상품을 다뤘는지는 그리 중요하지 않다. 핵심은 지금까지 전개된 흐름이다. 베어스턴스가 은행 간 대출 시장에 자금을 요청했을 때 어떤 은행도 돈을 빌려주지 않았다. 심지어 자산 건전성 강화를 위해 회사 지분의 일부를 다른 은행에 팔려고 했을 때도 거래는 성사되지 않았다. 결국 최후의 대출기관인 연준이 3월 초에 베어스턴스를 지원하려고 했지만 성 패트릭의 날(3월 17일) 무렵엔 이미 상황이 끝난 뒤였다. 손실 규모가 얼마나 되는지조차 명확하지 않았기 때문이다. 폭스 뉴스의 리즈 클레이먼은 아마도 그 질문을 꺼낸 걸 후회했을 것이다.

정책이 의도한 결과

2008년 성 패트릭의 날 대참사 이후 몇 주, 몇 달에 걸쳐 여러 은행들이 줄줄이 파산했다. 위기 상황에서는 단지 돈만 바닥나는 것이 아니다. 시간도 부족해진다. 시간을 벌 수 있었다면 은행들은 사태를 수습할 수 있었을지도 모른다. 하지만 위기 상황에서 시간은 믿을 수 없을 만큼 부족해진다. 매도는 계속되었고 재무제표는 속절없이 무너졌다. 현금을 확보하려는 과정에서 부실자산으로 인한 손실을 메우기 위해 우량자산까지 팔려나갔다. 한 은행의 주가 폭락이 연쇄적으로 다른 은행들까지 끌어내렸고 그로부터 6개월 뒤인 9월, 2008년 글로벌 금융위기가 현실이 되었다.

이 이야기는 지금까지 살펴본 돈의 여러 속성을 잘 보여준다. 부의 저장 수단인 돈은 인간에게 동기를 부여하고 흥분을 불러일으킨다. 돈은 열정, 희망, 낙관 같은 긍정적인 면은 물론이고 탐욕, 시기, 자만심 같은 부정적인 행동까지 증폭시킨다. 인간은 돈을 자양분 삼아 생존하는 존재인 것이다. 돈은 인간의 행동을 바꾸고 인간의 행동은 다시 돈을 변화시킨다. 돈은 우리에게 시간 여행을 가능하게 해준다. 대출은 내일의 소득을 끌어와 오늘의 지출에 쓰는 행위이고 투기는 미래에 얻게 될 수익으로 자신의 이상적 삶을 상상하는 행위이다. 그리고 모든 것이 무너졌을 때조차 다시는 이런 일이 없을 거라고 다짐하면서도 우리는 결코 교훈을 얻지 못한다. 다음 사이클의 씨앗은 언제나 지난 위기의 폐허 속에 있다. 가치 투자자들이 떨어진 자산을 헐값에 사들이며 열광하기 시작하면 또다시 사이클은 돌아가기 시작한다.

2008년 이후 10년 동안, 세계적인 불황은 중앙은행의 브라만들로 하여금 금리를 대폭 인하하고 돈을 대담하게 찍어내게 만들었다. 그들의 목표는 미국 소비자들과 금융시스템의 재무 상태를 부양하는 것이었다.

2008년 금융위기 이후 나타난 이 같은 유형의 불황을 대차대조표 불황balance sheet recession, 가계 빚이 많아 정부가 경기 부양책을 내놓아도 소비나 투자로 이어지지 못하는 현상*이라 부른다. 사람들의 대차대조표 한쪽에는 주택과 같은 자산이 있었고, 다른 한쪽에는 그 자산들을 사기 위해 떠안은 부채가 있었다. 하지만 위기가 닥치자 자산 가격은 폭락했지만 부채는 그대로 남아 있었다. 양적완화는 2009년 연준이 도입한 새로운 정책으로 기존처럼 금리(혹은 돈의 가격)를 조절해 경기를 부양하는 방식과 구별하기 위해 그렇게 명명되었다. 일반적으로 경제를 활성화하고 싶으면 중앙은행은 금리를 인하한다. 그러면 신용(자금)의 가격이 낮아져 사람들이 대출을 더 많이 받고 저축은 덜 하게 되며 은행도 더 적극적으로 대출에 나서면서 소비가 늘어나게 된다. 하지만 2009년에는 금리를 아무리 낮춰도 경기가 살아나지 않았다. 경제가 케인스가 말한 유동성 함정liquidity trap, 금리를 아무리 낮춰도 사람들이 소비나 투자에 나서지 않는 상황*에 빠져 있었기 때문이다.

이때 사람들은 이미 빚이 너무 많아서 금리가 아무리 낮아도 더 이상 대출을 받으려고 하지 않았고, 은행들도 부실채권이 너무 많아서 더는 대출을 해주지 않으려고 했다. 이런 상황에서는 금리를 내려봤자 아무 소용이 없다. 케인스의 말처럼 아무리 애를 써도 도무지 움직이지 않는 상황인 것이다. 이런 상황에서는 중앙은행이 시중에 돈을 대거 풀면서 은행에 대출을 하도록 강권해야 한다.

엄밀히 말하면 양적완화를 실행할 때 중앙은행의 브라만들이 실제로 돈을 찍어내는 것은 아니다. 연준은 은행에 연락해, 예를 들어 은행 대차대조표에 있는 국채 100억 달러어치를 매입하겠다고 제안한다. 이는 잘 팔리지 않던 국채 같은 자산이 중앙은행 덕분에 곧바로 현금 달러로 바뀌었다는 뜻이다. 이렇게 받은 돈은 은행이 자유롭게 사용할 수 있다. 순식간에 연준은 이전에 존재하지 않던 100억 달러를 창조해낸 것이다. 이 경우가 바로 앞서 설명한 투입설, 즉 중앙은행이 먼저 돈을 밀어 넣는 방식이다.

여기에 더해 연준은 한 가지 조치를 더 취했다. 은행들이 새로 받은 이 돈을 그냥 쥐고 있거나 저축에 적합한 다른 자산에 투자하지 않고 실제로 대출에 쓰도록 유도할 필요가 있었던 것이다. 전통적으로 저축용 자산으로 인기가 높았던 것은 미국 국채 10년물로, 항상 적정한 수익률을 제공했다. 연준은 시중 은행들이 손대기 전에 이 국채들을 시장에서 직접 사들여 매물을 아예 없애버렸다.

결국 은행들은 새로 생긴 이 돈을 대출로 이용할 수밖에 없었고 이 돈은 은행이 선호하는 고객들에게 흘러갔다. 그렇다면 그 '고객들'은 누구일까? 바로 이미 부유한 사람들이다. 금리가 낮아지면 자산 가격이 오른다. 그리고 자산 가격이 오를 때 가장 큰 수혜자는 당연히 부자들이다. 그들은 자산을 갖고 있기 때문이다. 자산, 임대수익, 배당금에 의존해 소득을 얻는 소수의 사람들은 임금에 의존해 살아가는 대다수의 사람들보다 훨씬 더 큰 혜택을 본다. 급격히 심화된 부의 불평등은 양적완화의 의도치 않은 부작용이 아니었다. 그것이 바로 목적이었다.

점점 더 많은 사람들이 부유층으로 들어가는 진입로에서 자신이 제지당했다는 사실을 깨닫고 있다. 이들에게 사회적 지분은 없을지 몰라도 투표권은 있다. 이 사람들은 이제 자신들의 고통을 해결해줄 것처럼 보이는 인물이나 주장에 표를 던진다. 불평등한 세상에서 나를 위로해주는 정치 구호가 점점 매력적으로 보이기 시작한다. 도널드 트럼프와 브렉시트는 양적완화의 흐름 속에서 탄생한 정치적 산물이다. 둘 다 자국우선주의(nativism) 운동이며, '소외된 사람들'의 정서에 호소하고 부의 불평등이라는 연료로 움직인다. 결국 포퓰리즘은 중앙은행에서 태어났다. 아이러니하게도 포퓰리즘이 적으로 여기는 바로 그 엘리트들이 만들어낸 산물인 셈이다.

서구 사회에서는 불평등이 심화할수록 서민들에게는 긴축재정을 강요하면서 은행들은 구제받는 양상이 펼쳐지다 보니 돈을 다루는 기관들과 중앙은행에 대한 신뢰가 크게 떨어졌다. 글로벌 금융체제에 대한 신뢰가 바닥을 치고 기존의 통화 정책이 부의 불평등을 부채질하고 있는 이 상황에서 이제 전혀 새로운 형태의 화폐가 등장하고 있었다.

21장 | 돈의 진화

민간 대 공공

2023년 10월 13일 금요일, 나는 더블린에 있는 성패트릭 대성당의 설교단 아래 앉아 있었다. 그 설교단으로 말할 것 같으면 1713년부터 1745년까지 주임 사제였던 조너선 스위프트가 설교를 했던 곳이다. 그날, 미국 작가 마이클 루이스와 나는 암호화폐를 주제로 토론을 이어 나갔다. 특히 그는 자신의 화제작 『고잉 인피니트(Going Infinite)』를 중심으로 이야기를 풀어갔다. 이 책은 '암호화폐계의 JP모건'이라 불렸던 샘 뱅크먼프리드의 급부상과 몰락을 다뤘다. 그는 한때 '화폐의 미래'로 찬사받으며 언론과 유명 인사, 정치인들의 환대를 받았던 인물이다.[1] 그가 설립한 회사 FTX는 수십억 달러의 가치를 인정받았고 각계의 노련한 투자자들이 앞다퉈 이 '기회'에 뛰어들었다. 하지만 결국 튤립, 고위험 주택 투자, 그리고 한때 천정부지로 치솟았다가 다시 바닥으로 추락한 수많은 자산들처럼 이 모든 것은 뜨거운 기대감과 역사적으로 낮은 금리에 의해 부풀려진 거대한 거품이었다는 사실이 드러났다.

2008년 금융위기 이후 시행된 양적완화는 대출 열풍을 불러왔고, 단기금리가 제로 수준이 되자 은행들은 수익을 얻기 위해 훨씬 더 장

기간 훨씬 더 위험한 사업에 자금을 빌려줘야 했다. 이런 '공짜' 돈으로 은행들은 더 위험한 베팅을 하기 시작했다. 당시 우리는 전에는 시도조차 해본 적이 없던 거대한 실험을 목격하고 있었다. 경제학의 브라만들(학계의 권위자들)이 교과서에서 이 개념을 이야기한 적은 있지만 현실 세계에서 '제로 금리'는 한 번도 존재한 적이 없었던 것이다. 거시경제적 관점에서 보면 제로 금리는 짧은 기간 동안 응급처방용으로는 타당하다. 시간이 좀 지나면 가계와 기업의 재정 상태가 나아지면서 경제도 균형을 찾을 수 있기 때문이다. 하지만 제로금리가 지나치게 오랫동안 유지되면 온갖 기이한 사업들이 아무런 의심도 받지 않은 채 자금을 끌어모은다. FTX도 그런 사업 중 하나였다.

루이스는 끝까지 관대한 태도로 일관했다. 그는 많은 시간을 함께 보낸 뱅크먼프리드를 교활한 범죄자라기보다는 수십억 달러의 신탁 예금을 관리하는 회사는커녕 작은 사탕가게조차 운영할 능력이 없는 인물이라 설명했다. 하지만 2023년 뉴욕에서 열린 형사재판에서 배심원단은 그를 그렇게 관대하게 보지 않았고 판사는 타인의 돈을 훔친 혐의로 그에게 유죄를 선고했다.

또다시 반복되는 통화 팽창과 붕괴의 이야기를 이 '성스러운 장소'에서 나누게 된 건 어쩐지 더 의미심장하게 느껴졌다. 1720년, 영국과 아일랜드는 남해회사 주가의 폭락으로 정치적, 경제적으로 큰 홍역을 치르고 있었다. 그 당시 아이작 뉴턴과 함께 이 사기극에 휘말렸던 조너선 스위프트는 풍자시 '거품'을 썼다. 그는 이 시를 통해 투기회사가 순진한 사람들을 어떻게 속였는지를 신랄하게 풍자했다.

이 나라는 너무 늦게 알게 되겠지,
여태 들어간 돈과 시간을 일일이 따져보며
그들의 약속은 바람일 뿐이라는 걸.

남해회사는 거대한 거품이었다는 걸.

　2020년대의 뱅크먼프리드는 1720년대 남해회사의 사기꾼들과 똑같은 존재였다. 돈과 투기, 인간의 본성, 그리고 신용 사이클에 관한 한, 300년 전이나 지금이나 똑같은 논리가 작동한다. 우리는 과연 역사에서 교훈을 얻을 수 있을까? 뱅크먼프리드와 그의 지지자들은 '완전히 새로운 형태의 화폐'를 통제할 수 있다고 주장하는 기술에 매료되었다. 그것의 이름은 바로 암호화폐였다. 암호화폐는 새로운 형태의 화폐지만 사실 '누가 돈을 만들고 통제할 것인가'를 둘러싼 싸움은 새로운 일이 아니다. 지배 세력인 황제들은 오랫동안 금융을 먼저 손에 쥔 상인, 은행가 계층과 끊임없이 이 싸움을 벌여왔다. 지난 500년 동안 이런 싸움은 주기적으로 발생했지만, 21세기에 들어서면서 일종의 합의 혹은 휴전 상태에 이르렀다. 중앙은행의 통제력과 상업은행의 자율성 사이에 균형이 형성된 것이다. 국가는 중앙은행을 통해 화폐를 발행하고, 상업은행은 중앙은행의 감독하에 신용을 만들어내며 금융을 실질적으로 운용한다.

　19장에서 보았듯이, 경제학 교과서에서 흔히 말하는 중앙은행이 돈을 밀어 넣는 방식인 투입설은 사실과 다르다. 명목화폐 체제에서는 오히려 상업은행이 수요를 충족시키는 역할을 담당하는 견인설이 더 현실적이다. 물론 상업은행들이 아무리 크고 강력해도 국가는 여전히 그들을 규제하고 과세할 수 있다. 워싱턴은 월스트리트를 '제어'할 수 있다는 말이다. 이런 구조 덕분에 돈은 여전히 국가의 통제 아래 있으며 공공의 영역에 속해 있다. 그런데 과연 국가가 그 막강한 권한을 순순히 내려놓을까?

　수천 년에 걸쳐 돈을 통제하려는 시도는 끊임없이 이어졌다. 주화의 가치를 깎아내린 네로 황제, 단테의 『신곡』에 나오는 위조범 마에

스트로 아다모, 그리고 아돌프 히틀러까지 수많은 역사적 인물들이 화폐를 조작함으로써 통제권을 쥐려 했다. 이 모든 시도는 본질적으로 '공적 화폐의 사유화'이며 그 최신 사례가 바로 암호화폐다. 겉으로는 '보통 사람을 위한 해방'이라는 수사로 포장되어 있지만, 암호화폐는 결국 사적인 화폐다. 착각해서는 안 된다. 사적 화폐의 가장 큰 수혜자는 언제나 그것을 소유한 부유층이다. 앞으로는 민간 주체가 발행하는 사적 화폐와 국가가 시민의 이름으로 발행하는 공적 화폐 사이에 전쟁이 벌어질 것이다.

블록체인은 어떤 문제를 해결해주었나?

암호화폐에 대한 과열된 관심은 디지털 시대판 '위조지폐'에 가깝다. 그렇다고 해서 화폐가 디지털 시대에 맞춰 진화하지 않을 거라는 말이 아니다. 하지만 기술 좀 안다는 몇몇이 자기들이 만든 토큰을 '화폐'라고 부르며 유통시키는 것이 결코 화폐의 미래가 될 수는 없다. 사실 암호화폐는 그럴듯하게 포장된 정교한 사기극에 가깝다. 그것은 민주주의 제도와 시장에 대한 대중의 신뢰가 역사적으로 가장 낮아진 시기를 절묘하게 파고들었다. 암호화폐는 마치 새롭고 더 민주적이고 평등하며 정직한 화폐 질서를 만들겠다고 약속하는 듯했다. 기존의 금융 기득권을 무너뜨리고 월스트리트 너머의 세상으로 돈의 권력을 확장하겠다는 일종의 혁명 선언처럼 보였다. 물론, 어디까지나 겉으로만 그랬을 뿐이다.

비트코인 같은 암호화폐는 특정 국가의 통제 아래 발행되는 기존 화폐와 달리 누구도 조작할 수 없는 알고리즘에 의해 운영된다. 이 알고리즘은 '블록체인'이라는 새로운 기술을 기반으로 하며 전 세계적인 데이터 혁명이 그것을 가능하게 만들었다. 블록체인은 원래 은행이 맡던 거래 검증과 정산 과정을 기술적으로 대체하기 위해 고안된 시스템이다. 비트코인에는 자가 소멸 알고리즘이 내장되어 있어 채굴 가능한 비트코인의 총량 역시 한정되어 있다. 비트코인의 총 발행량은 1960만 개이며, 이 중 93% 이상이 이미 채굴되었다. 나머지도 '비트코인 채굴자'에 의해 계속해서 채굴되고 있다. 그렇다면, 비트코인으로 돈을 벌고 있는 건 누구일까? 바로 비트코인이 거래될 때마다 수수료를 떼어 가는 거래소, 그리고 현재 판매가보다 훨씬 낮은 가격에 비트코인을 획득한 자들이다.

비트코인을 진정한 암호화폐로 볼 수 있는지에 대해서도 논란이 있지만 일반적으로 비트코인은 암호화폐 계열에 속하는 것으로 간주된다. 비트코인은 공급량이 한정되어 있다는 점에서 다른 암호화폐들과 구별된다. 다른 많은 암호화폐들은 사실상 각기 다른 민간 업체들이 자체적으로 만든, '집에서 찍어낸 화폐'에 불과하다. 이 두 번째 유형의 암호화폐로 가장 큰돈을 버는 사람은 누굴까? 역사를 통틀어 늘 그랬듯 당연히 그걸 발행한 자들이다. 샘 뱅크먼프리드와 FTX가 구현한 이 두 번째 유형의 암호화폐는 분위기만 계속 뜨겁다면 발행량에 아무런 제한이 없다. 하지만 썰물이 빠져나간 후 어떤 일이 벌어질지 우리는 알고 있다. 규제를 받지 않는 민간 기업이 자체적으로 토큰을 발행하고 그걸 화폐라 부르면 최후의 구매자가 감당해야 할 위험은 불 보듯 뻔하다. 적어도 비트코인은 발행량이 정해져 있어서, 다 채굴되면 모든 것이 끝이다.

혹자는 설사 암호화폐가 결국 포켓몬 카드처럼 인터넷 시대의 수집품으로 전락한다고 해도 블록체인만큼은 획기적인 기술이라고 주장한다. 하지만 블록체인이 대체 어떤 문제를 해결해주었단 말인가?

비효율적인 결제 시스템을 블록체인 기술이 해결해줄 거라는 주장은 근거가 없지는 않지만 실제로 그렇게까지 심각한 문제가 아니라는 지적도 있다. 이미 전 세계에는 일반 화폐 특히, 달러를 기반으로 수십억 건의 온라인 거래를 처리하는 다양한 디지털 결제 시스템이 존재한다. 그렇다면 기존 화폐로도 잘 작동하고 있는 이 거래 시스템에 굳이 '새로운 형태의 화폐'를 추가할 필요가 있을까? 블록체인 기술은 본질적으로 구식 장부 기록 방식(tallystick)의 디지털 버전에 불과하다. 처리 속도가 매우 느리고 에너지를 과도하게 소모하는 이 기술은, 현재의 기술로 매시간 수조 달러 규모로 이루어지는 거래를 감당하기엔 확장성 측면에서 턱없이 부족해 보인다.

전통적인 신용카드나 글로벌 은행 간 결제 시스템과 비교하면(물론 이들 역시 몇 가지 문제를 안고 있고 가끔 해킹 위험이 있기도 하지만) 블록체인은 여전히 초기 단계에 머물러 있다. 가장 유명하고 보유자도 많은 비트코인은 분명한 문제를 갖고 있다. '비트코인이 곧 돈이다'라는 주장은 명백히 사실이 아니다. 역사적으로 봐도 진정 유용한 화폐가 되기 위해 가장 중요한 조건 중 하나는 가치의 안정성이다. 이는 화폐가 반드시 관리되어야 한다는 뜻이다. 비트코인은 가격 변동이 너무 심해서 일상적인 거래에는 사실상 사용할 수 없다. 이런 가격 불안정성은 전통적인 경제학의 기본 원리로 설명할 수 있다. 비트코인의 공급량은 고정되어 있기 때문에 수요가 변할 때 가격이 요동치는 것이다. 금의 경우에서도 봤듯이 공급량이 고정된 자산은 수요가 변할 때 그에 맞춰 유연하게 반응할 수 없다. 결국 가격만 출렁일 뿐이다.

비트코인의 인기가 높아져서 구입하는 사람이 많아지면 그 가격 역시 급등한다. 그렇게 되면 거래 수단으로 사용하는 건 불편해진다. 가격이 급등하는 현상을 '비트코인이 진짜 화폐라는 증거'라 포장하지만 사실은 그 반대다. 비트코인의 가치가 다른 모든 자산에 비해 계속 오르고 있다면 누가 굳이 그걸 쓰려고 하겠는가? 비트코인은 공급량이 고정되어 있기 때문에 가치가 안정된 교환수단으로 기능할 수 없다. 결국 사람들은 그것을 거래에 쓰기보다는 시세차익을 위해 축적할 뿐이다. 화폐로 기능하기보다 '암호화된 자산'일 뿐이다.

확장성이 낮고 불안정한 기술 구조에 더해 기본적인 수요, 공급의 현실까지 고려하면, 암호 자산은 화폐가 갖춰야 할 세 가지 핵심 기능 즉 회계 단위, 교환수단, 가치저장 수단 중 어느 것 하나도 제대로 수행하지 못한다.

암호 자산은 유통되는 화폐가 아니기 때문에 '암호화폐'라는 이름조차 어울리지 않는다. 그것은 단지 누군가에게 일정한 가치를 지닌 토큰일 뿐이며 노골적인 투기의 수단이다. 암호 자산이 투기나 도박에 딱 맞는 이유는 바로 극심한 가격 변동성이다. 누가 변동도 없는 지루한 자산에 돈을 걸겠는가? 하지만 바로 그 변동성 때문에 암호 자산은 결제 수단으로도 화폐로서도 제대로 기능할 수 없는 것이다.

암호화폐로 돈을 버는 자는 누구인가?

투기와 투자의 차이를 조금만 생각해봐도 암호화폐에 또 다른 경고 신호가 있다는 걸 알 수 있다. 과연 암호화폐는 '자산'이라고 할 수 있을까? 진짜 자산이라면 투자에 대한 수익 흐름(income flow)이 있어야 한다. 하지만 채권이나 주식과 달리 암호화폐는 현금흐름이나 수익을 전혀 만들어내지 않는다. 암호화폐를 소유한다고 해서 법적으로 어떤 대상에 대한 권리를 갖는 것도 아니다. 주식을 사면 실제 존재하는 기업의 지분을 사는 것이다. 채권을 사면 기업이나 국가 같은 실체를 담보로 한 자산에 대한 청구권을 갖게 된다. 하지만 암호화폐는 이들과 달리 어떠한 실물 자산 형성에도 기여하지 않는다.

어떤 기업의 주식을 매수하면 내가 낸 그 자금은 그 회사의 설비를 구입하거나 새로운 시장으로 확장하는 데 쓰인다. 그리고 나는 이렇게 성장한 기업이 수익을 내길 기대한다. 이렇듯 주식이나 채권은 실질적인 경제활동과 연결되어 있다. 그와 반대로 암호화폐는 오로지 대중심리를 기반으로 거래되기 때문에 사실상 극단적인 투기 수단, 즉 거래가 가능한 도박 계약에 가깝다. 이 토큰들의 '시장'은 제로섬 게임으로 누군가가 이익을 보면 반드시 다른 누군가는 손해를 보게 돼 있는 구조다. 암호화폐 거래는 실물 경제와는 아무런 관련이 없다. 그것은 도박과 마찬가지로 흥분과 중독성을 제공한다. 하지만 도박과 달리 암호화폐 시장은 규제받지 않는다. 이 시장은 해외에 기반을 두고 있고 투명하지 않으며 내부자 조작에 매우 취약하다. 뱅크먼 프리드의 사기사건 재판처럼 앞으로도 계속해서 이런 사례가 나올 것이다.

화폐를 발행하는 국가는 국민에게 책임을 지는 존재다. 반면, 암호화폐 세계에서는 발행 주체가 민간 기업일 수 있고, 이는 창의적인 업무 능력을 갖춘 마케팅팀이 있는 디지털 화폐 인쇄소에 불과할 수도 있다. 이른바 스테이블 코인이라는 또 다른 유형의 암호화폐도 있다. 이는 법정화폐를 담보로 만든 토큰인데 겉모습만 바꾼 머니마켓 펀드^{MMF, 단기간 동안 원금의 안전성을 확보하면서 안정된 이율을 얻을 수 있는 간접 투자 상품*}에 불과하다. 어떤 형태의 코인이든 민간 기업이 발행한 디지털 토큰을 화폐인 척 유통시키는 행위가 일종의 사기극이라는 사실은 변하지 않는다. 한편 중앙은행이 조만간 출시할 것으로 예상되는 일종의 디지털 화폐가 있는데 이는 사실상 국가기관이 발행한 다른 형태의 공적 지폐일 뿐이다.

사회 전체적으로 보면 암호화폐는 대체로 가난한 일반 투자자들, 특히 분노에 찬 X(옛 트위터)나 레딧에 집착하는 '크립토 브로'^{crypto bros, 암호화폐에 열광하는 남성 투자자를 가리키는 신조어로 경멸하는 뉘앙스가 담겨있다*}의 자금이 해외 거래소를 운영하는 민간 업자들에게로 이전되는 결과를 낳는다. 아이러니하게도 이런 거래소들은 원래 암호화폐가 무너뜨려야 한다고 주장했던 바로 그 월스트리트 기업들의 지원을 받고 있다.

지금까지 있었던 일을 종합적으로 살펴보면 암호화폐는 투자 수단으로도 화폐로서도 실패작이다. 아이폰과 같은 시기에 등장해 이제 거의 20년이 된 암호화폐의 기반 기술은 범죄나 도박 외의 영역에서는 거의 쓸모를 찾지 못했다. 그리고 과거 금처럼 암호화폐의 공급량이 고정되어 있다면 이미 그것을 보유한 사람들에게만 이익이 될 뿐이다. 그것이 디지털 금이든 실제 금이든 공급량이 고정돼 있다는 건 분명한 문제다.

비트코인은 원래 교환수단으로 사용될 거라는 기대를 받았지만 그런 일은 일어나지 않았다. 그 대신 수많은 사람들이 부를 축적하는 수단으로 이용하고 있다. 본질적으로 따져보면 가치도 수익 모델도 전혀 없지만 가격이 오를수록 더 많은 사람들이 비트코인에 몰릴 것이다. 자산의 가격을 부풀린 채로 유지하는 가장 효과적인 방법은, 그 자산에 이해관계를 가진 사람을 점점 더 많이 만드는 것이다. 그래야 더 많은 사람들이 그 가치를 유지시키거나 올리는 데 동참하기 때문이다. 이들은 규제 당국에 압력을 넣어 비트코인을 지지하고, 보호하고, 확산시키며, 궁극적으로 그 가격을 끌어올리거나 최소한 유지하려고 할 것이다. 이를 위해 가장 효과적인 방법은 유통 경로를 넓히는 것이다.

비트코인 투자자들은 스스로의 자산을 지키기 위해 월스트리트와 손잡고 비트코인을 일반 대중에게 판매하는 루트를 뚫었다. 그 수단이 바로 상장지수펀드(ETF)인데 이는 더 많은 사람들이 더 투명하게 비트코인을 사고팔 수 있는 방법이다. 예전엔 부패하고 탐욕스럽고 해롭다며 맹비난하던 금융회사들과 결국 손을 잡은 것이다. 처음엔 체제에 대한 저항의 상징이었던 '대안적 투자 수단'이 이제는 주류가 된 것이다. 이렇게 월스트리트와 손잡고 규제 당국을 상대로 로비를 벌이는 일은 애초에 비트코인이 탄생하게 된 근본적인 동기와는 거리가 멀다. 애초에 비트코인은 서구 정치질서의 완전한 붕괴와 명목화폐 체제의 종말에 대한 '베팅'이었기 때문이다. 비트코인 얼리어답터들은 명목화폐 체제가 곧 초인플레이션에 빠져 모든 주요 통화가 가치 하락을 겪고 그 결과로 비트코인이 '구세주'처럼 떠오를 것이라 믿는 종말론자들이었다.

이런 아마겟돈식 사고방식 때문에 비트코인의 극단적인 지지자들은 오히려 서구 질서를 위협하는 정치세력을 지지하는 경향이 있었다. 그런 이유로 이들이 서구에 적대적인 러시아의 푸틴 정권을 소셜 미디어에서 찬양하는 모습은 전혀 놀랄 일이 아니다. 그렇다고 오해는 하지 말길 바란다. 나는 지금 재테크에 대해 조언하려는 것이 아니다. 자기 돈으로 무엇을 하든 그건 그 사람의 자유다. 비트코인을 사는 것도 마찬가지다. 내 말의 요지는, 비트코인은 '화폐'가 아니라는 것이다. 비트코인은 새로운 형태의 화폐라기보다 금융 로비 단체에 가깝다. 그리고 대부분의 로비 단체가 그렇듯 이들의 목적도 비트코인 소유주들, 즉 한정된 공급량으로 가장 큰 이득을 보게 될 사람들을 위해 당국에 압력을 가하는 것이다.

2024년 1월, 광범위한 로비 끝에 미국 증권거래위원회(SEC)는 처음으로 비트코인 펀드를 승인했다. 이제 투자자들은 직접 비트코인을 구매하지 않고도 일반 금융시장에서 비트코인 펀드를 자유롭게 거래할 수 있게 됐다. 하지만 매우 부유한 사람들(여기서는 비트코인을 푼돈으로 사서 막대한 부를 이룬 초기 투자자들)이 원래는 '불법적 대안'이었던 것을 정부가 공식적으로 인정하게 만들고 그 과정에서 월스트리트를 끌어들여 더 큰 부를 함께 나누려 한다면, 경종을 울려야 한다.

또 결국 정부의 승인으로 가격이 더 오를 거라는 기대에 들뜬 소액 투자자들에게 비트코인을 팔 수 있는 길을 열어준다면 더 큰 경종을 울려야 한다.

수년 동안 우리는 돈이 어떤 문제를 해결하기 위해 만들어진 기술이라는 사실을 확인했다. 그런데 비트코인, 나아가 암호화폐가 어떤 문제를 해결하고 있는지는 도무지 이해가 안 된다. 비트코인이 미국의 주류 투자 시장에서 어느 정도 입지를 확보한 건 사실이지만 암호화폐는 여전히 주류 바깥에 머물며 일부 열성 지지자들의 집착 대상이 됐을 뿐, 현실 세계에서 유용하거나 실용적인 수단은 아니다. 비트코인은 언어로 따지면 에스페란토어Esperanto語, 전 세계 사람들이 쉽고 평등하게 소통할 수 있도록 인공적으로 만들어진 국제어인데 실제 사용자는 100만 명 안팎이다*가 세계에서 차지하는 위상과 비슷하다.

암호화폐의 가장 치명적인 문제점은 그것이 사적이라는 것이다. 잘 관리되고 제대로 기능하는 화폐란 언제나 공적인 것이다. 여러 가지 결함이 있지만 명목화폐 체제는 여전히 국가가 운영하는 시스템이다. 아무리 강력한 상업은행도 국가의 감독을 받으며 유사시에는 감독이 더 강화되기도 한다. 이를테면 유로달러 시장을 미국 정부의 관할하에 넣는 것도 기술적으로 가능하다는 말이다.

국가가 화폐 발행 권한을 포기한다는 건 있을 수 없는 일이다. 그것은 바로 국가가 소유한 가장 강력한 무기를 민간 부문에 넘겨주는 일이기 때문이다. 국가가 완전히 소멸하고 다른 무언가로 대체되지 않는 한 화폐가 국가 혹은 국가의 부속기관의 관할에서 벗어난다는 건 상상도 할 수 없다. 화폐는 그만큼 강력한 도구이며 나쁜 목적으로 사용될 때는 엄청나게 위험한 것이다.

현대통화이론

암호화폐 열성 지지자들이 처음으로 '사적인 화폐'의 세상을 상상하던 그 무렵, 학계에서는 몇몇 학자들이 오히려 화폐의 미래는 공적인 것이 될 거라고 주장했다. 미국의 통화 경제학자 스테퍼니 켈턴과 같은 현대통화이론(MMT: Modern Monetary Theory) 지지자들은 정부 지출과 그 한계를 바라보는 전통적인 방식이 잘못되었다고 말한다.

전통적인 방식에서는 국가가 먼저 세금을 걷고 그 세수를 바탕으로 지출을 한다. 하지만 현대통화이론(MMT)에서는 이 순서가 완전히 정반대라고 본다. 실제로는 국가가 먼저 돈을 찍어내고, 그 뒤에 세금을 걷는다는 것이다. 즉, '먼저 지출하고 나중에 과세하는' 세상이지, '먼저 세금 걷고 나중에 쓰는' 방식이 아니라는 말이다. 이 논리에 따르면 가계처럼 예산을 맞춰야 한다는 정치권의 주장(국가재정을 가정의 살림살이에 비유하는 사고방식)은 전제부터가 잘못되었다. MMT 지지자들은, 국가는 화폐를 발행할 수 있기 때문에 절대로 돈이 부족할 수 없다고 주장한다. 이런 관점에서 보면 국가 예산의 적자는 그렇게까지 중요한 문제가 아니다. 적어도 우리가 흔히 생각하듯 '나라 살림이 적자면 곧 큰일 난다'는 식의 우려는 과장됐다는 것이다. 경제 뉴스나 전문가들의 말을 들어보면 국가부채가 일정 수준을 넘지 않도록 '부채 한도'를 설정해야 한다는 얘기를 자주 한다. 마치 국가부채가 어느 숫자에 도달하면 정말로 나라의 곳간이 바닥나기라도 할 것처럼 말이다.

하지만 현대통화이론(MMT)에서는 자국 화폐를 발행하는 나라에서 그런 일은 발생하지 않는다고 주장한다. 정부가 돈을 찍어낼 수 있기 때문이다. 일반적으로 정부가 돈을 많이 찍어내면 인플레이션이 심화된다고 생각한다. 하지만 MMT의 관점에서는 인플레이션이 단순히 통화량 때문이 아니라 그 나라 경제의 자원과 생산 능력에 따라 결정되는 거라고 주장한다. 그들은 물가가 오르기 시작하면 정부가 세금을 인상해 소비 수요를 억제해야 한다고 말한다. 그렇게 하면 경제 과열이 진정되고 인플레이션 열기도 가라앉는다는 것이다.

MMT의 관점에 따르면 특히 미국처럼 규모가 크고 기축통화를 발행하는 나라의 경우 정부가 얼마나 많은 돈을 찍어낼지 그리고 그 돈을 어디에 쓸지에 대해 상당한 재량권을 갖게 된다. 실제로 코로나 팬데믹 당시 각국 정부가 집에서 나오지 못하는 국민들에게 현금성 지원금을 지급했던 사례가 있었다. MMT 지지자들은 이 사례가 바로 정부가 은행을 거치지 않고 돈을 찍어서 나눠줄 수 있는 증거라 여겼다. 기존에 생각했던 것보다 예산에 대한 정부의 재량권이 훨씬 막강하다는 말에는 어느 정도 동의한다. 또 정부의 개입에 반대하는 것도 경제 논리보다는 정치적 세력 다툼인 경우가 많다는 것도 이해한다. 하지만 돈의 미래가 MMT 학자들이 예상한 대로 흘러갈지는 잘 모르겠다. MMT의 주장에는 여러 가지 허점이 있다. 예를 들어 유로존 국가들은 자국의 화폐를 발행하지 않고, 대신 유럽중앙은행(ECB)이 발행하는 유로화를 공통으로 사용하고 있다. 따라서 여기에 속한 각국 정부는 MMT의 주장대로 스스로 돈을 찍어내고 지출하는 것이 불가능하다.

영국처럼 자국 통화를 발행하는 나라도 실제로는 금융시장의 눈치를 보느라 마음대로 돈을 찍어내지 못한다. 예를 들어 2022년 리즈 트러스 정부는 감세와 재정 확대를 통해 성장률을 끌어올리려 했지만 시장은 이걸 무책임한 정책으로 받아들였고, 그 결과 파운드화와 국채가 투매당하면서 큰 혼란이 벌어졌다. 이론적으로는 영국이 원하는 만큼 파운드화를 찍을 수 있지만 실제로는 국제금융시장이 정부 정책을 얼마나 신뢰하느냐에 따라 제약을 받는다.

비트코인처럼 전적으로 민간이 발행하는 화폐도 일부 MMT 경제학자들이 주장하는 전적으로 정부가 발행하는 화폐도 이론적으로는 흥미롭지만 현실에 그대로 적용되지는 않는다. 앞서 살펴봤듯 암호화폐는 제대로 된 교환수단이 아니며 MMT는 인플레이션과 국채 시장이라는 현실적인 제약 앞에서는 생각만큼 급진적인 대안이 되지 못한다.

아프리카에서 자연 발생한 화폐 혁명

지금까지 경제의 요구에 따라 화폐가 어떻게 변화를 거듭해왔는지 살펴보았다. 화폐도 언어처럼 살아 있는 존재다. 시대에 따라 새로운 단어나 표현, 관용구가 생겨나듯 화폐 역시 혁신을 통해 인간에게 더 유용하게 형태를 끊임없이 바꾸며 변천해왔다. 화폐가 시행착오를 겪는 과정은 지금 이 순간 아프리카에서 실제로 벌어지고 있다. 화폐가 본래의 잠재력을 발휘하려면 최대한 많은 사람들이 쉽게 사용하며 받아들일 수 있어야 한다. 소수의 사람들에게만 편중되는 것이 아니라 누구나 사용할 수 있어야 제 기능을 할 수 있다. 만약 통화 시스템에서 소외됐던 사람들까지도 안정적인 교환수단으로 받아들인다면 그 화폐의 효과는 즉각적이고 파급력도 매우 클 것이다.

소셜미디어와 월스트리트가 암호화폐를 대서특필하고 유명한 암호화폐 전도사들이 슈퍼볼 광고에서 이를 홍보하는 동안 훨씬 더 설득력 있는 형태의 화폐가 예상치 못한 지역에서 자연스럽게 등장했다.

아프리카의 발전을 가로막는 가장 큰 장애물 중 하나는 신용과 은행 시스템의 부재다. 이 두 가지는 화폐의 기능을 증폭시키는 가장 중요한 혁신이다. 첫째, 신용은 사람들이 미래에 투자할 수 있게 해주고 둘째, 은행 시스템은 사람들이 돈을 저축하고 빌릴 수 있는 기반을 제공하기 때문이다. 아프리카인들, 특히 농촌 지역 사람들은 일상생활에서 은행을 이용할 수가 없다. 이런 아프리카에 2007년 비트코인이 등장한 바로 그 해부터 엠페사(M-Pesa)라는 훨씬 더 기발한 형태의 토종 화폐가 별다른 투자나 홍보 없이 등장했다. 이것은 휴대전화를 이용한 화폐로 (암호화폐와는 달리) 실제 돈처럼 실생활에 유용하게 사용되고 있다. 엠페사('M'은 모바일에서 따온 것이고 페사(pesa)는 스와힐리어로 돈이라는 뜻이다)는 쉽게 말해 휴대폰 잔액을 실제 돈처럼 이용하는 시스템이다. 원래 처음에는 선불 방식으로 잔액을 충전해서 전화만 이용했는데 그 잔액을 전자화폐처럼 이용할 수 있게 만든 것이 바로 엠페사이다.

케냐에 가면 '휴대폰 선불 요금'을 충전해주는 노점상들을 흔히 볼 수 있다. 이들은 이제 막 시작된 화폐를 이끄는 주역이자 사회의 변화를 주도하는 세력이다. 문자메시지를 보내는 기술만으로 케냐 사람들은 휴대전화에 돈을 입금하고 직불 및 신용카드 기능으로 물건을 사고팔고, 돈을 이체하고, 대출 및 저축도 할 수 있다. 케냐의 최대 이동통신사인 사파리콤(Safaricom)은 이 휴대폰 예치금을 현지 화폐인 실링으로 현금화해주는 역할까지 맡고 있다. 이러한 조치 덕분에 휴대전화 충전액을 실제 돈처럼 쓸 수 있게 되었고 상업은행들도 이에 발맞춰 환전을 뒷받침해준다.

케냐의 농촌 지역에서는 농민들을 돕기 위해 매번 수확기부터 다음 수확기까지 소액대출을 해주는데 이는 앞서 중세 초기에서 설명했던 '선대제도'와 다르지 않다. 이 대출 또한 휴대폰 충전금 형태로 나간다. 저소득층이 이 같은 형태의 금융을 이용하자 휴대폰을 기반으로 한 통화 시스템은 급속히 확산되었다.

엠페사는 은행 이용에 드는 비용은 줄여주고 돈에 대한 접근성은 높여주었다. 엠페사가 등장하기 전에는 제대로 된 은행 시스템이 없었기 때문에 케냐에서 시골로 돈을 보내려면 버스 기사에게 현금이 든 가방을 맡기면서 최대 30%의 수수료를 내야 했다. 중간에 돈이 아예 사라지는 경우도 흔했다. 하지만 엠페사 덕분에 이제는 그런 위험이 사라졌다. 사람들은 휴대폰 잔액으로 송금도 하고 물건도 구입할 수 있게 되었다. 더 이상 버스 기사도 필요 없고 돈이 사라질 위험도 없다. 현재 케냐 전역에는 약 5만 개의 엠페사 대리점이 '작은 은행'처럼 활동하고 있다. 전체 인구의 70%가 엠페사를 사용하며, 국가 GDP의 30%가 엠페사를 통해 발생하고 있다.[2]

경제가 진화하면 돈도 그에 따라 진화한다. 암호화폐와 엠페사의 차이점을 살펴보자. 암호화폐는 수십억 달러의 투자, 어마어마한 언론보도, 끊임없는 광고 캠페인, 그리고 결국 월스트리트의 지원까지 받았지만 진화하지 못했다. 반면에 빈곤에 대응하기 위해 만들어진 엠페사는 무럭무럭 성장해 이제는 아프리카 전역에서 새로운 화폐로서 제 기능을 하고 있다. 암호화폐가 화폐로서 진화하지 못한 것은 '현실에서 살아남는 시험'을 통과하지 못했기 때문이다. 암호화폐는 현실적으로 어떤 문제를 해결했는가? 아무것도 해결하지 못했다. 아니면 당대에 필요한 문제 때문에 생겨난 것인가? 그것도 아니다. 그와 반대로 현실적인 문제를 해결하기 위해 자연스럽게 만들어진 엠페사는 케냐가 처한 딜레마를 제대로 해결해주었다.

최근에 나는 처음 통화 경제학을 공부했던 더블린의 트리니티 칼리지 정문을 지나며 화폐의 진화에 대해 생각해보았다. 마치 처음 시작했던 곳으로 다시 돌아온 기분이 들었다. 학부 시절 마음을 빼앗겼던 바로 그 과목을 강의하러 가던 중이었기 때문이다. 그 사이 30년 동안 화폐는 지구상 가장 외진 곳에서도 끊임없이 진화했다. 이제 케냐에 사는 직장 여성도 휴대폰만을 이용해 시골에 있는 어머니에게 즉시 돈을 보낼 수 있다.

오늘날 우리가 살고 있는 선진문명은 전기차, 스마트폰, 백신, 커피 머신, 댄스클럽, 활기찬 도시, 추상미술, 팝 음악, 소셜 네트워크, 핵무기, 오락성 약물, 피임약, 치아 교정, 정밀공학, 인공지능, 테이크아웃 음식 그리고 글로벌 공급망을 갖추고 있다. 이처럼 복잡한 세상에서 80억 인구가 함께 살아가고 있다. 이처럼 놀라운 조직력, 생산성, 혁신 그리고 집단 지성은 이념이나 종교, 심지어 무력 때문이 아니라 화폐 덕분에 가능해진 것이다.

돈은 우리가 '세계 경제'라고 부르는 이 복잡하고 끊임없이 진화하는 유기체의 중추신경계 역할을 한다. 불을 훔쳐 인류에게 준 프로메테우스처럼 돈은 인류를 앞으로 나아가게 했고, 지금도 그러고 있으며, 앞으로도 그럴 것이다. 인류의 문명과 깊숙이 얽혀 있는 화폐는 인간이 만들어낸 핵심 기술이다. 지난 5000년 동안 인류는 화폐라는 도구를 이용해 삶에 적응했고, 또 화폐와 함께 끊임없이 진화해온 '플루토파이트(plutophyte)', 곧 '돈에 적응하고 돈에 의해 개조된 종(種)'이 되었다.

엠페사는 환경에 맞춰 화폐가 진화한 전형적인 사례다. 화폐는 언제나 이렇게 자연스럽게 발전했고 앞으로도 그럴 것이다.

휴대폰 그 자체가 은행이 되고 충전금이 화폐가 될 거라고 누가 상상할 수 있었겠는가? 최근 몇 년 사이 엠페사는 수천 년 전 우리의 이상고 뼈를 추적했던 바로 그 강 유역(콩고민주공화국)의 사람들 사이에서 대중화되었다. 이렇듯 돈의 진화는 인류의 진화처럼 끊임없이 놀라움을 선사한다.

| 감사의 말 |

이렇게 방대한 인류의 경제사를 대중적으로 풀어내는 일에는 사실상 엄청난 조직력이 필요하다. 그러나 고백하건대 나는 그다지 조직적인 인간 유형이 아니다. 애초에 이 책은 나 혼자서는 감당하기 힘든 프로젝트였다는 말이다. 이런 책을 쓰려면 수많은 사실과 수치를 모으고, 전혀 낯선 개념들과 친숙해져야 하며, 그렇게 모은 파편적인 정보들을 하나의 이야기로 둔갑시켜야 한다. 단순히 정보와 정보를 이어 붙이는 것만으로는 부족하다. 책을 쓰는 목표는 저자 본인만이 아니라 실제 독자들의 마음을 끌어당겨야 하기 때문이다.

그런데 나는 혼자 틀어박혀 글에 몰입하는 타입이 아니다. 이런저런 아이디어를 여러 사람들과 주고받으며 이야기를 나누는 걸 좋아하고 쉽게 산만해지며, 기억하는 만큼 자주 잊어버리는 수다스러운 타입에 가깝다. 나는 흔히들 말하는 사교적인 작가이므로 주변에 늘 사람이 있어야 글을 쓸 수 있다. 신이시여, 제 주변인들을 굽어살피소서. 그들은 제 작업 때문에 고통받았나이다! 이 자리를 빌려 나 때문에 고생한 모든 분들에게 진심으로, 그리고 영원히 감사의 마음을 전한다.

이 책은 사실 아내이자 소울메이트인 시안 스마이스(Sian Smyth)와 함께한 합작품이다. 그녀는 이 책의 전반적인 작업을 이끌어주었다. 작업 도중 삼천포로 빠졌던 나를 몇 번이나 제 길로 인도해주었고 어떤 때는 직설적으로 내 아이디어가 영 아니라고 말해주기도 했다. 그녀가 없었다면 이 책은 세상에 나오지 못했을 것이다.

이 아이디어가 책으로 출판될 수 있도록 도와주었고 예상보다 훨씬 길고 복잡해진 과정을 끝까지 관리해준 나의 에이전트 마리안 건 오코너에게도 감사한다. 또한 아살라 타히르가 이끄는 사이먼&슈스터 편집팀의 도움을 받을 수 있었던 건 나에게 정말 큰 행운이었다. 언제나 도움이 되는 코멘트, 꼼꼼한 편집, 그리고 매끄러운 문장력으로 이 책의 완성도를 높여준 알렉스 에클스에게도 감사한다. 아마도 그는 앞으로 다시는 '통화 경제학'이라는 단어는 듣고 싶지 않을지도 모른다.

처음에 이 책의 구성에 대한 이런저런 아이디어가 난무했을 때 잭 램이 합류해 난삽하기 그지없는 이야기를 일관성 있게 정리해주었다. 쉽지 않은 일이었기에 더욱 고맙다. 편집자 탬신 셸턴과 교정 담당자 조너선 와드먼의 꼼꼼한 작업에도 감사드린다. 그리고 무엇보다도, 늘 환한 미소와 훌륭한 유머감각으로 자료를 수집하고 정리해준 앨리스 마르쿠와 일라이자 노타로에게 큰절을 보내드린다.

이 책에 등장하는 의견 혹은 오류는 전적으로 내 탓이지만 만에 하나, 어처구니없는 실수가 있다면 다음 인물들을 탓해도 좋다. 농담이다. (웃음)

경제학은 나에게 늘 매력 넘치는 과목이었지만 알아야 할 것이 어찌나 많은지 늘 새로운 느낌이다. 이 책을 작업하면서 몇몇 경제학자들로부터 큰 도움을 받았다. 그들은 내가 제정신을 잃지 않도록 아낌없이 자신의 지식과 시간을 내어주었다.

화폐의 역사에서 없어서는 안 되는 백과사전적 지식을 제공한 프린스턴 대학의 브렌던 그릴리에게 특히 감사드린다.

나의 학부 시절 통화 경제학 교수님이셨던 앙투안 머피는 팬데믹 기간 동안 '사회적 거리 두기 산책'^{마스크를 쓰고 나란히 걷는 산책}*을 하며 탈레랑, 해밀턴, 로에 대한 지식을 나눠주셨다. 그분이 존 로에 대한 세계적 권위자이기에 18세기 화폐를 다룰 때 그분만큼 든든한 존재는 없었다.

매년 11월, 나는 경제학과 스탠드업 코미디가 결합된 축제인 '킬케노믹스(Kilkenomics)'를 주최한다. 이 '경제학 유랑 서커스단'의 단원들인 마크 블라이스, 마를라 두카런, 마르틴 루스토, 피터 안토니오니, 로넌 라이언스 그리고 역사학자 피터 프랭코판에게 감사드린다. 뒷부분 몇몇 장을 읽어준 통화 정책 전문가 에릭 로너건과 폴 맥컬리에게도 변함없이 감사의 마음을 전한다. 그들의 코멘트는 값으로 매길 수 없을 만큼 소중했다.

또한 위대한 작품인 부르주아 3부작(『부르주아의 덕목』, 『부르주아의 평등』, 『부르주아의 위엄』)을 쓴 작가 디드러 낸슨 매클로스키에게도 특별한 감사의 말씀을 드린다. 그녀는 제임스 조이스, 계몽주의, 그리고 자유주의에 대한 날카로운 통찰을 나눠주었다.

모더니즘 시기를 다룰 때 나는 디클런 키버드 그리고 제임스 조이스의 트리에스테 시절을 연구한 전문가 존 맥코트의 도움을 받았다. 또 독일 바이마르 공화국의 화폐 부분에서는 마크 존스가 나의 가이드가 되어주었다.

앵거스 미첼은 로저 케이스먼트에 대한 내 생각을 바로잡아주었고, 코리나 살바도리 로너건은 나에게 단테를 가르쳐주었다. 린다 멀빈의 예술적인 조언은 이루 말할 수 없을 정도로 유용했으며 나심 니콜라스 탈레브의 코멘트에도 깊이 감사드린다.

초고 일부를 읽고 전반적인 조언을 아끼지 않은 친구들에게도 감사의 말을 전한다. 특히 피렌체에서 나를 환대해주고 도시 곳곳을 안내해주며 푸치 가문의 기록보관소까지 보여준 테런스 워드와 이단나 푸치에게 감사의 마음을 전한다.

초고 일부를 읽어준 코너 맥퍼슨, 캐서린 오스본, 오언 메들러에게도 고마움을 전한다. 자전거의 탄생이 세상에 미친 영향력을 탐구해보라고 조언해준 즈라린$^{Zlarin, 크로아티아의 작은 섬}$*의 현자, 굴라에게도 감사를 전한다. 그리고 특별한 감사를 전하고 싶은 친구가 있다. 2019년 어느 날 저녁, 경제 이야기로 마라톤 수다를 나누던 끝에 나에게 이런 말을 해준 보노$^{록 밴드 U2의 보컬, 보노를 말한다}$*다.

"있잖아, 데이비드, 너 돈에 대한 책을 꼭 써야 될 것 같아."

말했다시피 나는 사교적인 작가다. 따라서 누군가 들어주기만 한다면 이 책에 담긴 수많은 이야기를 쉴 새 없이 쏟아냈다. 내가 아는 사람 중 내 말을 가장 잘 들어준 사람은 아마도 내 팟캐스트 파트너인 존 데이비스일 것이다. 내가 하는 모든 이야기가 그에게는 이미 들어본 이야기였을 것이다. 팟캐스트에서 온갖 이야기를 할 수 있었기에 나는 머릿속 관념을 더 정교하게 종이로 옮길 수 있었다. 고마워, 존.

마지막으로 결국 우리 집 식탁으로 돌아와야 할 것 같다. 이 책의 일부분은 팬데믹 기간 동안 썼는데 그 힘든 시절 내내 우리 가족을 웃게 해준 나의 아이들(지금은 성인이 된) 루시와 칼에게 고마운 마음을 전한다. 아이들은 음악 실력이 늘어나거나 학업에 진전이 있을 때마다 "아빠 책은 아직도 안 끝났잖아"라는 농담으로 나를 상기시켜주었다.

그리고 그 긴 시간 동안 "그 책 아직도 안 끝났니?"라는 질문을 한 번도 하지 않았던 나의 어머니 앨리스에게도 깊은 감사의 마음을 전한다.

| 미주 |

* 국내 출간되지 않은 도서는 도서명 옆에 원서명을 붙였고 국내 출간된 도서의 경우 괄호 안에 출판사명과 연도만 덧붙였습니다.

머리말

1 이 인용문은 경제학자 마이클 V. 화이트와 커스 슐러가 「회고: '화폐를 타락시켜라'는 말을 한 사람은 케인스인가 레닌인가?*Retrospectives: Who Said "Debauch the Currency": Keynes or Lenin?*」라는 논문에서 발굴한 것이다. 해당 논문은 〈Journal of Economic Perspectives〉 2009년 봄호(제23권 2호, 213~222쪽)에 실렸다.
2 로런스 맬킨, 『크루거의 부하들: 나치의 비밀 위조지폐 공작과 19번 블록의 수감자들*Krueger's Men: The Secret Nazi Counterfeit Plot and the Prisoners of Block 19*』, New York: Little, Brown, 2006, 177쪽
3 같은 책, 62쪽
4 제임스 C. 스콧, 『농경의 배신: 길들이기, 정착 생활, 국가의 기원에 관한 대항서사』, New Haven: Yale University Press, 2017, 1장(책과함께, 2019)

1장 | 태초에 돈이 있었나니

1 이상고 뼈의 기능에 대해 더 자세한 분석을 알고 싶다면 조지 게버게스 조지프의 『공작의 허리깃: 수학의 비유럽 시조*The Crest of the Peacock: Non-European Roots of Mathematics*』(Princeton: Princeton University Press, 1991) 2장을 참고하라.
2 스콧, 38쪽
3 재레드 다이아몬드, 『총, 균, 쇠: 인간 사회의 운명을 바꾼 힘』, London: Vintage, 1998, 111~112쪽(김영사, 2023)
4 스콧, 38쪽

5   스콧, 3쪽, 43쪽, 46쪽; 다이아몬드, 111쪽, 142쪽
6   로빈 던바, 『인간의 진화: 우리 뇌와 행동 Human Evolution: Our Brains and Behavior』, New York: Oxford University Press, 2016
7   데이비드 그레이버, 『부채: 첫 5000년의 역사』, London: Melville House, 2014, 39쪽 (부글북스, 2021)

2장 | 바빌론 강가에서

1   쿠심이 한 개인이 아니라 어떤 기관이나 관리자 집단을 가리키는 것일 수도 있다. 쿠심에 대해 더 자세히 알고 싶다면, 유발 하라리의 『사피엔스』(London: Vintage, 2014), 138~140쪽을 참고하라.(김영사, 2015)
2   에드워드 챈슬러, 『금리의 역습: 금리는 어떻게 부의 질서를 뒤흔드는가』, London: Allen Lane, 2022, 10쪽(위즈덤하우스, 2023)
3   그레이버, 216쪽
4   같은 책, 39쪽
5   같은 책, 214쪽
6   레우벤 야론, 『에슈눈나 법 The Laws of Eshnunna』, Jerusalem: Magnes Press, 1988, 20쪽
7   아지즈 엠마누엘 알 제바리, 〈셰켈: 고대의 화폐 Shekels: An Ancient Currenc〉, 이슈타르TV(2011년 8월 11일).
8   영어 표준역 성경, 잠언 11장 1절
9   윌리엄 N. 괴츠만, 『금융의 역사: 문명을 꽃피운 5천년의 기술』(Princeton: Princeton University Press, 2016), 37~40쪽(지식의 날개, 2023)
10 드레헴의 점토판에 대해 더 자세히 알고 싶다면 위 괴츠만의 책 2장에 나온 흥미진진한 설명을 참고하라.

3장 | 주화의 탄생

1   이 유명한 신화는 스티븐 프라이가 『스티븐 프라이의 그리스신화: 올림포스 신 이야기』(London: Michael Joseph, 2017, 384~395쪽)에서 재기 넘치는 문체로 다시 들려주었다.(현암사, 2019)
2   피터 L. 번스타인의 『금, 인간의 영혼을 소유하다』(New York: John Wiley & Sons, Inc., 2000), 27쪽(작가정신, 2010)
3   같은 책, 28쪽
4   같은 책.
5   이 부분에 대해 더 자세히 알고 싶다면 잭 웨더포드의 『돈의 역사와 비밀 그 은밀한 유혹 The History of Money: From Sandstone to Cyberspace』(New York: Crown Publications, 1997), 30~31쪽을 참고하라.
6   칼 폴라니, 『거대한 전환』(New York: Farrar & Rinehart, 1944), 4장(길, 2009)

7 보편적 가치가 사회에 미친 영향에 대해 더 자세히 알고 싶다면 펠닉스 마틴의 『돈: 사회와 경제를 움직인 화폐의 역사』(런던: 빈티지, 2015) 3장을 참고하라.(문학동네, 2019)
8 헤로도토스, 『역사』(New York: Barnes & Noble Classics, 2004), 1권, 94쪽.(동서문화사, 2016)
9 같은 책.
10 번스타인, 30쪽
11 수잔네 베르트 에르쉬즈의 〈미다스 연대기 및 역사적 맥락The Chronology and Historical Context of Midas〉(Historia: Zeitschrift für Alte Geschichte, 57권 1호, 2008), 1~37쪽에 따르면 학자들 사이에서는 일반적으로 이 시기가 인정받고 있다고 한다.
12 청동기 시대 전문가들은 페니키아도 최초의 상업 제국이라고 주장할 수 있다.
13 이 점에 대해 더욱 자세히 알고 싶다면 위 번스타인의 책 2장을 참고하라.

4장 | 화폐와 그리스 정신

1 디오게네스 라에르티오스, 『유명한 철학자들의 생애와 사상』(Oxford: Oxford University Press, 2018), 2권 47~48쪽(나남, 2021)
2 이바나 마르코바, 『대화하는 지성: 상식과 윤리The Dialogical Mind: Common Sense and Ethics』, Cambridge: Cambridge University Press, 2016; 윌리엄 키스 체임버스 거스리, 『그리스 철학사 2권A History of Greek Philosophy: Volume 2』, Cambridge: Cambridge University Press, 1965; 로버트 L. 파울러, 〈뮈토스와 로고스Mythos and Logos〉, Journal of Hellenic Studies, 131권, 2011, 45~66쪽
3 호메로스와 크세노폰의 다른 점에 대한 생기 넘치는 토론을 보고 싶으면 위에 나오는 잭 웨더포드의 책 2장을 참고하라.
4 괴츠만, 73쪽
5 제임스 왓슨, 〈아테네 내 외국인 거주자의 기원The Origin of Metic Status at Athens〉, Cambridge Classical Journal, 56권, 2010, 262쪽
6 A. J. H. 레이섬과 B. L. 앤더슨(편집), 『역사 속의 시장The Market in History』(Routledge Revivals, London: Routledge, 1986, pp. 45~46쪽) 중 제임스 M. 레드필드의 「고대 그리스 시장의 발달The Development of the Market in Archaic Greece」, 45~46쪽
7 괴츠만, 96쪽
8 같은 책, 87쪽
9 웨더포드, 38쪽에서 이 점에 대해 설득력 있게 설명하고 있다.
10 크세노폰, 『경영론』, III.x.(부북스, 2015)
11 같은 책, III.xiv.
12 디오게네스 라에르티오스, 9권Diogenes Laertius, Book 9, 50~53쪽
13 '민주주의(democracy)'라는 단어의 기원에 대한 더 자세한 내용은 라파엘 실리의

「데모크라티아의 기원The Origins of Demokratia」(California Studies in Classical Antiquity, vol. 6, 1973, 253~295쪽)을 참고하라.
14 알랭 브레송, 『고대 그리스 경제의 형성: 도시국가의 제도, 시장, 성장The Making of the Ancient Greek Economy: Institutions, Markets, and Growth in the City-States』, Princeton: Princeton University Press, 2016, 4부
15 같은 책에서 인용, 109쪽
16 소크라테스, 플라톤, 『파이돈』 109쪽(마리북스, 2024)
17 아테나이오스, 『식탁 위의 철학자들Deipnosophistai』, 14권 640b~c, 벤 윌슨, 『메트로폴리스: 인간의 가장 위대한 발명품, 도시의 역사로 보는 인류문명사Metropolis: A History of the City, Humankind's Greatest Invention』(London: Jonathan Cape, 2020) 3장에서 인용함.
18 소크라테스와 아고라에 대해 더 자세히 알고 싶으면 벤 윌슨의 책 3장을 참고하라.
19 브레송, 104쪽
20 슈테판 크름니체크(편집)의 『고대의 화폐 문화사A Cultural History of Money in Antiquity』(London: Bloomsbury Academic, 2019) 중 프랑수아 드 칼라테이의 「화폐와 화폐 아이디어: 국가통제 및 군비Money and Its Ideas: State Control and Military Expenses」.
21 같은 책.
22 같은 책, 60쪽

5장 | 돈과 신용의 나라, 로마제국

1 로버트 I. 커티스, 〈폼페이의 경제생활에 대한 고고학적 증거: 개론Archaeological Evidence for Economic Life at Pompeii: ASurvey〉(Classical Outlook, 57권 5호, 1980), 98~102쪽
2 같은 책.
3 소 플리니우스, 『교양인을 위한 플리니우스 박물지』, 12권 41장
'인도와 세레스고대 그리스 로마인이 중국인을 부르던 명칭* 그리고 아라비아반도로 매년 최소한 수억 세스테르티우스고대 로마의 화폐단위*가 빠져나간다. 우리 제국은 사치를 위해, 여인들을 위해 값비싼 대가를 치르고 있는 것이다. 그 수많은 향료들 중 도대체 얼마나 많은 양을 실제로 신들에게 바치는 용도로 쓰고 있는지 정말 궁금하다.' (노마드, 2024)
4 미코 플로로와 앤드루 윌슨(편집)의 『폼페이 경제The Economy of Pompeii』 (로마 경제에 관한 옥스포스 연구서 시리즈)(Oxford: Oxford University Press, 2017) 중 미코 플로로와 앤드루 윌슨의 「폼페이 경제」, 452쪽
5 존 F. 밀러와 제니 스트라우스 클레이(편집)의 『헤르메스를 추적하고, 메르쿠리우스를 뒤쫓다Tracking Hermes, Pursuing Mercury』(Oxford: Oxford University Press, 2019) 중 덩컨 E. 맥레이의 「메르쿠리우스와 유물론: 메르쿠리우스의 이미지와 폼페이의 타베르네Mercury and Materialism: Images of Mercury and the Tabernae

of Pompeii』, 403쪽
6   해방된 노예이자 노예 무역상이었던 티베리우스 클라우디우스 세쿤두스의 묘비에 새겨진 글이다. 브라이언 K. 하비의『고대 로마의 일상생활Daily Life in Ancient Rome: A Sourcebook』(Indianapolis: Focus), 256쪽에서 인용.
7   마르쿠스 툴리우스 키케로,『의무론』, 1권, 151항 (현대지성, 2025)
8   에드워드 챈슬러,『금융투기의 역사: 계층 사다리를 잇는 부를 향한 로드맵』(new York: Farrar, Straus and Grioux, 1999), 5쪽(국일증권경제연구소, 2021)
9   이 부분에 대해 더 알고 싶다면 20장을 참고하라.
10 괴츠만, 132쪽
11 이 부분에 대해 더 알고 싶다면 발터 샤이델의『로마 탈출: 제국의 실패와 번영으로 가는 길Escape from Rome: The Failure of Empire and the Road to Prosperity』(Princeton: Princeton University Press, 2019)을 참고하라.

6장 | 화폐의 몰락과 부활

1   이 부분에 대해 더 자세히 알고 싶다면, 피터 스퍼퍼드의『중세 유럽의 화폐 및 화폐 사용Money and Its Use in Medieval Europe』(Cmabridge: Cambridge University Press, 1988)을 참고하라.
2   같은 책, 9~14쪽
3   번스타인, 3장
4   번스타인, 86쪽
5   덴마크 자료를 분석한 최근 연구에 따르면, 쟁기의 도입으로 중세 도시화가 크게 늘었다. 도시화 증가분의 40% 이상이 덴마크에서는 쟁기 덕분이었고, 유럽 전체 기준으로도 약 15.7%가 쟁기 덕분이었다.
    토마스 바르네베크 안데르센, 페터르 산홀트 옌센, 크리스티안 볼마르 스코브스고르, 〈중세 유럽의 쟁기와 농업 혁명The Heavy Plough and the Agricultural Revolution in Medieval Europe〉, EHES Working Papers in Economic History, 70호, 2014
6   스퍼퍼드, 5장
7   이렇게 도시가 발달한 상황에 대해 더욱 자세히 알고 싶다면 위 책을 참고하라.
8   같은 책.

7장 | 사라센의 마법

1   바르텔 L. 판데르 바르던,『대수학의 역사: 알콰리즈미에서 에미 뇌터까지A History of Algebra: From al-Khwārizmī to Emmy Noether』(Berlin: Springer, 2013), 1985년에 최초 출간.
2   로버트 캐플런,『아무것도 없음: 0의 자연사The Nothing That Is: A Natural History of Zero』(Oxford: Oxford University Press, 1999)
3   티모시 제임스 스미트가 2009년 미네소타 대학교 대학원 학부에 제출한 박사논문,

「상업과 공존: 노르만 시칠리아의 경제 및 사회에서의 이슬람교도들*Commerce and Coexistence: Muslims in the Economy and Society of Norman Sicily*」 중 1장.
4 피보나치에 대해 더 자세히 알고 싶다면 앞서 소개한 괴츠만의 책 13장과 니얼 퍼거슨의 『금융의 지배: 세계 금융사 이야기』(London: Penguin Press, 2008) 1장을 참고하라.(민음사, 2010)

8장 | 암흑에서 광명으로

1 단테에 대해 더 자세히 알고 싶다면, 방대한 자료가 있지만 나는 이언 톰슨이 정교한 삽화와 문학적 참고문헌을 통해 알기 쉽게 설명해준 『단테의 신곡: 끝없는 여정*Dante's Divine Comedy: A Journey Without End*』(London: Apollo, 2018)을 추천한다.
2 크리스토퍼 히버트, 『피렌체: 도시 전기*Florence: The Biography of a City*』(London: Penguin, 1993), 50~51쪽.
3 같은 책.
4 초기 유럽의 기술 혁신에 대해 더 자세히 알고 싶다면 데이비드 S. 랜디스의 『국가의 빈부: 왜 어떤 나라는 부유하고 어떤 나라는 가난한가*The Wealth and Poverty of Nations: Why Some Are So Rich and Some So Poor*』(New York: Abacus Press, 1998), 45~59쪽을 참고하라.
5 톰슨, 59쪽
6 히버트, 50~51쪽
7 이 시절 환율이 완전히 자유변동제였던 것은 아니다. 피렌체 사람들은 플로린의 가치를 안정화하기 위해 애썼다. 오늘날과 비교해서 설명하면 중앙은행의 공개시장조작과 같은 것인데 이는 기축통화를 보유한 국가의 중앙은행이 자국 화폐를 매도하여 그 가치가 지나치게 오르지 않도록 조절하는 행위다. 이런 노력에도 불구하고 끊임없는 수요 때문에 플로린의 가치는 꾸준히 상승했다.
8 이리스 오리고, 『프라토의 중세 상인: 이탈리아 상인 프란체스코 다티니가 남긴 위대한 유산』(London: Penguin, 2017), 69쪽(엘피, 2009)
9 수평적, 수직적 위계질서에 대해 더 읽어보고 싶다면 나는 니얼 퍼거슨의 『광장과 타워: 프리메이슨에서 페이스북까지, 네트워크와 권력의 역사』(London: Allen Lane, 2017)를 추천한다.(아르테, 2019)

9장 | 하느님의 인쇄기

1 1435년 비오 2세의 스코틀랜드 방문을 조명한 〈더 내셔널*The National*〉 기사에서 인용했다. 이 인용문은 교황 비오 2세가 남긴 13권짜리 자서전 『코멘터리*Commentaries*』에서 나온 것이다.
2 닐 맥그리거, 『독일사 산책』(London: Allen Lane, 2014), 16장(옥당, 2016)
3 같은 책, 290쪽

4 구텐베르크의 인쇄기에 대해 좀 더 알고 싶다면 프랜 리스의 『요하네스 구텐베르크: 활자에 세상의 지혜를 담은 인쇄 기술자*Johannes Gutenberg: Inventor of the Printing Press*』(Minneapolis: Compass Point, 2006)를 참고하라.
5 같은 책.
6 제레마이아 디트마르, 『정보기술과 경제변화: 인쇄기의 영향*Information Technology and Economic Change*』(Quarterly Journal of Economics, 126권 3호, 2011), 1133~1172쪽
7 같은 책.
8 브렌던 그릴리, 『전능한 달러*The Almighty Dollar*』(Penguin Random House, 근간)
9 재러드 루빈, 『인쇄기와 프로테스탄트: 종교개혁에서 인쇄기의 역할에 대한 경험적 타당성*Printing and Protestants: An Empirical Test of the Role of Printing in the Reformation*』(Review of Economics and Statistics, 96권, 2호, 2014), 270~286쪽
10 같은 책.
11 카밀라 타운센드, 『다섯 번째 태양: 아즈텍의 새로운 역사*Fifth Sun: A New History of the Aztecs*』(New York: Oxford University Press, 2019), 98쪽
12 번스타인, 135쪽

10장 | 금융 부르주아의 등장

1 대니얼 브룩, 『미래도시의 역사*A History of Future Cities*』, New York: W.W. Norton & Co., 2013, 1장
2 사이먼 시백 몬티피오리, 『로마노프 왕조: 1613~1918*The Romanovs: 1613~1918*』, London: Weidenfeld & Nicolson, 2017
3 챈슬러, 『금융투기의 역사』, 14~20쪽
4 피터 M. 가버, 『버블의 탄생: 유명한 최초의 버블들』, Cambridge, MA and London: MIT Press, 2001, 83쪽(아르케, 2011)
5 같은 책.

11장 | 통화 경제학의 아버지

1 조지프 슘페터, 『경제분석의 역사』(London: Routledge, 1997), 295~296쪽, 초판은 1954년(한길사, 2013)
2 앙투안 E. 머피, 『존 로: 경제이론가와 정책입안자*John Law: Economic Theorist and Policy-Maker*』(Oxford: Clarendon Press, 1997), 33쪽
3 앙투안 E. 머피(편집), 『존 로의 토지은행론*John Law's 'Essay on a Land Bank*』(Dublin: Aeon, 1994)
4 마틴, 172쪽
5 수잔 베스타 쿨루스, 『마법의 손전등과 요지경: 1720년 버블 시대의 금융투기*Magic Lanterns and Raree Shows: Metaphors of Financial Speculation during the*

Bubbles of 1720』(Early Popular Visual Culture, 20권 4호, 2022), 368~387쪽

6 머피, 『존 로』, 303쪽

12장 | 돈의 주교

1 탈레랑에 대해 더 알고 싶으면 더프 쿠퍼의 『탈레랑Talleyrand』(London: Vintage, 2010)(1932년에 첫 출간)을 참고하라.
2 앤드루 딕슨 화이트, 『프랑스의 명목화폐 인플레이션Fiat Money Inflation in France』, New York: D. Appleton~Century Company, 1933, 59쪽
3 알렉상드르 투테, 『프랑스혁명과 관련된 출간물. 프랑스혁명 기간 동안 파리 역사에 관한 일반 자료Publications relatives à la Révolution française. Répertoire général des sources manuscrites de l'histoire de Paris pendant la Révolution française』, 전 11권, Paris: Commission des travaux historiques de la Ville de Paris, 1890~1914, 4권 서문
4 브루스 버코위츠, 『플레이페어: 세상에 대한 우리의 관점을 바꿔놓은 영국 비밀요원의 실화Playfair: The True Story of the British Secret Agent Who Changed How We See the World』, Fairfax, VA: Geroge Mason University Press, 2018, 서문

13장 | 돈과 미국 공화국

1 탈레랑이 미국에서 보낸 시절에 대해 더 알아보고 싶으면, 한스 후트와 윌마 퓨(편집 및 번역)의 『금융 기획자인 탈레랑의 미국 시절, 1794~1796: 미발표 편지 및 회고록Talleyrand in America as a Financial Promoter, 1794~1796: Unpublished Letters and Memoirs』(New York: Da Capo Press, 1771, 초판은 1942)을 참고하라.
2 론 처노, 『알렉산더 해밀턴』(New York: Penguin Press, 2004), 466쪽 (아르테, 2018)
3 쿠퍼, 270쪽
4 처노, 720쪽
5 같은 책, 11장
6 같은 책, 26장
7 로버트 니스벳, 「다수의 토크빌주의자들Many Tocquevilles」, American Scholars, 46권 1호, 1977, 59~75쪽
8 퍼거슨, 『금융의 지배』, 20쪽
9 웨더포드, 119쪽
10 알렉산더 해밀턴, 「공공 신용 유지를 위한 재정 조치에 관한 보고서Report Relative to a Provision for the Support of Public Credit」, 재무부, 1790년 1월 9일
11 처노, 15장
12 처노, 466쪽
13 해밀턴의 유산에 대해 더 알아보고 싶으면 로버트 실라, 로버트 E. 라이트, 데이비드 J.

코언의 「중앙은행장, 알렉산더 해밀턴: 1792년 미국 금융공황 기간 중 위기관리 Alexander Hamilton, Central Banker: Crisis Management during the US Financial Panic of 1792」(Business History Review, 83권, 1호, A Special Issue on Scandals and Panics, 2009), 61~68쪽을 참고하라.
14 알렉시스 드 토크빌, 『정치 및 사회에 관한 서간집 Selected Letters on Politics and Society』, Berkeley: University of California Press, 1985, 39쪽

14장 | 돈, 진화경제의 에너지원

1 요제프 로트, 『엉터리 저울추 Weights and Measures』, London: Penguin Books, 2017
2 십진법이라는 개념은 이미 1550년대에 러시아인들이 주장했던 것이었다. 그러나 러시아는 당시 후진국으로 여겨졌기 때문에, 계몽된 미국의 애국자들은 러시아의 아이디어를 참고하거나 그들의 화폐단위인 코페이카(kopeks, 1루블의 100분의 1) 같은 용어를 사용하지 않으려 했다.
3 장 바티스트 라마르크는 다윈보다 먼저 종이 진화한다는 개념을 이야기했지만 자연선택 이론과 함께 모든 생물의 조상이 하나라는 개념을 제시한 사람은 다윈이었다.
4 앨프리드 마셜, 『경제학 원리 Principles of Economics』, London: Macmillan, 1890, xiv쪽
5 지나치게 자신만만한 예측가의 위험에 대해 알고 싶다면 나심 니콜라스 탈레브의 『블랙스완』(London: Allen Lane, 2007, 동녘사이언스, 2018)과 『안티프래질』(London: Penguin, 2012, 와이즈베리, 2013)을 권한다. 두 책 모두 유쾌한 일화들과 통찰로 가득 찬 고전이다.

15장 | 피 묻은 돈

1 찰스 C. 만, 『1493: 콜럼버스가 문을 연 호모제노센 세상』, New York: Vintage, 2011, 7장(황소자리, 2020)
2 미국 특허 활동 분석, 1790년부터 현재까지 연도별 특허 활동 표 (1970년 이후), 날짜 미상, https://www.uspto.gov/web/offices/ac/ido/oeip/taf/h_counts.htm, 2024년 1월 20일 접속.
3 앨버트 피슬로, 「과거에서 온 편지: 19세기 자본시장과 전간기 Lessons from the Past: Capital Markets During the 19th Century and the Interwar Period」, International Organization, 39권 3호, 1985, 292~439쪽
4 애덤 호크실드, 『레오폴드 왕의 유령: 식민지 아프리카에서의 탐욕, 공포 그리고 영웅 이야기』, London: Macmillan, 1999, 92쪽(무우수, 2003)
5 펠리시앵 카티에, 『콩고 자유국의 상황에 대한 연구 Étude sur la situation de l'État indépendant du Congo』, Brussels: Larcier, 1906년, 193쪽; 로버트 함스, 「아비르가 만든 세계: 마링가-로포리 유역, 1885~1903 The World Abir Made: The Maringa-Lopori Basin, 1885~1903」, 〈아프리카 경제사〉, 12호, 1983년, 125~139쪽

6	함스
7	같은 책.
8	호크실드, 199쪽
9	워드가 모렐에게 보낸 1903년 편지, 윌리엄 로저 루이스, 〈로저 케이스먼트와 콩고Roger Casement and the Congo〉, 1964년, 〈아프리카 역사 저널〉 5권 1호, 103쪽
10	같은 글, 109쪽
11	같은 글, 114쪽
12	같은 글, 115쪽
13	브라이언 잉글리스, 『로저 케이스먼트Roger Casement』, London: Hodder & Stoughton, 1973, 346쪽
14	블라디미르 일리치 레닌, 『제국주의, 자본주의의 최고 단계Imperialism, The Highest Stage of Capitalism』, London: Wellred Books, 2019(초판은 1916)

16장 | 노란 벽돌길

1. 미국 인민주의의 부상에 대해 더 알아보고 싶다면 토머스 프랭크의 『인민이여 옳지 않습니다: 반인민주의의 간략한 역사The People, No: A Brief History of Anti-Populism』(New York: Metropolitan Books, 2020)를 참고하라.
2. 웨더포드, 172~173쪽
3. R. H. 후커, 〈미국의 밀 및 옥수수 농산물가격, 1870~1899Farm Prices of Wheat and Maize in America, 1870~1899〉, Journal of the Royal Statistical Society, 63권 4호, 1900, 648~657쪽
4. 이와 비슷한 현상이 21세기 초에 다시 나타났다. 2008년 세계 금융위기는 거의 전적으로 은행가들의 과도한 대출이 초래한 재앙이었지만 서구의 많은 정부들은 이에 긴축 정책으로 맞섰다. 그 결과 서민들의 삶은 더욱 팍팍해졌고, 포퓰리즘과 국수주의가 유행하기 시작했다. 중도 성향의 정부들은 서민들과 엘리트들 사이에 싸움을 붙이면서 결과적으로 포퓰리즘을 부추겼다.
5. 인민당의 운동에 대해 더 알아보고 싶다면 프랭크의 책을 참고하라.

17장 | 자본과 아이디어가 흘러넘치는 시대

1. 조이스가 트리에스테에 머문 시기에 대해 더 알고 싶다면 존 매코트의 『꽃피던 시절: 1904~1920년 트리에스테의 제임스 조이스The Years of Bloom: James Joyce in Trieste, 1904~1920』(Dublin: Lilliput Press, 2000)를 참고하라. 나 역시 그의 통찰에 덕을 보았는데 특히 트리에스테 시절 레볼텔라 남작과 마르크스와 조이스의 연관성 부분이 그랬다.
2. 초기 경제 언론에 대해 더 자세히 알고 싶으면 괴츠만의 저서 23장을 참고하라.
3. 같은 책, 410쪽.
4. 트리에스테의 민족 다양성에 대해 더 자세히 알고 싶으면 매코트의 책을 참고하라.

5　카를 마르크스, 「오스트리아의 해상 무역The Maritime Commerce of Austria」, https://marxengels.public-archive.net/en/ME0988en.html, 2024년 1월 20일 접속.
6　미국 특허 활동 분석, https://www.uspto.gov/web/offices/ac/ido/oeip/taf/h_counts.htm, 2024년 1월 20일 접속.
7　리처드 엘먼, 『제임스 조이스』, New York: Oxford University Press, 1959, 300쪽(책세상, 2002)
8　매코트, 142쪽
9　엘먼, 303쪽
10　그람시를 이런 식으로 써먹다니! 안토니오 그람시의 유명한 경구 '지성의 비관주의, 의지의 낙관주의'를 빗대어 한 말이다.*
11　존 콜리슨, @collison, 트위터, 2022년 5월 22일
12　부르주아 사회와 경제 활력 간의 연관성에 대해 더 알고 싶다면, 디드러 낸슨 매클로스키의 『부르주아의 품위: 경제학이 현대 세계를 설명하지 못하는 이유Bourgeois Dignity: Why Economics Can't Explain the Modern World』(Chicago: University of Chicago Press, 2010)를 참고하라.
13　디드러 낸슨 매클로스키가 『부르주아의 평등: 세계를 풍요롭게 한 것은 자본이나 제도가 아니라 아이디어였다』(Chicago: University of Chicago Press, 2017)에서 지적했듯이 한 사회에서 단순히 혁신가의 숫자를 세는 것은 오류이며, 이와 같은 오류 때문에 기업가 정신에 대한 학문적 연구의 방향이 사회학이 아니라 심리학 쪽으로 잘못 향하게 되었다.
14　매클로스키가 『부르주아의 품위』에서 주장하고 『부르주아의 평등』에서 더 깊이 입증했듯이 '수용, 존엄, 희망, 심지어 사랑과 같은 가치들이 상업 활동을 움직이는 원동력이다.'
15　전쟁 전 빈의 풍경을 탁월하게 연구한 책으로는 플로리안 일리스의 『1913년 세기의 여름』(London, Clerkenwell Press, 2014)를 참고하라.(문학동네, 2013)

18장 | 절망의 구렁텅이

1　애덤 퍼거슨, 『돈의 대폭락: 바이마르 초인플레이션의 악몽』, London: William Kimber & Co, 1975, 87쪽(엘도라도, 2011)
2　같은 책, 88쪽
3　리아콰트 아메드, 『금융의 제왕Lords of Finance: The Bankers Who Broke the World』, London: William Heinemann, 2009, 130쪽
4　같은 책.
5　같은 책.
6　같은 책.
7　독일의 천재들에 대해 더 자세히 알고 싶다면 피터 왓슨의 『저먼 지니어스: 유럽의 세 번째 르네상스, 두 번째 과학혁명 그리고 20세기The German Genius: Europe's Third Renaissance, the Second Scientific Revolution, and the Twentieth

Century』(New York: HarperCollins, 2010)를 참고하라.
8 이 시기 독일 역사에 대한 훌륭한 읽을거리로는 마크 존스의 『1923: 히틀러가 쿠데타를 일으킨 그해, 잊힌 위기 1923: The Forgotten Crisis in the Year of Hitler's Coup』(London: Basic Books, 2023)가 있다.
9 같은 책.
10 이 점은 마크 존스가 『1923』에서 아주 잘 설명해놓았다.
11 J. 호버먼, 〈실험대상과 시청자 모두를 매혹시킨 사악한 박사An Evil Doctor Who Casts a Spell on Subjects and Viewers Alike〉(New York Times, 2020년 5월 6일자)에서 재인용.
12 제럴드 D. 펠드먼, 『위대한 혼란: 독일 인플레이션기의 정치, 경제, 사회 1914~1924 The Great Disorder: Politics, Economics, and Society in the German Inflation, 1914~1924』, New York: Oxford University Press, 1997
13 리처드 래드퍼드, 〈포로수용소의 경제적 조직The Economic Organisation of a POW Camp〉, Economica, 1945년 11월
14 이 위조지폐 작전에 대해 더 자세히 알아보고 싶다면 맬킨의 책을 참고하라.

19장 | 누가 돈을 통제하는가?

1 오데드 갤로어, 『인류의 여정: 부와 불평등의 기원 그리고 우리의 미래 The Journey of Humanity: The Origins of Wealth and Inequality』(London: Vintage, 2023), 7장
2 이냐키 알다소·토르스텐 엘러스, 「미국 이외 지역 은행의 달러 자금 조달 지형 The Geography of Dollar Funding of Non-US Banks」, BIS Quarterly Review, 2018년 12월

20장 | 돈의 심리학

1 헤지 차입자, 투기적 차입자, 폰지 차입자라는 용어는 경제학자 하이먼 민스키가 만들었다.

21장 | 돈의 진화

1 마이클 루이스, 『고잉 인피니트: FTX 창립자 샘 뱅크먼프리드는 어떻게 55조 원을 휴지조각으로 만들었는가』, New York: W.W. Norton & Co., 2023(중앙북스, 2024)
2 맷 쿡, 〈목적이 이끈 여정: M-Pesa 15년의 진화Driven by Purpose: 15 Years of M-Pesa's Evolution〉, McKinsey & Company, 2022년 6월 29일

| 미주 해설 |

친애하는 독자 여러분께

　당신이 여기까지 다 읽었다는 건 뭔지 모르지만 이 책이 울림이 있었다는 뜻일 겁니다. 귀한 시간을 내어 읽어주셔서 정말 감사드립니다. 지금까지 즐거운 독서 시간이었기를 바랍니다. 인류 문명의 발달에 돈이 핵심적 역할을 했다는 주제는 오랫동안 제 마음을 사로잡았습니다. 제가 이 분야에서 감히 전문성을 주장할 수 있다면, 그것은 통화 경제학 분야에서 실제로 일해왔고 수많은 전문가들의 책을 읽었기 때문일 겁니다. 이 책의 핵심 주장들은 대부분 제가 읽은 책들에서 나왔습니다. 가끔은 곁가지로 빠지곤 했지만 그 내용도 흥미진진했습니다.

　지금부터 소개할 참고도서는 이 책에 나온 내용을 더 깊이 알고 싶은 분들께 도움이 될 겁니다. 혹시 그렇지 않더라도 어쩌다 남는 시간에 다음 책들 중 단 한 권이라도 보게 된다면 또 다른 즐거움을 느낄 수도 있을 겁니다.

　참고도서는 각 장별로 시대순으로 정리해두었습니다. 그 전에 한 가지 먼저 말씀드리자면 이 책에 깔려 있는 전반적인 세계관에 큰 영향을 준 책이 있는데 바로 에릭 D. 바인하커의 『부의 기원』(알에이치코리아, 2022)입니다. 이 책은 경제를 하나의 복잡한 시스템으로 보고, 부의 창출을 진화 과정으로 여깁니다. 경제는 정적인 구조가 아니라 끊임없이 변화하는 시스템이라는 것을 이 책을 통해 확인했습니다. 또한 '돈'이라는 것이 인간 사회를 진화하게 만든 사회적 기술이라는 관점을 갖게 되었습니다. 세상을 새로운 시각으로 바라보고 싶다면, 이 책에 몇 시간쯤 투자해보시기를 권합니다.

1장은 제임스 C. 스콧의 『농경의 배신』(책과함께, 2019)에서 큰 영향을 받았습니다. 이 책은 불이 하나의 '기술'로서 문명 발전에 얼마나 중요한 역할을 했는지를 알려줍니다. 이런 관점은 돈 역시 중요한 '기술'로써 문명 발전에 기여했다는 제 생각을 정리하는 데 큰 도움이 되었습니다. 또한 이 책은 선사시대까지 거슬러 올라가는 거대한 역사적 흐름에 대해서도 생각할 수 있게 해줬고 경제학이라는 학문이 생겨나기 이전에 '경제'가 어떤 역할을 했는지에 대해서도 생각할 기회를 주었습니다.

고대의 화폐, 부채, 계약에 대한 이야기는 데이비드 그레이버의 『부채: 첫 5000년의 역사』(부글북스, 2021)를 빼고는 완성될 수 없었습니다. 특히 드루이드 시대 아일랜드의 부채 제도에 대한 부분은 매우 흥미로웠습니다. 이 책은 본문에 직접 인용되지는 않았지만 경제사에 대한 이해를 도와준 책으로 큰 역할을 했습니다.

2장을 쓰는 동안 저와 함께해준 동반자는 윌리엄 N. 괴츠만의 『금융의 역사』(지식의 날개, 2023)였습니다. 풍부한 내용과 깊이 있는 분석, 읽는 즐거움까지 갖춘 이 책은 쓰는 동안 언제나 제 곁에 있었습니다. 특히 수메르 문명의 화폐에 관한 부분은 백미입니다. 이 장에서는 금리가 얼마나 중요한 역할을 하는지에 대해 이해할 수 있었는데 그 과정에서 에드워드 챈슬러의 『금리의 역습』(위즈덤하우스, 2023)이 큰 도움이 되었습니다. 챈슬러가 쓴 글들은 다 재미있지만 이 책 역시 처음부터 끝까지 흥미진진합니다. 또한 이 책을 읽고 나면 평소에는 전혀 생각해보지 않았던 방식으로 금리를 바라보게 됩니다.

3장과 4장에서 리디아인과 그리스인에 대한 내용을 다룰 때는 피터 L. 번스타인의 『금, 인간의 영혼을 소유하다』(작가정신, 2010)가 큰 도움이 되었습니다. 이 책은 놀라울 정도로 잘 쓰였고 읽는 재미도 있어서 훑어보는 것만으로도 즐겁지만, 무엇보다도 통찰력이 뛰어납니다.

미다스 왕과 크세노폰 등과 관련된 경제사를 이해하는 데 도움을 준 책은 미국의 인류학자 잭 웨더포드가 쓴 보석 같은 책 『돈의 역사와 비밀 그 은밀한 유혹 *The History of Money: From Sandstone to Cyberspace*』입니다. 경제학자가 아닌 사람에게도 이 책은 굉장히 흥미진진합니다. '돈'에 대한 이야기를 훨씬 더 넓은 관점에서 인류학적인 깊이까지 더해서 보여주기 때문입니다.

한편 돈이 본질적으로 도시의 발전과 깊은 연관성이 있다는 점은 벤 윌슨의 『메트로폴리스: 인간의 가장 위대한 발명품, 도시의 역사로 보는 인류문명사 *Metropolis: A History of the City, Humankind's Greatest Invention*』를 통해 다시금 깨달았습니다. 이 주제에 대해 관심이 있다면 꼭 읽어보시면 좋겠습니다.

로마와 신용위기에 관한 제 생각을 분명히 확인해준 책은 찰스 P. 킨들버거의 고전 『광기, 패닉, 붕괴 금융위기의 역사』(굿모닝북스, 2006)입니다. 사실 돈, 부채, 경제 사이클과 관련된 주제라면 킨들버거의 책은 어떤 것이든 읽을 가치가 있습니다. 로마제국의 몰락에 관해서는 발터 샤이델의 『로마 탈출: 제국의 실패와 번영으로 가는 길 *Escape from Rome: The Failure of Empire and the Road to Prosperity*』 이, 불평등의 지속성에 대해서는 역시 샤이델의 『불평등의 역사』(에코리브르, 2017)가 더할 나위 없이 훌륭한 출처가 되어주었습니다.

중세 시대로 넘어가 유럽에 힌두-아라비아 숫자와 '0'이 도입되는 결정적인 순간을 다룰 때는 작지만 보석 같은 책 한 권이 저에게 큰 도움이 되었습니다. 그 책은 바로 찰스 세이프의 『신의 유무부터 블랙홀까지 위험하고 매혹적인 제로 이야기』(디케이제이에스, 2024)입니다. 이 책은 14세기 초에 '0'이라는 개념이 등장하면서 얼마나 수학이 발전했는지를 들려줍니다. 그 이전까지 유럽은 오랜 세월 동안 그리스와 로마식의 초보적인 계산법에서 벗어나지 못했습니다. '0'의 등장으로 비로소 어둠의 세계에서 벗어난 것이지요.

단테의 피렌체 시절과 그의 작품 『신곡』을 이해하는 데 도움을 준 책은 이언 톰슨의 『단테의 신곡: 끝없는 여정 *Dante's Divine Comedy: A Journey Without End*』입니다. 이 책은 13세기 말에서 14세기 초 피렌체의 문학, 삶, 정치 그리고 권모술수까지 간결하면서도 아름다운 문체로 정리해놓았습니다. 또한 이 시기 등장한 신흥 계층인 상인들의 삶을 더 깊이 들여다보고 싶다면 이리스 오리고의 『프라토의 중세 상인』(엘피, 2009)은 꼭 읽어야 할 안내서입니다. 또한 르네상스 이전 시대에 대해 감을 잡으려면 스티븐 그린블랫의 『1417년, 근대의 탄생』(까치, 2013)은 필독서입니다. 상인들의 네트워크를 다룬 이 장들에서 니얼 퍼거슨의 『광장과 타워』(아르테, 2019)는 늘 제 곁에 있었습니다. 이 책은 특히 구텐베르크의 인쇄기가 끼친 영향을 살펴보는 데 매우 유용했습니다.

3부로 넘어가면서 제 사고에 큰 영향을 준 것은 디드러 낸슨 매클로스키의 책들이었습니다. 특히 부르주아 3부작은 핵심적인 참고 도서였죠. 3부작 중 1권인 『부르주아의 위엄Bourgeois Dignity』은 경제와 문화 심지어는 사회적 관습을 전혀 새로운 관점에서 볼 수 있게 해주었습니다. 그 덕분에 17세기 이후 돈의 역할에 대한 이론적 기반을 얻을 수 있었죠.

저는 또한 저의 옛 은사님이자 존 로의 전기 작가이신 트리니티 칼리지 더블린의 앙투안 E. 머피 교수의 연구에 큰 신세를 졌습니다. 그의 생각은 『존 로: 경제 이론가이자 정책 입안자John Law: Economic Theorist and Policy-Maker』에 잘 담겨 있습니다. 로와 탈레랑, 해밀턴을 다룬 11장, 12장, 13장은 그의 도움 없이는 불가능했을 겁니다.

다윈과 진화경제에 대한 14장을 집필할 때 저에게 영감을 준 책은 앞서 언급했던 바인하커의 『부의 기원』(알에이치코리아, 2022)과 진화생물학자 조지프 헨릭의 『호모 사피엔스』(21세기북스, 2024)였습니다. 헨릭은 문화가 어떻게 진화하는지를 설명해주는데 저는 그 내용을 통해 돈이 단순히 경제적 개념일 뿐 아니라 문화적 개념이라는 생각을 하게 되었습니다.

15장을 쓰기 위해서는 여러 곳에서 수많은 자료를 수집해야 했습니다. 이렇게 두꺼운 책을 긴 시간 동안 쓸 때는 모든 것이 버겁게 느껴질 때가 있는데 그럴 때마다 저는 로저 케이스먼트의 동상이 있는 던 레어리까지 산책을 나가 기운을 받았습니다. 예술 작품이 정말로 작가에게 영감을 줄 수 있다면 이 동상이 가장 적절한 예가 아닐까 싶습니다. 독자 여러분도 혹시 더블린에 올 일이 있다면 케이스먼트의 동상을 꼭 한번 둘러보시라고 권해드립니다.

'노란 벽돌길'과 1896년 미국 대선에서 돈이 어떤 역할을 했는지에 대한 제 생각은 토머스 프랭크의 『인민이여, 옳지 않습니다The People,

No』를 통해 한층 깊어졌습니다. 이 책은 19세기 미국의 인민주의 운동을 퇴보라고 여기는 오늘날의 편협한 시각에서 벗어나, 그것이 대중의 해방을 위한 운동이었다는 본래 의미에 대해 잘 설명해줍니다. 프랭크는 인민주의 운동을 새롭게 조명하면서 돈을 이해하는 방식에도 새로운 관점을 제시합니다.

17장에는 제임스 조이스가 등장합니다. 『율리시스』를 제대로 읽고 나서야 그 진가를 느낄 수 있었습니다. 여기서 '제대로'라고 말한 이유는 더블린 사람들 중 대다수가 이 책을 읽은 척만 하기 때문입니다. 이번 책 작업 때문에 저는 정말로 그 책을 정독할 수밖에 없었는데 그만큼 보람 있는 독서였습니다. 이 장을 쓰는 데 꼭 필요했던 책은 데클런 카이버드의 『율리시스와 우리: 일상생활의 예술 *Ulysses and Us: The Art of Everyday Living*』이었고, 리처드 엘먼의 전기 『제임스 조이스』(책세상, 2002), 존 매코트의 『개화기: 트리에스테 시절의 제임스 조이스, 1904~1920 *The Years of Bloom: James Joyce in Trieste, 1904~1920*』도 유용한 책이었습니다. 특히 매코트의 책은 중앙유럽의 문화, 경제, 화폐에 집중할 수 있게 도와주었습니다.

애덤 퍼거슨의 『돈의 대폭락』(엘도라도, 2011)은 오래전에 읽었던 책인데 18장을 쓰면서 다시 꺼내 들었습니다. 이 책과 마크 존스의 『1923: 히틀러의 쿠데타가 일어난 그해, 잊힌 위기 *1923: The Forgotten Crisis in the Year of Hitler's Coup*』는 바이마르 시기의 화폐 대혼란에 대해 놀라운 배경지식을 알려줍니다. 한편 히틀러가 벌인 위조지폐 대작전은 아돌프 부르거의 『악마의 작업실: 나치의 위조지폐 작전 회고록 *The Devil's Workshop: A Memoir of the Nazi Counterfeiting Operation*』에 생생하게 기록되어 있습니다.

이 책을 쓰는 기간 내내 같은 제목의 책 두 권, 즉 에릭 로너건의

『돈이란 무엇인가*Money*』(우듬지, 2013)와 펠릭스 마틴의 『돈: 사회와 경제를 움직인 화폐의 역사*Money: The Unauthorized Biography*』(문학동네, 2019)는 늘 제 책상 위에 펼쳐져 있었습니다. 그 결과 이 책들의 여백은 제가 휘갈겨 쓴 메모로 빼곡해졌지요. 이 두 권의 책은 시간을 들인다면 그 이상으로 충분한 보답을 해줄 겁니다.

이 책의 전체 참고도서는 이보다 훨씬 방대하지만 중요한 책들 몇 권은 여러분에게 직접 소개해드리고 싶었습니다. 이 책들이 독자 여러분께 도움이 되기를 바랍니다.

| 도판 출처 |

1. Royal Belgian Institute of Natural Sciences, Brussels; © 2015 GrandPalaisRmn (musée du Louvre)/Mathieu Rabeau
2. INTERFOTO/Alamy Stock Photo; ARTGEN/Alamy Stock Photo
3. Iberfoto/Bridgeman Images; Historic Collection/Alamy Stock Photo; public domain
4. Ahvenas/Atlas Obscura; The History Collection/Alamy Stock Photo
5. Robert Kawka/Alamy Stock Image; Ghigo Roli/Bridgeman Images
6. Bridgeman Images; The Picture Art Collection/Alamy Stock Photo; Raffaello Bencini/Bridgeman Images
7. North Wind Picture Archives/Alamy Stock Photo
8. The Unique Maps Co.; Art Media/Print Collector/Getty Images; Trustees of the British Museum
9. Imago/Kharbine Tapabor; Heritage Image Partnership Ltd/Alamy Stock Photo
10. Zoom Historical/Alamy Stock Image; Steve Stock/Alamy Stock Image; Everett Collection/Shutterstock
11. World History Archive/Alamy; Painters/Alamy Stock Photo
12. Punch; Pictorial Press Ltd/Alamy Stock Photo
13. ARCHIVIO GBB/Alamy Stock Photo; Penta Spring Limited/Alamy Stock Photo
14. World History Archive/Alamy Stock Photo; Albert Harlingue/Roger Viollet via Getty Images
15. © 2024 The Andy Warhol Foundation for the Visual Arts, Inc./Licensed by DACS, London/Photo © Christie's Images/Bridgeman Images; Martin Lubikowski
16. instagram.com/kimkardashian; Bloomberg/Getty Images

＊도판 저작권은 처음부터 순서대로 기입했습니다.

| 색인 |

ㄱ

가격상한제 115, 116, 241
가처분소득 127, 130, 377
갈리에누스 114~116
갈릴레이, 갈릴레오 153
검은 수요일 358
경험주의 150, 267, 300
계몽주의 172, 236, 406
고돌핀 218, 220
고리대금업 55, 108, 148, 163,
　171, 176, 190
고무 136, 281~293, 296, 297
고무타이어 281
고슬라 36, 128
곡물 54, 56, 57, 63, 64, 74, 75, 82,
　122, 133, 352, 362

공개시장조작 336
공화당 250, 261, 306, 307, 309,
　311
교환가치 84
구르네, 뱅상 드 236
구리 91, 113, 122, 160, 161, 200
구텐베르크, 요하네스 16, 39,
　174~186, 188, 189, 199, 277,
　342
국제통화기금(IMF) 244
굴드, 제이 306
그리스 16, 27, 64, 73, 74, 80~92,
　100, 121, 123, 138, 141,
　144~146, 200, 317, 361
그리스제국 71, 87
그린백 305
금본위제 44, 228, 298, 299~304,

307~311, 332, 352~355, 358, 361
금융 혁신 15, 16, 66, 117, 153, 156, 175, 177, 213, 219, 231, 232, 238, 315
기게스 왕 76
기업가 155, 221, 277, 278, 321, 325, 336, 340, 346
기축통화 16, 157, 161, 346, 347, 353, 366, 399
기회비용 61, 149
길더 160, 202, 212, 216
길드 131, 153, 155, 156, 158, 167, 169, 190

네로 황제 28, 113, 389
네루, 자와할랄 295
노르만(노르만어, 노르만족) 37, 132, 133, 135, 137, 140~147
노벨상 333
노스, 존 토머스 288
노턴, 릭터 217
뉴넘 칼리지 284
뉴올리언스 304
뉴턴, 아이작 269, 388
닉슨, 리처드 354

ㄴ

나폴레옹 전쟁 230, 265
남부철도 317
남북전쟁 86, 257, 300, 302, 305
남해회사 226, 227, 229, 231, 269, 388, 389
네덜란드(네덜란드인) 16, 28, 40, 160, 176, 194, 196~208, 211~214, 218~223, 232, 258, 289, 296, 320, 331, 363, 374

다윈, 찰스 15, 28, 29, 42, 267~277, 313, 353
다이애나 비 217
다티니, 프란체스코 디 마르코 164, 165, 170, 171, 172, 318
달러 26, 42, 46, 47, 77, 112, 160, 161, 218, 244, 245, 247, 248, 252, 255~259, 265, 285~286, 300~310, 328, 332, 336~338, 353, 354, 366, 368~370, 375, 376, 384, 387, 388, 392, 397, 402

대공황 311, 312, 353
대서양 176, 192, 196, 303, 316
대성당 124, 125, 137, 146, 147, 149, 157, 158, 189, 387
대수학 136, 147, 149
더블린 28, 129, 281, 295, 297, 318, 319, 322, 323, 326, 387, 402, 425, 426
던다스, 헨리 242
던롭 산업 283
던롭, 존 보이드 281~287, 292, 297
던바, 로빈 55
데나리온 112, 115
데카메론 154
도일, 아서 코난 292, 294
독립전쟁(미국) 248, 250, 259
독일 마르크 244, 328, 329, 333, 334, 336~338, 346, 347, 356~358
동인도 회사 203, 205, 208, 222, 289
드라크마 64, 83, 86
드레헴 점토판 33, 67
디오게네스 80
디오니소스 69, 70
디오클레티아누스 115, 116

디플레이션 113, 298, 299, 301, 311, 330, 354, 355

라스코 동굴 벽화 53
라우리온 83
라테나우, 발터 336
라포, 세르 165
래드퍼드, 리처드 342~344
레닌, 블라디미르 18~20, 22, 145, 233, 295
레볼텔라, 파스콰레 314, 318
레비, 프리모 152
레알 256
레오폴드 2세 281, 287, 289, 290, 293
레이놀즈, 마리아 262
렘브란트 40, 207
로, 존 16, 215~218, 225~229, 231, 232, 235, 244, 352, 353, 406, 425
로마(로마제국, 로마인) 15, 28, 76, 90 91, 94~117, 122~127, 131, 136, 141~148, 153, 158 177, 184, 189, 190, 200, 229,

266, 269, 288, 328, 352, 423, 424

로베스피에르, 막시밀리앙 드 240, 241

로스, 아돌프 45

로열 뱅크 223, 226

로저 1세, 시칠리아 대백작 143

로저 2세, 시칠리아 대백작 143, 145~147

로트, 요제프 264

루르 337, 338

루스벨트, 프랭클린 D. 309, 311, 353

루이 14세 220, 232

루이 16세 235, 244

루이 18세 244

루이 필리프 244

루이스, 마이클 17, 387, 388

루이지애나 222, 304

루이지애나 은행 304

루터, 마르틴 188~192, 214

르네상스 16, 28, 137, 152, 153, 157, 164, 167, 171~173, 193, 206, 320, 424

리디아(리디아인, 리디아 시대, 리디아제국) 47, 70~79, 82~84, 86, 122, 123, 166, 193,

200, 352, 354, 363, 423

마르크스, 카를 163, 316, 317

마르크스주의 233, 296, 327

마링가-로포리 분지 288

마부제 박사 338, 339

마살리아 97

마셜 플랜 306, 369

마셜, 앨프리드 273, 306, 369

마인츠 대주교 189

마진 파이낸싱 375

마키아벨리, 니콜로 151, 157

말라야 293, 346

말라케르트, 요세피네 337

맘즈버리의 윌리엄 137

매디슨, 제임스 249

맥도널드, 헥터 291

맥킨리, 윌리엄 310

맬서스, 토머스 42, 126, 270~272

머니마켓펀드(MMF) 394

메디치 156, 172

메르쿠리우스 35, 97~99, 315

메소포타미아 27, 33, 57, 59, 62, 63, 65~67, 72, 168

메시나(시칠리아) 135, 144
면죄부 180, 181, 189~191
명목화폐(법정화폐) 47, 77, 216,
　　229, 351, 352, 354, 355, 356,
　　358, 361, 362, 364, 366, 367,
　　369, 389, 394~397
명예혁명 213
모노컬처 277
모더니즘 28, 318~321, 406
모렐, E. D. 290~293
모스, 마르셀 143
몬테수마 2세 192, 193
무솔리니, 베니토 328, 347
물물교환 72, 83, 122, 193
미국독립혁명 243, 300
미다스 69, 70, 423
미라보 백작 238
미시시피 회사 41, 223~229
미터법 267
민주당 299, 304, 307~311
밀랍 137

바그다드 63, 140
바빌로니아 68, 70, 139, 233

바움, L. 프랭크 311, 312
바이마르 공화국 18, 46,
　　330~335, 338, 340, 406
백년전쟁 176
밴더빌트, 코넬리어스 306
뱅크먼프리드, 샘 387~389, 391,
　　394
버, 애런 247, 262
버냉키, 벤 110
버크, 에드먼트 266
베르길리우스 137, 159
베르디, 주세페 313, 318, 327
베를린 장벽 357
베블런, 소스타인 306
베수비오 화산 95
베스파시아누스 28, 35, 99~103
베어링스 은행 308
베어스턴스 29, 371, 372, 382
베자이아 136, 137, 147
베트남전쟁 353
벨기에령 콩고 280, 286, 289
보나파르트, 나폴레옹 41, 73, 78,
　　230, 231, 236, 243, 244, 246,
　　247, 265, 266
보리 57, 59, 60, 62~64
보어전쟁 293
보카치오, 조반니 153, 154

색인 433

복식부기 150, 165, 363, 365

봉건제(봉건 시대, 봉건제도) 27, 125, 172, 204, 360

불평등 92, 111, 301, 361, 385, 386, 424

브라이언, 윌리엄 제닝스 299, 304, 309

브렉시트 385

브루넬레스키 149, 153

블라드 체페슈 182

블록체인 50, 390~392

비오 2세, 교황 16, 182, 184

비오 7세, 교황 243

비잔티움(비잔티움제국) 123, 129, 141, 147

비트코인 390~392, 395~397, 399

빈(오스트리아의 수도) 45, 231, 264, 317, 320, 326, 327

빈치, 레오나르도 다 137, 149, 151, 153, 172, 342

빈트한델(바람 장사) 208, 211

빈회의 231

빌라니, 조반니 153, 161

빌리어스, 베티 215

사르디스 73, 75, 76

사산제국 114

사용가치 84

산업혁명 170, 186, 231, 259, 267, 272, 283

상법 171

상업은행 363~368, 389, 397, 401

상트페테르부르크 197

상향식 경제 72, 91

서브프라임 모기지 사태 109, 110

선물시장 208

세계화 154, 283, 286, 295, 296, 361

세야누스 107, 108

세파르디 유대인 141, 204

셰켈 57, 62~64, 352

소크라테스 88

소프트파워 161

속주 104~109

솔론 87, 89

송나라 시대 40, 200

쇼, 조지 버나드 294

수렵채집인 25, 27, 51, 52, 54~56

수메르(수메르인, 수메르제국, 수메르 문명, 수메르 시대)

57, 59, 62~68, 71, 72, 76, 104, 149, 193, 352, 362, 422
수에즈 운하 313, 314, 316
수표 66, 169
슘페터, 조지프 216, 278
스몰리아노프, 살로몬 '살리' 341~346
스미스, 애덤 272
스위프트, 조너선 28, 387, 388
스콧, 제임스 C. 51, 422
스털링(영국 파운드) 255
스테이블 코인 394
스트라이프(회사명) 325
스트롬보 142
스퍼퍼드, 피터 129
스페인 독감 311
스펜서, 찰스(3대 선덜랜드 백작) 217, 226, 227, 229
시계 133
시라쿠사(시칠리아) 142, 144
시리아 100, 104, 109
시칠리아(시칠리아 섬) 37, 135~136, 140~147, 317
식민주의 50, 283, 295, 296
신곡 151, 152, 180, 352, 389, 424
신성로마제국 153, 166, 187, 189
신용 사이클 107, 110, 111, 302,

344, 370, 389
신용거래 104, 170
신용경색 109~111, 308, 311, 380, 381
실레노스 69
실크로드 75, 176
심경쟁기 127
십일조 72, 121, 122, 125, 177, 180
십자군전쟁 133, 140, 141, 145, 147
십진법 264~268
쐐기문자 62, 65, 67

아고라 34, 87, 88
아다모 38, 159, 352, 390
아라베스크 37, 146
아랍 135~138, 140~147, 170, 256
아르타크세르크세스 2세 80
아리스토텔레스 85, 138, 209
아시냐 238~244, 248, 353
아우구스투스 95, 114, 212, 266
아인슈타인 320, 328
아일랜드 42, 45, 249, 261, 271, 274, 276, 292, 294~297,

318, 322, 323, 325, 350, 351, 358~360, 371, 372, 388, 422
아일랜드 중앙은행 21, 359, 366
아즈텍, 아즈텍제국 192~194
아퀴나스, 토마스 162, 163
아타튀르크, 무스타파 케말 143
아테네 80~83, 86~90, 97, 153, 154
아프리카 27, 50, 51, 97, 100, 135, 136, 141, 165, 176, 204, 205, 279, 281, 283, 287, 291, 293, 310, 400~402
안경 155, 183, 184, 299
안토니니아누스 115
알고리즘 390, 391
알렉산드로스 대왕 81, 90, 145, 255
알렉산드리아 110, 136, 154, 160
알리기에리, 단테 28, 38, 151, 152, 153, 158~160, 162~164, 173, 180, 352, 389, 406, 424
알콰리즈미 136
암산 135, 136, 137
암스테르담 40, 196, 197, 199, 201~204, 208, 211~214, 218, 320, 325, 341, 363
암시장 241, 341, 346, 347

암호화폐 17, 29, 48, 347, 387~398, 400~402
애덤스, 새뮤얼 249
양모 길드 158
양적완화 228, 384, 385, 387
양초 137, 178, 241
어둠의 심연 281
에고이스트(잡지명) 318
에르난 코르테스 192
에부수스 97
에슈눈나 법전 63
SPAC 226, 227
에우불로스 88
ABIR 288~290
FTX 387, 388, 391
엠페사 48, 401~403
여가 시간 127
연금 178, 179, 185, 200, 228, 329, 335
연방주의자 논고 252
연방준비제도(연준) 110, 161, 220, 354, 364~372, 382~385
영구채 16, 205, 206, 208
영국 중앙은행 20, 204, 259, 308, 342~348
예수 28, 55, 67, 94, 129
예이츠, W. B. 318

오데사 303
오를레앙 공작 220, 221, 223
오리고, 이리스 164, 424
오스만제국 143, 176, 182, 197, 211
오스트리아 45, 264, 265, 314, 315, 317, 320, 321, 331, 342
오즈의 마법사 44, 298~312
옵션거래 208
요아힘스탈 256
울라말리츠틀리 282
워드, 허버트 291
워싱턴, 조지 247, 249, 251~254, 261, 301, 306
워홀, 앤디 47
월트 디즈니 311
위그노 204, 249
위조지폐 19~21, 242, 341, 345, 347, 348, 390, 426
윌리엄 3세(오렌지 공) 213
윌슨, 에드먼드 215~218, 226
유럽중앙은행 360, 399
유로달러 367~370, 397
유로화 64, 77, 244, 255, 369, 399
은본위제 299, 301~303, 309, 311
은행 간 대출 382
2차 세계대전 18, 19, 306, 353, 356, 369
이븐 알 하와스(카스트로조반니의 군주) 142
이븐 툼나(시라쿠사와 카타니아의 군주) 142
이상고 뼈 33, 50, 51, 63, 281, 403
이스마일 파샤(이집트의 총독) 313
이슬람교 136, 143, 144, 147
이자제한법 115, 116
이집트 89, 97, 109, 123, 136, 140, 154, 313, 314
이코노미스트(경제지명) 316
인도 75, 97, 138~140, 176, 273~275, 282, 287, 295, 313, 316, 344
인민주의(인민당) 298, 299, 308~311, 425, 426
인플레이션 18, 19, 116, 117, 227, 240, 241, 309, 330, 334, 335, 338, 340, 344, 351, 352, 355, 357, 361, 398, 399, 400
1차 세계대전 46, 311, 321, 331

ㅈ

자본주의 19, 99, 106, 187, 249, 260, 295, 296, 316
자연도태(자연도태설) 269, 272
자연선택(이론) 42, 269, 271~273
자전거 279, 282, 284~286, 289, 407
작센하우젠 강제수용소 20, 341, 342, 345, 347
장인(匠人) 83, 89, 101, 104, 122, 130~133, 147, 155, 178, 179, 185, 189, 190, 197, 213
재량소득 130
재화 23, 25, 57, 63, 72, 75, 83, 84, 123, 130
적십자 343, 344
전당포 156, 168, 200, 219
전자화폐 366, 367, 401
제너럴 뱅크 220, 221, 223
제노바 136, 140, 157, 165, 170
제우스 29, 51, 59
제이, 존 252
제퍼슨, 토머스 247, 249, 250, 261
조이스, 에바 322
조이스, 제임스 45, 81, 152, 313, 318~322, 326, 406, 426
조지 1세 227
좀비 기업 377
종교개혁 28, 172, 188, 199, 277
주화법 248, 265
지급준비 은행 170
지옥의 묵시록 280
지즈야 모델 144
진화경제 264, 272, 277, 278, 425
진화론 28, 269~273
짐 크로 법 306
집단 지성 123, 403
집합의 역설 379

ㅊ

창조적 파괴 278, 319, 320
채권시장 194, 231, 258, 259, 315
채무불이행(디폴트) 16, 113, 178, 258, 308, 358, 381
처치, 안젤리카 243
처칠, 윈스턴 217
초인플레이션 18, 113, 115~117, 234, 245, 257, 259, 329, 338, 340, 341, 346, 353, 356, 396

카맥, 조지 310

칼론, 샤를 알렉상드르 드 236

칼뱅주의자 191, 197, 204

케냐 48, 401, 402

케네, 프랑수아 236

케르크호번, 기욤 반 281

케이스먼트, 로저 43, 281, 289, 291, 295, 296, 406

케인스, 존 메이너드 228, 278, 311, 384

켈턴, 스테퍼니 398

코네티컷 타협안 251

코르도바 140

콕시, 제임스 308~309

콘티넨털 243, 248, 250, 257, 258, 353

콘래드, 조지프 281

콜럼버스 176, 192, 205, 282

콜로세움 35, 105

콜리슨, 존 325

콩고 자유국 43, 288, 289

콩고강 50, 281, 283

콩고개혁협회 292, 293

콩고민주공화국 403

쿠심 59~62, 64, 68, 72, 362

크로이소스 73, 77

크뤼거, 한스 345, 347

크세노폰 28, 80~85, 423

클라우디우스 102, 107

클레이먼, 리즈 371, 382

클레이스테네스 86

클리블랜드, 그로버 308

키루스 2세 80

키케로 102

타키투스 108, 110

탈러 256

탈레랑 41, 230, 231, 235~248, 259, 262

테노치티틀란 192~193

테트라드라크마 34, 83

텔 하르말 63

토크빌, 알렉시스 드 255, 260

투지적 차입자 378

튤립 파동 16, 211~214, 374

트러스, 리즈 399

트럼프, 도널드 385

트리에스테 313~327, 406, 426

특허 174, 283, 285, 321

색인 439

틀라, 샤우 310, 311
티레 100, 110, 160
티베리우스 107~114
티투스 102

ㅍ

파라이 90
파운드, 에즈라 318
파치올리, 루카 149, 165
팔레르모(시칠리아) 37, 146, 147
페니키아(페니키아인) 123, 141
페르시아(페르시아제국) 70, 75, 77, 80, 81, 85, 123, 140, 145, 146
페이비언주의 296
펠로폰네소스 전쟁 80
평가절하 357~359
포로수용소 경제 344
포르투갈 132, 176, 204
포에니전쟁 90, 141
포킬리데스 87
포토시 광산(페루) 256
포퓰리즘 386
폭스 뉴스 29, 371, 382
폭스, 찰스 제임스 246

폰지 차입자 378, 380
폴라로 37, 136, 145
폴리스 87
폼페이 94~98
표트르 대제 28, 196~199, 201, 205, 207, 213
푸거 가문 189
푸치 궁전 149
프랑스혁명 28, 229, 230, 233, 235, 238~240, 242, 244, 250, 253, 266, 300, 353
프랑화 투매 사건 357
프랭크, 토머스 426
프로메테우스 29, 57, 59
프로이트, 지그문트 320
프로타고라스 85
프로테스탄트 214
프리기아 69
플라비우스 102
플레이페어, 윌리엄 242
플로린 38, 154, 156, 157, 159~162, 168, 172, 173, 200~201, 352
플리니우스(大) 97
플리니우스(小) 95
피렌체 16, 28, 38, 149, 151~162, 164~173, 182~185, 200~201,

204, 206, 288, 320, 325, 352,
363, 365, 407, 424
피보나치(피사의 레오나르도)
147~151, 162~165
피엔차 183
피오렐리, 주세페 96
피트, 윌리엄(소小피트) 243

ㅎ

하향식 경제 72, 78, 206
합금 70
해밀턴, 알렉산더 29, 42, 243,
245~247, 249, 260, 301, 332
해외투자 286
헤로도토스 73, 74, 78, 85
헤르츠, 하인리히 320
헤르쿨라네움 95, 96
헤밍웨이, 어니스트 328~330
헤지 차입자 378
헨리 8세 191, 237
현대통화이론(MMT) 398~400
호메로스 81, 82
호박금 70, 75
환어음 170, 212
환율 309, 329, 336, 337, 339, 340,

347, 351, 354, 357~359
후블론, 존 204
흑사병 135, 154, 157, 161, 172,
227
히틀러, 아돌프 18~21, 327, 341,
345, 348, 390, 426
히포크라테스 85
힘러, 하인리히 347

데이비드 맥윌리엄스
DAVID McWILLIAMS

전 세계에서 가장 영향력 있는 경제학자 6위에 오른(Richtopia 발표) 데이비드 맥윌리엄스는 x계정(@davidmcw) 33만 팔로워를 보유한 인기 작가이다. 아일랜드 중앙은행, 글로벌 투자은행 UBS, 프랑스 국립은행(BNP) 등에서 이코노미스트로 일했으며 현재는 더블린 트리니티 칼리지의 겸임 교수로 재직 중이다. 〈파이낸셜 타임스〉와 〈아이리시 타임스〉에 정기적으로 칼럼을 기고하고 있으며, 매달 90만 건의 다운로드 수를 기록하는 인기 경제 팟캐스트를 진행하고 있다.

자칭 사교적인 작가인 그는 경제를 주제로 쉴 새 없이 토론하는 것을 즐기는 사람이다. 그런 자신의 캐릭터를 살려 경제학과 스탠드업 코미디가 결합한 축제인 '킬케노믹스(Kilkenomics)'를 만들어 지금도 매년 11월 진행 중이다. 경제를 쉽고 재미있게 알리는 것을 목표로 한 이 축제는 〈파이낸셜 타임스〉로부터 '세계 최고의 경제 콘퍼런스'라는 평을 받았다. 이 축제에는 나심 니콜라스 탈레브, 장하준, 에드워드 챈슬러 그리고 노벨상 수상자인 폴 크루그먼을 비롯한 세계적인 경제학자들이 참여한 바 있다.

작가의 대표작인 『머니: 인류의 역사 *Money: A Story of Humanity*』는 기원전부터 현대에 이르기까지 굵직한 사건들의 이면에 숨어 있는 흥미로운 돈에 대한 이야기를 다룬 책으로 코로나 19 팬데믹이 시작된 2019년부터 약 5년 동안 집필한 방대한 책이다. 돈의 관점에서 바라본 인류사인 만큼 엄청난 참고도서를 바탕으로 촘촘한 지식이 담겨 있지만 전혀 지루하지 않고 흥미진진하게 읽을 수 있다. 전 세계 26개국에 수출된 이 책은 수많은 서점과 언론사에서 올해의 도서(2024)로 선정했으며 현재도 수출 국가가 늘어나는 중이다. 작가는 더블린 대학교에서 '인류에 깊은 영향을 끼친 인물'에게 수여되는 제임스 조이스상을 받았으며 2023년 그가 출연한 TED 강연은 107만 조회수를 기록했다.

TED 강연 '색다른 사고의 힘'

 이 아이콘을 눌러 한국어로 자막을 설정하세요.

황금진

숙명여자대학교 영문학과를 졸업했으며 현재 전문번역가로 활동하고 있다. 독자 대신 손품을 팔아 시간을 절약해주는 것이 번역가의 할 일이라 생각하며 성실한 자세로 일하고 있다. 옮긴 책으로는 『머니: 인류의 역사』, 『성격을 바꿔야 운명이 바뀐다』, 『혼자 있지만 쓸쓸하지 않아』, 『브링 미 백』, 『정말 하고 싶은데 너무 하기 싫어』, 『킬링 이브』, 『호르몬의 거짓말』, 『아내 가뭄』, 『소녀는 왜 다섯 살 난 동생을 죽였을까?』, 『런어웨이』, 『개와 영혼이 뒤바뀐 여자』, 『카네기 인간관계론』 등이 있다.

머니: 인류의 역사

1판 1쇄 발행 | 2025년 9월 25일
1판 3쇄 발행 | 2025년 10월 15일

만든 사람들
지은이 | 데이비드 맥윌리엄스
옮긴이 | 황금진
기획·편집 | 박지호   마케팅 | 김재욱
디자인 | design PIN

ISBN 979-11-989025-6-6 03320

펴낸이 | 김재욱, 박지호
펴낸곳 | 포텐업
출판등록 | 제2022-000323호
주소 | 서울시 마포구 월드컵로7안길 20 302호(04022)
전화 | 070-4222-1212 팩스 | 02-6442-7903

원고 투고 및 독자 문의 | for10up@naver.com
인스타그램 | @for10up
블로그 | https://blog.naver.com/potenup_books

＊이 책은 저작권법에 의해 보호받는 저작물이므로 무단 전재와 무단 복제를 금합니다.
＊잘못된 책은 구입처에서 교환해드립니다.